ALFRED A. HÄSLER – EINEN BAUM PFLANZEN

ALFRED A.
HÄSLER

EINEN BAUM PFLANZEN

gelebte Zeitgeschichte

PENDO

3. Auflage, November 1996

Der Verlag dankt folgenden Institutionen für ihre Unterstützung dieses Buches: Pro Helvetia, Präsidialdepartement der Stadt Zürich, Schweiz. Israelitischer Gemeinde Bund, Migros Kulturprozent, Ernst Göhner Stiftung.

Typografie: Bernhard Moosbrugger
Satz: Fosaco AG, CH-8363 Bichelsee
Druck und Einband: Clausen & Bosse, Leck

ISBN 3 85842 303 3

Inhalt

I Auf den Weg

1 ANKUNFT UND UMSCHAU

Als ich am 19. März 1921, zwei Tage vor Frühlingsanfang, um zehn Uhr vormittags im Berner-Oberländer Dorf Wilderswil, dem Heimatdorf meiner Mutter, zur Welt kam, scheine ich von ihr nicht sonderlich entzückt gewesen zu sein. Ich weigerte mich, meinen Eintritt in die menschliche Gesellschaft mit dem bei solchen Gelegenheiten erwarteten Lust- oder Zornesschrei zu quittieren. Ich presste den Mund trotzig zusammen, bis mein Gesicht blau anlief, worauf die auf solchen Starrsinn wohl vorbereitete Hebamme mir ein paar leichte Schläge auf das noch verschleimte Hinterteil verabreichte. Solch unfreundliche Behandlung veranlasste mich dann doch, den Widerstand aufzugeben und mit einem dünnen Krächzen kundzutun, dass ich mich ins Unvermeidliche zu fügen bereit sei.

Ob sich dieses Ins-Leben-geprügelt-Werden in meinem Gemüt als Trauma verfestigt hat, ist natürlich schwer zu sagen. Einerseits war ich von Anfang an ein eher ängstlicher und daher auch friedfertiger Mensch; anderseits konnte mich dann und wann ein massloser Zorn überfallen, wenn ich Zeuge wurde, wie ein Starker einen Schwächern misshandelte, wenn ein Tier gequält oder ein behinderter Mensch von einem vermeintlich gesunden ausgelacht wurde. Da vergass ich alle gebotene Vorsicht und schlug mit meinen Fäusten auf den Übeltäter ein, was dann wiederum für mich nicht immer gut ausging.

Nach wenigen Wochen wurde ich in der alten Kirche Gsteig bei Interlaken getauft, auf die Vornamen *Adolf Alfred*, wobei *Alfred* auf dem Taufschein unterstrichen und deshalb wohl als Rufname gemeint war. Trotzdem sprachen meine Eltern von mir und mit mir immer als Adölfi oder Dölfi, was ich dann zwanzig Jahre später, als ein anderer Adolf die Welt mit Schrekken überzog, entsprechend dem Taufschein korrigierte. Die Eltern waren ein gutaussehendes Paar – als ich zur Welt kam, gerade 32 Jahre alt. Mein Bruder Hans war auf den Tag genau viereinhalb. Der Vater, kräftig gebaut, von aufrechtem, stolzem

Gang; die Mutter, schlank mit vollen dunkelbraunen Haaren, ebensolchen lebhaften Augen und einem sinnlichen Mund, soll manchem jungen Mann den Kopf verdreht und ihn, nach vergeblichen Liebesmühen, veranlasst haben, nach Amerika auszuwandern. Sie wollte jedoch durchaus den *Johann Häsler* aus dem Nachbardorf Gsteigwiler, der sie seinerseits, wie sie berichtete, wenig beachtet habe. Aber sie gab nicht auf, und sie bekam ihn.

Beide Grossväter waren tot, als ich zur Welt kam. Der Vater der Mutter war, als sie acht oder neun Jahre zählte, auf einer ihm gehörenden Alpweide auf vereistem Boden ausgerutscht und so unglücklich gestürzt, dass er am Platz starb. Des Vaters Vater war ein Jahr vor meiner Geburt ebenfalls tödlich verunglückt.

Die Mutter wuchs bei ihrer Mutter und deren Vater auf. Letzterer sei ein bigotter Frömmler gewesen. Alles was den Menschen Freude machte, habe er als Sünde verdammt. So soll er dem heranwachsenden Mädchen immer wieder mahnend-drohend vorgehalten haben: «Sie tanzen am Rande der feurigen Hölle», um diesem so Lust und Freude am Tanzen «abzugewöhnen».

Zu meiner Welt gehörten das ererbte Wohnhaus der Mutter mit der angebauten Scheune, einige Kühe, Rinder, Kälber, Ziegen, Hühner, die Hofstatt mit den Apfel- und Birnbäumen sowie ziemlich viel Wies- und Weideland im Tal und auf den Höhen der umliegenden Berge. In der Wohnstube und den Schlafkammern im ersten Stock des Hauses brannten noch Petrollampen. Ein Kachelofen erwärmte im Winter die Stube. Im Ofen aufgeheizte Kirschsteine in einem weissen Säcklein oder eine irdene Bettflasche dienten dann zur Erwärmung kalter Füsse. Zwei Lauben, eine gegen die Hofstatt, die andere gegen die Strasse, waren mit grün angestrichenen Bänken möbliert.

An Wänden und Decken der Lauben hingen, schön geflochten, goldglänzende Zwiebeln und zu Sträussen gebündelte Teekräuter: Majoran, Schafgarbe, Minze und Kamille. Andere

Heilkräutlein dörrten auf dem Estrichboden: Frauen- und Silbermantel, Thymian und Lindenblüten. Sie füllten den Raum unter dem abgeschrägten Dach mit süssem Duft.

Ich liebte diesen Estrich. Wenn der Regen aufs Dach prasselte, zog ich mich oft in die dunkelste Ecke zurück und lauschte dem Rauschen auf den Ziegeln.

Das Spiel mit Kälblein und Zicklein im Frühjahr beim ersten Wiesengrün genoss ich. Es erfüllte mich mit Stolz, wenn die Tiere sich im Stall zu mir umdrehten und im Freien meinen «Befehlen» gehorchten.

Jaggi

Zu ebener Erde des Hauses wohnte der Schuhmacher Jaggi. Die kleine Stube zur Hofstatt hatte er als Werkstatt eingerichtet. Schlafkammer und Küche befanden sich in einem Raum dahinter. Jaggi, ein breitschultriger Mann mit weissen Haaren und weissem Schnauz, war mein Götti. Wann immer es mir drum war, durfte ich zu ihm in die Werkstatt, wo es nach Pech, Schuhwichse und Leder roch. An einer Wand hingen grosse gegerbte Tierhäute, aus denen Jaggi mit scharfen Messern Stücke schnitt, die er für die Schuhe brauchte. Nie fehlte es ihm an Arbeit. Jaggi stellte mir einen eisernen Leisten hin, stülpte einen alten, nicht mehr gebrauchten Schuh mit Holzboden darüber und zeigte mir, wie man Nägel einschlug. Anfangs traf ich mehr meine kleinen Finger als die Nägel, worauf ich ein ungeheures Wehgeschrei losliess, was Jaggi veranlasste, mich in die Arme zu nehmen, die Tränen mit einem Zipfel der grünen Schürze zu trocknen und mir dann aufs neue vormachte, wie man Schuhnägel treffsicher in den Schuhboden schlug. Aus leeren Büchsen bastelte Jaggi mir Spielzeug-Kochherde und Pfannen. Darin kochte ich Wasser, gab zerschnittenes Gras hinein, was ich dann als Spinat anbot. Wollte jedoch Bruder Hans einmal mit den Kochherden spielen, stürmte Jaggi aus seiner Butik und jagte ihn fort. Im Winter 1925/26 erkrankte Jaggi. Eines Tages fuhr ein Nachbar mit dem

Pferdeschlitten vors Haus. Vater und Mutter packten den alten Mann in Wolldecken ein und halfen ihm auf den Sitz. Das Pferd zog an, der Schlitten fuhr davon. Bevor er um die Strassenbiegung verschwand, wandte Jaggi sich noch einmal um und winkte. Ein paar Tage später kam die Nachricht, er sei gestorben.

Die Mutter zog den dunklen Rock an, nahm mich bei der Hand, und zu Fuss wanderten wir zum Spital in Unterseen. Ein Pfleger führte uns in die Totenhalle. Dort lagen die Gestorbenen unter weissen Tüchern. Bei einem Bett zog der Pfleger das Tuch weg. Da lag Jaggi, bleich und mit geschlossenen Augen, als ob er schlafe. Mutter und ich standen eine Weile still vor dem Toten. Dann schnitt die Mutter mit einer kleinen Schere Jaggi ein Büschel Haare vom Kopf und legte es ins Kuvert. «Zum Andenken», sagte sie. Erst nachdem Jaggis Werkstatt geschlossen blieb, wurde mir bewusst, dass mein Götti nie mehr zurück kommen werde.

Fotos erinnern an den Schuhmacher. Sie stammen vom Drogisten *Hermann Scherz,* der eines Tages mit seinem grossen Apparat erschien, das Gerät aufstellte und Vater, Mutter, Bruder Hans, Jaggi und mich für das Bild plazierte. Auf einer Bank sassen die Mutter, links und rechts von ihr wir beiden Knaben – auch die Zither, die die Mutter so schön spielte, musste aufs Bild –, dahinter standen der Vater und Jaggi. Der Photograph stülpte ein schwarzes Tuch über den Kopf. Es gab einen leichten Knall und dann noch einen, nachdem eine zweite Platte eingelegt worden war. Als ich nach einigen Tagen das Bild sah, erschien mir das wie ein Wunder.

Die Welt wahrnehmen

Es ist schwer zu sagen, wann ich die Welt um mich bewusst wahrnahm, warum gewisse Erlebnisse haften bleiben und andere nicht. Ein treuer Gefährte der Jahre in Wilderswil war ein geistig leicht behinderter Schuhmacher, Loppen-Hittel genannt. Mit seinem etwas schleppenden Gang, den zu grossen dunklen Kleidern und dem zerbeulten Hut wurde er immer wieder von Kindern geplagt, was ihn in helle Wut versetzte. Meine Eltern luden ihn oft zum Essen ein, besonders an Weihnachten und an andern Feiertagen. Ich weilte oft auch in seiner Butik. Uns verband ein Vertrauensverhältnis, das mir unvergesslich bleibt.

Der Freund meiner ersten Jahre hiess *Robertli Miège*. Er war auf den Tag gleich alt wie ich. Selten ein Tag, an dem wir nicht beieinander steckten. Als ich eines Tages die Masern bekam und im Bett bleiben musste, erschien Robertli regelmässig vor unserm Haus und rief mit weinerlicher Stimme: «Adölfi, Adölfi, wann bist du wieder gesund?»

Robertli war mit dabei, als ich eines Tages auf die Idee kam, Kücken schwimmen zu lehren. Ich hatte einmal, an der Hand der Mutter, in Interlaken auf der Aare junge Entlein schwimmen sehen. Was die können, werden unsere Kücken auch können, folgerte ich. Also holten Robertli und ich die kleinen Vögelchen aus dem Nest von der wild gackernden Bruthenne weg. Vorher hatten wir das Brunnentröglein hinter dem Haus mit Wasser gefüllt. Dann gaben wir ein Kücken nach dem andern sorgfältig ins kühle Nass. Die nur wenige Tage alten Kücken piepsten jämmerlich, fielen dann zur Seite und machten nicht die geringsten Anstalten, sich schwimmend über Wasser zu halten. Angst befiel uns. Wir legten die Hühnchen in einer Reihe auf einen sonnenbeschienenen Laden des Güllenkastens. Aber auch, als die Vöglein trocken waren, blieben sie für immer steif und stumm.

Eine Lehre blieb mir: Nicht alles, was Federn und Flügel hat, kann auch schwimmen und fliegen.

Noch ein anderes Erlebnis bleibt mir unvergesslich. Ob es im Frühsommer oder im Herbst war, weiss ich nicht mehr. Entweder trieben die Eltern und Bruder Hans das Vieh auf die Alp, oder sie holten es von dort ins Tal. Ich blieb allein zu Hause. Es wurde Abend. Zusammen mit einigen Männern des Dorfes stand ich vor dem Haus, als eine Sternschnuppe vom Himmel fiel. Wo die wohl hinfalle, wollte ich wissen. Die müsse, so einer der Männer, sicher ins nicht weit entfernte Schulgässlein gefallen sein. Dort könne ich sie dann am nächsten Tag besichtigen. Die Sternschnuppe ist offenbar nicht im Schulgässlein gelandet, jedenfalls war sie dort nicht zu finden.

Als die Nacht immer dunkler wurde und die Eltern und Hans nicht erschienen, verzog ich mich, schläfrig geworden, auf die Laube unter die grüne Bank, wo ich bald einschlief. Es war Mitternacht, als ich aufwachte. Die Mutter zog mir die Kleider aus und dankte Gott, dass alles so gut ausgegangen sei. Erst am nächsten Tag erfuhr ich, dass die Eltern und Hans mich stundenlang gesucht und schon Angst gehabt hatten, ich sei vielleicht in die Lütschine gefallen.

Gsteigwiler

Ich war sechs Jahre alt, als die Eltern 1927 Haus, Scheune und Hofstatt in Wilderswil verkauften und ins Nachbardorf Gsteigwiler, den Bürgerort des Vaters, zogen, wo sie die Hälfte eines Zweifamilienhauses erworben hatten.

Zu ebener Erde befanden sich eine Stube, eine Küche und ein Raum, der dem früheren Besitzer als Werkstatt gedient hatte. Im ersten Stock gab es neben einer weiteren Stube und einer weiteren Küche zwei Kammern, wo wir Buben schliefen. Eine Wendeltreppe führte von hier auf den Estrich, ins Gaden, wo sich ein weiteres kleines Zimmer befand, das unter anderem als Käselager diente.

Die untere und die obere Stube waren mit Kachelöfen ausgerüstet, die kleineren Zimmer dagegen nicht heizbar. Bettflaschen und Säcklein mit erwärmten Kirschensteinen mussten in den Winternächten also weiterhin gegen kalte Füsse helfen.

An den Wänden der beiden Stuben hingen grosse Familienbilder, so von der Mutter und dem Grossvater der Mutter, von Grossvater und Grossmutter väterlicherseits, ein Gruppenbild der Geschwister des Grossvaters: vier stattliche Frauen und drei ebenso stattliche Männer. Von diesen lebten nur die Brüder Fritz und Christian in Gsteigwiler.

Beide waren zu Gemeindepräsidenten gewählt worden. Fritz stürzte eines Abends auf dem Heimweg von einer Bergweide über einen Felsen zu Tode, Christian starb innerhalb weniger Tage an einer Lungenentzündung.

Bei der Gsteigwiler Grossmutter, *Margrit Häsler,* einer friedfertigen, frommen Frau, weilte ich besonders gern. Nicht nur, weil sie mir jeweils wunderbare Anken- und Konfitüre-Schnitten zubereitete, sondern weil sie spannende Geschichten zu erzählen wusste von Segen und Fluch für Menschen, die für gute Taten belohnt, für schlechte aber bestraft wurden, wenn nicht zu Lebzeiten, so doch nach dem Tod, da sie bis zum Jüngsten Tag keine Ruhe mehr fanden und immer wieder an den Ort ihrer Freveltaten zurückkehren mussten. Wie jener Knecht, der zusammen mit einem Kumpanen in böser Lust einen Esel über einen Felsen in den Tod gejagt hatte. Nach seinem eigenen Tod kehrte er gelegentlich zum noch lebenden Spiessgesellen zu mitternächtlicher Stunde zurück, keuchend unter der Last der einen Hälfte des mutwillig getöteten Tieres, und verkündete mit rollender Grabesstimme dem zu Tode erschreckten Freund, dass die andere Hälfte dann noch auf ihn warte.

Bei der Grossmutter wohnte Onkel *Fritz*, der jüngere Bruder des Vaters. *Margrit*, die ältere Schwester, war mit *Christian Thöni* verheiratet, der als Maurer arbeitete. Die jüngere Schwester *Rosa* war mit *Eduard Abegglen* verheiratet, einem national bekannten Alphornbläser. Sie wohnten in Gündlischwand.

Die Häsler gehören mit den Feuz, Knecht, Thöni, Schlegel zu den dominierenden Burgergeschlechtern. Um jeweils zu wissen, welche Häsler, Feuz, Thöni usw. gemeint seien, gab man ihnen oft über Generationen geltende Zunamen. Einer unserer Vorfahren, ein *Jakob Häsler* muss ein herausragender Mann gewesen sein. Man nannte ihn *Joggli*. Seitdem waren wir die *Joggli-Häsler*. Ein anderer bekannter Häsler war *Heinz Häsler*, genannt *Hanslis Heinz*. Sein Sohn war *Hanslis Heinzen Heinz*, der Grossohn *Hanslis Heinzen Heinelli*. Er wurde Generalstabschef der Armee. In besonders guter Erinnerung bleiben mir *Hanslis Heinz*, der einst Hofkutscher in England war, und seine Frau *Marianne*, die mir so gute Ankenschnitten machte, wie die Grossmutter.

Heimliche Liebe

Unvergessen bleibt die frühe Liebe zu *Käthi Koechlin*, des Nachbars Töchterchen, gleich alt wie ich. Vater *Koechlin* stammte aus Liestal, war Gärtner und hatte das von ihm erworbene Land in eine Gemüse- und Blumengärtnerei verwandelt. Ein Spitzbart zierte sein braungebranntes Gesicht. Käthis Mutter machte im Frauenverein fleissig mit, lud dann und wann Dorfkinder zu einem schmackhaften Zvieri ein und spielte mit ihnen. So fiel denn die fremde Mundart nicht eigentlich als «fremd» auf.

Käthis rundes, hübsches Gesicht mit den braunen Augen, den dichten Zöpfen, der wohlklingenden Stimme hatten mein sechsjähriges Herz jäh entflammt. Käthi erwiderte meine Zuneigung. Wann immer wir beide Gelegenheit fanden – und wir fanden sie oft –, spielten wir miteinander. Um sich den Augen Neugieriger zu entziehen, fand ich einen Weg. Im Wipfel des hohen Birnbaumes hinter dem Elternhaus befestigte ich ein schmales Brett zu einem ziemlich wackligen Sitzplatz. Da kletterten wir zwei Verliebten denn zu abendlicher Dämmerstunde von Ast zu Ast, bis wir oben anlangten. Auf dem Brett sitzend träumten wir händchenhaltend in den Abend hinaus. Es waren Stunden heimlichen und beseligenden Glücks – «kein Feuer, keine Kohle». Es muss Amor persönlich gewesen sein, der uns Kinder vor einem bösen Sturz in die Tiefe bewahrt hat. Einmal hatten Käthi und ich einander am Dorfbrunnen angespritzt. Als Käthi sich tüchtiger erwies als ich, fing ich an zu heulen. Gerade kam Käthis Mutter dazu. Sie fragte, was denn passiert sei. «Käthi hat mich gespritzt!» Darauf zog die Mutter Käthi unsanft an den Zöpfen. Käthi liess die Strafe über sich ergehen, schaute mich Jämmerling aber so enttäuscht an, als wollte sie sagen: «Wie kannst du so etwas tun?»

Einige Zeit später verliessen Koechlins Gsteigwiler. Der Kummer über mein schofles Verhalten hat mich bis vor einigen Jahren begleitet, als ich *Irma Hopf* und ihren Mann, der in Brienz Pfarrer war, kennenlernte. Im Laufe unseres Gesprächs ergab sich, dass Irma Hopf und Käthi seit der gemeinsamen Schulzeit in Thusis befreundet waren. Sie berichtete Käthi, die jetzt *Della Casa-Koechlin* heisst, von unserer Begegnung. Käthi bestätigte, dass ich der erste gewesen sei, der ihr einen Heiratsantrag gemacht hätte. Mein schäbiges Verhalten beim Brunnen hatte sie dagegen längst vergessen.

Iselten

Während vieler Sommer war der Vater Senn – oder «Schweiger», wie es in der Mundart hiess – auf der Alp Iselten hinter der Schynigen Platte. Genauer: Senn der Gsteigwiler Alpgenossenschafter auf Vorder- oder Bauern-Iselten. Die durch eine Steinmauer oder einen Holzzaun abgegrenzte Alp Hinter- oder Herren-Iselten war im Besitz begüterter Interlakener, vor allem von Hoteliers, eben von «Herren» im Unterschied zu den «Bauern».

Im Frühjahr, gleich nach der Schneeschmelze, säuberten die Alpgenossenschafter im «Gemeinwerch» die Weiden von den Resten des Winters, setzten Zäune instand und machten die Sennhütten und Ställe bezugsbereit. Sobald das Vieh auf der Alp war, kamen Wochenende für Wochenende je zwei Bauern, um das «Määss» zu nehmen. Das heisst: Sie wogen am Samstagabend und am Sonntagmorgen von jeder Kuh die Milch und verzeichneten die gemessene Leistung in einem Büchlein. Je nach der Gesamtleistung wurde im Herbst den Bauern die ihnen zukommende Menge an Käse, Butter und Ziger gutgeschrieben und zugeteilt, die dann beim sogenannten «Molchen» bezogen und abgeholt wurde, verbunden mit einem Umtrunk im Gasthaus «Linde» in Gündlischwand, wohin das «Molchen» mit Hornschlitten gebracht worden war.

Als ich in Gsteigwiler zur Schule ging, amtete der Vater nur noch gelegentlich als Senn. Der Lohn für die vier bis fünf Monate Arbeit auf der Alp betrug damals einige hundert Franken. Ein Knecht und ein aus der Schule gerade entlassener Hüterjunge standen dem Vater beim Melken, Misten und Vieheintreiben zur Seite. Die Hütte der Gsteigwiler auf Iselten war die älteste und die am primitivsten eingerichtete. Das «Gliger» (Schlafstätte) befand sich über einem Stall, war über eine Leiter zu erreichen und bestand aus Heu als Unterlage und aus Wolldecken. Im allgemeinen schlief man in den Kleidern. Am Morgen wusch man sich mit dem eiskalten Wasser eines Quellbrunnens vor der Hütte. Die Mahlzeiten setzten sich aus Teigwaren, geschwellten Kartoffeln, in Butter gebackener Rösti, Wurst, Suppe, dicker Nidle (Rahm), Milch, Kaffee, Käse, Ziger und Butter zusammen. Der Knecht *Happi (Kaspar) Flühmann*, ein geistig leicht behinderter, aber äusserst williger, anhänglicher Mann, stand dem Vater zur Seite.

Der Vater behandelte ihn wie seinen Sohn und nahm ihn in Schutz, wenn andere ihren Spott mit dem Knecht trieben. Als treuen Begleiter nahm Happi jeweils seinen Hund mit auf die Alp. Eines Sonntagvormittags nun, nach dem Messen der Milch, waren der Vater und Happi mit Käselaibern zum untern Staffel, dem «Läger», gegangen, wo sich der Käsekeller befand. Den Hund hatte Happi zurückgelassen. Zurückgeblieben war ebenfalls der Sohn eines Bauern. Der machte sich nun einen Spass daraus, den Hund anzubinden – nachdem der ihn, die Gefahr spürend, wütend angebellt hatte – und dann mit einem Stock auf das Tier einzuschlagen, bis es aus der Nase blutete.

Als der Vater und Happi vom «Läger» zurückkehrten, schon von weitem das Winseln des gequälten Hundes hörten und darauf eiligen Schrittes bei der Hütte ankamen, ergriff der Tierquäler die Flucht. Der Vater holte ihn jedoch ein, packte ihn und versetzte ihm einige wuchtige Faustschläge ins Gesicht, so dass nun der Bursche aus der Nase blutete. «Damit du spürst, wie es ist, wenn man geschlagen wird», brüllte er den nun selber um Gnade winselnden Bösewicht an. Happi hatte einen dicken Knüppel behändigt und wollte damit auf den jungen

Mann los. Der Vater hielt ihn zurück: «Genug jetzt, Happi; der wird die Lektion nicht so bald vergessen.» Jahre später machte Happi seinem traurigen Leben als Knecht auf einer andern Alp ein Ende. Er erhängte sich.

Happis Geschichte hat mir viele Jahre danach den Stoff für eine leicht verfremdete, aber dramatische Erzählung geliefert.

Das Leben auf der Alp bestand aus harter Arbeit. Dann und wann, etwa bei Gewittern, stürzte ein verängstigtes Rind oder eine Kuh in wildem Trab über einen Felsen zutode.

In der Nähe des Vaters fühlte ich mich wohl und geborgen. Nie verspürte ich auch nur die geringste Angst, wenn ich als kleiner Knabe auf den Schultern des Vaters sass und dieser in kühnen Sprüngen von Stein zu Stein einen Bach übersprang oder einem schmalen Felsenweglein entlangschritt.

Dem Vater zuzuschauen, wie er die Milch im grossen Kessi mit Labpulver oder mit in Streifen geschnittenem Schweinsmagen verdickte, sie darauf mit dem metallenen «Besen» am untern Ende des Holzstiels in regelmässigem Schwingen zu einem weichen kernigen Brei verfeinerte, diesen dann auf den Boden des Kessis sich setzen liess und hierauf mit einem viereckigen Tuch, zwei Ecken zwischen den Zähnen, die gegenüberliegende Seite um eine biegsame Rute geschlungen, die Käsemasse aus der Milch zog, am mächtigen Holzarm des drehbaren Stammes aufhängte und den Sack solange drehte, bis keine Feuchtigkeit mehr aus dem Tuch tropfte – ja, und wie er dann die Käsemasse in die bereitgestellte Holzform trug und so lange knetete und drückte, bis sie gleichmässig verteilt war –, das alles wurde mir immer wieder zum Erlebnis.

Unvergesslich auch bleibt mir, wie ich vor bald 70 Jahren, an der Hand des Vaters, wenn das Tagewerk getan war, von der Sennhütte den schmalen Pfad hinauf zur Daube schritt. Dort setzten wir uns auf die Bank vor dem Holzhüttlein. Über uns das Sternengefunkel. Tief unten der Brienzer- und der Thunersee. Gegenüber der Harder, das Augstmatthorn, die Bergkette bis zum Brienzer Rothorn. Im Westen die bleichen Riesen Eiger, Mönch und Jungfrau. Da sassen wir eine Weile nebeneinander, mein Händchen in der starken Hand des Vaters. Bevor wir im Nachtwind zu frösteln begannen, nahmen wir den Weg hinunter zur Hütte wieder unter die Füsse.

Der Schuss ins Auge

Sie hatten mich aus dem Bett im Kindersaal geholt, auf einen Wagen gelegt und in den Operationsraum gefahren. Schwester Marta hatte mir die Narkosemaske umgebunden. Ich solle jetzt zählen, hatte man mir befohlen. Ich begann: Eins, zwei, drei. . . Die Pausen zwischen den Zahlen wurden immer länger. Als ich bei 28 angekommen war, fiel ich in den künstlich erzeugten Schlaf. Besser: in ein Traumerlebnis, das mich nie mehr verlassen hat: In rasendem Tempo wurde ich durch eine lange Röhre geschleust. Ich wusste: am Ausgang der Röhre wartet ein Löwe mit aufgerissenem Rachen auf mich. Die Fahrt war nicht zu stoppen. Bevor der Löwe mich jedoch verspeisen konnte, kehrte ich in die reale Welt zurück, benommen noch. Ich sah Schatten über mir, die sich langsam zu menschlichen Gesichtern verdeutlichten. Ich lag wieder in meinem Bett mit einem Verband, der das rechte Auge und die Stirn zudeckte. Eine freundliche Stimme sagte: «So, da bist du ja wieder, und es ist alles gut gegangen.» Dann: «Weisst du, was ich da in der Hand versteckt habe?» Ich wusste es nicht. Schwester Maria öffnete die Hand. Sie enthielt das kleine, verformte Kügelchen, das Doktor *Rieben* mir herausoperiert hatte. Schwester Maria fuhr fort: «Du hast ja noch Glück gehabt. Wäre die Kugel einen Zentimeter weiter hinten in die Schläfe gedrungen . . .» Sie beendete den Satz nicht. Später wusste ich, was geschehen wäre, wenn. . . Und später dachte ich, dass die rasende Fahrt durch die Röhre wohl eine unterbewusste Vorahnung der Grenzüberschreitung war, von der es keine Rückkehr mehr gibt.

Die Netzhaut des rechten Auges war so verletzt worden, dass dessen Sehkraft auf ein Minimum reduziert wurde.

Im Sommer 1932 war ich mit dem Schulkameraden *Armand*

Knecht unterwegs in den Wald, um Kleinholz zu sammeln. Wir begegneten zwei Mädchen. Während wir mit ihnen plauderten, fuhr ein nicht ganz zwanzigjähriger Mann des Dorfes auf seinem Velo vorbei, in der Hand eine entsicherte Flobertpistole. Auf unserer Höhe drückte er ab – uns zu erschrecken, wie er später sagte. Die Kugel blieb in der Netzhaut meines rechten Auges stecken. Der junge Mann fuhr weiter. Die Wunde blutete so stark, dass auf der Strasse bis zum Elternhaus eine rote Spur zurückblieb. Die Eltern waren nicht zu Hause. Die Mutter des Schulkameraden, eine Nachbarin, legte mir einen Verband an. Dann verlor ich das Bewusstsein. Ich wachte auf, als Tropfen auf mein Gesicht fielen – Tränen des Vaters, der mich über die dunkle Treppe des Nachbarhauses zum Auto trug, das uns zum Spital fahren sollte.

Der Schuss des jungen Mannes erregte im Dorf einiges Aufsehen. Der Schütze war der älteste Sohn einer armen, kinderreichen Familie. Meine Eltern verzichteten auf eine Anzeige.

Pietistische Frömmigkeit

Joggli Hanses Familie – Anfang Juni 1930 war als später, dritter Sohn *Christian Paul* zur Welt gekommen – bewegte sich ein wenig am Rande der «normalen» Dorfgemeinschaft. Die Eltern, vor allem die Mutter, pflegten einen pietistischen Glauben, ohne allerdings der Kirche ganz den Rücken zu kehren.

Weil die Mutter für freikirchliche Allianz eintrat, besuchte die Familie die Versammlungen der Evangelischen Gesellschaft, der Evangelischen Gemeinschaft, des Evangelischen Brüdervereins, der Heilsarmee, der Darbysten und jene *Fritz Göttlers* aus dem Schwarzwald, im Hospiz «Pilgerruh» in Interlaken. Jede dieser Gemeinschaften war überzeugt, dass sie das richtige Christentum vertrete, während die je andern eben doch mehr oder weniger im «Irrtum» verharrten. Das vermerkten die Prediger jeweils auch, wenn die Mutter auf die Gottesdienste der andern Versammlungen zu sprechen kam. Darauf antwortete sie dann: «In meines Vaters Hause sind viele Wohnungen», und: «Prüfet alles und behaltet das Gute». Infolgedessen waren zu Hause die christlichen Bräuche nicht gar so streng, wenngleich der Sündenkatalog auch hier recht lang ausfiel. Tanzen, Rauchen, Alkohol, Theater, Kino, überhaupt alles «Weltliche» war Gott nicht wohlgefällig. Auch das Lesen von Romanen, Illustrierten, politischen Zeitungen, Jassen und überhaupt jegliches Spielen – Kegeln etwa – geziemte sich für echte Gläubige nicht. So durften wir drei Buben jeweils am Fest nach dem Schulexamen im Gasthaus «Steinbock» neben der Kirche Gsteig nicht teilnehmen. Wir standen dann, wenn der Festzug, angeführt von der Dorfmusik, am Haus vorbeimarschierte hinter den Fenstern und schauten neidvoll zu, wie die andern sündigen durften, während wir ausgeschlossen waren.

Trotz dieser von den Eltern verordneten Abwendung von der «Welt» fügten wir drei uns ohne Widerrede. Gebete vor und nach jeder Mahlzeit, der Bibeltext aus dem Losungsbüchlein beim Morgen- und beim Abendessen gehörten zur täglichen geistigen Kost. Ich sang die frommen Lieder wie meine Brüder, mit Inbrunst und heller Stimme; die biblischen Geschichten, die ich in der Sonntagsschule im kleinen Hotel «Schönfels» bei den Schwestern *Maria* und *Marta Krebs* hörte, beflügelten meine lebhafte Phantasie, erfüllten mich mit Gefühlen des Glücks, aber auch mit Angst, wenn ich an die Strafen dachte, die denen angedroht waren, die der Sünde frönten.

Die Enge dieser Frommheit wurde gelockert durch die tolerante Einstellung des Vaters. Wenn er im Frühjahr oder im Herbst mit mir das Vieh hütete, rauchte er gerne sein Pfeifchen. Als ich mit etwa zwölf Jahren einmal den Wunsch äusserte, auch zu rauchen, machte der Vater mir aus Nussbaumholz eine Pfeife, stopfte sie mit zerriebenen dürren Nussbaumblättern und zündete mir den «Tabak» an. Wie er vermutlich vorausgesehen hatte, schmeckte mir diese «Sünde» nicht. Als dann erst noch die Mutter in Sichtweite auftauchte, klopfte der Vater seine und meine Pfeife leer und steckte beide in eine Rocktasche.

Der fromme Eifer der Mutter verlor eines Tages ebenfalls etwas von seiner Strenge, als ich Zeuge war, wie sie auf dem Friedhof Gsteig von den Blumen auf verschiedenen Gräbern einen Strauss für das Grab ihrer Mutter zusammenstellte. Auf meine Frage, ob man das dürfe, ob das nicht gestohlen sei, antwortete sie ziemlich energisch, ich solle nicht so dummes Zeug fragen.

Die Religiosität der Eltern bestand aber nicht nur aus Beten, Bibellesen, Versammlungsbesuch oder gar wortreicher Frömmelei. Vielmehr lebten sie ein tätiges Ernstnehmen der biblischen Botschaft, wie sie im Liebesgebot und im «Hungern und Dürsten nach Gerechtigkeit» Ausdruck findet. Da verliess kein Hausierer das Haus, der nicht zum Essen wäre eingeladen worden. Den Fahrenden brachte die Mutter, wenn sie am Rande des Dorfes Wilderswil ihre Wagen aufstellten, Obst, Gemüse oder sonst etwas Essbares. Sie gehörten eben auch zu den von der «Welt» Verachteten, wenn auch gewiss nicht zu den schon Geretteten. «Was ihr einem der geringsten meiner Brüder getan habt, habt ihr mir getan.»

Von diesem Bibelverständnis her nahmen die Eltern, vorab wieder die Mutter, durchaus am politischen Geschehen teil. Der Boykott jüdischer Geschäfte in Deutschland nach der Machtergreifung durch die Nationalsozialisten im Frühjahr 1933 erregte Mutters Zorn. Dieser Hitler werde ein böses Ende nehmen, weil er die Juden verfolge. Für sie waren die Juden das Volk Gottes. Wer dieses Volk verfolgte, versündigte sich gegen Gott. Die Verheissungen und Visionen der Propheten gehörten zum unabdingbaren Glaubensinhalt der Eltern. Die Friedenszeit, in der die Schwerter zu Pflugscharen und die Spiesse zu Rebmessern umgeschmiedet würden und wo die Völker den Krieg nicht mehr lernten, war das Ziel, auf das die Gläubigen zugingen.

Das Gleichnis vom reichen Mann, der alle Gebote und Gesetze einhielt und doch Jesus fragte, was er tun müsse, um ins Reich der Himmel zu gelangen, der aber dann, als Jesus ihn aufforderte, seinen Besitz zu verkaufen, den Erlös den Armen zu geben und ihm, Jesus, nachzufolgen, sich enttäuscht abwandte – hinterliess bei mir einen tiefen Eindruck. Ebenso die Geschichte von *Ananias* und *Saphira*, die zur ersten Christengemeinde gehörten. In der Erwartung der baldigen Wiederkunft Christi waren die Gläubigen gehalten, ihren Besitz zu verkaufen, das Geld in eine gemeinsame Kasse zu geben – «und jeder nahm nach seinen Bedürfnissen». Das Ehepaar beschloss, sicherheitshalber, einen Teil des Erlöses zurückzubehalten. Als sie ihr Geld ablieferten, antworteten sie auf die Frage von Petrus, ob das alles sei, mit ja. Diese Unwahrheit bezahlten beide mit dem Tod.

Beeindruckt war ich, wenn die Mutter etwa begüterten Bekannten, die meinten, sie sei denn doch zu einseitig auf der Seite der Armen, aus dem Jakobusbrief zitierte, wo den Reichen ein Spiegel vorgehalten und ihr Hängen an Gold und Silber, und ihr ausschweifendes Leben scharf verurteilt wird.

Es war die Radikalität solcher Aussagen, die Einschätzung grossen Reichtums als Widersacher des Geistes und der inneren Freiheit, die mich Heranwachsenden sowohl begeisterte als auch ängstigte. Ich glaubte zu verstehen, dass Besitz und Reichtum die Schlüsselfrage im Hinblick auf die verheissene Friedenszeit bildete. Woran dein Herz hängt, das ist dein Gott. «Was hülfe es dem Menschen, wenn er die ganze Welt gewänne und nähme doch Schaden an seiner Seele.» Das alles, wie das Lob freiwilligen Verzichts auf Besitz, schärfte mein Bewusstsein, dass man nicht zwei Herren dienen könne.

Zwei Gemeinschaften vor allem prägten meine Religiosität im Alter zwischen zwölf und sechzehn Jahren. Der Evangelische Brüderverein und die Heilsarmee.

Zwischen Himmel und Hölle

Der Evangelische Brüderverein war vom ehemaligen Wagner *Fritz Berger* aus dem Emmental gegründet worden. Das von ihm und den «Brüdern» vertretene Christentum zeichnete sich aus durch seine Rigorosität in bezug auf das, was erlaubt und nicht erlaubt war. Erlaubt, ja, vorgeschrieben war alles, was der Erlösung diente, angefangen von der Bekehrung als dem Damaskuserlebnis des Einzelnen, bis zur Absage an alles «Weltliche», also die Politik, alle Vergnügungen und Lustbarkeiten. Sünde waren unreine Gedanken, Unzucht, Fleischeslust. Verwerflich war es, Schulden zu machen. Dem Staat war zu geben, was ihm zustand. Der Obrigkeit untertan zu sein war selbstverständlich. Kirche und Theologie wurden als weltliche Institution und Irrlehre abgelehnt.

Neben dem Bruderrat konnten alle Brüder in der Versammlung das Wort ergreifen und jeder den ihm zusagenden Bibeltext wählen, zu dem er sich dann äusserte, meist aus eigenem Erleben, aus eigener Gotteserfahrung. Die Frauen waren entsprechend der paulinischen Anweisung von der Gestaltung des Gottesdienstes selbstverständlich ausgeschlossen.

Was mir die Versammlungen angenehm machte, war die bildhafte, oft humorvolle Wortauslegung durch die einfachen Brüder. Auch die sich an Volksmelodien anlehnenden Lieder gefielen mir, besonders wenn die Refrains an das heimatliche Jodeln erinnerten. Unter den Mitgliedern des Bruderrates, die von Zeit zu Zeit auftauchten, waren allerdings auch solche, die mit donnernder Stimme und furchterregenden Bildern die Höllenqualen malten, die auf jene warteten, die sich nicht ganz und gar Jesus übergeben hatten. Insbesondere der Bruder *Schneider Hans*, ein, wie sich später herausstellte, an einem Magengeschwür leidender Mann mit einem mächtigen Kropf, geriet beim Schildern der Gedanken- und Hoffartssünden und der Hölle gelegentlich in einen ekstatischen Zorn. Dann überschlug sich seine Stimme. Es konnte geschehen, dass er eine Frau oder einen Mann in der Versammlung, zum Beispiel, wegen einer ihm nicht genehmen Haartracht, der Hoffart zieh. Gewaltige Attacken führte er gegen die Sinneslust, in der er den Satan vorwiegend am Werk der Verführung sah. Dass der wortmächtige Gottesmann sich später an Mädchen vergriff, würde dafür sprechen, dass er hier wohl besonders den Versuchungen des Teufels ausgesetzt war.

Nachdem ich während der letzten beiden Schuljahre den Konfirmandenunterricht bei Prediger *Walter Hottiger* in der Kapelle der Evangelischen Gemeinschaft in Interlaken besucht hatte und dort auch konfirmiert worden war (Walter Hottiger verabschiedete sich bald danach vom Predigtamt, schrieb Bauernromane und wurde Feuilletonredaktor des *Emmenthaler Blattes* in Langnau i. E.), meldeten die Eltern mich zum Konfirmationskurs beim Brüderverein in Frutigen an. Dort fand ich mich denn auch nach Schulabschluss im Frühling 1936 ein, zusammen mit weiteren rund zwanzig Mädchen und Buben. Schon am ersten Tag wurden uns Knaben die Köpfe kahlgeschoren, der Hoffart wegen.

Während die Mädchen in Zimmern des Vereinshauses schliefen, fanden wir Buben bei Bruder *Hans Ryter* im benachbarten Kanderbrück in einem Massenlager unsere Schlafstätte. Am Abend marschierten wir in Zweierkolonne, im gleichen Schritt und Tritt, etwa zwanzig Minuten durchs Dorf zum Nachtquartier. Schon bald wurde ich zum «Kommandanten» der marschierenden Truppe ernannt.

Morgens um sechs gab es Tagwache. Waschen im Freien. Marsch zum Vereinshaus. Erstes Gebet und Bibellesung. Frühstück, Kaffee oder Milch, Brot, Käse, Butter, Konfitüre. Wieder Gebet. Dann begann der geistliche Unterricht bis zum Abend, unterbrochen nur von den Mittags- und Abendmahlzeiten.

Schneider Hans verstand es, die Seligkeit der Erlösten in leuchtenden, die ewige Verdammnis der Widerspenstigen in der Hölle in düstersten Farben zu schildern. Diesem geistlichen Wechselbad, Tag für Tag, ja Stunde für Stunde, hielten bis zum Ende der drei Wochen nur zwei oder drei besonders hartgesottene Sünder stand. Alle andern unterzogen sich den geistlichen Gewittern und wurden denn auch – oder meinten es wenigstens – des Bekehrungserlebnisses teilhaftig.

Voraussetzung der befreienden Vergebung aller Sünden waren Erkennen, Bekennen und Bereuen begangener Sünden. Auch ich hatte nach der Aufklärung, was denn alles Sünde sei, keine Mühe, solche zu bekennen und zu bereuen. Schwieriger wurde es für mich, begangener Missetaten wegen mich schriftlich bei jenen zu melden, an denen ich schuldig geworden war. Da fand ich trotz angestrengten Nachdenkens nichts. Solche Unschuld wiederum hätte vor Bruder Schneider Hans weder Glauben noch Gnade gefunden. Also erfand ich zwei Diebstähle, die ich denn auch den «Bestohlenen» in Briefen bekannte, und bat um Vergebung. So erhielten eines Tages der Bannwart von Gsteigwiler, *Heinz Häsler*, und *Jakob Häsler*, dem ein Viertel einer Scheune des Vaters gehörte, Post aus Frutigen. Der Bannwart vernahm, dass ich einmal ein Tännchen aus dem Gemeindewald gefrevelt habe, ausgerechnet zu Weihnachten. Jakob Häsler erfuhr, dass ich von seinem Dachteil Schindeln gestohlen habe, mit denen ich eine Futterkrippe für im Winter hungernde Rehe gedeckt habe.

Beide Bekenntnisse waren, wie gesagt, erfunden. Die Adressaten schüttelten denn auch den Kopf ob meinen Selbstbezichtigungen. Besorgt oder belustigt zeigten sie die Briefe meiner Mutter und fragten, ob wohl im Oberstübchen ihres zweiten Sohnes noch alles in Ordnung sei. Die Mutter war über meine Beichten alles andere als entzückt. Bei der Rückkehr vom geistlichen Intensivkurs, schalt sie mich, solche Sachen schreibe man nicht, selbst wenn sie wahr gewesen wären. Da müsse man sich ja schämen. In der Tat hatte ich mir meine Bekehrung mehr eingeredet als wirklich erfahren. Obwohl ich mich redlich bemühte, an meine «Wiedergeburt» zu glauben, blieb ein Rest an Zweifeln. Sie wurden noch verstärkt, als Schneider Hans mir voraussagte, ich würde auf die schiefe Ebene geraten, wenn ich, wie es mein Wunsch war, den Beruf des Schriftsetzers erlerne. Da müsse ich Kino-, Tanz-, Theater- und andere sündige Inserate setzen und damit dem Teufel Helferdienste leisten. Mein Einwand, auch die *Friedensbotschaft* müsste ja gesetzt und gedruckt werden, schenkte Schneider Hans offenbar wenig Vertrauen.

Er sollte recht bekommen.

Ich mochte neun oder zehn Jahre alt gewesen sein, als ich zum erstenmal der Heilsarmee begegnete. Eines Sonntagnachmittags stellten sich die weiblichen und männlichen Heilssoldaten vor dem elterlichen Haus in Gsteigwiler auf. Die Musik spielte, das Gitarrenchörlein sang, Major *Vontobel* spielte auf einer kleinen Handharmonika. Dann predigte er so eindringlich, dass ich den schon leicht ergrauten Mann mit der sonoren Stimme nie mehr vergessen habe, obwohl er mir danach nicht mehr begegnet ist. (Der Zufall wollte es, dass ich Jahrzehnte später den Sohn des Heilsarmee-Majors kennenlernte, *William Vontobel*, Mitarbeiter *Gottlieb Duttweilers* und Landesring-Nationalrat, und ihm freundschaftlich verbunden blieb bis zu dessen Tod. 1975, als der *Adele Duttweiler-Preis* der Heilsarmee verliehen wurde, hielt ich die Laudatio.)

Einige Zeit nach dieser ersten Begegnung mit der Heilsarmee ergab es sich, dass ich in der Heilsarmeemusik in Interlaken das Trompetenspiel erlernte und dann als Jungsoldat und Cornettist in diesem Musikkorps mitspielte. Zu jener Zeit waren Majorin *Gunzenhauser* und Kapitänin *Margrit Herren* als Offizierinnen in Interlaken stationiert, zwei ungewöhnlich sympathische Frauen. Ihre Predigten galten nicht allein dem künftigen Heil, sondern ebensosehr der sozialen Not.

Ich fand an den abwechslungsreichen Gottesdiensten Gefallen. Die Aufrufe, an der Bussbank seine Sünden zu bekennen, um dadurch Trost zu finden, waren nicht von der rigorosen Strenge des Brüdervereins. Meist waren es einfache, vereinsamte Männer und Frauen, die sich zur Bussbank begaben, niederknieten und dort ihre bedrängten Seelen beichtend erleichterten oder einfach das Gespräch suchten.

Dass der Gründer und erste General der Heilsarmee, *William Booth*, nach der Devise «Brot, Seife, Heil» in den Elendsvierteln von London sein Missionswerk begonnen und fortgeführt hatte, machte mir Eindruck. Zuerst, so die Erkenntnis William Booth's, müssten die Hungernden satt werden, dann müssten sie sich waschen können und erst dann solle ihnen das Evangelium nähergebracht werden.

Das zweite, was die Heilsarmee von andern religiösen Gemeinschaften unterschied, bestand in der völligen Gleichberechtigung der Frauen. Sie konnten wie die Männer das Predigtamt ergreifen und in die höchsten Ränge der «Armee» aufsteigen. So war eine Tochter des Gründers Generalin geworden. Das hiess für mich jungen Salutisten, dass die Heilsarmee nicht Buchstabengläubigkeit betrieb, sondern Geist und Ziel der frohen Botschaft verkündete und lebte, es also wagte, zum Beispiel, die paulinische Diskriminierung der Frau furchtlos aufzuheben. Gerade darin erblickten andere Gemeinschaften, aber auch die Landeskirche, einen Ungehorsam gegen Gottes Wort, ganz abgesehen vom hierzulande völlig unüblichen und befremdlichen Erscheinungsbild der Heilsarmee: Militärischer Aufbau, Uniformentragen sowohl der Männer wie der Frauen, Versammlungen auf öffentlichen Plätzen, öffentliche Sündenbekenntnisse und anderes mehr. Die Heilsarmee hatte denn auch in den Anfängen ihrer Missionstätigkeit in der Schweiz behördliche und selbst gewalttätige Verfolgungen erlebt, bis allmählich anerkannt wurde, wieviel Gutes sie im sozialen Bereich für die Ärmsten und Verachtetsten der Gesellschaft leistete.

Es war gerade auch dieses Anderssein als die andern, was mich anzog. Es entsprach auch meiner Bekenntnisfreudigkeit. So kaufte ich denn einem ältern Soldaten die diesem zu eng gewordene Uniform für wenig Geld ab, zog sie an einem gewöhnlichen Werktag an, setzte mich aufs Velo, fuhr nach Interlaken und den Höhenweg, den Boulevard des Fremdenkurortes, auf und ab, hinaus nach Unterseen und zurück ins heimatliche Dorf. Die Leute sollten sehen, dass ich nun zur Armee des Heils gehörte. Ich genoss die sonntäglichen Fahrten in die Dörfer des Oberlandes, wo auf den Plätzen musiziert, gesungen und gepredigt wurde.

Als ich Jahrzehnte später von der nun schon pensionierten Majorin *Margrit Herren* auf mein Buch *Zwischen Gut und Böse* einen herzlichen Brief erhielt, suchte ich sie in ihrer Wohnung in Bern auf. Es wurde eine gute Begegnung. Die neu geknüpfte Beziehung hielt bis zum Ableben von Margrit Herren. Die Majorin war, wie sie mir in einem Brief mitgeteilt hat, auf den Tag genau 25 Jahre älter als ich.

Wer lieben will, muss leiden

In meine Heilsarmee-Jahre fiel auch meine grosse Liebe zur etwa sechs Jahre ältern Salutistin und Sonntagsschullehrerin *Rösli Gruber*. Sie war Verkäuferin im Textilgeschäft des Konsumvereins in Interlaken. Rösli war schlank, hatte dunkle Haare und braune Augen. Sie war bleich, von sanftem Wesen und sah ein wenig schwindsüchtig aus. Als ich Jahre später den Film *Die Kameliendame* mit *Greta Garbo* sah, musste ich immer an Rösli denken. Rösli entsprach mit ihrem leicht melancholischen Lächeln meinem Schönheitsideal. Ausserdem besass sie die Stimme einer Nachtigall oder einer jubilierenden Lerche. Zu diesem Traumwesen entbrannte das Herz des Dreizehnjährigen. Wie aber sollte ich ihm diese Liebe erklären? Ich konnte doch nicht vor die Angebetete hintreten und ihr meinen Zustand erläutern, mit der Bitte, mich zu heiraten, sobald ich das heiratsfähige Alter erreicht hatte. Aber auf irgendeine Weise wollte ich ihr doch zu verstehen geben, was sie in meinem Gemütsleben angerichtet hatte. Und ich fand einen Weg.

Weil der Vater zu Hause den rezenten Mutschler-Käse (tellergrosse Käselaiber) herstellte, sammelte er die Milch dazu in einer metallenen Gebse. Wenn ich nun allein zu Hause war, schöpfte ich die Nidle (Rahm) mit einer Holzkelle ab, goss sie in ein Blech-Kesseli und brachte sie *Rösli Gruber*. Die bedankte sich immer sehr freundlich, schien im übrigen jedoch die Botschaft der guten Gabe keineswegs zu begreifen. Zwei-, manchmal dreimal in der Woche stand ich vor der Tür meiner Kameliendame, stammelte meist Grüsse von der Mutter, die mich mit der Nidle geschickt habe. Gelegentlich, wenn Rösli nicht zu Hause war, nahmen ihre Eltern den Rahm entgegen, bedankten sich ebenfalls herzlich und meinten, womit sie denn soviel Güte eigentlich verdient hätten. Bis dann Rösli eines Sonntagabends nach der Versammlung, als meine Mutter und ich mit ihr plauderten, für die feine Nidle dankte; es sei aber gewiss nicht nötig, sie damit jede Woche zwei- oder sogar dreimal zu erfreuen. Nun wusste die Mutter, wohin die Nidle verschwunden war, nach der der Vater jeweils verärgert gefragt hatte, was sein Sohn geflissentlich überhörte. Die Mutter aber fand, wenn ich der Sonntagsschullehrerin Nidle bringe, sei ich geistlich gewiss auf dem richtigen Weg.

Ein junger Mann, der einen Selbstmordversuch überstanden hatte und nun von Rösli während der Bussbank getröstet wurde, brachte mich auf die Idee, es einmal damit zu probieren. Der Versuch misslang, weil ich «vergessen» hatte, den Lichtschalter zu betätigen, bevor ich den Zeigefinger vorsichtig in die Hülse der herausgeschraubten Birne steckte.

Einem weisshaarigen Obersten, der Rösli vor aller Augen zu umarmen und auf die Wangen zu küssen wagte, hätte ich Jungsoldat, fernab aller Nächsten- oder gar Feindesliebe, mein Instrument um den Schädel schlagen mögen. – Als Rösli dann eines Sonntagabends mit einem jungen Mann in der Versammlung erschien und ich vernahm, der sei ihr Verlobter, musste ich endgültig alle Hoffnung fahren lassen.

Im Frühjahr 1936 verliess ich die Heilsarmee. Der Abschied fiel mir nicht leicht.

Es gingen an die sechzig Jahre ins Land, bis ich die mir besonders nahestehenden Kameradinnen und Kameraden wieder traf. Es wurde eine lebendige Begegnung. Die Klammer der Freundschaft hatte sich kaum gelockert. Unvergesslich auch die Begegnung mit Rösli. Es wurde die letzte. Kurz darauf starb meine Kameliendame, nicht an Schwindsucht.

2 KOPF, HERZ UND HAND

Die Schule in Gsteigwiler war ein Glücksfall. Weil ich im März Geburtstag habe, also noch vor Ostern, kam ich mit sechs Jahren in die Schule. Für die untern vier Klassen war gerade eine neue Lehrerin gewählt worden, *Marta Kropf.* Sie unterrichtete mit entschiedener Sanftheit. Kaum je musste sie die Stimme heben, um klarzumachen, was sie wünschte. Sie verstand es, das Lernen zur Freude zu machen. Sie wohnte im 1876 erbauten Schulhaus.

Zu ebener Erde befand sich die Stube, in der die Gemeinde- und Burgerversammlungen durchgeführt wurden. Auch Vorträge oder andere Veranstaltungen fanden hier statt. Im ersten Stock war die Unterschule untergebracht.

Die Oberschülerinnen und -schüler – fünfte bis neunte Klasse – belegten die Schulstube im zweiten Stock.

Auf dem Estrich wurde das Holz für die Heizöfen und den Kochherd aufbewahrt. Die Scheite wurden von den Schülerinnen und Schülern in einen Korb gelegt und mit einem Aufzug in die Höhe gezogen. Im Frühjahr gruben wir Kinder den Garten der Lehrerin um, zogen die Beete und pflanzten nach den Anweisungen von Marta Kropf Gemüse, Beeren, Kartoffeln und Blumen. Für diese Gartenarbeit gab es jeweils ein nahrhaftes Zvieri.

In beiden Schulstuben sassen die Buben und Mädchen zu jener Zeit noch in langen Bänken, auf denen je vier bis fünf Schülerinnen und Schüler Platz fanden. Als ich in der sechsten Klasse war, gab es neue Zweierpulte mit aufklappbaren Deckeln und Sitzen.

An der Oberschule unterrichtete im ersten Jahr nach dem Umzug von Wilderswil nach Gsteigwiler noch der betagte Lehrer *Fritz Häsler.* Zu ihm war schon mein Vater zur Schule gegangen. Damals hatte Fritz Häsler fünfzig bis sechzig Kinder unterrichtet. Er sei streng gewesen, aber man habe viel gelernt bei ihm. Sogar Englisch habe er jenen Buben und Mädchen gegeben, die es gewünscht hätten. Auch habe er sich um die Schulentlassenen gekümmert und einigen von ihnen Lehrstellen vermittelt.

Dann trat etwas ein, was schliesslich zur Wegwahl Fritz Häslers führte. Eines Tages glaubte des Lehrers Frau einen seltsamen Geruch in der Wohnung festzustellen. Sie war überzeugt, die Nachbarn wollten sie, den Mann und ihren Sohn mit irgendeinem Gasgemisch vergiften. Der Lehrer schloss sich dieser Vermutung an.

Als der offensichtliche Verfolgungswahn anhielt, unter dem nicht nur die zu Unrecht verdächtigten Nachbarn, sondern auch die Kinder und der Unterricht litten, kam es zu Spannungen im Dorf. Die einen hielten aus alter Sympathie zum Lehrer, auch wenn sie nicht an die Giftgeschichte glaubten; die andern, vor allem die Eltern von Schülerinnen und Schülern mitsamt den Schul- und Gemeindebehörden, mussten einsehen, dass es so nicht weitergehen könne.

Da der alte Lehrer sich weigerte, freiwillig zurückzutreten, blieb nichts anderes übrig, als ihn nicht mehr zur Wahl vorzuschlagen. Eine Mehrheit entschied sich für die Wegwahl. Darauf verliessen das Ehepaar und der auch schon ältere Sohn ihr Heimatdorf und zogen ins Unterland, wo sie einen Bauernhof erwarben, den sie dann noch während mancher Jahre bewirtschafteten, bis Fritz Häsler in hohem Alter und verbittert über das ihm und seiner Frau angetane «Unrecht» starb.

Ich war noch zu jung, um die Tragik dieses kleinen Dramas ganz zu erfassen. Aber da die Eltern dem Lehrer und seiner Frau freundschaftlich verbunden waren und ich selbst sie als freundliche Leute gekannt hatte, teilte ich den Kummer über ihren Weggang.

Zum Nachfolger Fritz Häslers wurde der junge *Albin Stähli* gewählt. Er stammte aus Kienholz bei Brienz, wo sein Vater eine Schnitzlerwerkstatt betrieb und hatte erst vor kurzem das Lehrerseminar Hofwil verlassen.

Im Frühjahr 1931 kam ich in die Oberschule. Albin Stähli, gross gewachsen, schlank, sportlich, gut aussehend, fand zu den

Schülerinnen und Schülern rasch eine gute Beziehung, vielleicht auch deshalb, weil er ja nur wenige Jahre älter war, als die Burschen und Mädchen der neunten Klasse.

Albin Stähli gestaltete den Unterricht spannend, unterhaltend, abwechslungsreich. Er paukte keine Daten ein. Er verstand es, die Neugier der Buben und Mädchen für den zu behandelnden Stoff zu wecken. Sie hatten das Gefühl, den Unterricht in hohem Masse mitzugestalten. Wann immer das Wetter es erlaubte, fand der Naturkundeunterricht im Freien statt. Man zerlegte Blumen, Gräser, Blätter, Baumzweige, Eicheln und lernte so ihr Inneres kennen, den Wasserhaushalt, ihre Chemie – und das Staunen vor dem Geheimnis Leben, jener Kraft, deren Ursprung wir nicht kennen, ohne die wir aber nicht sind und sein können.

Blumen und Gräser erhielten Namen: Das zarte Wiesenschaumkraut, der rote und der weisse Klee, Frauen- und Silbermantel, Hahnenfuss und Butterblume, die roten Heublumen, Wegerich, die nach Schokolade duftende Brunelle, Wiesensalbei, Bärlauch, Waldmeister, Schafgarbe, Silberdistel, Bleiches Knabenkraut undsoweiter undsofort.

Es waren die Jahre, da ich erstmals bewusst empfand, Teil dieser Natur zu sein, ihre farbige, duftende, unermessliche Vielfalt als Wunder begriff. Zusammen mit meinem Schulfreund *Ruedi Knecht* bestellte ich vom Schweizerischen Naturschutzbund in Basel Aufklärungsmaterial und kleine Plakate mit der Aufforderung, der Natur Sorge zu tragen.

Schulreisen

Das Geld für die jährlichen Schulreisen brachten wir Schülerinnen und Schüler selbst zusammen. Wir sammelten Teekräuter, dörrten sie auf dem Estrich des Schulhauses und verkauften sie an Drogerien und Apotheken. Auch die zusammengetragenen Schnecken fanden ihren Abnehmer. In den Maikäferjahren standen die Buben und Mädchen in aller Herrgottsfrühe auf, kletterten auf die Laubbäume, schüttelten kräftig die Äste, so dass die Käfer zu Tausenden auf den Boden purzelten. Darauf wurden sie in mit heissem Wasser gefüllten Kesseln verbrüht.

Es waren billige und doch reiche Schulreisen, die Albin Stähli mit seinen Klassen unternahm. So führte eine Tagestour ins hochgelegene Saustal, eine Alpweide zwischen dem Vreneli-Gipfel und dem Schilthorn. Kurz nach Tagesanbruch zogen wir Kinder los, Brot, Käse, Wurst, gekochte Eier, Maggi-Suppenwürfel in den kleinen Rucksäcken. Am Ufer des Sausbaches kochten Mädchen und Buben in den Gamellen der Väter Suppen und Tee.

Albin Stähli erläuterte an gefundenen Gesteinsbrocken die Geologie der Gegend, die Jahrtausende, die in diesen Steinen aufgehoben waren. Da irgendwo brachte ich die Geschichte vom Grossvater und dessen Enkel an, die als letzte Bewohner das Tal verlassen hatten und von denen der Name Sauser sich herleite.

Eine andere Schulreise führte auf die Schynige Platte, wo die Klasse in einem Massenlager übernachtete. Tagwache wiederum um vier Uhr. Waschen am Brunnen. Marsch zum Faulhorn und weiter zur Grossen Scheidegg. Am nächsten Morgen hinunter zum Rosenlaui und weiter nach Meiringen. Auf diesem Weg liess ich meinem lockeren Mundwerk wieder einmal freien Lauf, so sehr, dass Albin Stähli die Frage stellte, es nehme ihn doch wunder, ob ich einmal eine Viertelstunde schweigen könne. Beleidigt dachte ich, dem werde ich es zeigen. Mit zusammengepressten Lippen schritt ich weiter, auf Fragen und Spötteleien der Knaben und Mädchen schwieg ich verbissen. Erst nach zwei Stunden reagierte ich auf Stählis wiederholte Bitten, wieder zu reden; er wisse jetzt, dass ich auch einmal schweigen könne. «Es ist doch kurzweiliger, wenn du deine Sprüche klopfst.»

Unvergessen die Reise durchs Emmental mit dem Abstecher nach dem Dorf Wasen zur kurzen Begrüssung der Verlobten Albin Stählis, *Mathilde Schärer*, die er kurze Zeit später heiratete, und weiter durchs Entlebuch nach Luzern. So lange war noch keines der Kinder mit der Eisenbahn gefahren, und zum erstenmal auch sahen die Gsteigwiler Mädchen und Buben einen Sackbahnhof. Dann zum Löwendenkmal, und anschliessend zum Spiegelsaal: Dutzendfach sahen sie sich, und immer wieder stiess das eine oder andere mit dem Kopf gegen einen Spiegel, eine aufregende Erfahrung. Dann zum erstenmal der Vierwaldstättersee, an dessen Ufern irgendwo die Rütliwiese lag, die Geburtsstätte der Eidgenossenschaft. Sie hatten *Schillers Wilhelm Tell* gelesen und als Freilichtspiel in Matten gesehen. Die Heimat weitete sich.

Rückfahrt durch Obwalden, dem Sarner- und dem Lungernsee entlang, über den Brünig nach Interlaken und Wilderswil. Wieder zu Fuss nach Gsteigwiler.

Dem alten Mann will scheinen, die Jungen seien vor fünfzig und sechzig Jahren erlebnisfähiger gewesen als heute. Vielleicht deswegen, weil sie nicht Tag für Tag von tausend Eindrücken überschwemmt wurden und deshalb Neues haften blieb, nicht nur über den Tag hinaus.

Welt der Bücher

Unverlierbare Begleiterinnen durchs Leben blieben die Gedichte, die Stähli seinen Schülerinnen und Schülern vermittelte. Dabei achtete er auf ein den Texten entsprechendes Sprechen. «Inhalt und Sprechen müssen übereinstimmen.» Für mich wurden die Gedichte zur nachhaltigen Erfahrung, und Sprechen hatte mit Musik zu tun.

Gottfried Keller, Hermann Hesse, Karl Stamm, C. F. Meyer, Theodor Fontane, Nikolaus Lenau, Heinrich Heine, Theodor Storm, Christian Morgenstern, Matthias Claudius und manche andere, versammelt im Buch *Lebensfahrt*, wurden mit ihren Gedichten verlässliche Kameraden auf der realen Lebensfahrt. Über die beglückende Erfahrung des Aufnehmens hinaus wurde mir, ebenfalls Jahre später, bewusst, wie sehr das Auswendiglernen von Gedichten und andern Texten zur nachwirkenden Übung des Gedächtnisses geworden war.

Als Albin Stähli nach Gsteigwiller kam, räumte er zunächst

einmal die Schulbibliothek aus. Sie bestand aus vielleicht dreissig Büchern, Abenteuer- und Wildwestromanen – *Zane Grey* war stark vertreten –, süsslichen Heimatgeschichten aus Österreich und Bayern, kaum aus der Schweiz, und ähnlichem.

Stähli beantragte beim Gemeinderat einen Kredit zur Anschaffung eines Grundstockes neuer Bücher. Er fand Gehör. Weit reichte das Geld fürs erste nicht. Aber mit Werken von *Meinrad Inglin, Jakob Bührer, Felix Moeschlin, Carl Albert Loosli, Josef Reinhart, Paul Ilg, Simon Gfeller, Elisabeth Müller, Ida Bindschedler, Lisa Wenger* und andern war ein Anfang gemacht. Ergänzt wurde die Bücherei im Spätherbst mit Leihbüchern der Schweizerischen Volksbibliothek.

Da nun fand ich jene Literatur, die mich immer stärker fesselte und mein Denken und Empfinden mitbestimmte. Vor allem die Amerikaner, Russen und Franzosen taten es mir an. Sie öffneten mir eine geistige und soziale Welt, die für mich neu war und wegweisend wurde.

Jack Londons Ruf der Wildnis, Upton Sinclairs Petroleum, Mark Twains Tom Sawyer und Huckleberry Finn, Leo Tolstois Anna Karenina und die Volkserzählungen, *Martin Andersen Nexös Pelle der Eroberer* wurden mir zu bereichernden Erlebnissen. Starken Eindruck hinterliessen in jenen Jahren *Hermann Hesses* Romane *Rosshalde, Knulp, Der Steppenwolf,* aber auch seine Gedichte, vor allem die Sammlung *Musik des Einsamen.* Ich schrieb dem Dichter Briefe nach Montagnola. Hesse dankte regelmässig, freundlich, aufmunternd auf Karten mit farbigen Reproduktionen seiner Bilder.

Rainer Maria Rilkes Weise von Liebe und Tod des Cornetts Christoph Rilke («Ich trage die Fahne . . .») hatte *Albin Stähli,* der gerade Adjutant-Unteroffizier und also Fahnenträger geworden war, mir vorgelesen und mich damit zum Bewunderer des Sprachkünstlers gemacht. *Die Aufzeichnungen des Malte Laurids Brigge,* die *Briefe an einen jungen Dichter,* das Buch über *Auguste Rodin,* immer mehr auch die Gedichte schlugen mich in Bann. Über Rilke lernte ich die Romane *Frau Marie Grubbe* und *Niels Lyhne* des Dänen *Jens Peter Jacobsen* kennen.

Als ich 1940 in Brig arbeitete, unternahm ich gemeinsam mit einer befreundeten Lehrerin eigentliche Pilgerwanderungen zum Grab Rilkes an der Kirchmauer in Raron und zum Schlösschen Muzot, wo der Dichter seine letzten Lebensjahre verbracht hatte. Eine dünne, handgesetzte Schrift, *Kleines Buch der Erinnerung*, zeugt von der Rilke-Stimmung jener Jahre.

Persönlichkeit und Werk des französischen Dichters *Romain Rolland* übten auf mich starke Wirkung aus. Da waren die Biographien über *Tolstoi, Gandhi, Ramakrishna*, dann der dreibändige Roman *Jean-Christophe* und einige Jahre später das sechs Bände umfassende Werk *Die verzauberte Seele*. Der hagere Mann mit dem vergeistigten Gesicht und den sinnend blickenden Augen wurde für mich zur moralischen Instanz in einer von Hass, Niedertracht und Krieg gezeichneten Welt. Rollands furchtloses und kämpferisches Einstehen für Völkerverständigung, insbesondere zwischen den Feinden Frankreich und Deutschland, für soziale Gerechtigkeit und einen humanen Sozialismus hatten ihm in seinem Land, aber nicht weniger im kaiserlichen Deutschland, wütende, beleidigende Feindschaften eingetragen. Er war ein herausragender und darum einsamer Repräsentant europäischer Kultur, ein Rufer in der Wüste chauvinistischer Verblendung. Es dürfte diese tiefe Wunden hinterlassende Erfahrung gewesen sein, was ihn immer näher zur Sowjetunion und ihrer kommunistischen Partei geführt hat. In den letzten Lebensjahren verstummte der grosse Mahner und Humanist. Am 30. Dezember 1944, vier Monate vor Kriegsende starb er im französischen Vézelay.

Prägende Einflüsse übten auf mich in jenen Jahren auch die Holzschnitte von *Frans Masereel* und die Zeichnungen und Bilder von *Käthe Kollwitz* aus. Sie spiegelten unverfälscht die düstern Seiten der sozialen Wirklichkeit in Europa.

«Sunn- u Schattsyte»

Von anderer Qualität waren die in den dreissiger Jahren populären Mundart-Bücher von *Rudolf von Tavel, Emil Balmer, Si-*

mon Gfeller, Karl Grunder, Josef Reinhart, Ernst Balzli und andern Schriftstellern in den Kantonen Bern und Solothurn. Ich las sie gerne und mit Gewinn, weil mich ein freundlicher, versöhnlicher Geist aus ihnen anwehte, und das war wohl als Ausgleich zu meinem immer kritischer werdenden Denken notwendig. Näher standen mir jedoch auch hier die Bücher von *Carl Albert Loosli* und *Alfred Fankhauser.*

Zu einer schönen Erfahrung wurde das von *Albin Stähli* mit Erwachsenen und Schülern inszenierte Mundartstück *Dr verlornig Sohn* des Emmenthaler Lehrers *Karl Uetz*. Ich spielte die Titelrolle, die Krämerin *Rosa Feuz* die Rolle der Mutter. Sie drückte mich Heimgekehrten, damals noch ein schlankes Bürschchen, umarmend an ihre Brust. Meine Arme dagegen waren zu kurz, als dass ich Rosa umfänglich hätte umarmen können. Die Herzlichkeit des Wiedersehens litt darunter jedoch nicht.

In jenen Jahren durften Schülerinnen und Schüler einmal im Jahr kostenlos in der ganzen Schweiz herum telephonieren. Ich suchte die Nummern einiger der schon genannten Mundartschriftsteller heraus und rief sie keck an, unter ihnen auch den Maler *Ernst Kreidolf.* Am längsten unterhielt sich *Emil Balmer* mit dem Schüler aus Gsteigwiler. Er erkundigte sich nach meinen Eltern, dem Lehrer und warum ich gerade auf ihn, Emil Balmer, gekommen sei. Ich gab Antwort und meinte am Schluss, falls er etwa eines seiner Bücher vorrätig habe, wären die Schüler und der Lehrer dankbar, wenn er es ihnen schicken würde. Einige Tage später kam das Geschichten-Buch *Sunn- u Schattsyte.* So entstand eine enge Beziehung des Schriftstellers zu Gsteigwiler. Er las aus seinen Büchern und schickte den Schülern Jahr um Jahr zu Weihnachten eine Kiste voll Berner Lebkuchen.

Einmal schrieb ich dem so freundlichen Schriftsteller, der als Beamter im Bundesarchiv arbeitete, wenn er zufällig einmal den Bundesräten *Giuseppe Motta, Edmund Schulthess* und *Rudolf Minger* begegne, möchte er ihnen doch einen Gruss ausrichten. Eines Tages bekam ich eine Ansichtskarte, auf deren Rückseite mit kräftiger Schrift zu lesen war: «Lieber Alfred, Herr Balmer hat mir deinen Gruss ausgerichtet. Es freut mich, dass du solche Freude an der Mundartliteratur hast und auch, dass du ein Bauernbub bist. Ich wünsche dir und deinen Eltern alles Gute! Mit freundlichen Grüssen Rudolf Minger, Bundesrat.»

Aus der ursprünglichen Telephonbeziehung wuchs eine enge Freundschaft zwischen Emil Balmer und mir. Er war ein fürsorglicher Begleiter, der mir in guten und in weniger guten Zeiten die Treue hielt. Als der Mann mit der voll tönenden Baritonstimme, dem breitrandigen Hut und der roten Nelke im Knopfloch am 7. Februar 1966, acht Tage vor seinem 76. Geburtstag, in Bern starb, verlor ich einen Weggefährten, dem ich mich dankbar verbunden weiss über Jahr und Tag hinaus.

Singen, Kochen, Stricken, Politisieren

Zu Albin Stählis Schulgestaltung gehörte selbstverständlich das Singen gleichwertig, wenn auch nicht als Pflichtfach neben andern, sondern – ähnlich den Gedichten – als ein Medium seelischen Erlebens.

Eines Tages meinte Albin Stähli zu mir, es wäre doch schön, wenn ich ein Musikinstrument spielen lernte, zum Beispiel Geige. Als die Eltern dem Vorschlag eher skeptisch begegneten, liess Stähli nicht locker und brachte einfach eine Geige mit, die die Eltern mit wenig Geld und zwei Ziegenfellen bezahlten. Bei Musikdirektor *Carl Halter* in Interlaken erhielt ich Violinunterricht. Schon nach einigen Stunden war ich soweit, dass ich Lieder in der Schule begleiten konnte, zusammen mit *Albin Stähli* der kraftvoll in die Tasten des asthmatischen Harmoniums griff. So erklangen denn die schweizerischen und deutschen Heimat-, Wander- und Sehnsuchtslieder voll- und wohltönend aus der Schulstube durch die offenen Fenster hinaus ins Freie, wo Frauen und Männer gelegentlich stehen blieben und zuhörten.

Noch ein weiteres zeichnete diese Schule aus. Weil einmal

in den oberen fünf Klassen nur zwölf Kinder waren, wollte der Gemeinderat die Kochschule einstellen. Es lohne sich nicht, für so wenige Mädchen Woche für Woche eine Kochlehrerin zu bezahlen. Die Gemeindeväter machten die Rechnung jedoch ohne die Mütter. Diese erklärten resolut, wenn es zu wenig Mädchen gebe, dann sollten eben die Buben die Kochschule besuchen. Die Mütter setzten sich durch. Und weil das so ohne weiteres klappte, gingen die Buben dann gleich auch noch in die Handarbeitsschule zu *Marta Kropf*, lernten Stricken und Nähen und stellten aus Sacktuch und farbigem Wollgarn hübsche Bettvorlagen her. Dafür waren die Mädchen beim technischen Zeichnen, beim Schreinern und Zimmern in der Schule gleichberechtigt mit dabei.

Neben Lesen, Schreiben, Rechnen, Poesie, Gesang und Theater wurde die Politik in der Schule nicht ausgespart. Die Zeiten waren auch danach. Weltweite Krise, folgenschwer auch im Oberland: Arbeitslosigkeit, Bergbauernnot, harsche Auseinandersetzungen zwischen «Rechts» und «Links», aktive Frontisten. Sozialismus und Kommunismus waren weitherum Inbegriffe des Bösen, Bedrohlichen. Selbst die Sozialdemokraten galten als gefährliche Leute, die es auf die Sparbüchlein der einfachen Bürgerinnen und Bürger abgesehen hätten. In einem ihrer Führer, *Robert Grimm*, sah man immer noch einen verkappten Revolutionär, war er doch einer der Organisatoren des Landesstreiks im November 1918 gewesen.

In der Schule hatte Lehrer Stähli eine wöchentliche Fragestunde eingeführt. Man sprach über Literatur, über Kantons- und Gemeindeangelegenheiten und was an Themen gerade so anfiel. Einmal nun wollte ich wissen, was das eigentlich sei, Sozialismus und Kommunismus. Albin Stählis Antwort fiel so aus, dass ich nachher zu ihm ging und dezidiert erklärte: «Entweder werde ich Kommunist oder gar nichts.» Natürlich hatte Stählis Aufklärung mit dem sowjetischen Kommunismus nichts, wohl aber mit der Utopie einer brüderlichen Gemeinschaft und auch mit der Ethik der Besitzlosigkeit, wie sie von den ersten Christengemeinden gelebt wurde, zu tun.

1935 muss es gewesen sein, als eines Tages ein Mann in der Schule erschien, der von Albin Stähli als deutscher Emigrant, der vor Hitler habe flüchten müssen, vorgestellt wurde. Der Deutsche erzählte von seiner und seiner Genossen Verhaftung durch die Nazis, der Einlieferung in ein Konzentrationslager, der schweren Arbeit, dem ungenügenden Essen und wie er und seine Kameraden geschlagen worden seien, einige so sehr, dass sie an den Verletzungen starben. Im selben Jahr erzählte Pfarrer *René Treier* vom Widerstand *Martin Niemöllers* und der Bekennenden Kirche Deutschlands gegen den Nationalsozialismus.

Für mich Heranwachsenden waren das Bestätigungen meiner Meinung über das nationalsozialistische Regime. Mehr noch als dessen Ablehnung durch die Eltern aus ihrem Glauben heraus, hatte mich ein Buch beeindruckt, das ich im Februar 1934 an einem Sonntagnachmittag bei der Grossmutter zufälligerweise in die Hände bekam. Draussen schneite es. Als das Gespräch zwischen der alten Frau und ihrem Enkel nicht mehr so recht weitergehen wollte, holte die Grossmutter ein Buch vom Ofenbänklein herunter und reichte es mir mit der Bemerkung, es sei zwar eigentlich keine Lektüre für mich, aber ich solle das Buch einmal anschauen. Onkel Fritz habe es nach Hause gebracht. Der Titel: *Braunbuch*. Es war im Herbst 1933 in Basel erschienen, herausgegeben von *Willi Münzenberg*, und enthielt Berichte und Fotos von verhafteten, gefolterten und ermordeten Sozialisten und Kommunisten im Dritten Reich. Zwei Bilder vor allem waren es, die mich stark beeindruckten. Auf dem einen war ein auf einem Zweiräderkarren sitzender Mann namens *Cuhntz* zu sehen, ein ehemaliger Reichstagsabgeordneter und Ministerpräsident von Oldenburg. Das andere Bild zeigte zwei seiner sozialdemokratischen Parteigenossen, die den Mann auf dem Karren durch die Strassen von Chemnitz ziehen mussten. Am Strassenrand standen lachende SA-Männer und Zivilisten. Das Foto wurde als Ansichtskarte vertrieben. Cuhntz wurde als «Novemberverbrecher» und das niederträchtige Spektakel als Aktion bezeichnet, damit die Luft in den Strassen von Chemnitz wieder sauber werde.

Jahre danach erfuhr ich mehr über *Willi Münzenberg*, den Herausgeber des Braunbuches. Er war während des Ersten Weltkrieges als einer der Führer der linksradikalen Jugendbewegung in Zürich aktiv gewesen, hatte dann in Deutschland kommunistische Bücher herausgegeben und als Agitator eine Rolle gespielt. 1940 wurde er in Frankreich ermordet, vermutlich von *Stalins* Schergen, nachdem er an der Seite *Trotzkis* gegen dessen Terror angetreten war.

Die Lektüre des Buches *Die Moorsoldaten*, von *Wolfgang Langhoff*, das der *Schweizer Spiegel Verlag* Mitte der dreissiger Jahre herausgab, verstärkte meine Abscheu gegen die braunen Herrscher, aber auch gegen deren Nachäffer in der Schweiz.

Ein Glücksfall, wie gesagt, diese Schule und ihr Lehrer. *Pestalozzis* Geist wehte und wirkte da ohne missionarische Absicht des Lehrers. Was aufgenommen wurde machte neugierig auf mehr. Leben wurde zur Entdeckungsfahrt zu sich selbst, zu andern Menschen und in die Welt – ein Abenteuer.

3 LEHRZEIT: DER SCHRITT INS LEBEN

Ich hatte kein bestimmtes Berufsziel. Als Musikchef *Hans Roth* mir eine Lehrstelle als Velomechaniker besorgte, hatte ich nichts dagegen einzuwenden. Dann allerdings griff *Albin Stähli* ein. Er hatte gehofft, ich werde mich für den Lehrer-Beruf entscheiden, wozu die Eltern jedoch wenig Bereitschaft zeigten. Nun meinte Stähli: «Wenn du schon nicht Lehrer wirst, solltest du einen Beruf wählen, in dem deine Schreib-Begabung und dein Interesse an Literatur und Politik am ehesten angewendet werden kann: den Beruf des Schriftsetzers.»

Ich hatte keine Ahnung von diesem Beruf, war aber einverstanden, und auch die Eltern hatten nichts dagegen einzuwenden. Nur: Von Schriftsetzerlehrlingen wurde Sekundarschul-Bildung verlangt. Stähli meinte, das lasse sich schon machen. So suchte und fand er in Interlaken eine Buchdruckerei, deren Besitzer erklärte, wenn der Jüngling die Aufnahmeprüfung und die Probezeit bestehe, sei ihm das gleich, ob er die Sekundarschule oder nur die Volksschule besucht habe.

Die Druckerei hiess, dem Namen der kleinen Lokalzeitung entsprechend, *Oberland*, der Besitzer war Dr. *Ernst von Bergen*. Also begann ich nach dem Unterweisungskurs in Frutigen im Frühjahr 1936, ausgerüstet mit einer dunkelgrauen Arbeitsschürze, mit Winkelhaken, Typometer und Pinzette, die Lehre als Typograph. Dass man als Typograph zur Elite der nichtakademischen Berufe gehörte, wurde mir schon zu Beginn der Lehre klargemacht.

Der penetrant süssliche Bleigeruch und das stundenlange Stehen an den Setzkästen machte mir dann mehr Mühe, als ich erwartet hatte. Als die fast täglich einsetzende Übelkeit einige Wochen anhielt, schien es fraglich, ob ich wirklich Typograph werden könne. Gerade noch rechtzeitig gewöhnte ich mich an die «dicke Luft» in der Setzerei.

Die Zeitung *Oberland* war Ende des 19. Jahrhunderts von politisch radikalen Buchdruckern als Gegengewicht zum ältern, konservativen *Oberländischen Volksblatt* gegründet worden. Dr. *Ernst von Bergen* nun vertrat im Blatt politische Auffassungen, die etwa der nichtsozialdemokratischen «Linken» entsprachen. Da er eher künstlerisch-literarisch interessiert, unternehmerisch aber nur mässig begabt war, steckte er ständig in Geldnöten. Infolgedessen fehlten ihm die dringend benötigten Mittel für eine überfällige Modernisierung des technischen Betriebes. In Dutzenden Setzkästen lagerten verstaubte Fraktur- und Antiqua-Schriften.

Lediglich eine uralte Symplex-Linotype-Setzmaschine stand für die Zeitung zur Verfügung. In zwei Magazinen, die von zwei Männern montiert und abmontiert werden mussten, besass von Bergen je eine Antiqua- und eine Frakturschrift. Die Matrizen waren ziemlich ausgebrannt, weshalb der Maschinensatz beim Drucken «spiesste». War einwandfreier Druck gefragt, mussten die haardünnen «Spiesschen» zwischen den Lettern mit feinen Messerchen unter Zuhilfenahme einer Lupe entfernt werden. Stunden und Stunden gingen da drauf. Versagte die Symplex einmal den Dienst, musste der Zeitungstext von Hand gesetzt werden.

Gedruckter Maschinensatz wurde in einer alten Pfanne auf einem Holzfeuer-Kochherd unter dem Dachboden geschmolzen und in gusseisernen Formen wieder zu Stangen gegossen. Dafür war ich zuständig. Dass ich mir bei der Bleigiesserei keine Bleivergiftung zuzog, muss wohl mit meiner Freude an dieser Tätigkeit zusammengehangen haben.

Der Einrichtung der Setzerei, die sich im ersten Stock des Hauses befand, entsprach jene der Druckerei im Parterre. Von den zwei Schnellpressen stammte eine aus dem letzten Jahrhundert. Es hiess, man habe sie am Anfang noch von Hand antreiben müssen. Auf ihr wurde die Zeitung gedruckt. Die Papierbogen für vier Zeitungsseiten legte man von Hand auf den Druckzylinder. War die Maschine gut gelaunt, bewältigte sie in der Stunde etwas über 800 Bogen, was gerade der Auflage des Blattes entsprach. Dieses antike Möbel «*Schnell*presse» zu nennen, war ziemlich übertrieben. Immerhin war ihr eine

Falzanlage angeschlossen, so dass die vierseitigen Zeitungen, nachdem ihnen die gedruckten Adressen aufgeklebt waren, nur noch gebündelt und auf einem grossen Veloanhänger zur Post gebracht werden mussten. Ich legte mir so auch einige Fertigkeit als Zeitungsdrucker zu.

Ich fand Gefallen an meinem Beruf. Ich wurde mit dem Charakter und der Schönheit der verschiedenen Fraktur- und Antiqua-Schriften, den Schriftgraden Perl, Nonpareille, Petit, Garamond, Cicero usw. vertraut. Schriftzeichnen gehörte zum Fachunterricht. Der Goldene Schnitt als harmonisches Mass für das Plazieren einer Buchseite auf dem Papier galt noch weitgehend als verbindlich, wie die Satzregeln. Die Wortzwischenräume betrugen ein Drittelgeviert des Schriftgrades. Zweisilbige Wörter zu trennen, fiel keinem Schriftsetzer ein, der etwas auf sich hielt. Kuppelwörter mussten, wenn schon, sinngemäss getrennt werden. Unten auf einer Buchseite musste ein neuer Textabschnitt mindestens drei Zeilen aufweisen, ebenso ein Abschnittende oben auf der Seite. Nur eine Anfangszeile unten, war ein Waisen-, eine Endzeile oben ein Hurenkind. Eine Ausgangszeile hatte mindestens ein Drittel der Satzbreite auszumachen. Ergaben sich Schwierigkeiten beim Einhalten dieser Regeln, ersuchte man den Verfasser, seinen Text entsprechend anzupassen. Ein sozialgeprägter Zunftgeist wehte in der Gewerkschaft. Frauen durften diesen Beruf erst Jahre nach dem Zweiten Weltkrieg erlernen.

Als ich dem Vater gegen Ende der Lehrzeit sagte, ich werde dann dem Typographenbund beitreten, fragte der besorgt: «Sind das Freimaurer?»

Mit den nach dem Zweiten Weltkrieg entwickelten neuen Technologien ging das Zeitalter *Gutenbergs* nach fünfhundert Jahren zu Ende. Den Beruf des Schriftsetzers gibt es nicht mehr. An seine Stelle ist der Computer getreten. Die Sinnlichkeit des schöpferischen Handwerks, zu dem die schöpferische Musse gehörte, ist dem kalten Tempo des Roboters gewichen. Wer den Beruf des Setzers nicht mehr gekannt hat, kann wohl nur schwer ermessen, was mit seinem Ende verloren gegangen ist.

Im letzten Lehrjahr lernte ich den Dichter und Maler *Karl Adolf Laubscher* und seine Frau *Margit* kennen. Er liess im *Oberland* zwei seiner Gedichtbände drucken: *Hymnen des Lichts* und *Notwendende Worte*. Laubscher wählte eine schöne, klare Groteskschrift, bestimmte die Qualität des Papiers und die Anordnung der Gedichte auf den Seiten. Ich wurde mit dem Setzen der Gedichte betraut. Es wurde eine ebenso spannungsvolle wie bereichernde Zusammenarbeit, die sich bald zu einer Freundschaft entwickelte.

Laubscher und Frau Margit, einst eine begabte österreichische Konzertpianistin, waren Anhänger der Mazdaznan-Bewegung. Mazdaznan (Gedächtnis) strebt eine Lebensführung an, die die Weisheit Zarathustras erneuern will. Das heisst unter anderem: vegetarisch leben, Verzicht auf Rauchen und Alkohol, Schutz der Natur, der Tiere, Harmonie zwischen Geist, Körper und Seele.

Karl Adolf Laubscher fand in der Gazelle die Symbolfigur, mit der er *sein* Mazdaznan als «Wandeln auf geistigen Ebenen» im Gedicht und im Bild ausdrückte. Seine Gazellenbilder – lichtdurchflutete Darstellungen dieser schlanken, scheuen, äsenden, ruhenden und in schwebenden Sprüngen fliehenden Tiere in hellen Grün-, Blau-, Braun-, Ocker-, Gelb- und Graufarben – empfand ich in der Tat als bewegende Botschaften aus einer Welt, wie sie etwa in den Visionen Jesaias und anderer Propheten beschrieben wird. Sie strömen Frieden aus. Mit dieser Botschaft des Friedens stand Laubschers missionarischer Eifer in Widerspruch:

Ihr glaubt ich unterhalte hier
In schönen Weisen. – Ihr irrt!
Ich will euch zwingen
Scharf in herben Gleisen,
Die aufwärts führen
Und ein Hohes preisen,
Dem man dient. –

Schon in den dreissiger Jahren appellierte Laubscher zugunsten einer nicht vergewaltigten Natur an die Vernunft der Menschen mit dem Zuruf:

Hier lasst mir Schilf und Bäume stehn
Und dort den breiten Streifen Sand,
Den wilden, steinbesäten Strand,
Die Büsche, Felsen, jenen Stein:
Es darf nicht alles Acker sein!
Lasst Hecke, Tümpel, Bach und Bord,
Den vollen, herrlichen Akkord,
Den weiten Reichtum der Natur!
Verarmt mir nicht das ganze Land!
Habt ein Gefühl für Gleichgewicht,
Herz und Verstand!

Und immer wieder der Lobgesang auf die Gazelle:

Wo ich durchgegangen
Glitzert's lang noch nach –
An den Blätterwangen
Blieb ein Lächeln hangen
Das ich wortlos sprach.

Für verschiedene Zeitschriften und Zeitungen, unter anderem die *Nation*, schrieb ich begeisterte Artikel über Laubschers Dichtung und Malerei.

Am 7. März 1974 starb Karl Adolf Laubscher. Vier Tage später würdigte ich sein Leben und Werk in der Kirche von Sigriswil.

Im Geist der «Nation»

Der politischen Tradition des *Oberland* und seiner demokratischen Gesinnung kam die Wochenzeitung *Die Nation* am nächsten. Dr. *Ernst von Bergen* abonnierte deshalb für die Kommentierung des schweizerischen und internationalen Geschehens den Pressedienst dieses Blattes, musste deswegen jedoch aus Kostengründen auf den Dienst der Schweizerischen Depeschenagentur verzichten.

Die Nation – Unabhängige Zeitung für Demokratie und Volksgemeinschaft war im Sommer 1933 gegründet worden. Am 1. September erschien die erste Nummer. Alle «freiheitlich Gesinnten» wurden «zum gemeinsamen Werk ... über alle Parteien und Klassen hinweg» aufgerufen. Da war unter anderem zu lesen: «Die wirtschaftliche, moralische und geistige Krise der Welt zieht immer tiefere Furchen in unser Land ... Unter dem Vorwand, die Demokratie erneuern zu wollen, erscheinen Führer, die sich selbst ernannt haben ... Wenn sie ihr Ziel erreichten ..., wäre der Untergang der Eidgenossenschaft besiegelt ... Wir nehmen entschlossen den Kampf für die geistige Freiheit und die nationale Unabhängigkeit auf. Wir wollen mit allen, die nicht gesonnen sind, fatalistisch sich bevormunden zu lassen, uns zusammenfinden auf der freien Tribüne: *Die Nation*.»

Unterzeichnet wurde dieses in der Sprache der Zeit verfasste demokratische Manifest der neuen Wochenzeitung von mehr als 70 Persönlichkeiten unterschiedlicher politischer Gesinnung, aber von hohem geistigem Rang und moralischer Integrität. Unter ihnen Gewerkschafter und Sozialdemokraten wie *Robert Bratschi, Max Weber, Emil Klöti, Fritz Marbach, Hans Oprecht, G. B. Rusca, Eduard Zellweger*; führende Repräsentanten der Demokratischen Partei wie *Andreas Gadient, Albert Maag-Socin, Philipp Schmid-Ruedin*; zahlreiche Professoren wie *Charly Clerc, Arthur Egger, E. Hafter, Jean de la Harpe, William Rappard* der Rechtsanwalt *Eugen Curti*, der Tiefenpsychologe *Oscar Forel*, der Schriftsteller *Felix Moeschlin*, die Volksbildungs-Pioniere *Ernst Frautschi* und *Fritz Wartenweiler*, die Frauenrechtlerin und Seminarlehrerin *Ida Somazzi*, der kämpferische Freiwirtschafter *Hans Konrad Sonderegger*. Der 25jährige *Max Bill* entwarf den Kopf des Blattes.

Finanziell getragen wurde *Die Nation*, die nicht mit genügend Inseraten rechnen konnte, vor allem von Gewerkschaften und von der Demokratischen Partei nahestehenden Kreisen. Als erste Redaktoren zeichneten der Bündner Demokrat und Nationalrat Dr. *Andreas Gadient*, der Sekretär des schaffhausischen Bauern-Verbandes *Paul Schmid-Ammann*, der Zürcher Rechtsanwalt und sozialdemokratische Parlamentarier Dr. *Eduard Zellweger*. Diese drei umschrieben in der ersten Nummer die Ziele der Zeitung: gegen nationalistische und chauvinistische Überhitzung, für Freiheit, Einheit, Unabhängigkeit und Toleranz. Von Beginn an wurde deutlich, dass *Die Nation* sich links der Mitte angesiedelt sah. So sprach *Andreas Gadient* in einem längeren Beitrag die Bergbauernnot sowie die Arbeitslosigkeit und deren Überwindung an. *Paul Schmid-Ammann* zog entschieden gegen die «patriotisch klingenden Phrasen und Schlagwörter gewisser Erneuerer» vom Leder: «Wir sind keine Nation, die durch irgendwelche Rasseninstinkte zusammengehalten werden kann, sondern aus freiem Entschluss ein Bund verschiedener rassischer, sprachlicher, religiöser Minderheiten, die ohne gegenseitige Achtung und Duldung nicht leben können, ein Bund also, der nicht aus den dunklen Trieben des Blutes kommt, sondern allein aus dem Geist der Freiheit und der Demokratie.»

Eduard Zellweger wandte sich gegen den «Missbrauch der Macht, die Vergewaltigung des Rechts und die Erniedrigung der Rechtspflege». *Die Nation* werde den «politischen und geistigen Terror registrieren und brandmarken . . . Stellungnahme, Kampf tut uns not.»

Dieser Verpflichtung kam *Die Nation* von Anfang an nach. Deutlich nahm sie Stellung zur «Rassenfrage». In der ersten Nummer prangerte das Blatt an konkreten Fällen auch «eine krasse Verletzung des schweizerischen Asylrechts» an. So etwa, weil einem jüdischen Flüchtling seine journalistische Tätigkeit als «wesens- und artfremd» untersagt wurde. Von dieser Gesinnung zeugte natürlich auch der *Pressedienst der Nation*. Entschieden verurteilt wurde der räuberische Feldzug des faschistischen Italiens gegen Abessinien. Dessen Niederlage Anfang Mai 1936 kommentierte der *Pressedienst der Nation* wie folgt: «Kleine Staaten können die Hoffnung begraben, dass sie im Falle einer Bedrängung durch einen grösseren Staat in ihren Rechten, in ihrer Selbständigkeit geschützt werden.»

Ich hatte den Krieg in Afrika seit dem Überfall der Mussolini-Truppen am 7. Oktober 1935 mit heissem Herzen und mit steigendem Zorn verfolgt. Als die schwach gerüsteten Truppen Abessiniens doch nicht so rasch zu besiegen waren, wie in Rom erhofft, setzte der verbrecherische Marschall *Rodolfo Graziani* auch Giftgas gegen die schwarze Bevölkerung ein. Vom Völkerbund hatte er nichts zu befürchten, der *Negus* nichts zu erhoffen. Sein verzweifelter Hilferuf in Genf löste keinerlei Echo aus. Der schwarze Kaiser musste aus seinem Land fliehen. Die Schweiz hatte ihm zu verstehen gegeben, dass er hier doch nicht bleiben könne. Einen Tag vor Weihnachten anerkannte der Bundesrat die schändliche Eroberung auch de jure. De facto hatte er es schon im Mai getan.

Als *Andreas Gadient, Eduard Zellweger* und *Paul Schmid-Ammann* die Redaktionstätigkeit neben ihren andern beruflichen Aufgaben nicht mehr bewältigen konnten, traten Dr. *Hans Graf* und *Etienne Schnöller* ihre Nachfolge an. Nach der Kapitulation Frankreichs im Juni 1940 verliess Hans Graf *Die Nation* und wechselte zum Blatt der Jungbauern-Bewegung von Dr. *Hans Müller*. Dieser, ein die Scholle mystifizierender Pionier der bäuerlichen Bildungsarbeit, fand in der Nazi-Ideologie mehr Berührungspunkte, als seiner demokratischen Einstellung gut bekam.

Es war auch die Zeit, da die «Zweihundert» den Bundesrat aufforderten, sich anzupassen und als Zeichen des guten Willens gegenüber dem nördlichen Nachbarn die Chefredaktoren des *Bund* in Bern, der *Neuen Zürcher Zeitung* und der *Basler Nachrichten, Ernst Schürch, Albert Oeri* und *Willy Bretscher* von ihren Posten zu entfernen.

Paul Schmid-Ammann machte unmittelbar nach dem Ausscheiden Hans Grafs klar, dass *Die Nation* sich keinerlei Anpassungsdruck beugen werden. Im jungen *Peter Surava* erhielt das Blatt einen weiteren Redaktor, der an kämpferischem Einsatz gegen nazistische Bedrohungen und für soziale Gerechtigkeit in der Schweiz nichts zu wünschen übrig liess – was er dann nach dem Krieg zu bezahlen hatte.

4 KRISE IM BERNER OBERLAND

Die Wirtschaftskrise der dreissiger Jahre traf auch das Berner Oberland mit ihrer ganzen Härte. Von Zeit zu Zeit sprachen meine Eltern von einem ihnen bekannten Bergbauern, den seine Angehörigen im Tenn erhängt gefunden hatten. Auch wer ohne eigenes Verschulden in Konkurs geriet, galt als «Verlumpeter» und musste sehen, wie er und die Familie mit der Verachtung zu Rande kamen und wie er in Zukunft Brot auf den Tisch brachte. Mehr als 7000 Landwirte im Oberland befanden sich in einer verzweifelten Lage. Die Verschuldung überstieg oft den Wert des Besitzes. Eingegangene Bürgschaften, die eingelöst werden mussten, machten nicht selten das Vielfache des eigenen Vermögens aus. Zusammenbrüche regionaler und lokaler Banken brachten viele Familien um ihr mühsam Erspartes. In einer Erzählung *Der erste Schritt* schilderte ich, wie der Begbauer Jost erlebt, dass seine gesamte Habe – Vieh, Haus und Hof – an den Meistbietenden versteigert wird (*Thymian*, Zürich 1956). Im Kandertal, insbesondere in Frutigen, hatte der Zusammenbruch des schwedischen Kreuger-Trusts, der die dortigen Zündholzfabriken zusammengekauft und dann stillgelegt hatte, katastrophale Folgen, indem auch ehemalige Fabrikbesitzer und viele Kleinaktionäre ihr Geld verloren.

Nicht minder hart wurden die Arbeiter von der Krise heimgesucht. 1936 zählte man im Jahresdurchschnitt über 100 000 Arbeitslose. Das Arbeitslosengeld betrug vier bis sechs Franken im Tag.

Die politischen Auseinandersetzungen und Volksabstimmungen kennzeichneten das Klima. Die Stimmbeteiligungen betrugen zwischen 60 und 85 Prozent! 1935 stimmten von knapp 1,2 Millionen Stimmberechtigten 425 242 für die Kriseninitiative, 567 425 dagegen. Wuchtig verworfen wurden die frontistischen Volksinitiativen für eine Totalrevision der Bundesverfassung nach autoritärem Muster und für das Verbot der Freimaurerei. In den Nationalrat wurde Ende 1935 mit *Robert Tobler* ein einziger Frontist gewählt. Die Sozialdemokraten bekannten sich im Januar 1935 zur Landesverteidigung und strichen das Bekenntnis zur «Diktatur des Proletariats» aus dem Parteiprogramm.

Eine Entschärfung des Klassenkampfes brachte das 1937 zwischen dem Schweiz. Metall- und Uhrenarbeiterverband (SMUV) und dem Verband der Maschinenindustriellen geschlossene Friedensabkommen. Eine Stärkung der Linken erwartete man von der *Richtlinienbewegung,* hinter welcher der Gewerkschaftsbund, die Angestelltenverbände und die Bauernheimatbewegung standen.

Aufsehen erregte der Einzug *Gottlieb Duttweilers* mit sechs Unabhängigen in den Nationalrat. Den umstrittenen Mann hörte ich erstmals 1937, als er zusammen mit dem Flugpionier *Walter Mittelholzer* und dem Schriftsteller *Herbert von Moos* in Interlaken sprach. Als Berichterstatter für das Oberland im Juli 1939 verfolgte ich die Versenkung von Weizen in einem Unterwassertank vor Därligen im Thunersee. Die Absicht, die Landesversorgung für den Kriegsfall auch auf diese Weise zu sichern, wurde vom Bundesrat abgelehnt.

Ich verfolgte alle diese Ereignisse nicht nur als Beobachter mit lebhaftem Interesse. Bei den Abstimmungen für soziale Forderungen und gegen die Fronten-Initiativen verteilte ich Flugblätter und warb in Diskussionen mit Jungbuchdruckern für meine Meinung. Nicht ohne Erfolg.

Berner Heimatwehr

Neben der *Nationalen Front* war es im Oberland vor allem die *Berner Heimatwehr,* die in den von der Krise stark betroffenen kleinbäuerlichen und kleingewerblichen Bevölkerungsschichten Anhänger fand. Aus der 1925 in Zürich gegründeten *Schweizer Heimatwehr* hervorgegangen, sah sie die «Betreuung der christlichen und vaterländischen Güter des Schweizervolkes» als «Gewissens- und Ehrenpflicht» an, und das hiess unter anderem, dass «Juden, Geheim- und Engbünde und ihre Helfer in politischen Körperschaften, Verwaltungen, Gerichten, Parteiausschüssen und Parteimitgliedschaften, in wirtschaftlichen, philanthropischen und gesellschaftlichen Vereinigungen und Unternehmungen (keinen) Eintritt, Mitspracherecht oder gar Führung erhalten» sollten. Bundes- und Erkennungszeichen war die Hellebarde mit dem Schweizer Kreuz. Ihre Zeitung hiess Schweizerbanner.

Als die Heimatwehr-Gruppe Thun-Oberland im Oktober 1930 an die Öffentlichkeit trat, fand sie vor allem im Kander- und im Simmental erstaunlich regen Zuspruch. Im Februar 1934 schloss die Berner Heimatwehr sich mit den Schweizer Faschisten des Obersten *Arthur Fonjallaz* zur *Helvetischen Aktion* zusammen. Einige Monate vorher hatte eine vierzig Mann starke Delegation der Heimatwehr und der Faschisten, bestehend aus Bauern, Lehrern, Offizieren und Journalisten eine Huldigungsfahrt zum italienischen Duce nach Rom unternommen. *Markus Feldmann*, Chefredaktor der *Neuen Berner Zeitung* und prominenter Politiker der Bauern-, Gewerbe- und Bürgerpartei, ortete diese Reise «an der Grenze des Landesverrats». Trotzdem errang die Heimatwehr im Mai 1934 bei den Grossratswahlen mehrere Mandate und brachte es in einzelnen Gemeinden auf mehr als 50 Prozent der Stimmberechtigten. (Quelle: *Die Schweizer Heimatwehr*. Von *Fritz Roth*. 58. Band des Archivs des Historischen Vereins des Kantons Bern, 1974.)

Auf demokratischem Boden politisierte dagegen damals noch die von Dr. *Hans Müller* gegründete *Bauernheimatbewegung* oder *Jungbauernpartei*.

Das *Oberland* stellte sich auch den Jungbauern als Tribüne zur Verfügung. Der schreibgewandte und dynamische Lehrer *Woldemar Wiedmer* aus dem Simmentaler Dorf Oey-Diemtigen, ein fleissiger Verfasser politischer Artikel, tauchte oft bei der Zeitung auf. Er rief die *Bäuerliche Notgemeinschaft* ins Leben. Ihre Aufgabe lautete, «in finanzielle Not geratene Gemeindebürger . . . vor der zwangsweisen Veräusserung ihres Besitztums zu schützen».

Eine beachtliche politische Kraft waren die Sozialdemokraten und die Gewerkschaften. Im Interlakener Sekundarlehrer *Hans Roth*, in den Primarlehrern *Paul Flühmann*, Wilderswil, und *Samuel Brawand*, Grindelwald, fanden sie markante Parlamentarier für den National- und den Grossen Rat. Aber auch die bürgerlichen Parteien erwiesen sich als im ganzen widerstandsfähig gegen den braunen Bazillus.

Antisemitismus vor Ort

Eine prägende Erfahrung war für mich die Auseinandersetzung mit der *Nationalen Front* in Interlaken. Dass die Frontisten auf Dr. *Ernst von Bergen* und er auf sie nicht gut zu sprechen waren, konnte nicht verwundern. Erschütternder empfand ich die heftigen Attacken der Nazi-Anhänger gegen die Geschwister *Geismar*, Besitzern des Textilladens *Zur Stadt Paris*. Hier kaufte die Mutter Kleider ein, und weil sie die Geschwister als «liebe Leute» rühmte, brachte sie ihnen jeweils im Herbst von den Früchten des Ackers und der Obstbäume. Die Hetze der Frontisten gegen die Geschwister *Geismar* versetzte mich in helle Empörung. Die Frage liess mich nicht mehr los, wie es geschehen konnte, dass Kirche und Christen, die sich doch auf die frohe Botschaft des Juden Jesu und seiner jüdischen Jünger beriefen und zum selben Gott beteten, das Volk Gottes durch fast zwei Jahrtausende immer wieder grausam verfolgten, vertrieben, töteten. Dass die Kirche, von einzelnen Pfarrern – zum Beispiel *René Treier* – abgesehen, auch jetzt zum rassistischen Judenhass mehr oder weniger schwieg, konnte ich nicht begreifen.

Politische Diskussionen fanden auch in der Gewerbeschule von Interlaken statt. Die Lehrer *Matthäus Steiner* aus Ringgenberg und *Oskar Michel* aus Bönigen waren Sozialdemokraten. Steiner regte seine Schüler an, sich in Kurzvorträgen zu Themen zu äussern, die ihnen wichtig erschienen. So hielt ich einen Vortrag über *Maxim Gorki* und sein Werk. Ein anderer Lehrling holte zu einem Gegenreferat aus, indem er bezweifelte, dass ein Kommunist ein wirklicher Schriftsteller sein könne, ausserdem sei Gorki an Syphilis gestorben. Als Matthäus Steiner dann das Märchen vom Tode Gorkis widerlegte und sich herausstellte, dass der Gegenreferent kein einziges Buch des russischen Schriftstellers gelesen hatte, stand ich sichtlich besser da als mein Kollege.

Der Jungbuchdruckergruppe beizutreten war mir selbstverständlich. Da wurde ebenfalls eifrig über Politik diskutiert. Der Leiter, *Adolf Brawand* aus Matten, ein aufgeschlossener und belesener Schriftsetzer, ermunterte die angehenden Jünger Gutenbergs, sich um politische Fragen zu kümmern, nicht abseits zu stehen und sich ständig weiterzubilden.

Dank der *Büchergilde Gutenberg,* auf die schon *Albin Stähli* mich hingewiesen hatte, legte ich mir aus dem schmalen Lehrlingslohn meine erste kleine Bibliothek zu. Bald wurde ich auch Vertrauensmann der Büchergilde.

Schon nach dem Antritt der Lehre wurden mir kleinere Aufträge für die Zeitung übertragen, da ich ja bereits als Schüler gelegentlich geschrieben hatte. Berichte über Vereinskonzerte, Theateraufführungen, Vorträge und Filme gehörten zu meinem «Ressort». Ich lieferte stets lobende Texte ab, einmal weil mein kritisches Vermögen äusserst gering entwickelt und meine Wohlgesinntheit schier unbegrenzt waren, wenn es sich nicht um Politik handelte, zum andern aber wohl auch, weil negative Besprechungen unweigerlich Abonnements-Abbestellungen zur Folge gehabt hätten. Das konnte sich das für bürgerliche Kreise zu weit links stehende *Oberland* nicht leisten.

Am liebsten schrieb ich Filmbesprechungen, weil ich jeden Film gratis und so oft ich wollte, besuchen konnte. Am nachhaltigsten beeindruckten mich französische Filme, vor allem jene, in denen *Jean Gabin* spielte. Ob er einen Lokomotivführer, einen Soldaten oder einen Gangsterboss verkörperte, immer setzte sich die Persönlichkeit dieses ungewöhnlichen Schauspielers durch. Unvergesslich *La grande illusion* oder *La bête humaine* nach dem Roman von *Emile Zola.* Unvergesslich auch die Inszenierungen von *Jean Renoir.*

Die «schiefe Ebene», die *Schneider Hans* mir vorausgesagt hatte, wenn ich den Beruf des Typographen erlernen würde – damit hatte er nun wohl recht bekommen. Gelegentlich wurde ich von Ängsten heimgesucht, ob ich mich nun nicht doch auf der Fahrt in die Hölle befinde.

Mein Gottesverständnis wandelte sich. Es stimmte mit dem allmächtigen und willkürlichen Herrscher nicht mehr überein. 1937 war ich auf *Leonhard Ragaz* und die Sozialreligiöse Bewegung aufmerksam geworden, als sich der rebellische Theologe geweigert hatte, einer Verdunkelungsübung Folge zu leisten. Ich beschaffte mir das Buch *Die neue Schweiz*, in dem Ragaz um 1917/18 die Vision von einer Schweiz entwirft, in der seine Reich-Gottes-Vorstellung von Frieden, Freiheit und Gerechtigkeit sozusagen als Modell verwirklicht werden könnte. Diese Idee beeindruckte mich ebenso, wie die Konsequenz, mit der Ragaz die Professur an der Universität Zürich aufgab, um seinen Glauben an der Seite der Arbeiterschaft und der Armen zu leben. Das kam meinem Denken nahe und hat meinen Weg mit beeinflusst.

5 BÜRGERKRIEG IN SPANIEN

Am 3. Mai 1936 siegte in Frankreich die Volksfront. Der Sozialist *Léon Blum* wurde Ministerpräsident. Für die Linke eine Hoffnung, für die Rechte ein Alptraum. Auch in der Schweiz.

Bei der in Berlin durchgeführten Sommer-Olympiade erlagen auch manche Schweizer der Blendung durch das Naziregime. Sie sahen die perfekte Organisation der Spiele, saubere Strassen, Ruhe und Ordnung, aber keine Konzentrationslager.

Am 18. Juli 1936 löste General *Franco* den Aufstand gegen die demokratisch gewählte Volksfront-Regierung in Spanien aus. Die Grossgrundbesitzer, die Kirche und bedeutende Teile der Armee bildeten ein festes feindliches Bündnis gegen das republikanische Regime und die sozialen Veränderungen. Trotzdem wäre die Rebellion Francos mit Sicherheit bald zusammengebrochen, weil die überwiegende Mehrheit des Volkes hinter der Regierung stand. Dann jedoch setzten *Hitler* seine Luftwaffe und *Mussolini* Bodentruppen an der Seite des aufständischen Generals ein. Der Bürgerkrieg war für die beiden ein Exerzierfeld zur Erprobung neuer Waffen. England und Frankreich dagegen übten Nichtintervention. Wie zum Hohn schlossen das Dritte Reich und Italien sich ihr an.

In Europa, in Nord- und Südamerika erkannten linke und bürgerliche Demokraten, dass es in Spanien um ihre Sache und Zukunft ging. Zu Tausenden eilten Freiwillige nach Spanien, bildeten Internationale Brigaden, die an der Seite der republikanischen Armee kämpften. Zu den Spanienkämpfern aus demokratischen Staaten stiessen auch um die 600 Schweizer. In den Internationalen Brigaden sammelten sich Kommunisten, Sozialdemokraten, Trotzkisten, Anarchisten, parteilose Künstler, Schriftsteller, Journalisten unterschiedlichster Gesinnung, einig nur im Willen, den Triumph des Faschismus in Spanien und im übrigen demokratischen Europa zu verhindern. Nur wenige verfügten über eine militärische Ausbildung. Es mangelte oft an Munition für die veralteten Waffen.

Die politische Auseinandersetzung um den Bürgerkrieg in Spanien fand auch in der Schweiz statt. Katholisch-konservative und rechtsbürgerliche Kreise verhehlten ihre Sympathien für Franco nicht. Linke und links-bürgerliche Parteien und Gruppen stellten sich an die Seite der Republik. Zu ihnen gehörte selbstverständlich auch *Die Nation.*

Noch im letzten Schuljahr hatte ich *Miguel Cervantes' Don Quijote* gelesen. *Schillers Don Carlos* hatte mich beeindruckt. Reproduktionen der Bilder von *Velázquez, El Greco* und *Goya* – von letzterem vor allem die Erschiessung der Aufständischen durch napoleonische Truppen – waren mir aus Kunstbüchern dank *Albin Stähli* gegenwärtig.

Mit Empörung verfolgte ich die mörderischen Luftangriffe der deutschen *Legion Condor* auf spanische Städte und Dörfer. Guernica wurde zum Symbol dieser grausamen Kriegführung auch gegen die Zivilbevölkerung. Die Schlacht um Madrid, der Kampfruf der legendären *Passionaria* (*Dolores Ibarruri*): «Non passerán» – «Sie kommen nicht durch» –, die von der linken Presse verbreiteten Heldengeschichten auf Seiten der Republik erfüllten mich mit Zuversicht.

Als dank einer von *Rodolfo Olgiati* geleiteten Hilfsaktion Kinder aus dem republikanischen Spanien zu einem Ferienaufenthalt in die Schweiz kommen durften, organisierten *Albin Stähli* und ich in Gsteigwiler eine Veranstaltung zu deren Gunsten. Ich verfasste den Text eines Flugblattes, setzte und druckte es im *Oberland.* Der Titel lautete: «Spanien – Faschismus oder Kommunismus?» – was *Rodolfo Olgiati* dann zum kritischen Einwand veranlasste, es gehe hier um eine rein humanitäre, also unpolitische Hilfe. Aber die Hauptsache war, dass die Veranstaltung in Gsteigwiler den Betrag von rund 300 Franken einbrachte, fast einen Franken pro Kopf der Dorf-Einwohner.

Ende der Republik

Am 28. März 1939 endete der Krieg in Spanien offiziell mit dem Sieg Francos. Sechshunderttausend Männer, Frauen und

Kinder waren ihm zum Opfer gefallen. Die lähmenden Kämpfe sowjettreuer Kommunisten gegen Trotzkisten, Anarchisten und andere nichtkommunistische Sozialisten kamen erst nach der Niederlage, in Einzelheiten erst nach dem Zweiten Weltkrieg ans Tageslicht.

Während Franco jetzt seine Diktatur der Falange etablierte und in einem beispiellosen Rachefeldzug gegen die Republikaner Tausende Menschen foltern und töten liess und damit sein diktatorisches Regime während vierzig Jahren auszuüben vermochte, kehrten fünfhunderttausend Spanienkämpfer als ein geschlagenes Heer zurück nach Europa. Niemand feierte sie und sagte den von Niederlage zu Niederlage Gejagten Dank. In den meisten demokratischen Ländern wurden sie zu Gefängnisstrafen verurteilt. Auch in der Schweiz.

Zu einigem Ruhm hatte es der Zürcher Kommunist *Otto Brunner* gebracht, ein Haudegen, ehemaliger Matrose und Anführer des Monteurenstreiks Anfang der dreissiger Jahre in Zürich. Als «Spanien-Major» ging der bei einfachen Arbeitern populäre Draufgänger in die Geschichte der Schweizer Spanienkämpfer ein. Bei den Prozessen gegen diese traten so bekannte Rechtsanwälte, wie *Eduard Zellweger* und *Albert Maag-Socin* als Verteidiger auf. Die Schweizer hätten in Spanien auch für unser Land und gegen den Nationalsozialismus ihr Leben eingesetzt. Über hundert seien gefallen, viele zum Teil schwer verletzt worden. Die Heimgekehrten brächten ausserdem Erfahrungen der modernen Kriegführung mit, aus denen unsere Armee Nutzen ziehen könne. Natürlich fanden diese Argumente vor den Gerichten keine Beachtung.

Schlimmer erging es vielen Spanienkämpfern, die in die Sowjetunion geflüchtet waren. Sie verschwanden als ideologisch unsichere Kantonisten im Gulag oder wurden ermordet. In den USA wütete Anfang der fünfziger Jahre der krankhafte Antikommunist *Joseph McCarthy* gegen Linke und Links-Verdächtige, unter ihnen viele ehemalige Spanienkämpfer oder Sympathisanten des republikanischen Spaniens. Wieder einmal fanden Rechtsextremisten und Stalinisten die gleichen Feinde.

Dass der schweizerische Bundesrat das Franco-Regime bereits am 14. Februar 1939, noch vor dem Ende des Krieges, offiziell anerkannte, entsprach seiner auch im Abessinienkrieg bezeugten Politik.

Vernet

Die aus Deutschland, Italien und andern autoritären Staaten stammenden Spanienkämpfer konnten nicht in die Heimat zurückkehren. Nur wenige fanden ein einigermassen menschenwürdiges Exil in demokratischen Staaten Europas oder in Amerika. Manche suchten in der Sowjetunion Zuflucht. Zehntausende wurden in französischen Lagern nahe der Grenze zu Spanien interniert. Zu traurigem Ruhm gelangten *Gurs* und *Vernet*. Die hygienischen Zustände in diesen Lagern spotteten jeder Beschreibung. Ärztliche Betreuung der Kranken und Verwundeten blieb den ebenfalls internierten Ärzten überlassen, denen jedoch notwendige Medikamente ebenso fehlten wie Sanitätsmaterial. Zu Hunderten starben Menschen an Magen-, Darm- und andern Krankheiten. Im Brief einer Mutter aus dem Lager Gurs hiess es: «. . . aus Küchenabfällen, Schalen, Knochen, Maisschrot für Vieh, daraus machen wir Zusatzessen. . . immer wieder zuerst: Essen! Essen!» Und: «Viele Kranke weinen und schreien vor Hunger und reissen sich die Stücke vom Munde weg. Zum Teil essen sie den eigenen Kot, um weniger Hunger zu leiden. . . Hunger macht die Menschen rabiat und schlecht. . . Vier Wochen wimmerte mein dreijähriges Kind, und ich hatte ihm nichts zu geben.»

Schikanen der französischen Lager-Polizei gehörten zum Alltag. Als die Wehrmacht ganz Frankreich besetzte, lieferten die Vichy-Behörden Abertausende Lagerinsassen aus, vor allem die jüdischen, wie sie ja auch die französischen Juden der SS zum Transport nach Auschwitz übergaben, freiwillig. Europäische und amerikanische Hilfswerke organisierten Solidaritätsaktionen zugunsten der in den Lagern dahinvegetierenden Spanienkämpfer.

In der Schweiz rief das Arbeiterhilfswerk die Aktion *Colis Suisse* ins Leben. Das waren Pakete mit wichtigen Nahrungsmitteln, bestimmt für Insassen der französischen Lager. Ein Colis kostete zehn Franken. In einem Aufruf in der *Helvetischen Typographia,* dem Organ des Typographenbundes, appellierte ich an meine Jungbuchdruckerkollegen, sich zu verpflichten, jeden Monat für ein Colis aufzukommen.

Mein erster Adressat hiess *Paul Richter.* Er stammte aus Deutschland, war 1933 verhaftet und in ein Konzentrationslager gesteckt worden. Zusammen mit einem Kameraden gelang ihm die Flucht nach Österreich. 1934, nach dem misslungenen Arbeiter-Aufstand gegen das Regime *Dollfuss,* ging er nach Frankreich. Im Frühjahr 1936 schloss er sich einer Gruppe deutscher Nazi-Gegner an und kämpfte in den Reihen der Internationalen Brigaden gegen Franco. Paul Richter erzählte in seinen Briefen aus seinem bewegten Leben, meist nur andeutungsweise, der Zensur wegen, die die Briefe passieren mussten. Es waren Briefe der Hoffnung, trotz allen Niederlagen, die er erlebt hatte, und trotz dem Elend und den entwürdigenden Zuständen im Lager. Am 15. Oktober 1941 schrieb er: «. . . Es ist für uns immer eine ganz besondere Freude, wenn wir von unseren Freunden aus dem Ausland Post bekommen und wir immer wieder merken und fühlen, dass wir hier im Konzentrations-Lager nicht verlassen und vergessen sind. Also, es ist sehr schön von dir, dass du dich um einen weiteren Kameraden kümmern willst. Der Kamerad, den ich dir nennen kann, ist ebenfalls im Süden gewesen und heisst *Heinz Gérard,* im selben Camp wie ich. . .»

Es war der letzte Brief, den ich von Paul Richter erhielt.

Unter dem Datum vom 21. November 1941 meldete sich erstmals Heinz Gérard auf meinen Brief: «Mein lieber Freund! Überrascht erreichten mich Deine lieben Zeilen; ich freue mich aufrichtig, auf diesem Wege einen neuen Kameraden kennenzulernen, der seine hilfsbereite Hand jenen reicht, die vorläufig von der Umwelt abgeschnitten sind. Dass unsere Lage nicht leicht ist, brauche ich nicht besonders zu erwähnen.

Jammern und klagen hat keinen Sinn, kann auch unsere Lage nicht verbessern. Man muss mit Mut und Zuversicht alles an sich herankommen lassen und notwendige Opfer geduldig ertragen. Das Rad der Geschichte geht weiter. . . Ich persönlich fühle mich in der letzten Zeit ziemlich kränklich. Neben einer Verletzung, die ich mir in Spanien zuzog, bin ich magenleidend und bedürfte einer bestimmten Ernährung. Aber die Ernährungsschwierigkeiten in Frankreich und im Lager besonders, beeinträchtigen oder verschlimmern den allgemeinen Gesundheitszustand.»

Er bat um zusätzliche Lebensmittel und Tabak in Form von Zigaretten- oder Zigarrenstummeln, und um Strümpfe. «Mein letzter Wunsch wäre die Übermittlung von einigen Zeilen an meine Mutter in Deutschland, von der ich seit 1933 getrennt bin. Es genügt ein Gruss und wo ich mich befinde.»

Im zweiten Brief, datiert vom 12. Dezember 1941 erwähnte Heinz wieder sein Magenleiden, das von einem Sturz über eine Treppe im deutschen Konzentrationslager herrühre, «kein gutes Andenken an dort». In einem Nebensatz berichtete Heinz, *Paul Richter* sei «weggekommen».

Vergebliche Hoffnung

Diese Nachricht traf mich wie die Todesanzeige eines lieben Freundes. Zwei Jahre Brief-Beziehung hatte eine Verbundenheit wachsen lassen, die nun plötzlich zerrissen schien. Es bedurfte keiner besonderen Phantasie, sich vorzustellen, welchen Gefahren deutsche Nazi-Gegner im besiegten Frankreich ausgesetzt waren.

Unter diesem Eindruck schrieb ich einen Art Nachruf in Form eines Briefes an den «toten Freund». Die sozialdemokratische Tageszeitung *Berner Tagwacht* veröffentlichte den Text am 26. Februar 1942 auf der ersten Seite. Am Schluss hiess es: «. . . Dein Name wird in der Weltgeschichte nirgends zu finden sein. . . Du hast ja nicht für das Vaterland gekämpft, sondern nur für die Freiheit des Menschen. . . Dein Gesicht. . . trägt die Züge des Schmerzes . . . jener ewig Heimatlosen, Vertriebenen, Geächteten, Verfolgten, Misshandelten. . ., an denen die Menschheit vorübergeht. . . Einmal aber, lieber toter Freund, einmal wird diese Menschheit ahnen und erkennen, was Du und alle die andern für sie getan haben.»

In Wirklichkeit war *Paul Richter*, wie *Heinz Gérard* mir in einem weiteren Brief mitteilte, nach Nordafrika abtransportiert worden, «seine Lage ist nicht rosig, wie das vorauszusehen war. Wenn ich nicht Ganzinvalide wäre, wäre ich wahrscheinlich mit Paul nach dort gekommen.»

Heinz Gérards Mutter, *Luise Gérard*, wohnte in Hohenkirchen bei Köln. Am 22. Dezember 1941 schrieb sie auf meinen Brief: «Mit grosser Freude erhielt ich Ihr wertes Schreiben vom 12./12. und war auf das Höchste überrascht und erfreut, endlich nach langer Zeit von meinem Sohn Heinz nochmal ein Lebenszeichen zu bekommen. . . Am 1./10. dieses Jahr bin ich 75 Jahre alt geworden und ich habe die beste Absicht, nicht eher zu sterben, bis ich Heinz nochmal gesehen und gesprochen habe.»

Heinz war tief bewegt über die Nachricht von seiner Mutter: «Ich vergesse nie, wie sie mich im Konzentrationslager in Deutschland besucht . . . und meine Freilassung verlangt hat. Ein hartes, schweres Leben hat sie hinter sich. Schon als 38jährige junge Witwe hat sie es fertig gebracht, sieben damals noch schulpflichtige Kinder . . . mit eigener Kraft grosszuziehen und zu ernähren.»

Mit dem Datum vom 23. April 1943 kam die letzte Nachricht aus der Hand von Heinz. Auf einer Postkarte teilte er mit, dass er aus Vernet nach Nexon verlegt worden sei. «Die Gründe sind mir bis jetzt unbekannt geblieben . . . Die Bewegungsmöglichkeiten sind etwas beengter geworden, aber nach wie vor erträglich. Ich hoffe, dass der neue Aufenthalt meinen Gesundheitszustand nicht verschlimmern wird. Man muss ausharren und darf nicht den Mut verlieren . . . hoffen wir, dass der schreckliche Krieg bald ein Ende nimmt.» Dann erlosch auch diese Beziehung in der Finsternis der mörderischen Zeit.

Im Januar 1942 hatte *Heinz Gérard* mich gebeten, seiner Freundin, *Edna Kahn-Wolff*, zu schreiben. Ende März 1942 erhielt ich den ersten Brief von Edna Kahn-Wolff, in dem sie sich für das Colis bedankte. Sie stammte aus einer deutschjüdischen Familie, die 1933 auswandern musste. Edna schloss sich der Linken an und wirkte dann als Pflegerin in Spanien. Am 27. Juni 1943 schrieb sie mir: «Ironie des Schicksals! Heinz ist abtransportiert worden, meine Briefe kommen zurück, abgefahren, ohne Adresse zu hinterlassen . . . Ich muss in ein Centre d'accueil gehn, weil ich Ausländerin bin . . . Ich habe die Anfrage gemacht, nach Annecy . . . zu gehen . . . Schon wenn ich daran denke, stehen die Schweizer Berge vor mir . . . Wer weiss, ob wir uns nicht mal sehen werden . . .»

Dem Brief lag ein Passfoto von Edna bei als Antwort auf ein Bild, das ich Edna geschickt hatte. Annecy lag ja nahe an der Grenze bei Genf. Dort, so schrieb ich ihr, würden wir uns treffen. Der Krieg war praktisch entschieden, Hitlers Wehrmacht auf dem Rückzug. Es konnte nur noch eine Frage der Zeit sein.

Am 28. August teilte Edna mir mit, dass sie das Lager verlassen habe und im Centre eingezogen sei. Das Projekt Annecy sei verschoben, aber nicht aufgehoben. Am 19. November kam ein Brief aus Châteauroux, mit Schreibmaschine geschrieben. «Es ist alles ganz anders gekommen, als vorgesehen . . . Mit festem Händedruck Edna.»

Es war das letzte Lebenszeichen von Edna Kahn-Wolff. In einem früheren Brief hatte sie geschrieben: «Aus unsrem Lager . . . sind etwa 35 Jüdinnen aus Polen und Deutschland abtransportiert worden, um irgendwo, vielleicht dort zu arbeiten.» Als meine Briefe ohne Antwort blieben, verdichteten sich meine Befürchtungen zur Gewissheit: Edna war den Weg der Hunderttausende jüdischer Frauen, Männer und Kinder gegangen. Er endete in Auschwitz.

6 DAS ENDE ÖSTERREICHS

Im blutigen Schatten des braunen Terrors im Dritten Reich nahm ich die Vorgänge in Österreich nur am Rande zur Kenntnis. *Peter Roseggers* Roman *Der Waldbauernbub* hatte mein Bild vom Nachbarland geprägt. Während der Lehre las ich Bücher von *Stefan Zweig*: *Sternstunden der Menschheit, Marie Antoinette, Abschied von Rilke.* Aber Stefan Zweig empfand ich nicht als Österreicher, sondern als grossen Europäer und Weltbürger. Als seine *Welt von gestern* in der braunen Nacht endgültig verschwunden schien, setzten Stefan Zweig und seine Frau ihrem Leben 1942 im fernen Brasilien ein Ende.

Schlagartig trat Österreich in mein Bewusstsein, als *Hitler* am 12. Februar 1938 Bundeskanzler *Kurt Schuschnigg* auf den Obersalzberg bei Berchtesgaden zitierte und von ihm die Wiederzulassung der verbotenen nationalsozialistischen Partei und die Aufnahme von *Arthur Seyss-Inquart*, dem Führer der österreichischen Nazis, als Innenminister in die Regierung erzwang. Als darauf Schuschnigg den verzweifelten Versuch unternahm, auf den 13. März 1938 eine Volksabstimmung über die Selbständigkeit des Staates Österreich anzusetzen, liess Hitler am 12. März seine Wehrmacht in Österreich einmarschieren. Schuschnigg war bereits am 11. März zurückgetreten. Seyss-Inquart übernahm sein Amt und unterzeichnete am 13. März das Gesetz über den Anschluss des Landes an das Dritte Reich.

Der Einmarsch der Wehrmacht und der Einzug Hitlers in Wien wurde von Zehntausenden von Wienern begeistert bejubelt. Einen Monat später, am 10. April 1938, stimmten 99,73 Prozent der Österreicher dem Anschluss zu. Das war wohl ein «aufgebessertes» Resultat. Von Widerstand gegen den Anschluss war jedoch nichts zu hören. Kurt Schuschnigg wurde in ein Konzentrationslager gesteckt und erst bei Kriegsende befreit.

Am 14. März 1938 war im *Oberland* unter dem Titel *Das Ende Österreichs* zu lesen: «Für Europa hat sich der Fluch erfüllt, der über jedem Zaudern liegt: dem Machthunger und der Gewalttätigkeit faschistischer Diktatoren kann nur eine Einheitsfront der demokratischen Grossstaaten wirksam entgegentreten. Dass diese es bisher unterliessen, rächt sich heute, und an Österreich vollzieht sich das Schicksal Abessiniens, Spaniens und des Fernen Ostens.»

Das entsprach dem, was ich selbst in diesen Tagen fühlte. Meine Furcht verstärkte sich, dass nun auch die deutschsprachige Schweiz unter Druck gesetzt werden könnte. Bundesrat und Parlament erklärten im Zusammenhang mit dem Anschluss, die Schweiz würde sich jedem Angriff auf ihre Souveränität mit allen Mitteln widersetzen.

Dieser Manifestation entsprach jedoch die Flüchtlingspolitik des Bundesrates in keiner Weise. Als Tausende österreichischer Juden, viele von den Nazis mit Lastwagen an die Grenze gekarrt, im sanktgallischen Rheintal um Einlass baten, wurden sie brutal zurückgewiesen. Am 30. März 1938 verfügte Bern den Visumszwang für Deutschösterreicher. Die tragischen Szenen bei der Zurückweisung der Hilfe suchenden Frauen, Männer und Kinder, von denen nicht wenige verletzt und in erschöpftem Zustand angekommen waren, riefen unter der Bevölkerung Proteste hervor. Wenn trotz Berns Abwehrhaltung einige tausend jüdische Flüchtlinge ins Land gelassen wurden, war dies vor allem dem Polizeihauptmann *Paul Grüninger* und seinen Helfern zu verdanken, die ihrem Gewissen gehorchten.

Über das, was in Österreich geschah, konnte es keinen Zweifel geben. In der *Nation* vom 23. Juni 1938 war zu lesen: «Eine derartige ununterbrochene Orgie der Judenhetze hat es seit den finstersten Tagen des Mittelalters nicht mehr gegeben.» Am 25. August beklagte die *Nation* «die ganze Trostlosigkeit des heutigen internationalen Zustandes in Sachen Völkerrecht», weil die demokratischen Staaten gegen die «Rassenpolitik des Dritten Reiches kein einheitliches wirksames Vorgehen finden können oder wollen». Es war eine realistische und entmutigende Einschätzung des Geschehens.

Derweil verlangte die Schweiz von der Regierung des Dritten Reiches die Kennzeichnung der Pässe der deutschen Juden, damit sie an der Grenze als solche erkannt und zurückgewiesen werden könnten. Als die Nazis sich der Forderung widersetzten, weil sie ihre Juden doch loswerden wollten, drohte Bern mit der Einführung der Visumspflicht. Nun gaben die Deutschen nach. Anfang Oktober 1938 wurde die Vereinbarung unterzeichnet, nach der die Pässe deutscher Juden mit einem grossen «J» gekennzeichnet wurden. Schweden hatte das gleiche verlangt. Diese geheimen Verhandlungen wurden erst Jahre nach dem Ende des Krieges durch den *Beobachter* aufgedeckt.

Nicht nur die Schweiz versagte gegenüber ihrer humanitären Tradition in ihrer Flüchtlingspolitik. Vom 6. bis 15. Juli 1938 fand in Evian am französischen Ufer des Genfersees eine vom amerikanischen Präsidenten *Franklin Delano Roosevelt* angeregte Konferenz statt, die sich mit der Frage der deutschen Juden befasste. Vertreten waren neben den USA Kanada, Australien, Neuseeland, die westeuropäischen und praktisch alle lateinamerikanischen, insgesamt 32 Staaten, ferner das Hohe Kommissariat für Flüchtlinge aus Deutschland, die politische Abteilung des Völkerbundes, sowie zahlreiche private, vor allem jüdische Hilfsorganisationen. Für die Schweiz war Dr. *Heinrich Rothmund*, Chef der Polizeiabteilung des Eidgenössischen Justiz- und Polizeidepartementes, anwesend.

Die Konferenz erbrachte ausser wohltönenden Absichtserklärungen und der Schaffung eines Intergouvernementalen Komitees mit Sitz in London sowie einiger Subkommissionen keinerlei Ergebnisse. Im Gegenteil. Staaten, die bislang jüdische Flüchtlinge in begrenzter Zahl aufgenommen hatten, schlossen nun praktisch ihre Grenzen.

Der *Völkische Beobachter* nahm den schmählichen Ausgang der Konferenz von Evian mit höhnischem Kommentar zur Kenntnis. Die *New York Times* dagegen meinte: «Wenn 32 Nationen, die sich Demokratien nennen, über einen Plan, ein paar hunderttausend Flüchtlinge zu retten, sich nicht einigen können, dann schwindet jede Hoffnung, dass sie überhaupt je eine Einigung über irgend etwas zu erzielen vermögen.» Offenen Auges überliessen die westlichen Demokratien die deutschen Juden ihrem Schicksal.

Am 7. Dezember 1938, anlässlich der Begründung einer von Dr. *Guido Müller*, Nationalrat und Stadtpräsident von Biel, eingereichten Interpellation zur Flüchtlingspolitik, brachte dieser Sozialdemokrat die Sache auf den Punkt, als er sagte: «In jedem von uns steckt irgendwie ein kleinerer oder grösserer Antisemit. Ich fühle ihn hie und da auch in meiner Brust. Wir wollen ihm aber nicht nachgeben, sondern müssen ihn, wenn er sich gar zu ungebärdig stellt, aus unserer Brust herausreissen.»

Zornig und traurig verfolgte ich das deprimierende Geschehen. Zum beschämenden Versagen der demokratischen Staaten passte der Tod *Carl von Ossietzkys* am 4. Mai 1938 an den Folgen der Folterungen durch die Nazis. Der kritische Journalist und Herausgeber der *Weltbühne*, der mit seltener Klarheit das braune Unheil hatte kommen sehen und die Mitverantwortung und Schuld der rechten Parteien und der Schwer- und Rüstungsindustrie angeprangert hatte, war auch für mich zu einer Symbolgestalt des deutschen Widerstandes gegen den Nationalsozialismus geworden. Das Bild, das den geschlagenen Carl von Ossietzky und den bulligen SS-Schläger zeigte, war ein weiteres entlarvendes Dokument über den Charakter des Hitler-Regimes.

Erfreulicheres

Kleine Farbtupfer im grauen Elend nazistischen Grössenwahns und kleinmütigen westlichen Nachgebens sprenkelte vereinzelt der Sport ein. In lebhafter Erinnerung bleibt der 9. Juni 1938, als die schweizerische Fussballmannschaft in Paris die Grossdeutschen schlug. Ich liess mir gerade bei Coiffeur *Hofmann* in Wilderswil die Haare schneiden, als das Spiel um die

Weltmeisterschaft im Radio übertragen wurde. Bei jedem neuen Treffer der Schweizer fuchtelte Hofmann mit der Tondeuse begeistert in der Luft herum. Nach dem mehr oder weniger geglückten Haarschnitt lud er mich zu einem Glas Wein in den nahegelegenen *Bären* ein, wo ich, sonst dem Alkohol entsagend, zur Feier des Schweizer Sieges über die Deutschen eine Ausnahme machte. Mit ähnlicher Freude verzeichnete ich knapp vierzehn Tage später, am 22. Juni 1938, den Sieg des schwarzen Boxers *Joe Louis* über den deutschen Meister *Max Schmeling* in New York, als jener den arischen Muskelmann schon in der ersten Runde k. o. zu Boden gehen liess.

Weniger erfreut reagierte ich auf die Nachricht von der Bezwingung der Eiger-Nordwand durch die vier Deutschen *Heinrich Harrer, Fritz Kasparek, Andreas Hockmayer* und *Ludwig Voerg* am 24. Juli 1938. Die Prahlerei der Bergsteiger, die ihre Leistung dem Geist der Nazis glaubten verdanken zu müssen, sowie das Triumphgeheul der deutschen Presse und Propaganda gingen den Einheimischen auf die Nerven. Da wurde der Spruch eines Grindelwalder Bergführers weitergegeben, der einem reichsdeutschen Maulhelden auf die lockere Behauptung: «Die Wand stecken wir in den Hosensack», antwortete: «Stecken Sie sie lieber i d'Schnurra (ins Maul), da hat sie besser Platz.»

Verratene Tschechoslowakei

Nach dem problemlosen Anschluss Österreichs an Grossdeutschland liess der nächste Streich des «Führers» im Zeichen der Heimholung aller Deutschen ins Reich nicht lange auf sich warten. Jetzt waren die Sudetendeutschen an der Reihe.

Am 12. September 1938 liess *Hitler* in seiner Rede vor dem Reichsparteitag keinen Zweifel mehr an seinen Absichten. Mit Greuelgeschichten über die Verfolgung der Sudetendeutschen durch die tschechoslowakische Regierung unter *Eduard Benesch* putschte er «sein» Volk diesseits und jenseits der Grenze gegen das Nachbarland auf. Drei Tage später eilte der englische Premier *Neville Chamberlain* zum Diktator auf den Obersalzberg. Ermutigt vom bezeugten «Friedenswillen» Englands und Frankreichs verlangte dieser nun nicht mehr nur die Autonomie, sondern den Anschluss des Sudetenlandes ans Reich. Lord *Walter Runciman*, Sonderbeauftragter der westlichen Grossmächte, hatte bereits vorher auf seiner «Erkundungsreise» im Sudetenland und in Prag festgestellt, dass am Selbstbestimmungsrecht der Deutschen nicht mehr vorbeizukommen sei.

Die englische und die französische Regierung signalisierten darauf, dass sie wegen der Sudetenfrage keinen Krieg riskieren wollten. *Benesch* stimmte unter Druck den westlichen «Lösungsvorschlägen» zu. Am 22./23. September überbrachte *Chamberlain* dem «Führer» in Bad Godesberg die für diesen gute Nachricht.

Wie recht hatte da *Die Nation*, als sie am 22. September schrieb, «dass es *nicht* um die Tschechen, *nicht* um die Sudetendeutschen, *nicht* um ein Selbstbestimmungsrecht» gehe, «sondern darum, ob die grossen Demokratien vor dem Diktator, der ihnen das Messer an die Gurgel setzt, zusammenklappen und so die Bahn freigeben für die Pax Germanica.»

Das *Oberland* titelte am 3. Oktober: «Der Friede gerettet auf Kosten der Tschechoslowakei». Am 19. Oktober dann: «Der Friede von München erweist sich immer mehr als ein gefährliches und drohendes Instrument des nur aufgeschobenen Krieges.» In der Tat: Nach der Überbringung der «Kapitulation der Westmächte» *(Die Nation)*, forderte *Hitler* ultimativ die Räumung des Sudetenlandes durch die Tschechen bis zum 1. Oktober. Darauf mobilisierten diese ihre Armee. Nach einer wie gewohnt fulminant gebrüllten Hetzrede des deutschen Diktators beriefen England und Frankreich am 26. September Teile ihrer Armeen unter die Fahnen. *Mussolini* mobilisierte seine Truppen am 27. September, unterbreitete jedoch gleichzeitig einen Verhandlungsvorschlag, um den unausweichlich scheinenden Krieg zu vermeiden.

Chamberlain und *Daladier* nahmen die Einladung nach München an. Am 29. September unterzeichneten zwei Demokraten und zwei Diktatoren das Abkommen, nach dem das Sudetenland mit dem Dritten Reich vereinigt werden sollte und die dort lebenden Tschechen das Gebiet zu verlassen hatten. Am Tag darauf stimmte die Tschechoslowakei dem Diktat von München zu.

Am 5. Oktober 1938 trat Staatspräsident *Eduard Benesch* zurück. Am 6. Oktober wurde in Bratislava eine «unabhängige» slowakische, am 17. Oktober in Prag eine tschechische Regierung gebildet. Am 30. November wurde *Emil Hacha* neuer Präsident der Tschecho-Slowakei. Zurück in London verkündete ein glücklicher Premier *Peace for Our Time*. *Edouard Daladier* wurde in Frankreich als grosser Staatsmann gefeiert.

Am 1. Oktober richtete Bundesrat *Giuseppe Motta* in Lugano einen hymnischen Gruss an die vier Staatsmänner, insbesondere an *Benito Mussolini*. Er dankte für die «Friedenstat» von München.

Ich erlebte diesen «Frieden» als ein schmähliches Versagen der Demokratien. Ich hatte *Karel Čapeks* Buch *Masaryk erzählt sein Leben* gelesen. Im Gründer der neuen Tschechoslowakei, *Tomas G. Masaryk* (1850 – 1937), sah ich einen Staatsmann von hohem geistigem und moralischem Rang. Auch *Egon Erwin Kischs* Reportagen und *Jaroslav Haseks Schweik* hatten in mir ein Gefühl tiefer Sympathie mit Land und Volk der Tschechen und Slowaken geweckt.

Masaryk hatte den demütigenden Untergang des von ihm geprägten Staates nicht mehr erlebt. Karel Čapek starb drei Monate nach dem Münchner Abkommen am Weihnachtstag 1938. Sein Bruder, der Maler und Schriftsteller *Josef Čapek*, kam im Frühjahr 1939 ins Konzentrationslager. Er starb im April 1945 in Bergen-Belsen.

Guido Müller an Giuseppe Motta

Meiner Stimmung entsprach ein Offener Brief *Guido Müllers* an Bundesrat *Giuseppe Motta*, worin er sich auf dessen Rede in

Lugano bezog: «Eine ganze lange Woche habe ich gewartet auf das Wort, das Sie in Lugano vergassen, als Sie die vier Friedensmacher von München lobpriesen. Tag für Tag hoffte ich, dass Sie das Versäumte nachholen und auch des Opfers gedenken würden, das am Münchner Schlachtfest dem Frieden dargebracht wurde . . . Ist es möglich, dass ein schweizerischer Staatsmann vor denen in Lob und Dank zerschmilzt, die ein demokratisches Staatswesen in Stücke hacken, aber kein Wort – oh, nicht etwa der Missbilligung der Untat, das hätte der Bankettjubel nicht vertragen – nein, nur des Mitgefühls für das unglückliche Land und sein Ihnen befreundetes Oberhaupt findet? Ist es möglich, dass ein christlicher Staatsmann – denn das wollen Sie doch sein – sich vor rechtsbrecherischer Willkür triumphierender Gewalt demütig neigt, an dem in ihren Fängen sich windenden Opfer aber achtlos vorübergeht? Ist es möglich, dass Sie aufrichtig waren, als Sie den Herrn Benito Mussolini in überschwenglicher Rhetorik als Friedensfürsten feierten und ihm das höchste Verdienst zuerkannten – denselben Mussolini, der Abessinien bekriegte, in Spanien Krieg führt und sich seit Wochen auch bemüht, das italienische Volk für einen dritten Krieg zu entflammen?

Wahrscheinlich haben Sie für meine Fragen nur ein überlegenes Diplomatenlächeln . . . Nur dürfen Sie sich nicht wundern, wenn ein Teil unseres Volkes in Schmerz und Zorn sich von Ihnen abwendet und mit Verzweiflung im Herzen den Glauben an die Sendung der Schweiz begräbt.» (*Guido Müller: Erinnerungen, Reden, Schriften*, S. 385/386).

«Reichskristallnacht»

Knapp anderthalb Monate nach dem Münchner Frieden, in der Nacht vom 9. auf den 10. November 1938, veranstalteten die Nationalsozialisten, aufgehetzt von *Josef Goebbels*, einen das ganze Reich umfassenden Pogrom gegen die Juden. Fast alle Synagogen, über 7000 Läden und Wohnungen von Juden wurden in Brand gesteckt und verwüstet. Mehr als 30 000 jüdische Menschen wurden verhaftet, viele in Konzentrationslager gesteckt, zahlreiche während des Pogroms zu Tode geprügelt, viele in den Selbstmord getrieben. Die angerichteten Schäden mussten die Juden selbst tragen. Ausserdem wurde ihnen eine Sondersteuer von einer Milliarde Reichsmark auferlegt.

Dieser Vernichtungsfeldzug gegen die jüdische Minderheit wurde als «spontane Reaktion» des deutschen Volkes auf den von dem siebzehnjährigen polnischen Juden *Herschel Grynszpan* verübten Mord an dem deutschen Botschaftssekretär *E. vom Rath* in Paris dargestellt. In Wirklichkeit handelte es sich um eine Art Generalprobe, wie das Ausland auf diese neueste Schandtat am jüdischen Volk reagieren würde. Die Reaktion fiel aus wie immer: Proteste und dann Schweigen. In einigen Zeitungen jedoch wurde warnend zur Kenntnis genommen, was in der nationalsozialistischen Presse zu lesen war, im *Schwarzen Korps* etwa, dem Organ der SS, vom 23./24. November 1938, wo von der «harten Notwendigkeit» gesprochen wurde, «die jüdische Unterwelt genau so auszurotten, wie wir in unserem Ordnungsstaat den Verbrecher auszurotten pflegen: mit Feuer und Schwert. Das Ergebnis wäre das tatsächliche und endgültige Ende des Judentums in Deutschland, seine restlose Vernichtung.»

Reto Caratsch, Korrespondent der *Neuen Zürcher Zeitung* in Berlin, schrieb seinem Blatt darauf: «Es wäre völlig verfehlt, diese Drohung als einen blossen Schreckschuss oder als ein nicht ernst gemeintes Manöver aufzufassen. Im Verlaufe der letzten Jahre sind sämtliche Vorschläge des *Schwarzen Korps* zur Behandlung der Judenfrage, mochten sie im Moment der Veröffentlichung noch so phantastisch erscheinen, Punkt für Punkt verwirklicht worden.»

Mit noch deutlicherer Schärfe reagierten die sozialdemokratischen Zeitungen, *Die Nation*, die von *Eduard Behrens, Fritz Lieb* und *Hans Schwarz* herausgegebene *Schweizer Zeitung am Sonntag* und die *Republikanischen Blätter* von *Johann Baptist Rusch* auf die vom Regime veranlassten Gewaltverbrechen an den Juden und allen Gegnern des Nationalsozialismus. *Die Nation* schrieb am 17. November 1938 unter dem Titel *Die Barbaren* unter anderem, die neuesten Judenverfolgungen in Deutschland seien so grauenhaft, dass man denke, sie liessen sich nicht überbieten. «Man hat sich geirrt.» Die vielen Selbstmorde unter den deutschen Juden seien verständlich. «Denn sie sind ja zum Tod verurteilt, so oder so, wenn kein anderes Land sich ihrer erbarmt!» Es erbarmte sich, wie die Konferenz von Evian gerade ergeben hatte, kein anderes Land der von der Vernichtung bedrohten Juden. Auch die Schweiz nicht.

Die Warnungen der kritischen Blätter trugen ihnen immer wieder bundesrätlichen Tadel, zeitweilig auch Verbote ein. Das ging so weit, dass die *Schweizer Zeitung am Sonntag* schliesslich ihr Erscheinen einstellen musste. *Eduard Behrens* und *Hans Schwarz* erhielten nun in der *Nation* Gastrecht.

Dem Verrat an der Tschechoslowakei folgte ihre Zerschlagung auf dem Fuss. Als der Präsident der Slowakei, der katholische Priester *Josef Tiso*, die Unabhängigkeit «seines» Staates am 14. März 1939 ausrufen liess und Staatspräsident *Emil Hacha* am Tag darauf zu *Hitler* zitiert wurde, setzte der ihn so unter Druck, dass er einen Herzanfall erlitt. Von Hitlers Leibarzt wieder einigermassen hergestellt, stimmte der kranke Mann dem «Vorschlag» seines «Gastgebers» zu, die «alten deutschen Reichslande Böhmen und Mähren» als ein Protektorat unter deutsche Obhut zu stellen. Am 16. März besetzten die deutschen Truppen «Böhmen und Mähren» ohne auf Widerstand zu stossen. *Hitler* feierte in Prag einen weiteren Sieg.

Am 16. März 1939 erklärte Bundesrat *Hermann Obrecht* vor der *Neuen Helvetischen Gesellschaft*, anspielend auf die Besuche *Schuschniggs* und *Hachas* bei *Hitler*, die Schweiz werde nicht ins Ausland wallfahren gehen. «Das Ausland muss es wissen: Wer uns ehrt und in Ruhe lässt, ist unser Freund. Wer dagegen unsere Unabhängigkeit angreifen sollte, den erwartet der Krieg.» Es war das ermutigende und befreiende Wort eines Staatsmannes, den die Schweiz in der Zeit der Bewährung dringend gebraucht hätte.

Obrechts klare Haltung stand im Widerspruch zum ängstlichen Taktieren des Politischen Departementes unter *Giuseppe Motta.* Dagegen wehrte sich der Schriftsteller *Konrad Falke* am 1. Juni 1939 in der *Nation*: *Wer sich duckt, wird verschluckt.* Es sei unklug, «dass man den kämpferischen Geist des Volkes immer nur abzudämpfen versucht, statt ihn bewusst wach zu halten». Es komme nicht nur darauf an, «dass eine Regierung das Volk hinter sich hat, sondern ebenso sehr, dass ein Volk seine Regierung *vor* sich hat.»

Im Zusammenhang mit den explosiven Ereignissen in Europa war es wiederum die *Nation*, die sich im jüdischen Drama engagierte. Am 13. Juli 1939 orientiete sie in einer Reportage unter dem Titel: *Was wird aus den vertriebenen deutschen Juden? – Land für 650 000 Juden gesucht* über die Situation der Flüchtlinge in den verschiedenen europäischen Ländern und in Palästina und fragte, ob 650 000 vertriebene Juden «wirklich auf dieser grossen Welt keinen Platz mehr finden» könnten. «Sind die Tatsachen und die Meinungsäusserungen der freien Völker noch nicht deutlich genug, um Politiker zu überzeugen, dass praktisch ein Ausweg geschaffen werden muss? Man spricht so viel vom Lebensrecht der Völker, und zwar gerade die, welche es den andern nicht gönnen, am meisten. Vielleicht sollte man auch in der Politik wieder zum Lebensrecht der Menschen zurückfinden.»

In zwei Artikeln vom 27. Juli und vom 3. August 1939 ging *Paul Schmid-Ammann* ausführlich auf die humanitäre Tradition der Schweiz ein, um dann die aktuelle, abschreckende Politik des Bundesrates kritisch aufs Korn zu nehmen und eine menschliche Praxis zu fordern.

Geistige Landesverteidigung

Im Schatten der sich verschärfenden politischen Krise in Europa schlug Bundesrat *Philipp Etter* im Dezember 1938 im National- und Ständerat in einer Botschaft die Gründung der *Pro Helvetia* zur Organisation der schweizerischen Kulturwahrung und Kulturwerbung vor. Gefördert werden sollten danach Schrifttum, Theater, Radio, Kunstausstellungen und Heimatschutz.

So sehr es einem weitverbreiteten Bedürfnis entsprach, den Willen zur Unabhängigkeit auch auf dem Gebiet der Kultur gegenüber der *Heim ins Reich*-Propaganda zu manifestieren, so sehr stiess das Vorhaben des katholisch-konservativen Bundesrates auf Skepsis. *Etters* tremolierendes Pathos mochte bei einfachen und leicht entflammbaren Gemütern Eindruck machen, weniger bei nüchternen Demokraten. Das Programm der *Geistigen Landesverteidigung* wurde denn auch ziemlich abschätzig als GELAVER abgekürzt. Es manifestierte weitgehend den rückwärts gewandten Geist des Bewahrens einer beschworenen Volkstums-Ideologie. Kämpferisches Einstehen für eine Kultur der Menschenrechte und der sozialen Gerechtigkeit war den konservativen Kultur-Warten durchaus suspekt. Fortschrittliche Künstler, Schriftsteller und kritische Geister bekamen es zu spüren.

Nicht völlig diesem Etterschen Kulturverständnis entsprach die am 6. Mai 1939 eröffnete Landesausstellung, die «Landi», in Zürich. Da waren weltoffene Kulturschaffende mit am Werk. Ich besuchte sie zweimal und erlebte sie als eine eindrückliche Demonstration für die demokratische Schweiz und gegen die Anmassung der nordischen Bedroher.

So geriet mir der Gang durch die Halle des Höhenwegs mit den bunten Wappen sämtlicher Gemeinden der Schweiz zum starken Erlebnis. Es blieben mir die Worte im Gedächtnis haften, die ich 30 Jahre später meinem Buch *Das Boot ist voll* voranstellte: «Die Schweiz als Zufluchtsort Vertriebener, das ist unsere edle Tradition. Das ist nicht nur unser Dank an die Welt für den Jahrhunderte langen Frieden, sondern auch besonderes Anerkennen der grossen Werte, die uns der heimatlose Flüchtling von jeher gebracht hat.»

Wie die Stimmung im Sommer 1939 im Volk war, zeigte die überwältigende Zustimmung zur Vorlage über die Landesverteidigung und Arbeitsbeschaffung am 4. Juni: 455 622 Ja, gegen 199 540 Nein! Es war längst klar geworden, dass der «Führer», geblendet von seinen bisherigen Erfolgen nicht mehr zu bremsen war. Das nächste Angriffsziel nach der Tschechoslowakei war Polen. Im Frühjahr 1939 forderte *Hitler* die Rückkehr der Freien Stadt Danzig ins Reich, den Bau einer exterritorialen Auto- und Eisenbahn durch den Korridor und eine langfristige Garantie der deutschpolnischen Grenze. Darauf mobilisierte Polen einen Teil seiner Armee. Entgegen der Annahme *Hitlers*, erliessen England und Frankreich nun eine Garantieerklärung für Polen, die sie am 13. April 1939 auch auf Rumänien und Griechenland ausdehnten.

Am 28. April kündigte *Hitler* das deutsch-britische Flottenabkommen von 1935 und den deutsch-polnischen Nichtangriffspakt von 1934. Am 22. Mai schlossen Deutschland und Italien ein Militärbündnis, den sogenannten *Stahlpakt.*

Derweil verhandelte England mit der Sowjetunion, mit dem Ziel, ein Bündnis gegen *Hitler* zu schaffen. Stattdessen wurde die Welt am 23. August 1939 mit dem Abschluss eines Nichtangriffspaktes zwischen Berlin und Moskau, dem *Stalin-Hitler-Pakt*, überrascht.

Zwei Tage später unterzeichneten England und Polen einen Beistandspakt. Der Krieg stand vor der Tür.

Am 28. August reisten *Nel Delhaas, Mies Brinkhuis, Annemarie Hamelink* und *Stien van Rijn* überstürzt aus Gsteigwiler ab, wo sie zum dritten- oder viertenmal ihre Ferien verbracht hatten. Auf Wanderungen, Bootsfahrten auf dem Brienzersee und abendlichen Spaziergängen waren wir Freunde geworden. Am Bahnhof Wilderswil umarmten wir uns zum Abschied. Briefe bis 1943/43 hielten die Freundschaft aufrecht. Dann blieben sie aus. *Nel Delhaas* hatte im letzten Brief berichtet, ihre Eltern hätten abreisen müssen, es sei nicht sicher, ob sie sie wiedersehen werde. Auch sie werde Voorburg verlassen müssen. Sie hoffe, einige Bücher mitnehmen zu können.

Am 30. August wurde *Henri Guisan* von der Vereinigten Bundesversammlung zum General gewählt.

7 1. SEPTEMBER 1939

Am 1. September erklärte der «Führer», nachdem die Polen ständig provoziert hätten, werde nun seit 4 Uhr 45 zurückgeschossen. Es war, wie später nachgewiesen wurde, gelogen: Deutsche Soldaten in polnischen Uniformen hatten die Provokationen begangen.

An diesem Tag verkaufte ich in Interlaken das *Oberland*-Flugblatt mit der Meldung des Kriegsausbruchs. Der Bundesrat mobilisierte die Armee auf den 2. September. Bruder *Hans* rückte als Säumer zu seinem Gebirgs-Infanterie-Bataillon 36 ein. Der Vater, im Februar gerade fünfzig geworden, wurde nicht mehr aufgeboten.

An den Bahnhöfen Wilderswil, Interlaken-Ost und Interlaken-West – wie an allen Bahnhöfen der Schweiz – verabschiedeten sich die Söhne von den Eltern, die Väter von den Frauen und Kindern. Tränen flossen. «Hoffentlich ist es bald vorbei.» Die ältern Männer, von denen viele noch während des Ersten Weltkrieges an der Grenze gestanden waren, schienen pessimistischer als die Jungen. Die Kleinbauern und Kleinhandwerker wussten nicht, wie es mit ihren Betrieben weitergehen würde, wenn der Krieg sich hinziehen sollte.

Am 4. September befanden sich 430 000 Soldaten in ihren Bereitschaftsstellungen. Am Tag vorher hatten England und Frankreich Deutschland den Krieg erklärt.

Im *Oberland* war zu lesen: «Ein einziger Mensch verschreibt Hunderttausenden, vielleicht Millionen Menschen den Tod.» Was es hiess, wenn eine hochgerüstete moderne Armee gegen eine sich selbst überschätzende polnische Armee von tapferen Reitern, denen oft die Munition fehlte, ins Feld zog, das konnte nun in den deutschen Wochenschauen verfolgt werden. Das rasche Vorrücken der Wehrmacht auf dem flachen Land, durch rauchende, verbrannte, verwüstete Dörfer und Städte, die jubelnden Siegesmeldungen aus deutschen Sendern, die Bilder der bald nach Hunderttausenden zählenden polnischen Kriegsgefangenen – es wurde für alle Demokraten zum bedrückenden Erlebnis.

Polen und die Schweiz

Da meine Kenntnisse über Polen äusserst mangelhaft waren, begann ich im Laufe des Sommers 1939 mich gründlicher zu informieren. Gewiss waren mir einige schwer auszusprechende Namen einigermassen bekannt: *Piłsudski, Paderewski, Chopin* natürlich, von dem ich in Konzerten in Interlaken Musik gehört hatte. *Henryk Sienkiewic'* Roman *Quo vadis?* hatte ich mit Spannung gelesen. In einem Antiquariat fand ich eine Lebensgeschichte von *Adam Mickiewicz,* aus der ich vernahm, dass dieser grösste Dichter Polens auch in der Schweiz, in Lausanne sogar Professor gewesen und dass sein Werk eng mit dem polnischen Freiheitskampf verbunden war. Jahre später wurde ich mit seinem Werk vertraut. Ich fand aber auch das Buch *Gottfried Keller und der polnische Freiheitskampf 1863/64*. Die tätige Solidarität *Gottfried Kellers* als Sekretär des Zentralkomitees für Polen, als der Aufstand 1863/64 erneut scheiterte, beeindruckte mich. Da wurde Geld gesammelt, wurden polnische Flüchtlinge in grosser Zahl aufgenommen. In einem von *Gottfried Keller* verfassten Aufruf vom 18. März 1863 an die Bewohner Zürichs hiess es unter anderem: «Die Schweizer, welche schon vor hundert Jahren die ruchlose Teilung Polens mit der Besorgnis begrüsst haben, dass dergleichen auch an ihnen versucht werden könnte, die Schweizer, welche noch jetzt bei jeder Gelegenheit von übelwollenden Köpfen bezügliche Redensarten hören müssen, haben am wenigsten Grund, sich der entschiedenen Kundgebung für Polens Sache der hilfreichen Teilnahme an seinem Unglück zu entziehen; denn ehe diese Sache grundsätzlich gesühnt ist, hat der Schweizerbund, bei aller Kraft seiner gegenwärtigen Verfassung, keine andere Gewähr gegen ein ähnliches Schicksal, als diejenige, welche gerade in dem heute erlebten Beispiel eines nicht zu ertötenden Volksgeistes liegt . . . Wen nicht die Bewunderung der heldenmütigen Aufopferung für ein fortwährend unglückliches Vaterland hinreisst, der komme wenigstens im wohlverstandenen Interesse der Selbsterhaltung unseres glücklichen Landes.»

Nun kam also erneut ein Drama historischen Ausmasses über Land und Volk, zwanzig Jahre nach dem Ende der 120 Jahre dauernden Teilung. Am 17. September 1939 marschierten sowjetische Truppen in Polen ein und besetzten «ihren» mit *Hitler* vereinbarten Teil des Landes. Am Tag darauf verliess die polnische Regierung mit *Edward Rydz-Smigly* (1886–1941), dem Aussenminister *Józef Beck* und andern Mitgliedern das Land und begab sich nach Rumänien. Am 28. September kapitulierte die polnische Armee in den rauchgeschwärzten Ruinen des schwer bombardierten Warschaus. Bewunderung erregten die Polen, die auf der Westerplatte bei Danzig selbst nach dieser Kapitulation weiterkämpften, bis auch sie am 6. Oktober sich ergeben mussten. 700 000 polnische Soldaten wurden in deutsche, 250 000 in sowjetische Gefangenschaft abtransportiert.

Das Grossdeutsche Reich erweiterte sein Herrschaftsgebiet durch die neuen Gaue Danzig-Westpreussen und Posen. Der Rest des von den Deutschen besetzten Polen wurde zum *Generalgouvernement* erklärt. Bereits begannen die ersten Deportationen von Juden aus dem Reichsgebiet nach Polen. Auschwitz, Maidanek, Treblinka, Sobibor waren die bekanntesten Namen der Lager, in denen eine zunehmend technisch perfekte Massenmord-Maschinerie aufgebaut wurde. Fünf von mehr als sechs Millionen europäische Juden, drei Millionen Polen und Hunderttausende Angehörige anderer Völker wurden hier zu Tode geschunden, gefoltert, vergast und verbrannt.

Am 8. November 1939 entging *Hitler* nur knapp einem Attentat im Münchner Hofbräuhaus. Sieben Menschen fanden den Tod, 63 wurden verletzt. Wäre nicht die «Vorsehung» dem «Führer» wieder einmal zur Seite gestanden, so wären Europa vermutlich viele Millionen Tote erspart geblieben. Der Attentäter *Georg Elser* wurde am Tag nach dem Anschlag verhaftet und nach seinem Geständnis hingerichtet.

Im November 1939 tauchte eine Bekannte meiner Mutter, die einen Deutschen geheiratet hatte, nach Jahren in Wilderswil auf – in Trauerkleidung und mit von Schmerz gezeichnetem Gesicht. Sie berichtete: Eines Tages sei ihr Mann am frühen Morgen von zwei Gestapo-Beamten aufgefordert worden, mit ihnen zu kommen. Obwohl er ahnte, worum es ging, fragte er nach dem Grund der drohenden Verhaftung: Illegales Abhören ausländischer Radio-Nachrichten. Als ihr Mann weiter habe wissen wollen, woher sie denn das wüssten, hätten die Gestapo-Leute hämisch lächelnd geantwortet: «Fragen Sie doch mal Ihren Sohn.» Dieser Sohn, das einzige Kind des Ehepaares, war noch keine acht Jahre alt. Ihr Mann sei aschfahl im Gesicht geworden und habe dann gebeten, noch etwas im Hause holen zu dürfen. Das sei ihm erlaubt worden. Kurz darauf seien zwei Schüsse gefallen. Die Gestapo-Männer seien ins Haus gestürmt. Der Knabe sei im Bett gelegen und habe aus einer Stirnwunde geblutet. Der Vater lag neben dem Bett am Boden, ebenfalls tot. Er hatte sich in die Schläfe geschossen. «Er hat es nicht ertragen können», sagte die Freundin der Mutter, «dass dieses Regime nicht davor zurückschreckt, Kinder zu veranlassen, die eigenen Eltern zu verraten.»

Ich schrieb die Geschichte auf und sandte sie der *Nation*. Das Blatt veröffentlichte den Bericht in der Ausgabe vom 7. Dezember 1939 unter dem Titel: «Wird mit Zuchthaus bestraft.»

In derselben Ausgabe der *Nation* standen erste Berichte und Kommentare zum Krieg, den die Sowjetunion am 30. November 1939 gegen Finnland begonnen hatte, weil dieses sich weigerte, Forderungen nach Gebietsveränderungen und militärischen Basen auf seinem Territorium zu erfüllen.

Meine Empörung über den Angriff der Sowjetunion auf das kleine Finnenvolk im Norden war nicht geringer als mein Zorn auf den Angriff der Deutschen gegen Polen. Ich hatte gerade den Roman des finnischen Dichters *Frans Eemil Sillanpää, Silja, die Magd* gelesen. Auch aus der Geschichte Finnlands war mir einiges bekannt. Nun sollte dieser Kleinstaat das mächtige Reich der Sowjetunion bedroht haben! Eine Welle der Sympathie wogte durch die Schweiz. Man fühlte sich dem Volk im Norden tief verbunden. Spontan organisierte Hilfsaktionen erbrachten bedeutende Summen an Geld, tonnenweise Wolldecken, Kleider, Schuhe, haltbare Lebensmittel. Der Mut der finnischen Armee, die dem vielfach überlegenen Militärkoloss der Sowjetunion zähen Widerstand leistete und ihm auch empfindliche Niederlagen beibrachte, weckte nicht nur Bewunderung, sondern stärkte den Glauben und den Willen, dass selbst einem militärisch überlegenen Feind Paroli geboten werden könne. Das änderte sich nicht, als die Finnen im März 1940 schliesslich die Waffen strecken mussten.

Obwohl ich in dieser Zeit mit sozialistischen Ideen sympathisierte, weckte die Verteidigung der Sowjetunion durch einen Funktionär der Sozialistischen Jugend, meinen Zorn. Ich brach die Beziehung ab. Mit Zustimmung las ich damals eine offenbar trotzkistische Zeitung aus Strassburg, die in gleicher Weise *Hitler* wie *Stalin* als Feinde eines wahren Sozialismus bekämpfte.

In der *Nation* drückte *Eduard Behrens* Ende 1939 aus, was alle rechtdenkenen Menschen empfanden: «Eines der schlimmsten Jahre der europäischen Geschichte, ein Jahr des Unglücks, der Verzweiflung, der Zerstörung um der Zerstörung willen, neigt sich seinem Ende zu. Über Millionen Europäer triumphieren heute die Gewalten des Nihilismus . . . Ihnen allen gilt in diesen feierlichen Tagen der Christenheit der heisse Wunsch eines jeden Schweizers, der innerlich nicht ganz verlumpt ist.»

Am 15. Februar 1940 berichtete *Eduard Behrens* über die Leiden des Volkes in Polen, über die Verhaftung der polnischen Intelligenz, vom Tod weltberühmter Wissenschaftler in Konzentrationslagern usw. Dann die Frage: «Sollen wir Schweizer zu alledem schweigen? Berlin verlangt es. Sogar Drohungen wurden ausgestossen. Jedoch nicht die Bedrohung von aussen ist die Gefahr. Die wahre dringende Gefahr wäre die Entmannung . . . durch die Angst davor, dass sich der Schweizer heute, heute erst recht, offen, ungescheut zu den Idealen bekennt, die seinen Staat, die Eidgenossenschaft, durch die Jahrhunderte hindurch haben stark werden lassen.» Deshalb dürften wir nicht schweigen, «und erst recht nicht dürften unsere Oberen die Hand dazu bieten, damit das unter den Tisch gewischt werde, was das Schweizervolk wissen muss und was es . . . durch seine Presse offen beurteilen und auch verdammen soll.»

Im April 1940 brachte ich die Lehrabschlussprüfung einigermassen erfolgreich und mit Anstand hinter mich.

Die Gautschete verlief glimpflich. Da kein Brunnen in der Nähe war, wurde ein Zuber mit Wasser gefüllt. Der Gautschmeister *Fritz Urfer* und die drei Packer *Karl Zumbühl, Otto Egli* und *Adolf Bhend*, ein Kollege aus der Druckerei *Otto Schlaefli*, ergriffen mich und tauchten meinen Hintern in den Zuber. Im Restaurant gegenüber der Druckerei Oberland spendierte der «Getaufte», seinem schmalen Portemonnaie angepasst, Wurst, Brot und Bier. Es wurde ein fröhliches Festchen. Fritz Urfer bezeugte dem in die Gilde der Schwarzkünstler aufgenommenen Jüngling, er sei ein williger Lehrbub gewesen und wenn er so weiter mache, habe er, Urfer, für ihn keine Sorge. Den Gautschbrief halte ich in Ehren.

Drei oder vier Wochen konnte ich beim *Oberland* weiterarbeiten, nun als Gehilfe. Der Mindest-Wochenlohn betrug Fr. 67.50. Mehr konnte Dr. *Ernst von Bergen* auch nicht bezahlen. Aber von vierzehn Franken in der Woche auf fast das Fünffache war doch ein beachtlicher Sprung. Die Mutter erhielt jetzt jede Woche zehn Franken für «Kost und Logis». Auch die Zahl der «Colis Suisse» für die Freunde in den französischen Lagern wurde erhöht. Überdies legte ich soviel wie möglich auf die Seite, um für die erwartete Arbeitslosigkeit gerüstet zu sein. Das Taggeld betrug um die vier Franken.

Einen langgehegten Wunsch jedoch erfüllte ich mir mit dem ersten Wochenlohn: In der *Gnagihalle* in Interlaken bestellte ich ein grosses Gnagi mit Senf und ein Glas Süssmost. Es war ein neues, gutes Gefühl, einfach das Portemonnaie aus der rechten hintern Hosentasche zu ziehen und mit kräftiger Stimme zu sagen: «Frölein, zahle!»

Da vom *Oberland* niemand Militärdienst zu leisten hatte, musste *Ernst von Bergen* nach kurzer Zeit auf meine Mitarbeit verzichten. Vierzehn Tage lang bezog ich Arbeitslosenunterstützung. Das war nicht schlimm, hatte ich doch für keine Familie zu sorgen. Anders verhielt es sich für Familienväter, denen ich auf dem Arbeitslosenbüro begegnete, von denen einige schon seit Monaten vom Stempelgeld leben mussten. Manche hatten graue Gesichter und glanzlose Augen. Dann und wann roch einer schon am Vormittag nach Alkohol, und man wusste, dass er die paar erhaltenen Franken ins nächste Wirtshaus tragen würde.

Als dann ein Angebot aus Brig kam, in der Druckerei *Tscherrig & Tröndle* als Metteur der *Walliser Nachrichten* für einen Militärdienst leistenden Kollegen tätig zu sein, nahm ich sofort an. Erwartungsvoll und mit leichtem Zittern in den Knien begann ich am 27. Mai 1940 die Arbeit. Welch ein Unterschied zum *Oberland*! Drei Linotype-Setzmaschinen mit je zwei Magazinen. Eine modern ausgestattete Akzidenzsetzerei. Eine Vielzahl von Schriften. Helle Räume. Eine mit neueren Maschinen verschiedener Grössen bestückte Druckerei. Das war ein Schaffen!

Die *Walliser Nachrichten* erschienen dreimal in der Woche. Sie standen politisch den Jungkonservativen nahe, die damals von *Moritz Kämpfen*, dem späteren Stadtpräsidenten von Brig und Nationalrat, angeführt wurden und zur katholisch-konservativen Mutterpartei in etwelcher Opposition standen.

Häufiger Besucher in der Druckerei war im Sommer 1940 *Werner Kämpfen*, der Bruder des Politikers. Er hatte eine Biographie des Arztes *Ernst Guglielminetti* (1862 – 1943), Erfinder der Strassenteerung, verfasst, was ihm den Namen *Dr. Goudron* (frz. goudron = Teer) eintrug. Einmal erschien der 78jährige berühmte Mann mit den schneeweissen Haaren, einem prächtigen Schnauz und freundlich blickenden Augen in der Druckerei und unterhielt sich mit mir, da ich den Umbruch seiner Biographie besorgte.

Als die Wehrmacht am 9. April 1940 Dänemark praktisch kampflos eroberte und gleichzeitig Norwegen angriff – das Land im Norden wehrte sich tapfer, musste aber bald der Übermacht weichen –, war die «drôle de guerre» zu Ende.

Am 10. Mai begann die deutsche Offensive gegen die Niederlande, Belgien und Luxemburg – um deren Neutralität sicherzustellen! Insbesondere die Bombardierung Rotterdams – Bilder der riesigen Brände und der Ruinen waren in der Wochenschau zu sehen –, erregten mich. Wie hatten die Holländerinnen das Bombardement überlebt? Hatten sie es überlebt?

In der *Nation* vom 16. Mai schrieb *Eduard Behrens*, am Ausgang der Schlacht um Belgien und Holland werde sich «entscheiden, ob sich eine Polarnacht über das Abendland herabsenken soll, wo sich das Leben dann nicht mehr lohnt.»

Am 10. Mai ordnete der Bundesrat die zweite Generalmobilmachung auf den folgenden Tag an. Wieder sammelten sich Zehntausende Wehrmänner an den Bahnhöfen. Diesmal sass die Sorge über das Kommende tiefer als am 1. und 2. September 1939. Mit vollbepackten Autos fuhren unzählige Familien aus den Grenzkantonen in die Innerschweiz. Diese «Flucht» der Begüterten aus den zuerst gefährdeten Gebieten drückte auf die Moral der sozial schwächeren Bevölkerung. Sie fühlte sich im Stich gelassen.

Schon nach wenigen Wochen hatte die Wehrmacht die Nordgrenze Frankreichs erreicht. Wie würde die *Grande Nation* mit ihrer als uneinnehmbar geltenden Maginotlinie dem nicht zu bremsenden Ansturm standhalten? Und die englischen Divisionen, die *Winston Churchill*, am 10. Mai allzu spät zum Premierminister berufen, seinem Alliierten über den Kanal geschickt hatte?

Die Antworten kamen rascher und dramatischer als erwartet. Von den über 130 französischen Divisionen gingen 30 und fast die gesamten Luftstreitkräfte verloren. Vom 27. Mai bis 4. Juni gelang es, die von der übrigen Armee abgeschnittenen 338 000 Soldaten, darunter über 120 000 französische, zurück auf die Insel zu evakuieren. Am Tag darauf begann die eigentliche «Schlacht um Frankreich». Ebenfalls zu spät waren in Paris die entschiedenen Hitler-Gegner *Paul Reynaud, Georges Mandel* und andere an die Spitze der Regierung berufen worden.

Am 10. Juni trat *Mussolinis* Italien in den Krieg ein, um sich gerade noch rechtzeitig seinen Anteil an der Beute des geschlagenen Frankreichs zu sichern. Am selben Tag kapitulierten die norwegischen Truppen vor der überlegenen deutschen Invasionsmacht. Schon vier Tage später besetzten deutsche Truppen Paris. Zwei Tage danach bot *Churchill* Frankreich die Union mit England an. Es war zu spät. Die Regierung *Reynaud* trat zurück.

Der greise Marschall *Pétain*, legendenumwobener Sieger von Verdun, übernahm die Regierungsverantwortung und bat am 17. Juni 1940 um einen Waffenstillstand.

Am selben Tag besetzten Truppen der Sowjetunion die baltischen Staaten.

Am 18. Juni gründete der weithin unbekannte General *Charles de Gaulle* in London ein Provisorisches Nationales Komitee der freien Franzosen und proklamierte die Weiterführung des Kampfes gegen Hitler-Deutschland. Seine frühen Mahnungen und Warnungen waren ungehört verhallt. Jetzt wurde seine Stimme zur Stimme der Hoffnung für jene Franzosen, die nicht bereit waren, den Geist der grossen Revolution zu verraten.

Am 22. Juni wurde der Waffenstillstand zwischen Frankreich und dem Dritten Reich im Wald von Compiègne unterzeichnet – im selben Eisenbahnwagen, in dem 1918 das siegreiche Frankreich die Kapitulation Deutschlands besiegelt hatte! Der «Führer» genoss die tiefe Demütigung des französischen Erbfeindes in vollen Zügen.

In London hatten sich die Exilregierungen von Holland, Norwegen, Belgien und Luxemburg etabliert.

Zorn, Trauer und Vertrauen

Mit fiebernder Spannung, ohnmächtigem Zorn und Trauer verfolgte ich das Kriegsgeschehen am Radio. In den deutschen Wochenschauen, in englischen und amerikanischen Filmberichten vom Kriegsgeschehen sah ich die brennenden und rauchenden Reste der zu schwarzen Ruinen bombardierten Städte und die vor den Deutschen nach Süden flüchtenden Franzosen. In überladenen Autos, mit Fuhrwerken, Motorrädern, Velos und zu Fuss suchten alte Männer, Frauen und Kinder sich vor dem heranpreschenden Feind zu retten. Viele Strassen waren verstopft. Zu Dutzenden stiessen die donnernden Stukas (Sturzkampfbomber) aus der Luft auf die Flüchtenden herunter und beschossen sie aus geringer Höhe. Tote und Verwundete lagen an den Strassenrändern. Ich wusste nicht, was mich mehr empörte, diese niederträchtige Kriegführung oder die zynischen, höhnischen Kommentare der deutschen Berichterstatter.

Da erfüllte es mich denn mit Stolz und Genugtuung, als schweizerische Jagdflieger deutsche Bomber, die unsern Luftraum verletzt hatten, abschossen oder zur Landung zwangen. Ein Tagesbefehl des Generals Anfang Juni 1940, in dem er zum Durchhalten aufrief und den entschlossenen Willen bekundete, das Land gegen jeden Angreifer zu verteidigen, wirkte ermutigend für alle, die bereit waren, nicht kampflos zu kapitulieren, falls wir angegriffen würden.

Am 25. Juni hielt Bundespräsident *Marcel Pilet-Golaz* seine berühmt-berüchtigte Ansprache an das Volk, die als «Anpasserrede» in die Geschichte eingehen sollte. Da war die Rede von der «eigenen Machtbefugnis des Bundesrates», der «innern Wiedergeburt des Volkes» und von der Notwendigkeit «den alten Menschen abzulegen». Es gelte, sich den neuen Verhältnissen anzupassen.

Vier Tage vor der Rede von Pilet-Golaz war Bundesrat *Hermann Obrecht* als kranker Mann zurückgetreten. Der aufrechte Patriot, Symbolgestalt des Widerstandes gegen politische und geistige Kapitulation, starb am 21. August 1940, erst 58 Jahre alt.

Gefühle der Verzagtheit hatten sich nach der Rede des Bundespräsidenten breiter Schichten der Bevölkerung bemächtigt. Selbst *Karl Dellberg*, der kämpferische Sozialist – später als *Löwe von Siders* fast zur Legende geworden –, wurde vorübergehend von einer Art Untergangsstimmung erfasst. Er war Verwalter des *Volkshauses* in Brig, wo ich jeweils zu Mittag ass. Wie so oft, tranken wir auch am 25. Juni 1940 zusammen eine Tasse Kaffee, als wir die Stimme *Philipp Etters* aus dem Radio vernahmen, der die Rede seines Kollegen Pilet-Golaz in sein Deutsch übersetzt hatte und verlas. Eine Weile blieben wir beide stumm vor unseren Kaffee-Tassen. Dann meinte Dellberg resigniert: «Das ist das Ende. In zwei, drei Wochen werden die Deutschen England nehmen, dann werden sie uns einsakken. Dann ist es aus und fertig.»

Gut 19 Jahre alt, mochte ich mich dieser Meinung nicht anschliessen. Ich war sicher, dass *Churchills* Regierung nicht kapitulieren und selbst dann den Krieg weiterführen würde, wenn die Insel von der Wehrmacht besetzt werden sollte. Der britische Löwe würde vor einem österreichischen Gefreiten nicht den Schwanz einziehen.

In meinem Zimmer schlug ich mein einbändiges Lexikon beim Stichwort *Grossbritannien* auf. Punkt für Punkt notierte ich was alles hinter England an Ressourcen vorhanden war: Die Dominions, Kanada, Australien, Südafrika, Neufundland, Neuseeland, Irland, Indien, die Kolonien, Schutzstaaten und Besitzungen in Asien und Afrika. Eine weltumspannende Macht mit schier unerschöpflichen Reserven an Menschen und wirtschaftlichen Reichtümern. Dem hatte das Dritte Reich nichts auch nur annähernd Gleiches entgegenzusetzen. Ausserdem: Ein Blick auf die Weltkarte zeigte, dass das Dritte Reich mitsamt den besetzten Staaten flächenmässig einen bescheidenen Raum einnahm. Da schien denn der Welteroberungsanspruch *Hitlers* als Ausgeburt des Grössenwahns.

Zu den potentiellen Gegnern Deutschlands zählten ferner die Vereinigten Staaten von Amerika mit ihrem entschieden hitlerfeindlichen Präsidenten *Franklin Delano Roosevelt*. Er würde, dessen war ich mir ebenfalls sicher, England nicht im Stich lassen.

Nun hielt ich die aus dem Lexikon gewonnenen Fakten in einem ausführlichen Artikel fest, dessen erkennbarer Sinn lautete: *Hitler* hat diesen Krieg nicht gewonnen. Der Artikel erschien am 10. September in den *Walliser Nachrichten*, als der Luftkrieg gegen England noch in vollem Gange war, als aber auch die britischen Raids gegen deutsche Städte begannen.

Schon seit Anfang Juni hatte ich meinen Gefühlen und Gedanken zum Krieg und zum Geschehen in der Schweiz in jeweils kurzen Glossen Ausdruck verliehen. Manche zeichnete ich mit *Viribus unitis* (Mit vereinten Kräften). Da war von den «schwarzen Kreuzen von Reims» die Rede, da wurde die Frage gestellt, ob denn die Opfer des Ersten Weltkrieges vergebens gewesen seien, fassungslos stehe man vor der Tatsache, dass im zwanzigsten Jahrhundert, in dem der Völkerbund geschaffen worden sei, Schlachten solch gigantischen Ausmasses geführt würden, dass statt dem Willen zum Aufbau ein hemmungsloser Vernichtungstrieb die Oberhand gewonnen habe. Ich beklagte die Opferung der europäischen Jugend und griff den hinter dem vernichtenden Machtstreben wirksamen Materialismus an. Gleichzeitig warb ich für die eidgenössische Verständigung und begrüsste die Zusammenarbeit der Parteien zur Verteidigung der Demokratie und der Unabhängigkeit. Nun, da es um die Grundwerte der Eidgenossenschaft und um ihre Verteidigung ging, schien mir Parteienhader unangemessen. Dies um so mehr, als nach den Blitzsiegen der Wehrmacht und der schockierenden Kapitulation Frankreichs nicht nur die «Fronten», sondern auch rechtsbürgerlich-konservative Kreise überzeugt waren, dass das Zeitalter des *Neuen Europa* angebrochen sei und es gelte, sich anzupassen.

Auch so erprobte, kämpferische Männer wie der Freiwirtschafter *Hans Konrad Sonderegger*, dessen Wochenzeitung *Der Demokrat* zu meiner regelmässigen Lektüre gehörte – mutig wurde da die Flüchtlingspolitik des Bundesrates aufs Korn genommen –, gerieten in jenem kritischen Sommer vorübergehend ins Wanken. In einem Brief an seine Parteifreunde äusserte Sonderegger den Gedanken, ob nicht die Landesregierung so umzubilden sei, dass ausser den Sozialdemokraten auch ein Frontist ihr angehören sollte. Einige Zeit später geriet dieser

Brief in die Hände des Bundesrates, worauf ein unwürdiges Kesseltreiben gegen den originellen Appenzeller, der auch seinen Halbkanton im Ständerat vertreten hatte, losbrach. Vereinsamt und verbittert starb HKS Anfang September 1944 in Schuls.

Die Demobilisierung der Armee am 6. Juli 1940 von 400 000 auf 180 000 Mann schien zwar dem «Ende» des Krieges auf dem europäischen Festland zu entsprechen und sollte wohl auch den nördlichen Nachbarn beschwichtigen. Manche empfanden sie jedoch als ein Risiko angesichts der immer noch gefahrvollen politischen und militärischen Lage.

Am 9. Juli wurde der *Reduit-Plan* endgültig formuliert. Er sah drei Widerstandszonen vor: Raum der Grenztruppen; eine Sicherheitsstellung; die Alpen- oder Zentralstellung. Das hiess: Im Kriegsfall würden die Nordschweiz und das Mittelland praktisch aufgegeben, und der militärische Widerstand im Alpengebiet konzentriert.

Am 25. Juli, genau einen Monat nach der Rede von *Marcel Pilet-Golaz*, erläuterte *Henri Guisan* auf dem Rütli den Reduit-Plan den höheren Offizieren und rief zum entschlossenen Widerstand gegen jeden Angriff von aussen und gegen defaitistische Tendenzen im Innern des Landes auf. Als drei Tage später der Inhalt des Rütli-Rapports bekannt wurde, ging spürbar ein erleichtertes Aufatmen durchs Volk. Man wusste wieder: Sollten wir angegriffen werden, so würde die Armee kämpfen.

Zwischen Anpassung und Widerstand

Hinter den Kulissen allerdings spielten sich Dinge ab, die der Öffentlichkeit verborgen blieben, die jedoch, als sie nach dem Krieg bekannt wurden, zeigten, mit welch ruchlosen Mitteln die Machthaber des Dritten Reiches versuchten, die Schweiz ohne Krieg auf die Knie zu zwingen.

Am 7. Juli forderte der Presseattaché der deutschen Gesandtschaft in Bern, Dr. *Georg Trump*, vom Verleger der Berner Tageszeitung *Der Bund* in forschem Ton die Entlassung des

Chefredaktors *Ernst Schürch*. Entlassen werden sollten ebenfalls die Chefredaktoren der *Neuen Zürcher Zeitung, Willy Bretscher*, und der *Basler Nachrichten, Albert Oeri*. Aber die drei Zeitungsmänner setzten sich zur Wehr. Zusammen mit Gleichgesinnten, insbesondere *Markus Feldmann*, veranlassten sie den zögernden Bundesrat, bei der deutschen Gesandtschaft gegen diesen unerhörten, plumpen Einmischungsversuch zu protestieren. Sie machten klar: Wenn man jetzt dem Druck nachgab, würden die Deutschen morgen die Entlassung von missliebigen Professoren, dann von Bundesräten und schliesslich des Generals fordern. *Georg Kreis* hat diese dunkle Affäre Trump in einer hochinteressanten Schrift in Einzelheiten dargestellt.

Am 1. August 1940 wurden führende Vertreter «vaterländischer» Organisationen von Bundespräsident *Pilet-Golaz* empfangen. Wie Georg Trump forderten sie die Entlassung der drei demokratischen Chefredaktoren und eine Anpassung an Hitlers *Neues Europa*. Der Bundesrat lehnte diese Forderungen ab. Immerhin hatten Pilet-Golaz und Etter am 30. Juli an einer Konferenz mit Delegierten der bürgerlichen Parteien für eine starke, aktionsfähige und aktionsfreudige Führung durch den Bundesrat plädiert, da die Zeit eine Neugestaltung des Landes verlange. Das Parlament dürfe diese Führung nicht stören.

Zu dieser offensichtlichen Bereitschaft einiger Bundesräte, nicht länger hinter den «Zeichen der neuen Zeit» abwartend stehen zu bleiben, passte dann auch der Empfang der drei führenden Frontisten *Max Leo Keller, Ernst Hofmann* und des Schriftstellers *Jakob Schaffner* durch Bundespräsident *Marcel Pilet-Golaz* am 10. September 1940 im Bundeshaus. Zwei Tage später vernahm die schweizerische Öffentlichkeit aus dem deutschen Radio, dass die drei dem Magistraten die politischen Ziele der *Nationalen Bewegung der Schweiz* dargelegt hätten. Das Gespräch stelle «einen ersten Schritt zur Befriedigung der politischen Verhältnisse der Schweiz dar». Noch einmal zwei Tage später, am 14. September, fand der Bundespräsident es richtig, *Max Leo Keller* vor dessen Abreise nach Deutschland noch einmal in Privataudienz zu empfangen.

Am 19. November 1940 wurde die *Nationale Bewegung der Schweiz* verboten, *Max Leo Keller* am 10. Juni 1941 verhaftet.

Nicht bekannt war damals, dass Bundesrat *Ernst Wetter* sich am 29. August 1940 mit dem Industriellen Dr. *F. Meyer*, einer Gruppe deutschfreundlicher Offiziere und *Ernst Hofmann* getroffen, deren Wunsch entgegengenommen – und weitergeleitet – hatte, der Bundespräsident möge die Frontendelegation empfangen. Befürwortet wurde der Empfang ebenfalls von Korpskommandant *Ulrich Wille*, Oberst *Gustav Däniker*, Minister *Hans Frölicher*, dem Schweizer Gesandten in Berlin, Nationalrat *Heinrich Walther*, Luzern, und andern prominenten Persönlichkeiten.

Presse auf Posten

Die demokratische Presse blieb nach der Rede von Pilet-Golaz vom 25. Juni wachsam gegenüber Bundesräten, deren politische Standhaftigkeit nicht über jeden Zweifel erhaben schien. Immer wieder betonten die Zeitungen die Bedeutung der freien Presse. *Paul Schmid-Ammann*, zum Beispiel, setzte sich in der *Nation* (30. Oktober 1940) für einen «festen Kurs» ein. Mit aller Entschlossenheit wies er die Absicht zurück, unter der Schirmherrschaft *Philipp Etters* ein *Presseamt* zu schaffen. Zu Recht vermutete Schmid-Ammann, dass es da um den Versuch gehen könnte, aufmüpfige Redaktoren und Journalisten im Sinne des Innenministers zu disziplinieren. «Ohne das Recht der freien Meinungsäusserung und ohne die Existenz der freien Presse ist Demokratie nicht denkbar.» (17. Oktober 1940).

Ebenso scharf ging *Johann Baptist Rusch* mit dem vorgesehenen Presseamt und seinem obersten Chef ins Gericht. Als nächster Schritt käme «das sogenannte Kulturabkommen. Schuschnigg ist diesen Weg gegangen, wir wissen, wo und wie er endete . . . Wir wollen keine autoritär bevogtete Presse . . . Und es gibt kein Vertrauen des Volkes nach oben, wenn man von oben her kein Vertrauen nach unten fühlt. Basta!» (Zitiert aus der *Nation* vom 17.10.40).

Am 24. Oktober 1940 hatte *Paul Schmid-Ammann* in der *Nation* auch zwei Schriftstücke des *Volksbundes für die Unabhängigkeit der Schweiz* veröffentlicht, erste Entwürfe eines «Sofortprogramms», worin unter anderem, wie schon erwähnt, die Entlassung der Chefredaktoren der *Neuen Zürcher Zeitung*, des *Bund* und der *Basler Nachrichten* sowie das Verbot der *National-Zeitung*, der *Weltwoche*, der *Nation* und des *Beobachters* verlangt wurden.

Am 7. November 1940 doppelte Schmid-Ammann unter dem Titel «Schluss mit der 5. Kolonne!» nach, indem er das «landesgefährliche Treiben von Leuten, die sich besser Bund für die Abhängigkeit der Schweiz nennen würden», anprangerte und forderte, hoffentlich werde dem Volk diese Galerie sonderbarer Patrioten nicht vorenthalten. «Die schweizerische Öffentlichkeit interessiert sich lebhaft dafür, wer bei uns den traurigen Mut hat, es mit quislingschen . . . Rezepten der Gleichschaltung zu versuchen.»

Es brauchte Mut, in der von den Achsenmächten eingeschlossenen Schweiz so eindeutig gegen dem Dritten Reich willfährige Personen einflussreicher Gesellschaftsschichten Stellung zu nehmen. Die es taten, machten sich keine Illusionen über ihr Schicksal, wenn *Hitler* die Schweiz überfallen und durch seine Wehrmacht besetzen liesse.

Anpassung und Widerstand formierten sich zur gleichen Zeit, teils öffentlich, teils im stillen. Am 18. Juli hatten die Hauptleute *Alfred Ernst, Max Waibel, Hans Hausamann* und der Korporal *August R. Lindt* den *Offiziersbund* gegründet. Sie gelobten, auch dann weiter zu kämpfen, wenn der Bundesrat kapitulieren sollte. Infolge einer Panne flog der Plan auf. Der General liess die «Verschwörer» verhaften und mit drei Wochen Arrest bestrafen. Trotzdem zeigte er sich mit ihnen in der Öffentlichkeit. Was er ihnen vorwarf, war weniger ihr Plan, als vielmehr die Unterlassung, ihn zu informieren – er denke nämlich gleich wie sie!

In aller Stille ging nun *Hans Hausamann* daran, die «Aktion nationaler Widerstand» ins Leben zu rufen.

Am 7. September war es so weit. *Walter Allgöwer, Karl Barth, August R. Lindt, Hans Oprecht* und *Ernst von Schenck* nahmen die Gründung der *Aktion nationaler Widerstand* vor und luden unverzüglich vertrauenswürdige Personlichkeiten zum Mittun ein. Am 23. November wurde im Welschland die *Action de résistance nationale* ins Leben gerufen. Die Mitglieder unterschrieben eine Erklärung, in der sie gelobten, «unter Einsatz von allem und jedem» für die Freiheit, Ehre und Unabhängigkeit der Eidgenossenschaft, die Freiheit der Person und des Gewissens, für die Sicherung von Arbeit und Brot jedes Eidgenossen zu kämpfen, «gegen jeden Dafaitisten, stehe er, wo er wolle».

Einige hundert weitere Bürger schlossen sich der Aktion an. Im gleichen Sinne wirkten *Arthur Frey*, Leiter des Evangelischen Pressedienstes, *Oskar Frey, Fritz Wartenweiler*, der Historiker *Karl Meyer* und andere. *Alice Meyer* schildert diese spannungsvolle Zeit in ihrem Buch *Anpassung oder Widerstand.*

Eine kämpferische Haltung nahm auch *Gottlieb Duttweiler* ein. Am 17./18. September 1940 orientierte er Parlamentskollegen im National- und Ständerat schriftlich über das, was er als Mitglied der Vollmachtenkommission von *Marcel Pilet-Golaz* über die Audienz mit den Frontisten und die Rückgabe deutscher Piloten und Flugzeuge an das Dritte Reich erfahren hatte. Die Verletzung der Geheimhaltungspflicht trug Duttweiler den Ausschluss aus der Vollmachtenkommission ein, worauf der so Gemassregelte aus Protest den Rücktritt aus dem Nationalrat erklärte. Radikaler als selbst die Sozialdemokraten forderte Gottlieb Duttweiler am 18. September im Nationalrat den Rücktritt des Bundespräsidenten. Die Sozialdemokraten erklärten, sie hätten das Vertrauen in Pilet-Golaz verloren. Die bürgerlichen Fraktionen distanzierten sich vom Vorgehen des Aussenministers.

Als Mitte September die am 8. August mit 1300 Kampf- und 900 Jagdflugzeugen begonnene Luftschlacht über England ihren Höhepunkt erreichte und die Briten 56 deutsche Bomber abschossen bei 26 eigenen Verlusten, da fand ich meine Auffassung bestätigt, die ich in den *Walliser Nachrichten* geäussert hatte. Daran änderte auch die Tatsache nichts, dass Görings Luftwaffe am 15. November die Industriestadt Coventry mit 500 Tonnen Sprengbomben belegte und 60 000 von 75 000 Häusern zerstört wurden. Der Terrorakt stärkte nur den Widerstandswillen der Engländer.

Anbauplan Wahlen – Manifestation des Widerstandes

An diesem selben Tag deponierten die *Zweihundert* ihre «bereinigte» Anpassungs-Eingabe beim Bundesrat.

An eben diesem 15. November 1940 hielt *Friedrich Traugott Wahlen*, Direktor der landwirtschaftlichen Forschungsanstalt in Zürich-Oerlikon und Chef der Sektion für landwirtschaftliche Produktion und Hauswirtschaft im Eidgenössischen Kriegsernährungsamt, vor der *Gesellschaft schweizerischer Landwirte* in Zürich einen Vortrag, worin er seinen seit 1937 in aller Stille vorbereiteten Plan zur Versorgung des Volkes mit Nahrungsmitteln aus dem eigenen Boden im Falle des Krieges erläuterte.

Unter den Zuhörern sass auch der Journalist *Fritz Heberlein*. Er begriff die Bedeutung des von Wahlen vorgelegten Plans, machte eifrig Notizen und schrieb einen begeisterten Artikel, der schon am nächsten Tag in der *National-Zeitung* erschien.

Das Echo war sensationell. Das Volk begriff das «Unerlässliche». Es verstand, dass es hier zwar zunächst um die Sicherstellung der Versorgung mit Nahrungsmitteln ging, mehr noch aber um eine sichtbare Manifestation des Widerstandes. In diesem Plan waren Männer *und* Frauen, Alte und Junge einbezogen und gleicherweise gefordert. Sie machten sich ans Werk.

Innerhalb des ersten Jahres wuchs die Anbaufläche in der Schweiz um 40 000 Hektaren von 231 000 auf mehr als 270 000. Bis zum Ende des Krieges dehnte sie sich auf knapp 370 000 Hektaren aus. Turn- und Sportplätze wurden in Kartoffeläcker und Kornfelder umgewandelt. Moore und Sümpfe wurden trockengelegt. In hochgelegenen Tälern reifte nach vielen Jahrzehnten wieder Weizen. Der zitronengelbe Raps leuchtete aus vielen Feldern. Auf schmalen Balkonen wurde Gemüse angepflanzt.

Die von *Arnold Mugglin* klug konzipierte und organisierte Rationierung sicherte die Versorgung mit den notwendigen Lebensmitteln. Niemand musste hungern.

Wenn ich jeweils übers Wochenende nach Hause fuhr, erzählte der Vater von der Verwirklichung des Plans Wahlen im Dorf. Er stärkte das Bewusstsein, den Erpressungen des Dritten Reiches nicht hilflos ausgeliefert zu sein.

Die Einfuhren von Lebens- und Futtermitteln gingen drastisch zurück, von über 200 000 Wagen zu zehn Tonnen 1939 auf knapp 42 000 Tonnen 1944. Getreide wurde gegenüber 1939 nur noch knapp 14 Prozent eingeführt. Die Kartoffelerträge stiegen von rund 62 000 Wagen 1939 auf 182 450 Wagen zu zehn Tonnen 1944. Die Gemüseproduktion stieg von rund 25 000 auf 60 000 Wagen in den letzten Kriegsjahren. Diese beiden wichtigen Nahrungsmittel mussten denn auch nie rationiert werden. Der Name Wahlen wurde zu einem Begriff, zu einem Zeichen der Hoffnung und des Ansporns, das Schicksal in die eigenen Hände zu nehmen.

Dass ich ein Vierteljahrhundert später dem unauffällig wirkenden, mittelgrossen, schmalgesichtigen Mann mit Brille, körperlich nicht besonders kräftig wirkend, zum erstenmal persönlich begegnen und aus dieser Begegnung eine zwanzig Jahre bis zum Tod Wahlens dauernde Freundschaft wachsen würde, konnte ich in jenem Spätherbst 1940 und den Jahren danach nicht ahnen.

Am 8. November 1940 hatten die Bundesräte *Rudolf Minger* und *Jakob Baumann* ihren Rücktritt aus der Regierung bekanntgegeben. Insbesondere Mingers Rücktritt wurde mit Erstaunen und Bedauern zur Kenntnis genommen. Er galt zusammen mit dem General als Garant der militärischen Landesverteidigung.

Am 10. Dezember 1940 wählte die Bundesversammlung den bernischen Advokaten *Eduard von Steiger* in die Landesregierung. *Markus Feldmann*, Nationalrat und Chefredaktor der

Neuen Berner Zeitung, ein Gegner des Nationalsozialismus und der Fronten, der ebenfalls im Gespräch gewesen war, musste verzichten. Eduard von Steiger, so vermuteten manche damals, war der Wunschkandidat der Deutschen. Heute weiss man um ihren Einfluss hinter den Kulissen – und dass eine Mehrheit der Bundesversammlung sich diesem Wunsch beugte.

Auf *Friedrich Traugott Wahlen*, den *Gottlieb Duttweiler* als Nachfolger Mingers vorgeschlagen hatte, entfielen 13 Stimmen.

Nachfolger Jakob Baumanns wurde nach vielen Wahlgängen der freisinnige St. Galler *Karl Kobelt* anstelle des offiziellen Kandidaten der Partei, des Wallisers *Crittin*, der dem linksfreisinnigen Flügel angehörte. Wiederum abgelehnt wurde die Wahl eines Sozialdemokraten in den Bundesrat. «Ein Sieg der Taktiker», wie *Die Nation* den politischer Vernunft in schwerster Zeit widersprechenden Wahltag bezeichnete.

9 BEGEGNUNGEN IM WALLIS

Bei *Tscherrig & Tröndle* arbeitete im Sommer 1940 aushilfsweise auch ein älterer Schriftsetzer aus Genf. Er hiess *Auguste Bach*, sprach gut deutsch, war von untersetzter Gestalt, trug eine randlose Brille und sah so aus wie ein korrekt gekleideter Buchhalter. Um so erstaunter war ich, als der Kollege mit der sanften, ruhigen Stimme sich als anarchistischer Sozialist zu erkennen gab. Auf abendlichen Spaziergängen schwärmte Bach von seiner Vision herrschaftsfreien Zusammenlebens der Menschen. Machtgruppen, Krieg, Gewalt hätten da keinen Platz mehr. Marxisten und Kommunisten aber würden zu immer brutaleren Mitteln zur Aufrechterhaltung ihrer Macht greifen, auch gegen die eigenen Genossen. Als die Nachricht von der Ermordung *Leo Trotzkis* (1879 – 1940) aus Mexico eintraf, war Bach überzeugt, dass *Stalin* hinter dieser Untat stecke. Ihm war es auch klar, dass *Willi Münzenberg* (1889 – 1940), der seit dem Juni in Frankreich verschwunden war, ein Opfer des sowjetischen Diktators sei.

Willi Münzenberg wurde am 21. Oktober 1940 in einem Wald im Departement Isère tot aufgefunden.

Für mich war diese Nachricht besonders bedrückend, verband ich doch mit dem Namen Münzenberg die erste dokumentierte Darstellung der nazistischen Terrorherrschaft, welche er in seinem *Braunbuch* herausgegeben hatte.

Im September 1940 kehrte Bach nach Genf zurück. Bei einem Glase Roten feierten wir Abschied.

Neben allen aufregenden äussern Ereignissen, die mich immer wieder in Atem hielten, waren die Monate im Wallis auch eine Zeit des Suchens, des Bedürfnisses nach Alleinsein, nach Werten weitab vom Alltagsgeschehen. So erlebte ich im ersten Monat in Brig das kleine, weissgetünchte Turmzimmer im Hotel, wo ich wohnte, als eine beinahe mönchische Klause, wo ich nachdenken, träumen und auch melancholischen Gefühlen nachhängen konnte.

In meinen Tagebuch-Notizen des Sommers 1940 ist von Politik und Kriegsgeschehen kaum die Rede, viel jedoch von romantischen Landschaftsschilderungen, von Spaziergängen entlang der Rhone, auf Feld- und Waldwegen, durch die Hänge der Rebberge im Unterwallis. Wanderungen im Goms, hinauf zum Simplonpass oder auf die Bettmeralp, liessen mir das Rhonetal zu einer zweiten Heimat werden.

Im Dezember ging meine Aushilfs-Stelle in Brig zu Ende. Immer wieder kehrte ich in das langgestreckte Tal zurück. Vor allem das Oberwallis, wo die Rhone noch Rotten heisst, hängt für mich mit Menschen zusammen, denen ich dort begegnet bin. Mit *Karl Dellberg*, den ich bis zu seinem Lebensende von Zeit zu Zeit besuchte. Seine Geschichte ist wesentlicher Teil der Geschichte der schweizerischen Arbeiterbewegung in diesem Jahrhundert. Ich habe den Weg dieses widerborstigen Wallisers im Buch *Aussenseiter – Innenseiter* nachgezeichnet.

Ein typischer und darum im eigenen Land zeitweise heftig befehdeter Walliser ist auch der Schriftsteller *Maurice Chappaz*, der in seinen Romanen und Dichtungen Wesen und Schönheit des Rhonetals und seiner Menschen besingt und denen sprachmächtig zu Leibe rückt, die respektlos und materialistisch der Einzigartigkeit der Landschaft unersetzlichen Schaden zufügen. Begegnungen mit Chappaz und seiner Frau *Corinna Bille* (1912–1979), der bedeutenden Zauberin des Wortes, wurden nach dem Krieg zu guten Erlebnissen.

Wallis: Das sind auch die Besuche bei *Carl Zuckmayer* (1896 bis 1977) in Saas Fee, dessen Bürger er wurde, die Gespräche in seinem geräumigen Haus, später in Zürich und im Wagen von *Margrit Knie* in Bern im Jahre 1969. Zuckmayer hat das Vorwort zu meinem Buch *Knie – Die Geschichte einer Circus-Dynastie* geschrieben. Dass er im Wallis für die letzten 20 Jahre seines Lebens den Ort fand, wo er sich auf- und angenommen fühlte, hing wohl nicht zuletzt damit zusammen, dass der sperrige Freiheitswille dieses Volkes Zuckmayers Erfahrungen entgegenkam. So stimmte er denn in jener Sommernacht in Margrit Knies Circuswagen in Bern kräftig mit ein ins Lied: «Nennt mir das Land so wunderschön, das Land, wo ich geboren bin», eben das «Land am Rhonestrand». Kräftig sangen mit der ebenfalls anwesende Gemeindepräsident von Saas Fee und alt-Bundesrat *Friedrich Traugott Wahlen*. «Mensch in einer unmenschlichen Zeit» habe ich eines der Gespräche betitelt, das ich mit Carl Zuckmayer geführt und in das Buch *Die älteren Brüder* aufgenommen habe. Das war er, ein Mensch, der den humanen und kulturellen Traditionen Europas in Werk und Leben bis zuletzt treu blieb. Selbst dann, als er vor den Nazis fliehen musste und die Schweiz ihm den Aufenthalt im Land verweigerte.

Wallis: Das ist Erinnerung an die Gespräche mit *Edzard Schaper* (1908 – 1984) in Brig und in Münster. Bücher wie *Aufruhr des Gerechten, Untergang und Verwandlung, Der vierte König, Wagnis der Gegenwart*, und andere, versehen mit Widmungen des Verfassers gehören zum Bestand meiner Bibliothek.

Da sind die Wanderungen von Leukerbad über die Gemmi nach Kandersteg oder über die Torrentalp hinüber ins Lötschental. Von Inden hinunter nach Leukstadt, durch den Pfynwald ins Val d'Anniviers. Oder Jahre später mit den Freunden *Emil Zbinden, Robert Wyss* und *Karl Landolt* von Gletsch nach Siders. Lebendige Vergangenheit.

Anfang Januar 1941 proklamierte *Franklin Delano Roosevelt* die *Vier Freiheiten*: Redefreiheit, Meinungsfreiheit, Glaubensfreiheit, Freiheit von Not und Furcht. Sie eröffneten eine Perspektive von Mut und Hoffnung.

Eine andere gute Nachricht Ende Februar: Aus Protest gegen die Verfolgung der Juden in Holland streikten die Arbeiter. Gerne hätte ich meinen holländischen Freundinnen zu dieser Demonstration gratuliert. Aber natürlich wusste ich, dass das für die Frauen Gefahr bedeutet hätte.

Am 11. März 1941 trat das Leih- und Pachtgesetz in den USA in Kraft, das zunächst England, dann allen gegen das Dritte Reich kriegführenden Staaten zugute kam.

Ende März putschte die jugoslawische Armee nach heftigen Demonstrationen des Volkes gegen den Beitritt der Regierung zum Dreimächtepakt (Deutschland, Italien, Japan). Darauf griff die Wehrmacht Jugoslawien und Griechenland, das *Mussolinis* Aggression nach wie vor Widerstand leistete, an. Am 10. April rief der Ustascha-Chef *Ante Pawelić* den «unabhängigen Staat Kroatien» aus. In den bosnischen Bergen organisierte der unbekannte kroatische Kommunist *Josip Broz-Tito* (1892 – 1980) seine Partisanenarmee, während der königstreue General *Dragoljub Mihailović* (1893 – 1946, hingerichtet) die Cetnici-Verbände formierte. Dass die beiden Widerpartner zeitweise mehr gegeneinander als gegen die deutsche Besatzungsmacht kämpften, wurde erst im Laufe der Jahre bekannt.

Am 22. Juni 1941 erklärte *Hitler*, völlig überraschend, der Sowjetunion den Krieg. Wieder die Bilder der Kesselschlachten und die Gefangennahme Hunderttausender sowjetischer Soldaten. Aber es war, für viele, trotz der Siege der Wehrmacht, der Anfang vom Ende der Nazi-Herrschaft: General Winter und die Weiten Russlands würden Hitler ebenso Widerstand leisten, wie einst Napoleon.

Am 7. Dezember 1941 überfiel Japan die amerikanische

Flottenbasis Pearl Harbor. Der Kriegserklärung der USA gegen Japan folgte jene der Achsenmächte gegen die Vereinigten Staaten. Der Zweite Weltkrieg hatte begonnen.

Das Leben geht weiter

Im Banne der weiterhin dramatischen Ereignisse in Europa und der Welt, ging mein Leben äusserlich wie gewohnt weiter. Von Mitte Februar bis Ende April bildete ich mich in Bern und anschliessend in der Druckerei des *Oberland* zum Maschinensetzer aus. Von Anfang Mai bis in die zweite Hälfte des Julis arbeitete ich auf diesem Beruf in der Buchdruckerei Loepthien in Meiringen. In dem der Druckerei angegliederten Verlag erschienen vornehmlich religiöse Schriften, ein christlicher Kalender und das Losungsbüchlein, das ich von zu Hause kannte. Etwas erstaunt vernahm ich in einem Gespräch mit dem alten *Walter Loepthien*, wie sehr dieser von Hitlers Siegen in der Sowjetunion angetan und überzeugt war, dass das kommunistische Reich bald zusammenbrechen werde. Noch mehr erstaunte es mich, als bei Kriegsende bekannt wurde, dass Vater Loepthien seit Jahren der NSDAP nahegestanden hatte. So sehr also konnte sich christliche Frommheit mit der nazistischen Ideologie vereinbaren lassen!

Weil im Dritten Reich die Deutschen Christen das nazistische Regime schier vorbehaltlos unterstützten, weil sich aber auch die Kirchen beider Konfessionen in der Schweiz kaum kritisch zum Regime und zum Krieg der Nazis äusserten und zu den bekannt werdenden Greueln betreten schwiegen, erwog ich, aus der Kirche auszutreten. Als nach zwei nächtlichen Gesprächen mit Pfarrer *René Treier* dieser meinte: «So wie du die Dinge siehst, wie du die biblische Botschaft verstehst, will ich dich nicht hindern, den Schritt zu tun. Dein Denken, deinen Respekt vor *Leonhard Ragaz*, teile ich bis zu einem gewissen Grad. Es braucht in unserer Kirche die kritischen Männer und Frauen, damit die Kirche nicht zu träge wird, sich nicht zu sehr den Mächtigen und den Zeitströmungen anpasst.

Da du ohnehin bei uns nicht aktiv mitzumachen gedenkst, tritt nur aus. Es kommt nicht auf die Mitgliedschaft in der Kirche an, sondern darauf, wie man sich im Alltag und zu den wesentlichen Fragen verhält.»

Nach dieser so nicht erwarteten Antwort des Gsteig-Pfarrers teilte ich diesem einige Tage später mit, dass ich Mitglied der Kirche bleiben werde.

Die Politik der Behörden erschien widersprüchlich und doppelgleisig. Einerseits war der Führer der Schweizer Faschisten, Oberst *Arthur Fonjallaz*, Ende Februar 1941 wegen militärischer Spionage zugunsten der Achsenmächte vom Bundesgericht zu drei Jahren Zuchthaus verurteilt worden, und am 10. Juni hatte die Bundespolizei bei einer Razzia in 17 Kantonen über 130 Mitglieder frontistischer Organisationen verhaftet wegen Verdachts, die Unabhängigkeit der Schweiz zu gefährden.

Anderseits durften so hohe Militärs wie Divisionär *Eugen Bircher* und Oberst *Gustav Däniker*, Kommandant der Schiessschule Walenstadt, zwischen Ende April und Anfang Mai 1941 Ausbildungszentren der Wehrmacht besuchen und ihrer Sympathie zum Dritten Reich ungehemmt Ausdruck geben. Erst die Denkschrift Dänikers im Nachgang zu diesem Besuch brachte ihm dann die Entlassung von seinem Kommando durch den General ein. Keinerlei neutralitätspolitische Bedenken äusserte die Regierung, als *Eugen Bircher* in Zusammenarbeit mit dem Roten Kreuz die erste schweizerische Ärztemission für die Ostfront organisierte, die vom 15. Oktober bis 31. Dezember 1941 auf deutscher Seite tätig war. Auch eine zweite und eine dritte Ärztemission operierten und pflegten ausschliesslich Verwundete der Wehrmacht (8. Januar bis 14. April und 18. Juni bis 29. September 1942). Das war der schweizerische Beitrag zum Kreuzzug Hitlers gegen den Bolschewismus. Anstoss dagegen jedoch nahmen der Bundesrat und der Oberauditor der Armee an den Vorträgen Dr. *Rudolf Buchers*, Mitglied der ersten Ärztekommission, in denen dieser über seine persönlichen und die Beobachtungen von Gewährsleuten über Massenmorde an Juden im Osten berichtete. (Siehe Kapitel *Auf Vorrat grausam.*)

Dass Bundesrat *Philipp Etter* den Dramatiker *Cäsar von Arx* veranlasste, selbst leiseste Andeutungen über die Flüchtlingstragödien im Festspiel zur 650-Jahrfeier der Eidgenossenschaft zu streichen, und dass der Schriftsteller unter Gewissensnot nachgab, weil er das Honorar für seine Familie brauchte, wurde erst nach dem Krieg bekannt. Cäsar von Arx hatte verfolgten deutschen Schriftstellerkollegen selbstlos geholfen. Er hatte gewusst, wovon er schreiben wollte. Aber Philipp Etters Staatsraison verlangte zur patriotischen Verherrlichung der Eidgenossenschaft nicht die Wahrheit über die Gegenwart.

Im Herbst 1941 trat ich eine Stelle als Maschinensetzer in der Buchdruckerei Schüler AG in Biel an. Im Hotel Blaues Kreuz bewohnte ich im Dachstock ein Zimmer.

Unter dem Eindruck des Kriegsgeschehens, aber auch der sozialen Gegensätze in der Schweiz, die ich vor allem im Wallis kennengelernt hatte, radikalisierte sich mein politisches Denken. Ausserordentlich stark beeindruckte und beeinflusste mich auch die Lektüre des sechsbändigen Romanwerks *Die verzauberte Seele* von *Romain Rolland.* In diesem breitangelegten Gemälde der französischen bürgerlichen Gesellschaft, symbolisiert unter anderem in den Frauenfiguren Annette und Sylvia, den Auseinandersetzungen um das Erbe der Französischen Revolution und den rückwärtsgewandten Reaktionären um die *Action Française,* sah ich in dem hier geschilderten Sozialismus die Antwort auf soziale Ungerechtigkeit und Kriege. Insbesondere war es die Entwicklung Marcs, des Sohnes Annettes, vom Bürgerssohn zum Kommunisten, die ich innerlich nachvollzog. Wie die direkte Erfahrung des faschistischen Terrors in Italien Marc zum Kämpfer gegen diese Diktatur machten und wie er schliesslich von deren brutalen Schlägern ermordet wurde, das erlebte ich beinahe so, als wäre ich unmittelbarer Zeuge des dramatischen Geschehens.

Waren denn nicht die Kommunisten in Italien und Deutschland und überall, wo autoritäre Regimes die Macht an sich gerissen hatten, die entschiedensten Kämpfer gegen die Tyrannei – und deren erste Opfer?

Gewiss, da gab es die schreckliche Verirrung des Paktes der Sowjetunion mit *Hitler.* Aber hatten denn nicht die Westmächte Hitler im Kampf gegen die Sowjetunion unterstützt, blind bis zur politischen Kapitulation und bis es zu spät war? War es jetzt nicht der Widerstand der Sowjetunion, der nach den verheerenden Niederlagen der ersten Schlachten nun der sieggewohnten Wehrmacht vor Moskau und Leningrad die ersten Rückschläge brachte? Die Westmächte lieferten dem neuen Verbündeten Waffen, und sie bombardierten die deutschen Städte, aber die Sowjetunion verlor Menschen zu Hunderttausenden, und die eroberten Städte und Dörfer fielen der Vernichtungswut der Eroberer zum Opfer.

Während sich das vor aller Augen abspielte, fand vor dem Bundesgericht in Lausanne ein Prozess statt gegen die Kommunisten *Karl Hofmaier, Edgar Woog* und den linken Sozialisten *Léon Nicole,* weil sie den russischen Bürgerkriegsroman von *N. A. Ostrowskij, Wie der Stahl gehärtet wurde*, veröffentlicht hatten. Was war das für eine Freiheit, die einen Roman aus der Sowjetunion verbot, gleichzeitig aber nazistische Literatur tolerierte?

«Stimme der Wahrheit»

Ich beschloss, eine eigene Zeitung herauszugeben. Also setzte ich mich an die vom Hotel geliehene Schreibmaschine, spannte zehn dünne A4-Blätter mit entsprechenden Kohlepapieren ein und begann, mir von der Seele zu tippen, was mich bedrängte. Das zehnte Blatt war noch knapp lesbar. Zehn eng beschriebene Seiten lang wurde mein romantisch-kämpferischer Text. Zehnmal schrieb ich ihn ab. Sein Titel lautete *Stimme der Wahrheit.*

So «illegal» wie ich unter dem Dach des «Blauen Kreuzes» meine «Zeitschrift» herstellte, so unauffällig versandte ich die 100 Exemplare an ausgewählte Bekannte, von denen ich annahm, dass sie an meiner Wahrheit interessiert seien. Empfänger von meiner zornigen Botschaft waren auch einige Gsteigwiler Bürger. Wenn ich auf dem Heimweg den einen oder andern traf und man auf Politik zu sprechen kam, erfüllte es mich mit heimlicher Genugtuung, wenn der Gesprächspartner die *Stimme der Wahrheit* erwähnte und anbot, sie mir zum Lesen zu geben – da stünden nämlich ganz interessante Sachen drin.

Die *Stimme der Wahrheit* erlebte keine zweite Auflage, und weil ich übervorsichtigerweise auch kein Exemplar aufbewahrt habe, wird diese «Samisdat»-Tat wohl in keinem zeitgeschichtlichen Archiv zu finden sein. Dafür ist ein Artikel in der *Seeländer Volksstimme* vom 16. Januar 1943 erhalten, worin ich gegen die «alten Gegner» der «sozialistischen Totalrevision der Bundesverfassung» kräftig vom Leder zog.

In einem Artikel in der *Typographia* (18.12.1942) befasste ich mich mit der Generationenfrage in der Arbeiterbewegung. «Eindeutig» stellte ich unter anderem fest: «Die Jugend von heute interessiert sich im allgemeinen nicht mehr für Politik, oder wo sie es tut, gerät sie meistens sehr schnell in Gegensatz zu den Alten.» Die Sozialdemokratische Partei sei zu brav geworden. Linke Genossen habe sie ausgeschlossen «und so der Regierung den Weg zu Gewaltmassnahmen gegen die Geächteten geebnet».

An den Wochenenden unternahm ich stundenlange Wanderungen in die Umgebung der Stadt, auf Wegen durch die Rebberge auf der Südseite des Sees bis nach Twann. Ich genoss die hügelige Landschaft des Seelandes. Besuche auf der Petersinsel, wo *Jean-Jacques Rousseau* eine Zuflucht vor seinen Verfolgern gefunden hatte, mahnten mich, dass Geschichte immer schon eine Geschichte der Gewalt und der Unfreiheit, aber auch der Hoffnungen und der Aufbrüche zu neuen Ufern war.

11 WENN DIE DEUTSCHEN KOMMEN . . .

Am 6. Juli 1942 rückte ich in Freiburg in die Rekrutenschule ein. Neugierig, aber ohne Illusionen. Schon von der ersten Stunde an versuchten die herumbrüllenden Unteroffiziere den Jünglingen den «zivilen Schweinehund» auszutreiben. Kahlgeschoren sahen die künftigen Soldaten Strafgefangenen nicht unähnlich. Am Abend, als die feldgrauen Kleider gefasst und mehr oder weniger passend ausgefallen waren, sassen nicht wenige der jungen Männer recht deprimiert auf ihren Betten im Kantonnement. Von Stolz auf den Dienst am Vaterland war da wenig zu spüren.

Ich wurde bei den Infanteriefunkern eingeteilt. Die seien, so wurde betont, etwas wie Pioniere. Von Anfang an wusste ich, dass ich nicht aspirieren würde, so sah ich den kommenden Dingen verhältnismässig gelassen entgegen. Bei den tagelangen Ausmärschen mit Sack und Pack, umgehängtem Karabiner und vorgehängtem Funkgerät, in den schweren genagelten Schuhen, auch bei Regen und Kälte, wollte ich feststellen, wieviel ich denn an körperlichen Leistungen und seelischen Belastungen zu erbringen imstande sei. Ich erfuhr, dass ich mir mehr abzufordern in der Lage war, als ich vermutet hatte.

Von meinem Korporal S., einem kleinen, rundlichen Mann, liess ich mich auch dann nicht ins Bockshorn jagen, wenn er mir mit Strafexerzieren drohte. Als mir Korporal S. einmal bescheinigte, was für ein Idiot ich sei, packte ich das Funkgerät und schleuderte es, zornentbrannt über die ungerechte Beschimpfung, einen Abhang hinunter. Das Gerät nahm keinen Schaden. Der von meinem Wutausbruch offenbar erschreckte und beeindruckte Korporal, teilte mir auf dem Rückmarsch ins Kantonnement mit, er werde mich für die Unteroffiziersschule vorschlagen. Das solle er lieber bleiben lassen, machte ich ihm klar.

Auch mit einem ziemlich berüchtigten Instruktions-Unteroffizier machte ich eine interessante Erfahrung. Ich lag bäuchlings vor der Attrappe des Funkgeräts, als er mich mit einem Stiefel in die Seite trat. Ich sprang auf, nahm Stellung an und antwortete dem verblüfft Fragenden, was los sei: «Sie haben mich nicht zu berühren!» Das war für den Instruktor offenbar eine so unerwartete Reaktion eines Rekruten, dass er sich brüsk umdrehte und davonschritt. Von da an versuchte er mich zu bevorzugen, indem er mich, etwa bei schlechtem Wetter, in sein Büro abkommandieren wollte. Ich lehnte jedesmal ab.

Im ganzen war die Rekrutenschule eine Erfahrung, die ich nicht hätte missen mögen. Da war, zum Beispiel, *Erwin Koller*, ein St. Galler, der mit bedeutend weniger Geschrei auskam. Mit ihm hatte ich schon einigemale ein paar freundliche Worte gewechselt. Es war an einem schwülen Augustvormittag. Man übte den Gewehrgriff. Weil es bei mir nicht so knallte, wie es hätte knallen sollen, brüllte Korporal S. mich an: «Ein Gewehrgriff ist erst dann ein Gewehrgriff, wenn das Blut vom zersplitterten Karabinerschaft spritzt!» Da vermochte ich das Lachen nicht mehr zu unterdrücken. Auf des Korporals Frage, was ich mir eigentlich einbilde, noch zu lachen, gab ich zurück: «Man schädigt die Armee, wenn Soldaten sich unnötigerweise verletzen und erst noch den Karabinerschaft kaputt machen!»

Das war nun für Korporal S. zuviel. Wutentbrannt schickte er mich Frechling zu Korporal Koller, damit der mir, wie es so üblich war, zeige, was eines wahren Soldaten Gewehrgriff sei und was nicht. Erwin Koller sah mich prüfend an, lächelte und meinte dann freundlich: «Häsler, jetzt setzen Sie sich zunächst mal unter den Baum an den Schatten und schauen zu, wie richtige Gewehrgriffe aussehen!» Das tat ich dann bis wenige Minuten vor dem Einrücken. Dann führte ich vor, was ich beim Zuschauen gelernt hatte, worauf Koller befriedigt meinte: «So, jetzt tätscht es schon ganz schön!» Erwin Koller wurde später Regierungsrat im Kanton St. Gallen. Wenn wir uns gelegentlich begegneten, erinnerten wir uns an die Episode auf dem Kasernenplatz in Freiburg.

Von sympathischem Wesen war auch *Andrea Planta*, der im Funkerzug den Leutnant abverdiente. Er war Sekundarlehrer, stammte aus Chur, war sportlich trainiert, aber von eher introvertierter Art. Er verlangte viel von den Rekruten, aber nichts, was er ihnen nicht vormachte. Als ich rund ein Vierteljahrhundert später in einer Synagoge einen Vortrag hielt, klopfte mir anschliessend jemand von hinten auf die Schulter. Es war Andrea Planta, inzwischen Major geworden und zugleich aktives Mitglied in einer kirchlichen Friedensgruppe.

Vom tragischen Geschehen an der Schweizer Grenze gerade im August 1942, als Abertausende jüdischer Flüchtlinge zurückgewiesen wurden – in den so gut wie sichern Tod –, nahm ich kaum Kenntnis. Man las selten Zeitungen, hörte selten Radio. Die körperlichen Anstrengungen liessen wenig Kraft für alles, was sich ausserhalb der Kaserne ereignete. Dagegen wurde man über das Kriegsgeschehen immer wieder orientiert. Man verfolgte die Schlacht um Stalingrad, die im August begonnen hatte. Als der Kompaniekommandant einmal die vorbildliche Kampfkraft der deutschen Soldaten unter anderem damit begründete, dass sie, auch wenn sie im tiefen russischen Schlamm steckten, Kleider und Schuhe mustergültig retablierten, meinte ich trocken, dass Stalingrad noch nicht genommen sei, trotz diesem vorbildlichen Retablieren.

Auch in Nordafrika zeichnete sich eine Wendung im Kampfgeschehen ab. Unter dem Befehl General *Montgomerys* gelang den Engländern Anfang November der Durchbruch bei El Alamein. Der Mythos des legendären «Wüstenfuchses» Generalfeldmarschall *Erwin Rommel* bekam Risse, wie die Unbesiegbarkeit der Wehrmacht.

Nach einer in der MSA gut überstandenen Gelbsucht und nach der strapaziösen Verlegung ins Eigental am Pilatusmassiv, wurde ich mit allen andern Funkerrekruten im November 1942 nach Hause entlassen.

«Pickelfritz»

Ich wurde dem Funkerzug des Gebirgs-Infanterie-Regiments 17 zugeteilt. Es gehörte zur Gebirgsbrigade 11, bestehend vor allem aus Berner Oberländern und Wallisern. Am 15. Februar 1943 rückte ich zu einem Wintergebirgskurs in Kandersteg ein. Ich fasste, wie alle andern, die schweren Armee-Skier. In der Armee schien es zur «Erziehung» der Soldaten zu gehören, alle Ausrüstungsgegenstände möglichst unbequem zu gestalten.

Ski-Instruktor war der Kandersteger Bergführer, Förster und vielfacher Sieger an internationalen Ski-Meisterschaften, *Adolf Ogi*. Er war die Ruhe selbst. Geduldig machte er den Soldaten vor, wie man im Tiefschnee mit Vollpackung und vorgehängtem Karabiner am sichersten zu Tal fuhr. Stürzte einer, so half er ihm aufzustehen und meinte, man solle es nur ruhig nehmen, man komme besser zurecht.

Gleich anschliessend an den Wintergebirgskurs rückte ich zu einem weiteren Aktivdienst ein. Kommandant des Regiments war der damals schon beinahe legendäre *Pickelfritz, Fritz Erb*, früher Lehrer, dann Chefredaktor des *Sport* in Zürich, ein drahtiger, zäher Mann mit immer leicht von Sonne und Wein gerötetem Gesicht. Er hatte sich als geübter Bergsteiger, Skifahrer, vor allem aber als Pionier der von ihm ins Leben gerufenen Sommer- und Wintergebirgs-Ausbildung für Offiziere einen Namen gemacht. Bei einem weiteren am 12. September 1943 beginnenden Abschnitt des Aktivdienstes, der uns von Lauterbrunnen über die Kleine Scheidegg zum Eigergletscher, mit der Bahn zum Jungfraujoch, von da über den Aletschgletscher, die Bettmeralp, hinunter nach Brig und schliesslich hinauf ins Nanztal geführt hatte, erlebte ich den «Regimenter» auf typische Weise. In einer kalten Spätherbstnacht stand ich im Nanztal Wache. Regen und Schnee rieselten auf den Stahlhelm und das umgehängte Zelt. Aus der mit «Chrüter» von Bruder Hans gefüllten metallenen Tee-Flasche genehmigte ich dann und wann einen Schluck. Als ich bemerkte, dass sich in der Nähe etwas bewegte, rief ich, den Karabiner schon im Anschlag, energisch: «Halt, wer da?!» Aus der stockdunklen Nacht blitzte das Licht einer Taschenlampe auf, und Pickelfritz meldete sich. Er trat ganz nahe an mich heran und sagte: «Mach es mal hü!» Ich hauchte «hü». Pickelfritz sagte: «Du hescht Schnaps!» Abstreiten hätte nichts genützt. Also gestand ich den verbotenen Alkoholgenuss. Darauf Oberst Erb: «Chum, gib die Wäntella!» («Komm, gib die Feldflasche!») Pickelfritz führte die Flasche zum Mund. Ich hörte, wie der flüssige Wärmespender Schluck um Schluck im Schlund des Regimenters verschwand. Als er mir die «Wäntella» zurückgab, war sie leer. Pickelfritz freundlich: «Das ha-n-ig nume gmacht, dass du nid wiitersuufscht. Süscht müesst i di no i d'Chischta ghiien!»

Ziemlich erschrocken über den unerwarteten Besuch und Ausgang der nächtlichen Begegnung mit Pickelfritz, murrte ich: «Zu Befehl, Herr Oberst!» Als der, nicht ohne guten Wunsch für den Rest des Wachestehens, von der finstern Nacht verschluckt war, fluchte ich ihm leise, aber erleichtert nach: «Jetz mues i no merci sägen, das er mer dr Schnaps gsuffen hed.»

Nach dem Krieg traf ich mich gelegentlich mit Pickelfritz in Zürich. Erstaunt war ich, als der Oberst im Ruhestand auf meine Bitte hin einen Artikel für die Ex libris-Zeitschrift zum Thema Sonntags-Heiligung verfasste und sich dabei als energischer Befürworter der Sonntagsruhe, Sportveranstaltungen und Schiessübungen inbegriffen, erwies: Gerade in dieser immer hektischer werdenden Zeit brauche der Mensch mehr denn je einen Tag der Besinnung und der religiösen Einkehr.

Die Aktivdienste im Oberwallis, im Berner Oberland, im Toggenburg, im Zürichbiet und im Tessin verloren an militärischem Drill, als immer deutlicher wurde, dass das Dritte Reich den Krieg verlieren würde. Im Funkerzug fanden sich meist Männer, die über Zeitfragen diskutierten und sich so menschlich näherkamen. Da waren *Hans Riesen*, ein stämmiger Elektromonteur, später Bankbeamter, und *Emil von Allmen* aus Mürren, der seinerzeit das berühmte Bild von *Rita Hayworth* und *Ali Khan* «geschossen» hatte. Mit den beiden bildete ich einen Funktrupp. Emil, «Miggi», wie man ihn nannte, ist gestorben. Die Erinnerung an einen lieben Freund bleibt.

Als ich 1955 zum letzten Wiederholungskurs im Auszug zwei Minuten zu spät auf dem Sammelplatz eintraf, wo die

Nachrichtenkompanie schon in Achtungstellung in Reih und Glied bereitstand und Hauptmann *Rolf Röthlisberger* mich strafend anblickte, versprach ich die Verspätung dann am Ende des WK's nachzuholen. Das tat ich denn auch. Nach dem Befehl: «Ruhn! Abtreten!» blieb ich in Achtungstellung stehen. Auf die Frage der Kameraden: «Was ist, Häsler, willst du noch bleiben?» antwortete ich: «Die zwei Minuten!»

Den Rückzug von einem mehrtägigen Manöver auf den Saanenmösern beendigten Hans, Miggi und ich in nicht gerade vorbildlichem Zustand. Gut versorgt von Bauern, die in einer Wirtschaft ihr Molchen feierten, mit Brot, Käse und zwei Literflaschen Weisswein, stillten wir unsern angesammelten Hunger und Durst auf dem Marsch nach Spiez. Die Inspektion im Kantonnement brach der verständige Kompaniekommandant ab, als er uns drei gemustert hatte.

In feuilletonistischen Berichten für das *Oberland* schilderte ich Erfahrungen und Erlebnisse aus dem Aktivdienst. Erwanderte Landschaften, reifende Kornfelder, Duft von Heu, Obsternten im Herbst, Eingraben und Zelten an Waldrändern, der sommerliche Sternenhimmel in den Nächten, freundliche Bewirtungen in Bauernhäusern animierten mich zu poetischen Ergüssen, die gelegentlich mehr meiner Phantasie entsprachen als der Wirklichkeit.

Der Kritik einer spätern Generation über diese Zeit und das, was an Kritikwürdigem ans Tageslicht gekommen ist und hinter den Kulissen ganz weit oben sich abgespielt hat, mag ich mich nicht anschliessen. Die ständige Bedrohung durch die Nazis und das Wissen, was in den besetzten Ländern geschah, machten das Land bei allen Mängeln zu einem Hort, wo Freiheit und Menschlichkeit noch ihren Platz hatten. «Wenn die Deutschen kommen, werden wir schiessen!» Das war die Stimmung in der Einheit, in der ich meinen Dienst leistete. Er hatte seinen Sinn.

Meine militärische Karriere als Funker beendigte ich 1968 in einer Zürcher Grenzbrigade und dann in einer Landsturmeinheit in Jona bei Rapperswil als Offiziers-Ordonnanz. Zu dieser

«Beförderung» war ich gekommen, weil ein Hauptmann aus der Gegend gerade mein eben erschienenes Buch über die *Circus-Dynastie Knie* gelesen hatte und meinte, ein Schriftsteller habe Anspruch auf einen weniger strapaziösen Dienst. Bei der befreundeten Schauspielerin *Lotte Lieven*, die in Jona ein grosses Haus bewohnte, fand ich ein Zimmer. Bei guten Gesprächen vergingen die sonnigen Herbsttage im Flug.

1971 wurde ich aus der Armee entlassen. Der Geissfell-Tornister, der Karabiner, Brotsack, Gamelle und die «Wäntella» erinnern an die vergangenen Zeiten – und ebenso Kameraden, die sich von Zeit zu Zeit treffen.

Im Mai 1943 folgte ich dem Angebot Dr. *Ernst von Bergens*, die Leitung der Buchdruckerei *Oberland* zu übernehmen. Die Herausforderung lockte mich. Die Kollegen, die mich vor erst drei Jahren als Lehrling gekannt hatten, sagten mir ihre Unterstützung zu. Jetzt wurden Druckaufträge rasch kalkuliert, sogenannte Lauftaschen gedruckt, auf denen die technischen Abläufe verzeichnet waren: Zeitaufwand, Papierqualität und -verbrauch, Farbe usw. Möglichst rasch sollten neue Schriften für die Setzmaschine angeschafft werden.

Die graphische Neugestaltung der Zeitung nahm ich unverzüglich an die Hand. Ich führte Sonderseiten ein, so *Der Oberländer Bauer* und *Die Frau und ihr Heim*. In der Wochenendbeilage *Zur Feierstunde* brachte ich vermehrt aktuelle Kulturthemen unter. Herausgehoben wurden Beiträge des *Pressedienstes der Nation*. Sie galten zum Beispiel dem Widerstand in Norwegen und Holland; hier steuerte ich Erinnerungen an die Freundinnen im besetzten Land bei. Ein Porträt galt *Tschiang Kai-Shek*. *Mussolinis* Sturz wurde entsprechend dargestellt und kommentiert. Der Landung der Alliierten auf Sizilien galten zwei Seiten, angereichert mit Texten aus einem Gildenbuch.

Schicksalsfrage für die Schweiz

Das Flüchtlingsdrama fand den ihm zukommenden Platz. Im Sommer 1943 lernte ich *Gertrud Kurz, Regina Kägi-Fuchsmann* und Pfarrer *Paul Vogt* kennen, als sie an verschiedenen Abenden in den Kirchen von Interlaken und Unterseen zum Flüchtlingsthema sprachen. Ihre Berichte über die Deportationen der Juden und ihr fürchterliches Schicksal in Osteuropa, vor allem aber über die menschenverachtende Flüchtlingspolitik des Bundesrates erschütterten und empörten mich. Von ihnen vernahm ich erstmals ausführlich, was sich im August 1942 an unsern Grenzen ereignet hatte, wie der «Aufstand der Herzen» und der Menschlichkeit die Regierung gezwungen hatte, die Grenzen vorübergehend zu öffnen und so die um ihr Leben rennenden Frauen, Kinder und Männer vor dem tödlichen Zugriff der nazistischen Häscher zu retten. Aber nun, so berichteten die drei übereinstimmend, werde wieder im alten Ungeist weitergefahren. Dabei wisse man heute – und wisse auch der Bundesrat – dass es dem Regime in Berlin längst um die Ausrottung der Juden in den Lagern Osteuropas gehe.

Am 25. August 1943 veröffentlichte ich im *Oberland* unter dem Titel *Das Martyrium des jüdischen Kindes* aus der Feder von *Paul Vogt* ergreifende Beispiele. Am Schluss hiess es unter anderem: «Heute ist der Rassenhass salonfähig geworden. Antisemitische Gesinnung ist sein Wegbereiter. Das Judenvolk wird gequält. Ist nicht heute Judenschutz das Gebot der Stunde?» Vogt ermahnte «Väter, Mütter, Lehrer und Lehrerinnen, jeder leisen Regung von Judenhass zu wehren, damit die Leiden jüdischer Jugend Europas auch nicht durch einen einzigen Fall in der Schweiz vermehrt werden.»

Am 3. Dezember 1943 plazierte ich erneut einen ausführlichen Bericht unter dem Titel: *Die Flüchtlingsfrage – eine Schicksalsfrage für die Schweiz*. Wiederum war es Pfarrer *Paul Vogt*, der eindringlich und an konkreten Beispielen das Drama der Judenverfolgung durch Hitler-Deutschland darstellte und an die Behörden appellierte, die Rückweisungen aufzugeben. Entschieden wies er immer wieder auch von Bundesrat *Eduard von Steiger* erhobene Behauptungen über Undankbarkeit aufgenommener Flüchtlinge zurück. Er, Pfarrer Vogt, sei erschüttert vom Strom der Dankbarkeit, dem unsere doch unzulängliche Hilfeleistung begegne. Es komme aber eben auch darauf an, wie man die Flüchtlinge empfange. «Behandelt man sie hart und von oben herab, dann reizt man sie zum Widerspruch. Die Art, wie die Schweiz den Flüchtlingen entgegentritt, wird in Zukunft Ehre für sie einlegen . . . oder auch nicht, je nachdem . . .» Die Schweiz sei ein *Gastland*. Die Fremden hätten ihr Geld gebracht. Heute nun hätten wir zu beweisen, dass wir in der Lage seien, auch jenen Gästen zu dienen, «die ohne Geld in unser Land kommen. Die Flüchtlingsfrage ist daher zu einer Schicksalsfrage für unser Land geworden.»

Fruchtbare Monate

Journalistisch erbrachte die Zeit im *Oberland* einige Früchte, vor allem im kulturellen Bereich. So verfasste ich einen Bericht über die *«Faust»-Freilichtspiele in Luzern*, bei denen *Leopold Biberti, Margrit Winter* und *Albert Fischli* die Hauptrollen spielten (13. August 1943). In der selben Nummer schrieb ich begeistert über das Gastspiel des *Cornichon*, das «offen und auf eine herrliche Art» sage, was die Zeitungsmänner «nur denken dürfen». Nicht weniger rückhaltlos sang ich das Lob der Schauspieltruppe *Tribüne*, die unter der Leitung und Regie von *Vasa Hochmann* in Interlaken das Stück *Bomberstaffel z. b. V.* spielte. Mit dabei waren *Wiltraud Tschudi, Ettore Cella, Wilfried Scheitlin, Eva Langraf, Uli Eichenberger, Alice Eggenberger, Johannes Gasser, Ernst Stiefel* und *Erich Schmid.*

Eine ausführliche Würdigung widmete ich am 3. Oktober 1943 dem Werk des Holzschneiders *Emil Zbinden* (1908 – 1991). 1938 hatte ich den Künstler kennengelernt, nachdem mir seine Holzschnitte in Gotthelfs Werk und seine Buchgestaltungen für die Büchergilde Gutenberg aufgefallen waren. Zbinden wurde rasch zum fördernden Weggefährten bis zu seinem unerwarteten Tod am 13. Dezember 1991. Ich durfte zahlreiche Ausstellungen dieses führenden schweizerischen Holzschneiders eröffnen, immer wieder über ihn und sein Werk in Zeitungen und Zeitschriften schreiben.

Zbindens Werdegang und seinen Holzschnitten für die 16bändige Gotthelfausgabe galt der Text im zweiten Band von *Emil Zbinden – Das graphische Werk* (Edition Xylon, 1984). In diesem Band ging ich auch auf den Gründer der Büchergilde Gutenberg, *Bruno Dressler*, sowie auf Leben und Werk *Jeremias Gotthelfs* ein.

Im Zusammenhang mit einer von mir veranstalteten und von der Typographia Interlaken finanziell unterstützten Ausstellung *Das gute Buch – Das gute Bild* schrieb ich einen Beitrag «Vom Wert des guten Buches». Ausgestellt im Saal eines Hotels waren vor allem Bücher der Büchergilde Gutenberg sowie regionaler Buchverlage. Die Künstler *Emil Zbinden, Rudolf Mumprecht, Karl Adolf Laubscher, Johann Peter Flück* und *Ernst Huber* stellten Bilder zur Verfügung. Lesungen, Vorträge von Schriftstellern, Malern und *Albin Stähli* begleiteten die gut eine Woche dauernde Ausstellung.

In meinem einzigen politischen Beitrag unter dem Titel *Der unbekannte Dritte* (25. August 1943) versuchte ich den vermuteten Spannungen zwischen den westlichen Alliierten und *Stalin* auf die Spur zu kommen. Gerade hatte die Begegnung von *Churchill* und *Roosevelt* in Quebec stattgefunden, wiederum ohne Stalin. Warum? «Hegt er Misstrauen gegenüber seinen Verbündeten? . . . Es ist für Aussenstehende ausserordentlich schwierig, hier eine einigermassen befriedigende Antwort zu erteilen. Erst wenn einmal die Vorhänge gelüftet werden, wird die Welt vernehmen, was alles in diesen spannungsreichen Tagen hinter den Kulissen gespielt wurde.»

So befriedigend die Arbeit im *Oberland* in der Druckerei, bei der Zeitung und ausserhalb des Betriebs sich für mich anliess, so wenig erfolgreich waren meine Bemühungen, auch im administrativen, ziemlich chaotischen Bereich Dr. von Bergens Übersicht und Ordnung zu schaffen. Hier lasse er sich nicht dreinreden, erklärte der Besitzer. Ich besprach die Situation mit *Emil Zbinden*. Der riet mir, mich mit *Bruno Dressler* zu beraten, der im August 1943 gerade in Beatenberg in den Ferien weilte. Ich legte Dressler die schriftlich verfasste Konzeption vor, wie die Buchdruckerei reorganisiert werden solle. Dressler fand mein Vorgehen gut und anerbot sich, Ernst von Bergen zu empfehlen, die Vorschläge anzunehmen; wenn die Druckerei leistungsfähig genug sei, könne sie mit einigen Buchaufträgen der Büchergilde im Jahr rechnen. Sollte Dr. von Bergen auf das Angebot nicht eingehen, dann rate er mir, das *Oberland* zu verlassen. Er werde sich dann, falls ich das wünsche, dafür einsetzen, dass ich in der Genossenschaftsdruckerei in Zürich eine Stelle als Maschinensetzer antreten könne; dort würde ich auch Gelegenheit erhalten, meine journalistische Begabung zu entfalten.

Also geschah es. Dr. *Ernst von Bergen* war zwar begierig auf Buch-Druckaufträge der Büchergilde, dagegen lehnte er alle Reorganisationsvorschläge im administrativen Bereich entschieden ab. Damit war die Entscheidung auch für mich gefallen. Ich reiste nach Zürich, stellte mich in der Genossenschaftsdruckerei vor, und es wurde vereinbart, dass ich Anfang Januar 1944 die Arbeit aufnehmen könne. Ich kündigte Dr. von Bergen auf Ende Dezember 1943.

Nachdem ich in Zürich die damals noch erforderliche Aufenthalts- und Arbeitsbewilligung erhalten und an der Waldmannstrasse im Kreis 1 ein Zimmer gefunden hatte, verbrachte ich die Weihnachts- und Neujahrstage zu Hause bei den Eltern. Die waren von meinem Umzug nach Zürich nicht begeistert. Für die Mutter war die Stadt an der Limmat so etwas wie ein neuzeitliches Babylon, wo die sündigen Fallstricke nur so auf ihren lieben zweiten Sohn lauerten.

II Wege und Irrwege

13 ZÜRICH – EINE ANDERE WELT

Noch war ich mir nicht bewusst, dass die Auswanderung nach Zürich mehr werden sollte, als ein Stellenwechsel. Zürich war anders als Brig, Biel und Interlaken. Ich musste mich an die Grossstadtluft, an den rastlosen Betrieb auf den Strassen, die imposanten Bauten, die Fabriken, Banken, Kinos und Geschäfte, an das Nachtleben erst gewöhnen. Aber nach kurzer Zeit wurde ich das Gefühl der Fremdheit los. Die Kollegen in der Genossenschaftsdruckerei waren freundlich, hilfsbereit. Das *Volksrecht* kam meinen politischen Auffassungen entgegen. Den Chefredaktor Dr. *Paul Meierhans* betrachtete ich aus Distanz mit Respekt. Ich hatte viel von ihm und seinen temperamentvollen Auftritten im Nationalrat gehört. Die Redaktoren *Hans Ott* und *Paul Ackermann* brachten Manuskripte, fragten mich nach meinem Herkommen und hatten dann und wann, wenn die Zeitung lief, Zeit für kurze Gespräche.

Einen langen fiktiven Brief an den verehrten Dichter *Romain Rolland* lehnte die Redaktion des Büchergilden-Heftes als zu lang ab. Hans Ott fand ebenfalls keinen Platz, ausserdem sei der Brief zu pathetisch. Dagegen könnte ich den zweiten Teil etwas umarbeiten. Den würde er in die 1. Mai-Nummer des *Volksrechts* aufnehmen. So erschien denn in dieser Ausgabe des Blattes eine sehr theoretische Abhandlung unter dem Titel: «Proletarische und bürgerliche Kunst». Es war eine ziemlich überhebliche Abrechnung mit der «bürgerlichen» Kunst und Kultur und eine fulminante Verherrlichung der weltumspannenden, dem Frieden dienenden Kultur des Proletariats.

Bruno Dresslers Büchergilde Gutenberg

Im dritten Stock der Genossenschaftsdruckerei residierte *Bruno Dressler* (1879 – 1952). Mit straffer und kundiger Hand regierte er die Büchergilde. Von 6000 Mitgliedern 1933 – da war er als politischer Flüchtling nach Zürich gekommen – hatte er die

Buchgenossenschaft bis zum Ende des Krieges allein in der Schweiz auf 106 000 Mitglieder gebracht.

Am 11. Februar 1879 im sächsischen Ebersbach als Sohn eines Handwebers geboren, erlernt er den Beruf des Schriftsetzers. 1924 gründet er die *Büchergilde Gutenberg*. Ihr Ziel: den arbeitenden Menschen gute Bücher in schöner Ausstattung zu billigen Preisen zugänglich zu machen. Die Mitglieder sind verpflichtet, im Jahr mindestens vier Bücher zu beziehen. Nach Anfangsschwierigkeiten wächst die Gilde rasch und wird auch in Österreich, der Tschechoslowakei und der Schweiz aktiv. Als Hitler im Januar 1933 an die Macht kommt, zählt die Buchgemeinschaft in allen vier Ländern 85 000 Mitglieder.

Die Nazis übernehmen die Büchergilde und gliedern sie der «Kraft-durch-Freude»-Organisation ein. Bruno Dressler wird am 2. Mai 1933 verhaftet. Kaum aus der Untersuchungshaft entlassen, taucht im August *Emil Zbinden* bei ihm auf mit dem Angebot, die Leitung der am 16. Mai 1933 als selbständige schweizerische, von Gewerkschaftskreisen gegründete Genossenschaft Büchergilde Gutenberg zu übernehmen. Nach einer Bedenkzeit – vielleicht löst sich der ganze Nazi-Spuk rascher als erwartet auf, wie viele meinen – treffen Bruno Dressler und seine Frau im November in Zürich ein. Unverzüglich macht der Dreiundfünfzigjährige sich ans Werk.

Bruno Dressler legt sich politisch grösste Zurückhaltung auf. Der linksstehende Emigrant muss sich Jahr um Jahr die Aufenthaltsbewilligung erbitten. Buchhändler und Verleger bekämpfen das unerwünschte Unternehmen und boykottieren es systematisch. Dennoch gelingt es Dressler, Werke der bekanntesten Schweizer Autorinnen und Autoren ins Buchprogramm aufzunehmen: *Jakob Bührer, Rudolf Jakob Humm, Lisa Wenger, Maria Waser, Adrien Turel, Alfred Fankhauser, Peter Bratschi, Emil Schibli, Albert Bächtold, Max Werner Lenz, Marta Maag-Socin, Otto Steiger, Charlot Strasser, C. F. Ramuz, Denis de Rougemont, Felix Moeschlin* und viele andere.

Die Gildenbücher erreichen ungewöhnlich hohe Auflagen. Zur Gestaltung und Illustrierung der Bücher zieht Dressler die besten Graphiker und Künstler bei: *Max Hunziker, Charles Hug, Hans Fischer (fis), Hans Erni, Lindi (Albert Lindegger), Otto Tschumi, Emil Burki, Richard P. Lohse* und andere.

Auf grösstes Interesse stossen die Reihen der Schweizer Autoren, der Weltliteratur, die 16bändige von *Emil Zbinden* mit Holzschnitten ausgestattete Gotthelf-Ausgabe. Aber auch zeitgenössische ausländische Werke, von denen einige im Buchhandel kaum erhältlich sind, bietet die Büchergilde an. So Bücher von *B. Traven, Martin Andersen Nexö, Louis Bromfield, Karel Čapek, A. J. Cronin, Jean Giono, Oskar Maria Graf, V. B. Ibanez, Sinclair Lewis, Upton Sinclair, Lin Yutang, Jack London, André Malraux, Heinrich Mann, John Dos Passos, Ernst Preczang, J. B. Priestley, Romain Rolland, H. G. Wells, Arnold Zweig.*

Als *Bruno Dressler* Ende 1946 zurücktritt, nachdem man es ihm unüberhörbar nahegelegt hat, ist die Büchergilde zum grössten Schweizer Verlag geworden. Sie hat dem Buch Abertausende neuer Leser zugeführt. Ihr Beitrag zur Förderung und Verteidigung der Kultur in der Zeit ihrer grössten Gefährdung kann nicht hoch genug eingeschätzt werden.

Dem grossen alten Mann, der eine wichtige Weiche auf meinem Lebensweg gestellt hat, bleibe ich freundschaftlich verbunden. Dann und wann besuche ich ihn in seiner Wohnung. Dann unterhalten wir uns über die Zeit, das Vergangene und darüber, wie die Welt in abermals zehn oder zwanzig Jahren wohl aussehen wird. Hin und wieder klingt beim herzkranken Bruno Dressler eine leise Bitterkeit an, wenn er lächelnd erwähnt, dass der Nachfolger ihm mitgeteilt habe, man könne ihm *Gotthelfs Geldstag* und alle weiteren Gildenbücher nicht mehr gratis überlassen, «aus Restriktionsgründen». Als er nach zwei, drei Jahren feststellen muss, dass sein Werk von unfähigen Besserwissern zugrunde gerichtet wird, legt sich das wie ein Schatten auf ihn.

Am 7. August 1952 stirbt Bruno Dressler in Zürich. Sein Leichnam wird nach Frankfurt a. M. überführt und dort beigesetzt. Im Text über die Büchergilde Gutenberg des «Schweizer Lexikons» kommt der Name Bruno Dressler nicht vor.

Emil Burki, Holzschneider

Einen der ersten Besuche nach meiner Ankunft in Zürich, angelegentlichst empfohlen von *Emil Zbinden*, machte ich beim Holzschneider und Graphiker *Emil Burki* (1894–1952) am Spielweg 7. Der mittelgrosse, breitschultrige Mann mit den kräftigen Händen nahm mich jungen Maschinensetzer freundlich auf. Burkis grossflächige Holzschnitte spiegelten Zeitfragen. Ich wurde Zeuge, wie die Bilder entstanden, die 1953 in einer Mappe *Vorwiegend bewölkt – 7 × 7 Holzschnitte*, mit einem einfühlsamen Text von *Traugott Vogel*, herausgegeben wurden. Die Mappe wurde eine ungeschönte Geschichte der europäischen Zivilisation. Der Mensch vernichtet fortlaufend seine materielle und kulturelle Lebensbasis mit dem, was er «Fortschritt» nennt, um dann wieder mit dem Kriegsgerät zu beginnen, mit dem er einst ausgezogen ist, die Welt zu erobern: der Keule. Aber es bleibt ein Zipfelchen Hoffnung, dass Vernunft vielleicht doch einmal die Oberhand gewinne, dass friedliches Zusammenleben möglich werde.

Zur gleichen Zeit war ich am Rande Zeuge der Gründung der Gesellschaft *Xylon*, in der die besten schweizerischen Holzschneider sich zusammenschlossen, um einerseits Massstäbe für ihre Kunst zu setzen und dieser anderseits das Gewicht in der Kunstszene zu verschaffen, das ihr zukommt. Von da an wurden die meisten Holzschneider der Gründungszeit meine Freunde. Ihr geistiger Vater und Bruder war *Frans Masereel.*

In der Nacht des 14. September 1952 starb Emil Burki an Herzversagen.

Obwohl ich lange Zeit innere Hemmungen verspürte, einer Partei beizutreten, entschloss ich mich dann doch, Mitglied der Sozialdemokratischen Partei zu werden. Zugleich meldete ich mich bei einem Kurs über Geschichte und Theorie des Marxismus/Sozialismus an. Er fand am Friesenberg am Fusse des Uetlibergs statt. Leiter war *Georges Scherrer*, ein freundlicher Mann mit Brille. Er war auch Gründer und Leiter des *Zürcher Jugendorchesters.*

14 EINE WEICHENSTELLUNG

Eines Tages bekam ich den Auftrag, einen Prospekt zu setzen, worin auf einen «Schulungskurs für fürsorgerische Hilfskräfte in der Nachkriegszeit» hingewiesen wurde. Ich meldete mich umgehend an. Nach einem Gespräch mit *Marta von Meienburg*, der Präsidentin der Sozialen Frauenschule und Mitinitiantin des Kurses, wurde ich aufgenommen. Der Kurs begann am 7. Mai 1944 und dauerte bis Ende Oktober des selben Jahres. Es war eine sozial engagierte, Gesellschaft, die sich da im Haus der Sozialen Frauenschule am Schanzengraben in Zürich einfand. Etwas über 20 Frauen und Männer stammten aus der Schweiz, gleich viele kamen vorwiegend aus Flüchtlingslagern. Von ihnen waren die meisten ihrer jüdischen Herkunft, aber auch ihrer politischen Haltung wegen verfolgt und während des Krieges, oft in letzter Minute, auf irgendwelchen Wegen in die Schweiz verschlagen worden.

Da war *Tonja Lechtman* aus Polen, eine zierliche Frau mit dunklen Säcken unter den Augen, von den erlittenen Strapazen gezeichnet. Sie war Mutter eines Mädchens und eines Knaben, die mit ihr ebenfalls in die Schweiz hatten flüchten können. Mit ihrem Mann hatte sie am Bürgerkrieg in Spanien teilgenommen. Aus einem französischen Lager war der Mann eines Tages verschwunden. Sie hatte nie mehr etwas von ihm gehört. Da war *Martin Weihs*, Doktor der Rechte, mittelgross, von dunkler, leicht bläulicher Gesichtsfarbe, Kettenraucher, klug, aufmerksam zuhörend, wenn andere sprachen, dann gelegentlich zugriffig, sarkastisch sich einmischend, wenn die Diskussion allzu theoretisch zu werden drohte.

Unumstrittene Sprecherin der deutschen kommunistischen Kursteilnehmerinnen und -teilnehmer war *Paula Acker-Löffler*. Kämpferisch, dialektisch geschult, redegewandt, auch humorvoll, brachte sie schwankende oder ideologisch irrende Genossen immer wieder auf den Weg kommunistischer Rechtgläubigkeit.

Von den erlittenen Verfolgungen deutlich gezeichnet der hochgewachsene *Max Ansbacher* und sein Freund *Armand Rein*, bleich, kränklich. Wenn Max Ansbacher von den Zuständen im Lager St-Cyprien berichtete oder von Angstschreien der zur Deportation in Viehwagen eingeschlossenen Kinder, Frauen und Männer, begann seine starke Stimme zu zittern, zu stokken, als würgte ihn etwas im Hals.

Von praktisch-nüchternem Helferwillen motiviert, die Schweizerinnen und Schweizer: *Elisabeth Bertschi*, Sozialarbeiterin; *Elsbeth Zürcher*, Lehrerin aus Lenzburg; Dr. *Elli Weber*, Psychologin; *Armin Ort*; *Trudi Fricker*, Krankenschwester; *Margrit Zöbeli* und *Hedi Bogdanski*, dem Arbeiterhilfswerk verbunden; *Jetti Ochsenbein* und *Meieli Stähli*, dem Escherbund angehörend; *Gertrud Niederer*, Lehrerin; *Ernst Hodel* vom Volksbildungsheim Herzberg; *Alfred Schatz*, Lehrer. Leiterin des Kurses war *Elsi Haus*, eine überzeugte, aber nicht engstirnige Sozialistin, die später den österreichischen Flüchtling *Rudolf Kende* heiratete und mit ihm nach Wien übersiedelte.

Margrit Zöbeli, ehemalige Lehrerin, fand ihre Lebensaufgabe in dem vom Arbeiterhilfswerk gegründeten *Centro Educativo Italo-Svizzero* in Rimini, das sie aufbaute und zu einem über Italiens Grenzen hinaus beachteten Zentrum für kriegs-, später sozialgeschädigte Kinder gestaltete.

Einigemale nahm ich an den Zusammenkünften des *Escher-Bundes* teil. 1935 gegründet, leitete er seinen Namen von *Conrad Escher von der Linth* her. Dr. *Eugen Steinemann*, Leiter des *Sozial-Archivs* in Zürich, verstand es, die soziale Dimension in ökonomisches Denken einzubringen. Bedeutende Persönlichkeiten waren aus dem Escher-Bund hervorgegangen, so *Max Weber*, der spätere Bundesrat, sein Sohn, Nationalrat *Rudolf Weber, Paul Schmid-Ammann, Mascha Oettli*, Agronomin und Politikerin, *Didi Blumer*, Volks-Erzieherin. Dem Escher-Bund verbunden waren der Lehrer *Ernst Frautschi*, Leiter von Volksbildungs-Kursen im Turbachtal, die Pazifistin und Goetheforscherin *Elisabeth Rotten*, der bernische Regierungsrat *Samuel Brawand*, Pfarrer *Karl von Greyerz* und andere.

Dominierende Persönlichkeiten im Kurs waren *Gertrud Kurz, Regina Kägi-Fuchsmann*, Pfarrer *Paul Vogt*, der jüdische, aus Frankreich stammende Arzt Dr. *Josef Weill* und der Amerikaner *Noël Field*.

Getrud Kurz, die ich ein Jahr zuvor in Interlaken kennengelernt hatte, war die Leiterin des *Christlichen Friedensdienstes*, der sich noch *Versöhnungsdienst der Kreuzritter* nannte. Er war Anfang der dreissiger Jahre von *Etienne Bach*, einem französischen Offizier aus dem Ersten Weltkrieg, zusammen mit Menschen ehemaliger Feindstaaten gegründet worden, mit dem Ziel, Versöhnung unter den Völkern zu stiften.

Getrud Kurz berichtete von ihren Erfahrungen mit Flüchtlingen und Behörden, wobei sie immer um Verständnis sowohl für die einen wie für die andern warb. Mit *Jakob Haringer* zum Beispiel, einem einst gefeierten jüdischen Dichter, dann unter der Unbill der Zeit ein seelisch und körperlich tief verwundeter Mensch geworden, anklägerisch bis zur Bösartigkeit, wollten selbst die Mitarbeiterinnen von Gertrud Kurz seiner unflätigen Beschimpfungen wegen nichts mehr zu tun haben. Die Behörden bezeichneten ihn als pathologischen Querulanten. Immer wieder wurde er in psychiatrische Kliniken eingewiesen, trotz Fürsprache von *Hermann Hesse* und *Hans Zbinden*. Nur Gertrud Kurz gelang es, Jakob Haringer zu beruhigen. Bei einem seiner letzten Besuche sagte er zu ihr: «Jetzt habe ich Frieden gefunden.» Dann stieg er aufs Velo und fuhr davon. Am 3. April 1948 hörte sein krankes Herz zu schlagen auf.

Mit *Heinrich Rothmund* erlebte die Flüchtlingsmutter einmal das Folgende: Sie hatte einem Grenzwächter, der in der Nacht auf einen Sonntag aufgeregt am Telephon gefragt hatte, ob man Flüchtlinge hereinlassen dürfe oder nicht, es sei nämlich eine Gruppe Kinder, Frauen und Männer bei ihm, geantwortet: «Doch, doch, die Grenzen sind offen, schicken Sie die Flüchtlinge so rasch wie möglich nach Bern!» Am nächsten Tag berichtete sie dann Heinrich Rothmund, was sie veranlasst hatte. Auf dessen harsche Rüge begann die mütterliche Frau vor dem hochgewachsenen Mann plötzlich zu lächeln. Auf seine Frage, was es denn da noch zu lachen gebe, antwortete Gertrud Kurz: «Jetzt habe ich hinter Ihnen einen gesehen, der ist noch grösser als Sie!» Die Flüchtlinge konnten bleiben.

Regina Kägi-Fuchsmann, Gründerin und Leiterin des Schweizerischen Arbeiter-Hilfswerks, war in gewissem Sinn eine vom nazistischen Judenhass Betroffene. Ihre Eltern, russische Juden, waren um die Jahrhundertwende in die Schweiz eingewandert. 1934, nach der Niederschlagung des Arbeiteraufstandes gegen das Dollfuss-Regime in Österreich, organisierte sie in der Schweiz Ferienaufenthalte für Arbeiterkinder. Im Hause Kägi fanden Flüchtlinge aus Nazi-Deutschland eine erste Aufnahme. 1935 wurde auf ihre Initiative das Arbeiterhilfswerk gegründet. Sie rief die Aktion «Colis Suisse» ins Leben. Solidarität mit den Flüchtlingen, so betonte sie in ihren Vorträgen, bedeute aktiven Widerstand gegen Tyrannei und Unmenschlichkeit. Anpassung gefährde das Wesen der schweizerischen Eidgenossenschaft, bedeute Preisgabe der humanitären Tradition.

Pfarrer *Paul Vogt* wurde aus seinem von christlicher Leidenschaft geprägten Helferwillen zum radikalen Kritiker der unmenschlichen Praxis an den Schweizer Grenzen. Aber auch das Schweigen der Kirche zum Unrecht an den Juden bedeute Abfall von der biblischen Forderung, den Verfolgten zur Seite zu stehen. In seinem Blättchen *Nicht fürchten ist der Harnisch* zitierte er neben freundlichen auch bösartige Briefe. Da drohten die einen, ihre Spenden einzustellen, wenn etwas davon jüdischen Flüchtlingen zukommen sollte. Andere unterstellten Pfarrer Vogt, er werde wohl gut bezahlt für seine jüdische Propaganda. Die judenfeindliche Hetzpropaganda des *Vaterländischen Verbandes* im Herbst 1942 nannte er einen *Chor höllischer Geister.*

Paul Vogt war ein Pfarrer der Armen und Benachteiligten. In den dreissiger Jahren hatte er zusammen mit Gleichgesinnten, wie *Karl Ketterer, Rodolfo Olgiati, Fritz Wartenweiler, Edi Noser, Luzius Salzgeber,* und mit Arbeitslosen ein altes Sticker-Heimetli in Walzenhausen in den *Sonneblick* umgebaut. Da fanden Knechte, Mägde, Alkoholgefährdete, Behinderte, Einsame verständnisvolle Zuflucht. Die Bibel stellte für Pfarrer Vogt die soziale Frage in den Mittelpunkt seines Wirkens: «Eine Kirche ohne Zufluchtsstätte für die Elenden ist niemals eine Kirche Jesu Christi.» Ab 1938/39 fanden auch Flüchtlinge im Sonneblick Aufnahme und Ermutigung.

Nach dem Krieg führte Gertrud Kurz im Sonneblick ehemalige Konzentrationslager-Häftlinge, Widerstandskämpfer und Wehrmachtsangehörige zusammen, um mit ihnen das Gespräch unter «Feinden» wieder in Gang zu bringen. Es gelang ihr, tiefe Klüfte zu überbrücken, *Wege des Friedens* (Titel einer Schrift zu ihrem 70. Geburtstag) zu weisen.

Jahre nach dem Krieg hatte ich Gelegenheit, die zu Freunden gewordenen Flüchtlingshelfer *Gertrud Kurz, Regina Kägi-Fuchsmann, Paul Vogt* und andere in Fernsehsendungen, Interviews, Beiträgen in der *Tat*, im *Brückenbauer* und andern Blättern zu Wort kommen zu lassen und an sie zu erinnern. Sie waren Zeugen der Menschlichkeit in der Zeit der Unmenschlichkeit und des Kleinmutes.

Über medizinische und ethische Fragen referierte im Kurs der Arzt Dr. *Josef Weill* vom jüdischen Kinderhilfswerk *Union OSE* in Genf. Von dem mittelgrossen Mann mit dem kleinen, schon leicht angegrauten Bart und den lebhaften Augen, ging Wärme und im Leiden geläuterte Güte aus. In freier Rede vermittelte er erste Kenntnisse über den menschlichen Körper, über Gesundheit und Krankheit, aber auch über Geist und Ungeist in der Geschichte der Völker, vor allem der Gegenwart. Weil er von der zwiespältigen Natur des Menschen ausging und also Kriege, Bürgerkriege und Revolutionen nicht auf nur soziale und klassenmässige Ursachen reduzierte, wies er unpolemisch darauf hin, dass auch Bewegungen mit hohen ethischen, sozialen und religiösen Zielen, einmal an der Macht, gerade im Namen dieser «hohen Ziele» zu menschenverachtenden Gewaltmethoden griffen. Das klang den ideologisierten Marxisten schlecht in den Ohren. Weill nahm ihre Kritik gelassen hin.

Unter den schweizerischen Referenten des Kurses fielen der

junge Historiker *Herbert Lüthy* und der Staatsrechtler *Max Imboden* auf. Beide wurden später Professoren an der Universität Basel. Mit beiden führte ich Jahre nach der ersten Begegnung am Schanzengraben Gespräche über Themen der Zeit: *Leben mit dem Hass* und Fragen des Asylrechts.

Zum Programm des Kurses gehörte ein Samariterkurs. Am 17. Juni 1944 bestand ich zusammen mit andern die Prüfung. Unvergesslich bleibt mir der Besuch bei einer Übung des Frauen-Hilfsdienstes unter der Leitung von *Sasha Morgenthaler*. Er fand in einer Scheune neben dem Wohnhaus von Morgenthalers in Zürich-Bombach, im damals noch grünen Gürtel Zürichs statt. Wenige Jahre später lernte ich die temperamentvolle Frau mit ihren berühmten Puppen, und ihren Mann, den Maler *Ernst Morgenthaler*, näher kennen.

Noël Field – Opfer des kalten Krieges?

Oft zu Gast, sowohl im Kurs wie bei privaten Zusammenkünften der linken Gruppe, war *Noël Field*, Leiter des *Unitarian Service Committee* für Europa in Genf, einer den Quäkern nahestehenden Hilfsorganisation. Field, hochgewachsen, schlank, leicht vornübergeneigt, mit weichen Gesichtszügen und weichem Händedruck, mit nach hinten gekämmten Haaren, leiser Stimme, wirkte ein wenig gehemmt, beinahe schüchtern.

Er war am 23. Januar 1904 als Sohn des damals bekannten amerikanischen Biologen Dr. *Herbert Havilland Field* und seiner aus England stammenden Mutter in London geboren worden. Die Eltern waren Quäker. Während des Ersten Weltkrieges leitete Dr. Herbert Havilland Field in Zürich ein internationales Institut für wissenschaftliche Bibliographie. Noël und sein Bruder Hermann verbrachten also ihre Jugendzeit in Zürich. Beide sprachen denn auch ein akzentfreies Züritüütsch. Als der Vater 1921 starb, zog die Witwe mit ihren Söhnen in die Vereinigten Staaten. Noël studierte an der Harvard Universität Politische Wissenschaften. 1926 trat er in den Dienst des State Department, wo er sich vor allem mit Fragen des Völkerbunds beschäftigte, dem die USA ja nicht angehörten. Field scheint zur linksdemokratischen Gruppe von Diplomaten um *Alger Hiss* gehört zu haben, die Anfang der fünfziger Jahre dem fanatischen Kommunisten- und Judenhasser *Joseph McCarthy* zum Opfer fielen.

Field war als Beobachter beim Völkerbund in Genf akkreditiert und wurde 1938, als der Bürgerkrieg in Spanien sich seinem Ende näherte und der Sieg *Francos* abzusehen war, beauftragt, bei der Repatriierung der auf Seiten der Republik kämpfenden Ausländer behilflich zu sein. Hier scheint der von religiösen und sozialistischen Idealen begeisterte Quäker sich zum Kommunisten entwickelt zu haben. Er half kommunistischen Spanienkämpfern, nachdem er die Leitung des Unitarian Service Committee für Europa übernommen hatte, finanziell und bei der Flucht in die Schweiz. Sie erfreuten sich weiter seiner helfenden Hand. Er arbeitete mit *Allan Welsh Dulles*, dem Leiter des amerikanischen Geheimdienstes *OSS*, zusammen, der ebenfalls in der Schweiz residierte und von hier aus seine Fäden zog, unter anderem bei der Kapitulation der Wehrmacht in Italien. Diese in der damaligen Zeit – England, die USA und die Sowjetunion waren Alliierte – selbstverständlich scheinende Unterstützung erprobter Hitlergegner durch die Amerikaner wurde wenige Jahre später sowohl Field wie den von ihm unterstützten Kommunisten zum Verhängnis.

Die verschwundenen Kinder

Auf erschütternde Weise wurde mir das Leiden des jüdischen Volkes bewusst, als ich im August 1944 mein Volontariat bei der Union OSE in Genf antrat. In den engen Räumen des Hilfswerks, wo Frauen und Männer unter der Leitung des alten Doktor *Gurewitsch* und *Josef Weills* nach verschollenen Kindern und Eltern suchten, beim Lesen der Briefe verzweifelter Väter und Mütter, beim Studieren von Dossiers über Vertriebene und Verschwundene, da glaubte ich den Schmerz und die Trauer beinahe physisch zu erleben. Aus kleinen Fotos blickten mich die lächelnden Gesichter von Mädchen, Knaben, Eltern und Grosseltern an. Bei jedem Namen standen weitere Hinweise, wie: «Abgereist am . . ., seitdem ohne Nachricht», «Deportiert am . . ., verstorben in Theresienstadt». Oder: «Letzter bekannter Aufenthalt Gurs, Vernet, St-Cyprien». Noch ging der Krieg weiter. Auschwitz, Treblinka, Sobibor lagen noch im Bereich der mordwütigen SS. Von diesen Lagern, aber auch vom befreiten Maidanek gab es kaum konkrete Nachrichten über die Deportierten.

Manchmal musste Josef Weill mich, den von Gefühlen der Ohnmacht, der Hilflosigkeit, der Wut und auch der Scham Bedrängten, seelisch wieder aufrichten.

Auch in Dr. *Gurewitschs* von tiefen Furchen durchzogenem Gesicht war Trauer, aber kein Hass eingezeichnet. Da begegnete ich Menschen, für die Menschlichkeit trotz bitterster Erfahrungen mehr war als ein Bekenntnis.

Wenn *Josef Weill*, der nach dem Krieg wieder als Arzt in Frankreich tätig war, seine Verwandten in Zürich, die Freunde *Benjamin, David, Erika* und *Berthold Rothschild* besuchte, traf ich mich wann immer möglich mit ihm. Illusionslose Weisheit und unbeirrbare Hoffnung auf eine menschlichere Zukunft kennzeichneten den Mann. Dass das verheissene Friedensreich nicht vor der Türe warte, war Doktor Weill klar. «Aber einmal wird es Wirklichkeit werden.»

Von dieser Hoffnung getragen ist auch *Erika Rothschild*, die Auschwitz überlebt hat und unermüdlich mahnt, damit Ähnliches sich niemals wiederholt.

Gartenhofstrasse 7, Zürich

Weil *Leonhard Ragaz* schon vor Jahren mein Denken beeinflusst hatte, war ich begierig darauf, diesen Mann kennenzulernen. 1944 und Anfang 1945 nahm ich gelegentlich an Versammlungen der Religiös-Sozialen an der Gartenhofstrasse 7, im Stadtkreis 4 teil. Zunächst war ich etwas enttäuscht, den wortmächtigen Propheten mit leiser, fast monotoner Stimme sprechen zu hören. Mit dem kantigen Bündnerkopf glich er eher einem Tal- oder Dorfmagnaten seines Kantons, denn einem Theologieprofessor gängiger Vorstellung. Aber dann blitzten hinter unauffälligen Brillengläsern lebendige Augen auf und aus den Worten des müde gewordenen Predigers wider Ungerechtigkeit, Krieg, Machtmissbrauch, Trägheit, geistige und politische Kompromisslerei rührte einen eine Kraft und Unbedingtheit des Glaubens an, der man sich nicht entziehen mochte.

Ausser der geistigen Haltung beeindruckte mich die Standhaftigkeit von *Leonhard Ragaz* allen Anfeindungen und Widerständen zum Trotz. Inbegriffen in diesen Respekt waren seine Frau *Clara Ragaz*, die bedeutende Kämpferin für Frieden und die Gleichberechtigung der Frauen, die Tochter *Christine*, der Sohn *Jakob Ragaz* und seine Frau *Trudi Ragaz-Fricker*. Sie waren auf ihre Weise Zeugen eines der Welt und ihren Nöten zugewandten Reich Gottes-Verständnisses. Zeugen dieses Reich Gottes-Verständnisses von eigenem Rang und unverwechselbarem Temperament waren *Robert Lejeune, Willi Kobe, Arthur Rich*, mit denen ich mich auch persönlich und gesinnungsmässig verbunden wusste. Sie haben Spuren hinterlassen und Massstäbe gesetzt für eine gelebte Religiosität, die dem Hier und Heute galt.

Diese Verbundenheit brachte es mit sich, dass ich am 22. November 1995, anlässlich des 50. Todestages von *Leonhard Ragaz* und zur Vernissage des Buches *Eingriffe ins Zeitgeschehen*, im Stadthaus Zürich die Gedenkansprache hielt. Sie schloss mit den Worten: «Leonhard Ragaz war kein religiöser Fundamentalist, kein evangelikaler Rechthaber. Zweifel an sich selber waren ihm nicht fremd. Aber er setzte geistige und geistliche Massstäbe für gelebtes Christsein, die nicht veralten. Er schwamm gegen den Strom, um zur Quelle zu gelangen und im Wissen: Der Mut zum Widerstehen ist und bleibt das Geheimnis der Freiheit.»

Während des Genfer Aufenthaltes trafen sich bei *Noël* und *Herta Field* jeweils *Tonja Lechtman, Paula Acker-Löffler, Martin Weihs* und andere in Genf lebende Flüchtlinge und Emigranten, die vom *Unitarian Service Committee* unterstützt wurden. Zu ihnen gehörten auch *Leo Bauer*, Leiter der deutschen Kommunisten in der Rhonestadt, und *Erica Glaser*, die vom Ehepaar Field an Kindesstatt aufgenommen worden war. Sie sei die jüngste Krankenschwester auf der Seite der Republik Spanien gewesen.

Leo Bauer und Erika Glaser gerieten schon wenige Jahre später in die Mühlen der Geheimdienste der DDR und der Sowjetunion. Nicht anders erging es *Tonja Lechtman*. Statt am Aufbau ihrer Länder im Zeichen des Sozialismus mitzuwirken, erlebten sie diesen Sozialismus in den Kerkern und Folterkammern und, wie Erica Glaser, im Gulag. Nach der Entlassung wurde Leo Bauer ein enger Berater von *Willy Brandt. Erica Glaser,* verheiratet mit dem Amerikaner *Wallach,* schildert ihren Leidensweg nach Workuta und zurück in dem erschütternd leidenschaftslosen Buch *Licht um Mitternacht – Fünf Jahre in der Welt der Verfemten* (Verlage Piper und Ex Libris).

In Genf, dieser offenen, liberalen, vom Licht des weiten Sees und des hellen Himmels durchfluteten Stadt, fühlte ich mich zu Hause. Mit *Martin Weihs* und *Tonja Lechtman*, aber auch allein erwanderte ich die Quartiere Carouge, Les Eaux-Vives, Plainpalais, Les Délices, Champel. Puritanischer Calvinismus und sozialistische Ideen aller Farben hatten nebeneinander Platz.

Noch waren der Mont Salève und die Savoyer Berge «feindliches» Land, wo SS und Gestapo gegen die Résistance und die Zivilbevölkerung wüteten. Im Juni war das Dorf Oradour-sur-Glâne von einer SS-Einheit in Brand gesteckt und alle Einwohnerinnen und Einwohner vom Kleinkind bis zu den Greisen in der Kirche lebendigen Leibes verbrannt oder mit Maschinengewehren erschossen worden. Nur zwei Dorfbewohner überlebten das Massaker.

Beim Blick hinüber nach Frankreich, dachte ich an *Edna Kahn*. Annemasse lag sozusagen vor der Tür. Dort irgendwo wollten wir uns treffen, sobald das Kriegsgeschehen es erlaubte. Ja, und dort, am andern Ufer, von Lausanne aus erkennbar, lag Evian, wo sechs Jahre zuvor die demokratischen Staaten vor der Rettung der deutschen Juden zurückgeschreckt waren.

Mit *Martin Weihs* fuhr ich einmal nach Montreux, von wo aus wir zu Fuss das Schloss Chillon erreichten, wo Lord Byrons Held Bonivard in Ketten gelegen hatte. Auf der Rückfahrt verliessen wir an einer Station den Zug und wanderten zwei oder drei Stunden durch Winzerdörfer und Rebberge des Lavaux. Auf einer Bank ruhend sagte Martin Weihs: «Kaum zu glauben, hier dieser Friede und dort drüben, nur wenige Kilometer Luftlinie entfernt, sterben weiter Menschen unter Gewehrkugeln.»

Wir empfanden das beide um so schmerzlicher, als die Zerschlagung der Wehrmacht sich im Verlaufe des Sommers beschleunigt hatte. Am 6. Juni 1944 waren englische, amerikanische und französische Truppen in der Normandie gelandet und rückten vor. Daran änderte auch die kurz darauf von den Deutschen auf London abgefeuerte V1-Rakete nichts.

Das Attentat des Grafen *Stauffenberg* und seiner Mitverschworenen gegen *Hitler* am 20. Juli 1944, dem der «Führer» erneut wie durch ein «Wunder» entging, löste bei den Flüchtlingen nur skeptische Hoffnung aus. Die Frage, welches Deutschland die Offiziere denn hätten retten wollen, wurde durch die grausame Hinrichtung der Verschwörer überdeckt. Dass Hitlers brüllender Kettenhund *Roland Freisler* Anfang Februar 1945 seinem Kriegsverbrecherprozess dank einem Luftangriff auf Berlin entging, bedauerten wir.

Am 23. Juli war Maidanek von den Sowjets befreit worden. Sie fanden Tausende Leichen und Hunderte ausgemergelter Überlebender. Am 1. August hatte die polnische Nationalarmee einen Aufstand gegen die deutschen Besetzer begonnen. Nach zwei Monaten musste sie die Waffen strecken. Die Rote Armee stand vor den Toren der Hauptstadt Gewehr bei Fuss.

Am 15. August landeten die Alliierten in Südfrankreich. Wenige Tage später wurde Marschall *Pétain* auf Befehl *Hitlers* nach Belfort verbracht. Am 26. August zog *Charles de Gaulle* ins befreite Paris ein. Am Tag zuvor hatte Rumänien Deutschland den Krieg erklärt. Anfang September wurde Brüssel befreit. Fünf Tage später kehrte die belgische Exilregierung in die Hauptstadt zurück. Am 13. September erreichten die Sowjettruppen die tschechoslowakische Grenze. Am 19. September schlossen Finnland und die Sowjetunion einen Waffenstillstandsvertrag ab.

In Ungarn war Admiral *Horthy* bereits im Frühjahr praktisch entmachtet worden. Als er Mitte Oktober mit den Sowjets einen Waffenstillstandsvertrag bekanntgab, nachdem die Rote Armee Szeged, Ungarns zweitgrösste Stadt, besetzt hatte, wurde er von den deutschen Truppen abgesetzt und in ein Konzentrationslager verbracht. *Ferencz Szalasi*, Führer der Pfeilkreuzler-Partei, wurde «Staatschef» von Hitlers Gnaden. Unverzüglich begannen die ungarischen Nazis eine tödliche Jagd auf die noch in Ungarn lebenden Juden. *Adolf Eichmann* trat in Aktion.

Nachricht aus Ungarn

Als ich über meine ungarischen jüdischen Freunde von der schon in vollem Gang befindlichen Deportation hörte, berichtete ich, wieder in Zürich, in einem Gespräch Dr. *Paul Meierhans*, dem Chefredaktor des *Volksrechts*, über die dramatischen Vorgänge. Der sagte: «Wenn Sie sicher sind, schreiben Sie darüber.» Ich verfasste einen Artikel unter dem Titel: *Es begann nicht in Ungarn*, worin es unter anderem hiess: «Nach zuverlässigen Berichten sollen innerhalb weniger Wochen mehr als die Hälfte der in Ungarn lebenden Juden, das heisst gegen 500 000, durch Gas getötet worden sein. Es ist unfassbar. Es liegen aber genaue Berichte vor, die die Art der Hinrichtung schildern und die zeigen, dass die von den Russen schon früher gemeldeten Greueltaten als durchaus den Tatsachen entsprechend zu betrachten sind. Andere Berichte aus Polen, die viel früher hier eingetroffen sind, gaben übrigens schon lange detailliert Bescheid über die Massenhinrichtungen von Juden im General-Gouvernement. Es kann heute kein Zweifel mehr darüber bestehen, dass die Antisemiten der Achse ihre Drohung wahrmachen, wonach, wenn Deutschland untergehen solle, mit ihm auch der letzte Jude in Europa vernichtet werden soll. Nach den erwähnten Berichten erfolgen die Exekutionen in Massen in speziell eingerichteten Todeshäusern. Was heute in Ungarn geschieht, ist aber nicht schlimmer als das, was bereits in Polen geschehen ist . . . Es ist der Anfang vom Ende einer Entwicklung, die nicht mit diesem Krieg, sondern vor mehr als elf Jahren auf den jüdischen Friedhöfen Deutschlands begonnen hat. Heute, nachdem bereits mehr als vier Millionen Juden, die ungezählten Freiheitskämpfer nicht eingerechnet, also eine Bevölkerung gleich dem ganzen Schweizervolk, auf diese Weise vernichtet worden sind, müssen wir uns die Frage stellen, was denn die Welt, die nun Zeuge des erschütternden Dramas ist, getan hat, um es zu verhüten . . . Wir wissen, dass die geschichtliche Entwicklung die Urheber dieser Verbrechen nicht vergessen wird. Aber sie wird auch jene nicht von ihrer Verantwortung freisprechen, die brav und feige – geschwiegen haben . . . Und wenn einmal die Schleier gelüftet werden dürfen, wenn eine allzu ängstliche, um die Neutralität besorgte Zensur die Wahrheit nicht mehr unterdrücken darf, dann wird die Welt erfahren, zu was nicht mehr an Recht gebundene Menschen fähig sind. Sie wird dann erkennen, dass das heutige Geschehen nicht der Anfang, sondern das logische Ende einer Entwicklung ist, zu der sie, im grossen ganzen – geschwiegen hat, bis es zu spät war.»

Die *Berner Tagwacht* druckte den Artikel nach, und die *Nation* zitierte die letzten zwei Sätze.

Dass zur gleichen Zeit der Schweizer Konsul in Budapest, *Carl Lutz*, zusammen mit dem Vertreter des IKRK, *Friedrich Born*, dem Schweden *Raoul Wallenberg* und andern Helfern, Zehntausende Juden vor der Deportation retteten – Carl Lutz entgegen den Anweisungen aus Bern –, war offiziell noch nicht bekannt. Der Bundesrat war dann bereit, auf das mit Himmler vereinbarte «Geschäft»: «Lastwagen gegen Juden», einzugehen und rund zehntausend ungarische Juden vorübergehend in der Schweiz aufzunehmen.

Unter den ungarischen Juden befanden sich auch der Schicksalspsychologe *Leopold Szondi*, seine Frau und die beiden Kinder, *Peter* und *Vera Szondi*.

Mit der absehbaren Niederlage Hitler-Deutschlands hatte sich auch die bundesrätliche Flüchtlingspolitik allmählich gemildert. Anfang März 1944 stimmte der Bundesrat der Einsetzung einer Sachverständigenkommission, bestehend aus Flüchtlingen und Schweizern, zu. Am 12. Juli erliess er eine Weisung, wonach Juden als gefährdet zu betrachten und also als Flüchtlinge aufzunehmen seien. Anfang November protestierte die Landesregierung in Berlin gegen weitere Deportationen von Juden. Menschliche Gesten konnten jetzt ohne Risiken gewagt werden.

Im März 1945 fand in Montreux eine von den Hilfswerken und Vertretern der verschiedenen nationalen Flüchtlingsgruppen einberufene Konferenz statt, an der auch ich teilnahm. Es ging um die Vorbereitung der Heimkehr der Flüchtlinge in ihre Staaten. In seinem Vortrag rühmte der ebenfalls anwesende *Heinrich Rothmund* die kommunistischen Flüchtlinge, die zielbewusst die Heimreise in ihre Länder anstrebten, um dort am Aufbau der kriegszerstörten Städte und Dörfer teilzunehmen . . .

Politische Bewegung in der Schweiz

Eine Ahnung vom Kriegsgeschehen bekam die Schweiz verstärkt in den letzten Jahren der blutigen Auseinandersetzung auf dem Kontinent. In der Nacht des 13. Juli 1943 waren Bomben aus amerikanischen Flugzeugen auch auf Gsteigwiler gefallen, glücklicherweise ohne Menschenopfer zu fordern. Am 1. April 1944 war Schaffhausen von alliierten Flugzeugen bombardiert worden. 40 Menschen verloren dabei ihr Leben, 100 wurden verletzt, 55 Grossbrände zerstörten viele Gebäude. Kunstschätze im Museum Allerheiligen fielen dem Bombardement zum Opfer. Weitere Bomben fielen auf Delsberg, Rafz, Weiach, auf einen Schnellzug Zürich-Basel, auf Diessenhofen, Zweidlen und andere Orte. Amerikanische Bomber stürzten am obern Zürichsee, über Baltenswil und dem Greifensee ab. Einmal wurden zwölf, ein andermal 23 alliierte Flugzeuge zur Landung gezwungen. Der Bundesrat protestierte gegen diese Neutralitätsverletzungen. Der Volkszorn hielt sich in Grenzen.

Dass die Schweiz im letzten Kriegsjahr kritische Phasen inbezug auf die Versorgung mit Lebensmitteln und andern notwendigen Gütern erlebte, nahm man zur Kenntnis. Im Verhältnis zu den vom Krieg verwüsteten Ländern ging es der Schweiz ja noch gut. Dass die Alliierten Druck auf sie ausübten und zahlreiche Firmen wegen ihrer Zusammenarbeit mit Nazi-Deutschland auf die Schwarze Liste setzten, konnte so erstaunlich nicht sein. Ebensowenig die harsche Zurückweisung des Angebots aus Moskau, diplomatische Beziehungen aufzunehmen. Nach dieser Absage trat *Marcel Pilet-Golaz* im November 1944 zurück. Sein Nachfolger wurde der Neuenburger *Max Petitpierre*.

Auch innenpolitisch geriet einiges in Bewegung. Die Bemühungen der radikalen Linken, sich als Partei zu organisieren, nahmen konkrete Formen an. Versuche, die Mitglieder der verbotenen Kommunistischen Partei geschlossen in die Sozialdemokratische Partei aufzunehmen, scheiterten. Darauf traten jüngere Sozialdemokraten, darunter viele Parlamentarier, in Scharen aus der Sozialdemokratischen Partei aus oder wurden ausgeschlossen. Zusammen mit den führenden Kommunisten gründeten sie Mitte Oktober 1944 die *Partei der Arbeit* der Schweiz. Sie war als linkssozialistische Partei konzipiert. Kommunistische Dogmen – Diktatur des Proletariats, revolutionärer Umsturz – waren kein Thema und wurden weder in die Statuten noch ins Programm aufgenommen. Im Vordergrund standen – neben den Fernzielen einer Verstaatlichung grosser

Banken und Industrieunternehmungen – soziale Postulate: Alters- und Hinterbliebenen-Versicherung, höhere Löhne, Arbeitszeitverkürzung, mehr Ferien, Mitbestimmung in den Betrieben, Frauenstimmrecht und andere Forderungen, die auch von der Sozialdemokratischen Partei erhoben wurden.

Aufbruch zu neuen Ufern?

Ich verfolgte diese Entwicklung mit Sympathie, aber doch ein wenig am Rand. In den Diskussionen mit den Freunden im Kurs war eine neue Perspektive der sozialistischen und kommunistischen Bewegung in den Mittelpunkt gerückt. Die Komintern, wie gesagt, war aufgelöst worden. Die verhängnisvolle Spaltung der Arbeiterbewegung am Ende des Ersten Weltkrieges sollte jetzt überwunden werden. In den kommunistischen Parteien in West und Ost, die Sowjetunion inbegriffen, wurde energisch der «Einheit der Arbeiterklasse» das Wort geredet. Die kommunistischen Parteien hatten dank ihres Beitrags an die Widerstandsbewegungen in den von der Wehrmacht besetzten Ländern an Ansehen gewonnen. Die entscheidende Leistung der Sowjetarmee im Kampf gegen Nazi-Deutschland war unbestritten, die Isolierung der «ersten sozialistischen Arbeiter- und Bauernmacht» durchbrochen. Die Führer Amerikas, Englands und Frankreichs, *Roosevelt*, *Churchill* und *Stalin* setzten sich an einen Tisch und berieten, wie die Welt nach dem Krieg demokratisch, friedlich und sozial organisiert werden solle. Die Diktatur, wie in der Union der Sozialistischen Sowjetrepubliken praktiziert, werde nun abgebaut und dann nicht mehr ausgeübt werden müssen. In Italien, Frankreich und andern westlichen Staaten würden die Kommunisten mit in den Regierungen sitzen, als «Avantgarde des sozialen Fortschritts», gewiss, aber nicht mehr als die Revolution anstrebenden Parteien, die gegebenenfalls auch den gewalttätigen Umsturz vollziehen würden.

Der amerikanische Kommunistenführer *Earl Browder* entwickelte eine neue demokratische Theorie des Weges zur klassenlosen Gesellschaft ohne Ausbeutung, Unterdrückung und Kriege. Aufbruch zu neuen Ufern, Hoffnung, Zuversicht, ja manchmal fast euphorische Stimmungen kennzeichneten das Klima unter den linken Freunden. Sie wollten an die hohen sozialistischen Ziele glauben und verdrängten die Wirklichkeit des stalinistischen Kommunismus und seiner gehorsamen Parteien. Reformen schienen nach den Erfahrungen des Zweiten Weltkrieges möglich. Wenige Jahre später erwiesen sich die Hoffnungen erneut als Illusionen.

15 ENDE MIT SCHRECKEN – HOFFNUNG AUF FRIEDEN

Für mich und meine Freunde aus den osteuropäischen Ländern ging es nun darum, die Hilfe für die Menschen in den vom Krieg besonders schwer getroffenen Ländern zu organisieren. Deutschland, so fanden die Polen, Tschechen und Jugoslawen, konnte nicht der erste Hilfsempfänger sein, auch nicht *Hitlers* mehr oder weniger freiwillige Satelliten Ungarn, Rumänien und Bulgarien.

Im Dezember 1944 war die *Schweizerspende* ins Leben gerufen und *Rodolfo Olgiati* zu ihrem Leiter bestimmt worden. 100 Millionen Franken stellte der Bund zunächst zur Verfügung. Die privaten Hilfswerke bereiteten sich auf die Unterstützung der ihnen nahestehenden Bevölkerungsschichten vor.

Im Zusammenhang mit dem näherrückenden Kriegsende und der Rückkehr der Flüchtlinge in ihre Heimatländer, hatte ich während des Kurses politisch aktive Frauen und Männer aus Polen, der Tschechoslowakei, Ungarn, Jugoslawien, Österreich und Deutschland kennengelernt. Unter ihnen die Schriftstellerin *Jo Mihaly* (*Hüter des Bruders*), die Frau von *Leonhard Steckel, Bruno Goldhammer, Hans Teubner, Wolfgang Langhoff, Wolfgang Heinz, Mathilde Danegger, Hans Bergmann* vom *Komitee Freies Deutschland. Stephan Hermlin* gehörte zur Redaktion der von Flüchtlingen herausgegebenen und gestalteten Zeitschrift *Über die Grenzen. Hans Mayer* war mir anlässlich eines Vortrages über deutsche Dichtung begegnet. Zum Kreis der Deutschen zählte auch *Anni von Fischer*, die Frau von *Hans von Fischer.*

Sprecher der polnischen Gruppe war *Szymek Rosenbluth*, der seit den dreissiger Jahren in der Schweiz gelebt und in Zürich Medizin studiert hatte. Er nahm den Namen *Jan Lis* an. Zu ihr gehörten unter anderen die Ärzte *Olek Szemberg* und *David Kostek*, ferner *Jan Sokolowski*, der die Schweizerin *Trudi Michel* geheiratet hatte.

Der Arzt Dr. *Tibor Hofmann* (später *Tibor Szöny*) war Leiter der ungarischen Gruppe, zu der *György Hodos* und seine Frau, *Ri Demeter, János Dobo*, verheiratet mit *Toni Drittenbass*, die bei *Emil Oprecht* als Buchhändlerin arbeitete. Unter den Jugoslawen war *Mischa Lompar* der führende Kopf. Von den Flüchtlingen aus der Tschechoslowakei waren *Rudolf Feigl* und *Vlasta Vesela* für die Hilfe an ihr Land zuständig.

Aus den Gesprächen mit diesen Frauen und Männern ergab sich die Gründung der Internationalen Auskunftsstelle für die Hilfe an die genannten Länder.

In diesem Zusammenhang lernte ich *Edgar Woog* kennen, der von der Partei beauftragt war, die Kontakte zu den kommunistischen Flüchtlingen zu pflegen und die Hilfe an die Länder Osteuropas vorzubereiten.

Geplant war zunächst, verlässliche Informationen über die dringendsten Bedürfnisse der verschiedenen Länder zu sammeln. Die einzelnen nationalen Komitees sollten eigene Hilfsaktionen in die Wege leiten, da sie Beziehungen zu schweizerischen Sympathisanten ihrer Länder und Völker aufgebaut hatten. Die Auskunftsstelle sollte diesen potentiellen Spendern die eingeholten Informationen zur Verfügung stellen. Ich wurde Sekretär dieser Auskunftsstelle.

Eine wirksame Hilfsaktion für Tito-Jugoslawien hatte schon 1944 die *Centrale Sanitaire Suisse (CSS)* in die Wege geleitet: Ärztemissionen reisten in das von der Tito-Armee befreite Gebiet und leisteten dort medizinische Hilfe.

Die Centrale Sanitaire Suisse war während des Spanischen Bürgerkrieges von Dr. *Hans von Fischer* (Vofi), dem in Zürich praktizierenden Arzt aus altem bernischem Patriziergeschlecht, gegründet worden. Equipen aus Ärzten und Krankenschwestern hatten auf der Seite der kämpfenden Republik Verwundete und Kranke gepflegt und medizinische Präparate, Verbandmaterial, Impfstoffe und anderes Material zur Verfügung gestellt.

Nun waren die Ärzte *Guido Pidermann, Paul Parin, Fritz Morgenthaler, Marc Oltramare* aus Genf und andere nach Jugoslawien gereist.

Am 12. Januar 1945 leitete die Sowjetarmee die Grossoffensive gegen das eigentliche Reich ein. Die massive Bombardierung Dresdens in der Nacht vom 13. auf den 14. Februar verwandelte die Stadt in ein riesiges Flammenmeer. 60 000 Menschen verloren bei diesem sinnlosen Inferno ihr Leben.

Am 3. April 1945 wurde in Prag die tschechoslowakische Regierung unter dem Sozialisten *Zdenek Fierlinger* gebildet, der aus London zurückgekehrte *Eduard Benesch* zum Staatspräsidenten ernannt. Am 13./14. April besetzte die Rote Armee Wien. Am 16. April setzte sie zur Erstürmung Berlins an. Am 24. April war die Reichshauptstadt eingeschlossen. Kurz darauf wurde die Rote Fahne auf der Ruine des Reichstagsgebäudes aufgepflanzt.

Am 28. April fielen *Benito Mussolini* und seine Geliebte *Clara Petacci* auf ihrer Flucht Richtung Schweizergrenze bei Como einem Trupp Partisanen in die Hände und wurden an Ort und Stelle erschossen. Zur gleichen Zeit, da Mussolini den Schüssen der Partisanen zum Opfer fiel, verfasste *Hitler* in seinem Führer-Bunker zu Berlin sein Testament, in dem er Grossadmiral *Karl Dönitz* zu seinem Nachfolger ernannte, *Hermann Göring* und *Heinrich Himmler* jedoch, die sich bei den Alliierten anzubiedern im Sinne hatten, aus der Partei ausschloss. Zwei Tage später machten er, *Eva Braun, Josef Goebbels* und dessen Familie ihrem Leben ein Ende.

In diese sich überstürzenden Ereignisse der letzten Kriegstage in Europa fiel am 12. April die Nachricht vom Tode des schwerkranken amerikanischen Präsidenten *Franklin Delano Roosevelt*. Für mich war dieser Präsident der Mann, der seinem Volk in der schweren Krise der dreissiger Jahre wieder eine Perspektive und neue Hoffnung gebracht hatte.

Zehn Tage später starb in der Nähe von Dresden *Käthe Kollwitz*. Unter der Herrschaft der Nazis zum Verstummen verurteilt, mochte die 78jährige Künstlerin der absehbaren Niederlage des Terrorregimes vielleicht mit Hoffnung entgegengesehen haben. Sie gehörte zu jenen Künstlern, die dem Leiden der Unterdrückten gültigen Ausdruck verliehen haben.

8. Mai 1945

Am frühen Abend des 8. Mai 1945 fand ich mich mit einigen Flüchtlingen und Schweizern auf der Bürkli-Terrasse ein. Ein ungewöhnlich heisser Tag neigte sich dem Ende zu. Von allen Kirchen der Stadt und der Seegemeinden hallte dröhnend-dunkles Glockengeläute, füllte Plätze und Strassen. Feierlichkeit lag in der Luft. Abertausende Menschen drängten sich am Bürkliplatz, auf der Brücke und auf dem Bellevueplatz. Viele umarmten sich, lachten und weinten vor Freude. Die versinkende Sonne streute blendendes Gold auf den See. *Martin Weihs* meinte trocken: «So läuten die Glocken auch, wenn jemand zu Grabe getragen wird.» Sein Lachen klang gedämpft.

Zwischen den Menschen strebten wir über die Quaibrücke zum Bellevue und zum *Hinteren Sternen*, wo die den Flüchtlingen immer wohlgesinnte Wirtin einen Tisch freigehalten und zwei Literflaschen Roten bereitgehalten hatte. Mit ihr stiessen alle auf den Frieden an. Und doch wollte keine rechte Freude aufkommen. Worüber wir oft gesprochen hatten, beschäftigte die Freunde aus Osteuropa auch jetzt: «Werden wir noch Angehörige vorfinden, Vater, Mutter, Geschwister, die nicht hatten fliehen können?» *Rachel, Tonja, Szymek* und alle andern wussten aus Filmberichten, aus Zeitungsreportagen und andern Dokumenten, was in den Vernichtungslagern geschehen war. Niemand hatte sich Illusionen über die Grausamkeit des Hitlerregimes hingegeben, aber was dann offenbar wurde, überstieg doch die schlimmsten Vorstellungen.

Szymek liess sich auch an diesem 8. Mai 1945 nicht unterkriegen. Nicht an das, was verloren gegangen sei, sollten sie denken, sondern an das, was vor ihnen liege, eine menschliche Zukunft in Frieden und Gerechtigkeit. Arm in Arm wanderten wir zu später Stunde die Rämistrasse hinauf zum *Grünen Glas*, wo eine andere freundliche Wirtin uns erwartete. Als Szymek das Lied anstimmte, «Brüder zur Sonne zur Freiheit, Brüder zum Licht empor», glaubten alle bewegt, dass das jetzt Wirklichkeit werden würde.

16 REISE NACH JUGOSLAWIEN

In der zweiten Hälfte des Monats trat ich eine Reise nach Jugoslawien an. Ich sollte im Auftrag der Auskunftsstelle für die Hilfe an osteuropäische Länder abklären, was am dringendsten benötigt würde und wo die im Verhältnis zur Not kleinen Mittel aus der Schweiz am wirkungsvollsten eingesetzt werden könnten. Ausserdem sollte ich für den *Vorwärts* Berichte schreiben. *Trudi Weber* von der *Nation* zeigte sich an Reportagen interessiert.

Ich konnte mich einer von der *Centrale Sanitaire Suisse* organisierten Gruppe von Schweizer Tierärzten anschliessen. Mit ihr reisten auch einige Jugoslawen und eine Bulgarin. *Noël Field* hatte mir das Angebot ans jugoslawische Rote Kreuz mitgegeben, eine moderne medizinische Klinik einzurichten samt amerikanischen Spezialärzten. Dafür beteiligte das *Unitarian Service Committee* sich mit 300 Franken an den Reisekosten. Ich hatte mich mit währschaften Stiefeln, einer Windjacke, Wäsche, Rasierzeug, einer Dynamo-Taschenlampe und was sonst noch für diese «Expedition» notwendig und nützlich sein mochte, ausgerüstet. Dazu mit 50 Paketen North-State-Zigaretten, dem, wie man mich informierte, bewährtesten Zahlungsmittel im kriegsversehrten Ausland. Die Gruppe wurde von einem Lastwagen mit Hilfsgütern für tierärztliche Versorgung begleitet. In Marseille musste die CSS-Gruppe einige Tage warten. Der Weitertransport erfolgte mit amerikanischen Armee-Flugzeugen, und die nahmen zivile Gäste nur dann mit, wenn es in einer Maschine Platz hatte.

Die Kriegsverwüstungen im Hafenquartier, aber auch in der Stadt – das war noch fast Gegenwart. Aber Leben pulsierte. Händler boten ihre Waren an, andere tauschten französische Francs gegen Dollars oder Franken. Prostituierte luden gegen Geld oder Zigaretten zu einer Freudenstunde ein. Das Völkergemisch war ebenso erregend, wie die undefinierbaren Gerüche von Fischen, Schmutz, Früchten und die herben Düfte von

Tang, Meersalz, Rauch und Motorenöl. Draussen vor dem Hafen lagen alliierte Kriegsschiffe vor Anker.

Um den 25. Mai 1945 konnte die CSS-Gruppe weiterfliegen. Nach einigen Stunden Landung in Bari. Warten auf die Maschine nach Belgrad. Auch hier Spuren von Kriegshandlungen. An den Strassenrändern Bettler, Kriegsverstümmelte mit Holzbeinen, Einarmige, Blinde. Rudel bettelnder Kinder. Halbnackte Knaben sprangen am Hafen ins Wasser, fingen mit den Händen kleine Fische, bissen ihnen die Köpfe ab und warfen den Rest ins Wasser. Ausländer warfen Münzen ins Uferwasser und vergnügten sich daran, wie die Knaben ihnen nachsprangen und sich mit den kleinen Fäusten um die gefundene Spende stritten.

Am 2. Juni 1945 Weiterflug über die glatte Fläche der Adria, die montenegrinischen Berge nach Belgrad. Auf dem Flughafen noch Krater von Bombeneinschlägen. In einem zerbeulten Autobus Fahrt über löchrige Strassen nach Belgrad zu einem Hotel im Zentrum.

Oto Bihalji-Merin

Während des Nachtessens – scharfe Würste, Kraut und Kartoffeln mit roter Paprika – wurde ich ans Telephon gerufen. *Oto Bihalji* war am Apparat. Ich wusste von ihm. Vor der Abreise hatte Bruno Dressler mir einen Brief für ihn mitgegeben. Eine halbe Stunde später erschien Oto Bihalji im Hotel. Er lud mich ein, bei ihm zu wohnen. Ich nahm das Angebot gerne an. Otos Frau Lise und die Tocher Mirjana, Studentin, begrüssten mich, als sei ich ein alter Bekannter. Die Bihaljis hatten nach der Flucht aus Nazi-Deutschland 1933 und anfänglichem Aufenthalt in Paris, von 1936 bis 1940 in der Schweiz gelebt. Sie hatten dort Bekannte und Freunde, vor allem unter den deutschen Emigranten. Nach der Kapitulation Frankreichs ging Biha, wie die Freunde ihn nannten, zurück nach Jugoslawien.

Oto Bihalji, schlank, mittelgross, mit offenem Gesicht und lebhaften Augen, sprach ebenso fliessend deutsch, wie seine Berliner Frau und die Tochter Mirjana. Als Schriftsteller, der auf der Fahndungsliste der Gestapo stand und keine Arbeitserlaubnis besass, schrieb er unter den Pseudonymen *Peter Merin* und *Peter Thoene* (Als Buchautor nannte er sich *Oto Bihalji-Merin.*). In Zürich, so erzählte er mir, habe er mit *Wolfgang Langhoff* ein Buch unter dem Namen *Peter Wolfgang Thoenhoff* veröffentlicht. Ebenfalls in der Schweiz schrieb er *Eroberung des Himmels*, eine Geschichte der Fliegerei, und *Spanien zwischen Tod und Geburt*, seine Erlebnisse während des Bürgerkrieges auf republikanischer Seite. Die Bücher erschienen zuerst in Wien und Zürich, bald darauf auch in andern Ländern. In England veröffentlichte Oto Bihalji-Merin *Modern German Art*, über die von den Nazis verbotene Kunst, anlässlich einer von ihm initiierten Londoner Gegenausstellung zur berüchtigten Nazi-Ausstellung im *Haus der Kunst* in München.

Als Reserveoffizier der jugoslawischen Armee war er nach der Kapitulation in deutsche Kriegsgefangenschaft geraten. Dem Plan der Deutschen, die jüdischen Offiziere aus Jugoslawien aus der Gefangenschaft zu entlassen, um sie dann sogleich als Zivilisten zu verhaften und zu ermorden, waren Oto Bihalji und seine Kameraden entgangen, weil das Lager gerade noch rechtzeitig befreit worden war.

Die Bihaljis lebten in einer bescheidenen Wohnung, in der an den Abenden ein Kommen und Gehen von Schriftstellern, Künstlern, Journalisten für regen Betrieb sorgte. Oto war damals Sekretär der Gesellschaft Jugoslawien-Sowjetunion. Lise war Leiterin der Bibliothek des Nationalen Kunstmuseums.

Die Gespräche mit Oto, oft bis tief in die Nächte hinein, erlebte ich wie einen faszinierenden Kurs über die politische und kulturelle Geschichte Jugoslawiens, über den Krieg, die Volksarmee, Tito und seine Mitkämpfer. Die Probleme der Gegenwart waren nicht nur von der grausamen Besetzung des Landes belastet, sondern auch von den Gegensätzen zwischen Königstreuen und Republikanern, zwischen Kroaten und Serben, Römisch-Katholiken, Serbisch-Orthodoxen und Muslimen, zwischen der alten herrschenden Schicht der Grossgrundbesitzer und Kapitalisten und der Arbeiterklasse. Nun gehe es darum, einen sozial gerechten Staat aufzubauen unter der Führung der kommunistischen Partei.

Bei aller Entschiedenheit, mit der Oto Bihalji den Aufbruch in die neue Epoche begrüsste, lagen ihm das doktrinäre Denken und die Sprache der Apparatschicks fern. Seine und Lises Menschlichkeit charakterisierten ihren Sozialismus.

In den dreissiger Jahren hatten *Oto Bihalji, Manès Sperber* und *Arthur Koestler* – dessen Frau Wörte übrigens Lisas Schwester war – in Paris auf Initiative von *Willi Münzenberg* ein Institut zum Studium des Faschismus gegründet. Als Sperber sich im Zusammenhang mit dem Prozess gegen *Nikolaj Iwanowitsch Bucharin* (1888–1938) und Genossen vom stalinistischen Kommunismus trennte und Koestler in seinem Roman *Sonnenfinsternis* die tiefenpsychologischen Mechanismen analysierte, die alte Kommunisten zu den erstaunlichen Geständnissen veranlassten, kühlte sich die Freundschaft *Oto Bihaljis* zu den beiden Genossen vorübergehend ab. Viele Jahre später trafen die drei wieder zusammen.

«Die neue Klasse»

Dank den Beziehungen *Oto Bihaljis* und seiner Frau lernte ich einige Prominente der «Neuen Klasse» kennen. So *Milovan Djilas* und seine Frau *Mitra Mitrowitsch-Djilas.* Sie war Erziehungsministerin der föderativen Republik Serbien, eine gebildete, energische und attraktive Frau. *Milovan Djilas,* grossgewachsen, gut aussehend, vital, 34 Jahre alt, Montenegriner. Die äussere Erscheinung stimmte mit dem Bild des strahlenden Helden überein, das ihm vorauseilte. Geschichten tollkühnen Mutes rankten sich um ihn. 21jährig war er der verbotenen Kommunistischen Partei beigetreten, als 27jähriger ins Zentralkomitee, als 29jähriger ins allmächtige Politbüro aufgenommen worden. Nun Minister für Montenegro. Privat jedoch war der Held ein Mensch, freundlich, natürlich. Er fragte mich nach den Verhältnissen in der Schweiz. Wilhelm Tell sei ja so etwas wie ein Vorläufer der Partisanen gewesen.

Wenige Jahre später zog sich der eigenwillige Montenegriner den Zorn Stalins zu und wurde dann, als er die jugoslawische *Neue Klasse* (Titel seines Buches) kritisierte, auch von *Tito* fallengelassen. Lange Gefängnisstrafen vermochten den aufrechten Kämpfer nicht in die Knie zu zwingen.

Unvergesslich die Begegnung mit *Mosha Pijade* (1890–1957), zu der Oto Bihalji mich mitnahm. In dem grossen, spärlich möblierten Arbeitsraum sass der alt wirkende Mann an seinem Schreibtisch. Aus dem faltenreichen Gesicht schauten mich dunkle Augen hinter dicken Brillengläsern prüfend, aber freundlich an. Er erkundigte sich nach der Schweiz, die er aber recht gut zu kennen schien. Pijade forderte mich auf, mit offenen Augen durch Jugoslawien zu reisen und objektiv darüber zu berichten. Nach einer Viertelstunde war der Besuch zu Ende.

Zu Hause erzählte Oto Bihalji aus dem Leben des Mannes. 16 Jahre Zuchthaus wegen Hochverrats in jugoslawischen Kerkern von 1925–1941; der entbehrungsreiche und mörderische Krieg gegen die Nazi-Okkupanten und die Ustascha des *Ante Pavelić* hatten tiefe Furchen im Gesicht Mosha Pijades hinterlassen. Keine drei Jahre nach meinem Besuch beim Philosophen der jugoslawischen Kommunisten bekam er, wie *Djilas* und die andern Parteiführer, den Hass *Stalins* zu spüren.

Bei einem Empfang in der schweizerischen Gesandtschaft stellte mich Minister *Eduard Zellweger* dem damals 38jährigen *Edward Kardelj* vor. Der Lehrer aus Slowenien hatte in den dreissiger Jahren einige Zeit in der Sowjetunion verbracht, wurde 1940 als enger Mitarbeiter Titos ins Zentralkomitee und ins Politbüro berufen. Kardelj, untersetzt, mit breitem Gesicht, dichten dunklen Haaren und dunklem Schnauz, lebhaften Augen hinter dunkelrandiger Brille, ein Intellektueller, meinte nach dem Händedruck zu mir: «Von der Schweiz haben wir beim Aufbau des neuen Jugoslawien viel gelernt: die föderalistische Struktur. Wir hoffen, dass es gut geht.»

Wie man jetzt weiss, hat es nicht geklappt. Man kann Föderalismus nicht von oben diktieren und durch eiserne zentralistische Machtausübung gleich wieder aufheben.

Dem damals 31jährigen *Vladimir Dedijer*, Journalist, Leiter des Parteiorgans *Borba* schon während des Krieges und Biograph *Titos*, begegnete ich in der Wohnung Bihaljis. Aus bürgerlicher Familie stammend, war er ein kultivierter, lebhaft diskutierender Mann, gelegentlich leicht ironisch, kein Fanatiker. Mit *Milovan Djilas* eng befreundet, wurde *Dedijer* 1954 mit diesem aus der Partei ausgeschlossen.

Anlässlich eines grossen Empfangs bei *Tito*, zu dem das diplomatische Corps, ausländische Journalisten und andere Gäste geladen waren, die an dem ordensgeschmückten Marschall vorbeidefilierten, drückte auch ich dem legendenumrankten Helden die Hand. Dass um ihn ein Personenkult veranstaltet wurde, der dem um *Stalin* kaum nachstand, war mir helvetischem Republikaner zwar ungewohnt, aber verständlich. Titos Widerstand auch gegen Stalin und den Druck der sowjetischen und, in ihrem Gefolge, der andern kommunistischen Parteien leitete die Aufweichung des monolithischen Blocks der Kommunisten ein.

Dass sich Tito bald in den Schlössern und Betten der Karadjordjević und anderer Unterdrücker und Ausbeuter des Volkes fürstlich einrichtete, war ein weiteres Beispiel dafür, dass Macht korrumpiert. Diese ernüchternde Erkenntnis wurde mir allerdings erst einige Jahre später ganz bewusst.

Als *Ilja Ehrenburg* (1891 – 1967) im Sommer 1945 Jugoslawien besuchte, nahm mich Oto Bihalji zu einem Gespräch mit dem sowjetischen Schriftsteller mit. Dessen von Erbitterung, Zorn und Trauer erfüllten Reportagen und Aufrufe gegen die Deutschen im Krieg hatten Aufsehen erregt. Sie waren verständlich angesichts der beispiellosen Greueltaten der SS und der Wehrmacht an der sowjetischen Bevölkerung und angesichts der systematischen Ausrottung der Juden in den eroberten Gebieten (Baby Jar!). Das von *Ilja Ehrenburg* und *Wassili Grossman* edierte *Schwarzbuch* über den Nazimord an den Juden der Sowjetunion ist ein erschütterndes Dokument. Dass dieses Buch erst vor kurzem in unzensierter Fassung erscheinen konnte, sagt wohl einiges aus über den Antisemitismus sowjetischer Observanz. Ehrenburgs zerklüftetes Gesicht mit dunklen Tränensäcken unter den ernstblickenden Augen drückte das noch frische Erlebnis des Grauens aus. Ehrenburg war wenig gesprächig. Über die Schweiz habe er sich, so Oto Bihalji später, nicht eben freundlich geäussert. In seinen Augen gehörte sie zu den Staaten, die die deutsche Kriegsmaschine unterstützt hatten.

Unerwartet gestaltete sich die Unterredung mit *Jara Ribnikar*, damals Generalsekretärin des jugoslawischen Roten Kreuzes, als ich ihr *Noël Fields* Angebot – Spezialklinik mit Spezialärzten – unterbreitete. Die zierliche Frau mit den energischen Gesichtszügen und hellen Augen war zwar bereit, die Klinik dankend anzunehmen, nicht aber die Begleitung der Ärzte. «Wir brauchen keine amerikanischen Spione», erklärte sie ohne zu zögern mit freundlicher Entschiedenheit. Jara und ihr Mann *Vladislav Ribnikar* hatten zur Zeit des Partisanenkrieges zum engsten Führungskreis um *Tito* gehört. Vladislav Ribnikar war 1945 Direktor der führenden serbischen Zeitung *Politika*. Die Ablehnung amerikanischer Spezialärzte des Unitarian Service Committee erstaunte mich, pflegte Noël Field doch zu den führenden Jugoslawen in der Schweiz engste Beziehungen. Keine drei Jahre nach meinem Besuch in Jugoslawien avancierten Tito und seine Genossen in den sowjetischen Anklagen zu Spionen der USA, Englands, Israels, ja sogar zu Kollaborateuren der Nazis! *Jara Ribnikar*, gebürtige Tschechin, ist später als begabte Erzählerin hervorgetreten. Ihre Bücher erschienen auch in deutscher Sprache.

Ein Besuch bei den Eltern Oto Bihaljis auf dem Land, behalte ich in schöner Erinnerung. Otos Vater, mittelgross, von leicht kränklichem Aussehen, mit vielen Falten im Gesicht, grauen Augen hinter Brillengläsern, die Mutter, hager, bleich und von wärmender Herzlichkeit, freuten sich über den, wie sie sagten, seltenen Besuch des Sohnes und des Gastes aus der

Schweiz. Das karge Mahl, das sie gleich bereitmachten, wurde in der Atmosphäre dieser gütigen Menschen zum kleinen Festessen. Beim Abschied umarmten die alten Leute auch mich.

Montenegro

Eines Tages flog ich mit andern westlichen Journalisten nach Podgorica, der neuen Hauptstadt Montenegros. Ein abenteuerliches Erlebnis, wie die einmotorige Maschine zwischen den zum Greifen nahen steilen Bergwänden absackte und stieg. *Claude Cockburn* (auch *Claude Pittcairn*), der schlacksige, hagere Engländer, der vom Bürgerkrieg in Spanien her einiges gewohnt war, zog von Zeit zu Zeit eine kleine Flasche aus der Rocktasche und trank einen tüchtigen Schluck Scotch. Dann reichte er sie seiner neben ihm sitzenden zierlichen, verängstigten Frau und darauf mir. Mein sonst manierlicher Puls war in unübliche Höhen gesprungen. «Das beruhigt», meinte *Cockburn* trocken.

Nach der Landung auf dem Flugplatz von Podgorica verabschiedete sich der Pilot von uns. Sein, von Rakija geschwängerter Atem machte den Flug auch nicht vertrauenerweckender. Cockburn war sicher, dass der Mann nie eine wirkliche Prüfung als Pilot abgelegt hatte. Aber man war angekommen.

Auf einem Lastwagen fuhr die Gesellschaft unter dem allmählich verdämmernden Himmel zum Skutarisee. Es war ein milder Sommerabend. Am Ufer hatten junge Pioniere ein Zeltlager eingerichtet. Sie sassen um ein Feuer und sangen wilde und schwermütige Volks- und Partisanenlieder. Zur Musik einer Handharmonika tanzten junge Burschen und Mädchen. Als sie vernahmen, wer die Fremden waren, stimmten sie die *Internationale* an. Alle sangen mit. Ein Gefühl von Brüderlichkeit war spürbar.

Dunkel breitete der See sich aus. Die Konturen der Berge Albaniens jenseits des Skutarisees hoben sich scharf vom sternenübersäten Himmel ab. Vom andern Ufer blinkten ein paar Lichter herüber. Es war Mitternacht vorbei, als wir Journalisten den Lastwagen erneut bestiegen und Cetinje, der frühern Hauptstadt des Königreichs Montenegro, entgegenfuhren.

Fünf erlebnisreiche Tage blieben wir in der alten, 10 000 Seelen zählenden Stadt.

Geschichten

In einem Gespräch mit griechisch-orthodoxen Mönchen und Partisanen *Titos* wurden die eben zu Ende gegangenen Jahre des Widerstandes gegen die deutschen und italienischen Besatzer in glühenden Farben geschildert. Es waren dramatische Geschichten. Vom neunzehnjährigen Vladko zum Beispiel, der ein Munitionslager in einer Höhle zur Explosion brachte, um es nicht den sich nähernden Italienern in die Hände fallen zu lassen. Mit den eindringenden Feinden sprengte er auch sich selber in die Luft.

Oder die Geschichte der noch jungen, aber alt aussehenden Montenegrinerin *Anica*, die sie mit stockender Stimme erzählte. Um die 45 Frauen, Männer und Kinder mussten sich vor den anrückenden Italienern in einem Wald verstecken. Anica hielt ihr drei Monate altes Töchterchen im Arm. Als die Italiener nur wenige Dutzend Meter entfernt vorbeimarschierten, begann das Mädchen zu weinen. Anica hielt ihm mit der Hand das Mündchen zu. Als die Italiener sich entfernt hatten, war das Mädchen erstickt.

Immer wieder bekam ich auf den Reisen durch das Land Geschichten von Betroffenen zu hören, in denen die unerhörte Grausamkeit der deutschen Besatzungstruppen gegen das Volk im allgemeinen und die Partisanen im besonderen geschildert und der Mut der Kämpferinnen und Kämpfer Titos bewegend dargestellt wurde.

So auch das Drama der 42 Frauen im berüchtigten Lager Jasenovac, die sich gegen ihre kroatischen und deutschen Peiniger erhoben hatten – und den Kampf verloren: «Die Soldaten trugen und schleiften sie hinaus und warfen sie in den Lastwagen, wie totes Vieh. Dann fuhren sie mit fünfundzwanzig Frauen hinaus auf den jüdischen Friedhof. Zehn waren schon tot, als sie ankamen. Und die andern hörten kaum noch die Schüsse. Im Lager aber musste der Wärter das Blut mit Schaufeln aus dem Korridor tragen. Schrecklich war das, sagte er am nächsten Tag zu Anka Kumanudi und den Schwestern Gajić. Jetzt war viel Platz im Zimmer 38. Keine Gefangenen kamen mehr hinein. Denn nach zwei Tagen fuhren die ersten Tanks der Roten Armee in den Hof des Lagers.»

Ich habe diese und andere Geschichten in dem Bändchen *Aufgehende Saat – Jugoslawische Reise* festgehalten (Zürich 1947).

Am vorletzten Tag in Cetinje besuchte ich mit einem jugoslawischen Kollegen das Grabmal von *Petar II. Negoš*, dem Dichter des nationalen Epos *Der Bergkranz*, auf dem Gipfel des Lovcen. Der strahlende Sommertag gewährte einen überwältigenden Rundblick zur silbrig leuchtenden Adria, der grünen Küste und zurück zu den grauen, zerklüfteten Bergen Montenegros.

Die Fahrt über den Lovcen-Pass hinunter zur Bucht von Kotor in einem ziemlich mitgenommenen Car wurde zu einer weiteren nervlichen Prüfung. Jämmerlich quietschten die Bremsen. Alle 20 Minuten musste der Chauffeur anhalten, weil der Motor glühte und das Kühlwasser sott. Ein auf dem Dach liegender Car unterhalb der Strasse wirkte so wenig beruhigend wie die waghalsigen Manöver des Fahrers in den Haarnadelkurven der schmalen Strasse. Das alles beeinträchtigte den Genuss der schönen Landschaft beträchtlich. Aber schliesslich erreichte die Gesellschaft auch dieses Etappenziel.

Zwei Tage blieben zur Besichtigung von Kotor. Der Gang durch die verwinkelten, engen Gassen der von drei Seiten umschlossenen Altstadt mit dem römisch-katholischen Bischofssitz bot Einblick in die auch hier bewegte alte und neueste Geschichte. Spuren dieser Geschichte von den Resten römischer Festungen bis zum Wüten der Italiener während des Zweiten Weltkrieges waren auf Schritt und Tritt zu sehen.

Die Weiterfahrt nach Dubrovnik, wiederum auf schmaler,

von Schlaglöchern gesprenkelter, oft in die steil ins Meer abfallenden Berge gehauener Strasse, über notdürftig erstellte Holzbrücken. *Cockburn* riet: «Am besten schliesst man die Augen.»

In Dubrovnik wurde ich mit andern Kollegen in einer leerstehenden Villa hoch über der Stadt einquartiert. Zerbrochene Fensterscheiben und Einschusslöcher in den Hauswänden zeugten von den Kämpfen, die hier vor einem halben Jahr noch getobt hatten. Man schlief auf Matratzen am Boden. Ich entrollte meinen Schlafsack. Aber die Nächte waren so warm, dass ich keiner Decke bedurfte. Ich genoss den Blick auf die im Mondlicht glänzende Adria und zum unendlichen Sternenhimmel. Der Friede über allem machte es schwer, sich vorzustellen, dass hier vor kurzer Zeit Menschen einander getötet hatten.

In der auf einem Felsvorsprung am Fuss des Sergiusberges liegenden Stadt herrschte am nächsten Tag reges Treiben. Händler boten Früchte, Gemüse, Würste, Fische, Kleidungsstücke, Schuhe, Haushaltgegenstände an. Es wurde gemarktet, gestikuliert, geschrien, gekauft und verkauft. Ein würziger Duft von Waren und von Meerwasser lag über allem. Im Meer badeten Kinder und Erwachsene.

Die Rückreise nach Belgrad mit einem Kleinbus führte durch *Bosnien-Herzegowina* mit seinen fruchtbaren Ebenen, hohen Bergen und dichten Wäldern, in denen noch Bären, Wölfe und andere Raubtiere hausten. In Sarajewo wurde der Platz besucht, wo am 28. Juni 1914 der österreichische Thronfolger, *Franz Ferdinand*, einem Attentat zum Opfer fiel, was dann Anlass zum Ersten Weltkrieg wurde. In Bosnien, einem kleineren Jugoslawien gleichend mit seinem ethnischen und religiösen Völkergemisch von Serben, Kroaten, Montenegrinern, römischen und griechischen Katholiken und Muslimen, hätten der serbische und kroatische Nationalismus immer wieder zu Ausbrüchen des Hasses geführt, dem auch in den vergangenen Jahren Abertausende Menschen zum Opfer gefallen waren. Das jedoch sei nun, so versicherten die jugoslawischen Begleiter, vorbei. Sie täuschten sich. Kaum der Tito-Diktatur entronnen, brachen die alten Feindschaften wieder auf, brutaler als je zuvor. Im Roman *Die Brücke über die Drina* von *Ivo Andrić* lernte ich einige Jahre später die ungezügelten und unkontrollierbaren kollektiven, nationalistischen Leidenschaften und Gewaltausbrüche kennen, von denen Bosnien-Herzegowina offenbar immer wieder heimgesucht wird.

«Über der Vojwodina lag der Duft gereiften Kornes. Auf schwer beladenen von Pferden oder Traktoren gezogenen Wagen wurde die Ernte eingebracht. Der Gesang des späten Sommers erfüllte die Luft. Auf den Feldern blinkten die weissen Kopftücher der Frauen und Mädchen, die das Korn zu Garben banden. Wir fuhren über holprige Wege, an einsamen Gehöften vorbei, durch Bauerndörfer, wo Enten und Gänse, aufgescheucht durch unsern Motor, schnatternd auseinanderstoben. Pferde weideten unter Bäumen, herrliche ungarische Zuchttiere, und ihre Mähnen flatterten im Wind. Da, irgendwo in dieser weiten Ebene, liegt ein Dorf.»

So beginnt ein Text, den ich im Anschluss an die Fahrt durch die Vojwodina, die an Ungarn grenzende Kornkammer Jugoslawiens, schrieb. In dem Dorf hatten Volksdeutsche gelebt, die mit der SS zusammengearbeitet hatten und dann das Land verlassen mussten.

Dieses Dorf hiess jetzt *Macedonia* und war von sechstausend Frauen, Männern und Kindern aus Griechenland bewohnt, die unter dem Befehl des Partisanengenerals *Markos* zuerst gegen die deutschen Besatzer und dann gegen die Engländer und königstreuen Griechen gekämpft hatten, als diese die Ausdehnung des sowjetischen Einflusses bis ans Mittelmeer mit militärischen Mitteln stoppten.

Mit leidenschaftlicher Stimme und Gebärden erzählte der Vorsteher des Dorfes vom Kampf gegen die Nazis, von den Greueln, die sie begangen hätten, und dass sie nun durch die Engländer und die Monarchisten um die Früchte ihres Kampfes gebracht würden und sogar hätten flüchten müssen.

Einige Jahre später wurde mir die Tragik dieser griechischen linken Widerstandskämpfer gegen die deutschen Okkupanten, die sich bis 1949 für einen nationalen kommunistischen Weg einsetzten, bewusst. Als *Stalin* auch die griechische «nationalistische Verirrung» verdammte, fielen Markos und seine Anhänger der Ächtung ihrer moskautreuen Partei zum Opfer. *Markos* verschwand irgendwo in Osteuropa.

Dimitrow – Held von Leipzig

In der ersten Hälfte November 1945 konnte ich an der Reise ausländischer Journalisten aus Frankreich, England und Schweden nach Bulgarien teilnehmen. Es war dunkle Nacht, als der Zug nach 24 Stunden Fahrt an einem Freitag in Sofia ankam.

Im Hotel teilte ich das Zimmer mit dem Redaktor des schwedischen kommunistischen Blattes *Ny Dag, Per Meurling.* Er war mittelgross, von fester Statur, redefreudig, von sarkastischem Humor und immer zu amourösen Abenteuern bereit. Noch vor dem Einschlafen sagte Per Meurling zu mir: «Morgen abend werden wir bei Dimitrow sein.»

Am Samstagvormittag nach dem Frühstück machten wir uns auf den Weg zum Haus der kommunistischen Partei Bulgariens. Wir wurden von einem Mann im Vorzimmer des Generalsekretärs *Traitsche Kostow* empfangen. Auf *Per Meurlings* selbstsicher vorgetragene Bitte, einen Besuch bei *Georgi Dimitrow* für den heutigen Tag zu vereinbaren, schluckte der Mann tief und verschwand dann hinter einer Tür. Kurze Zeit darauf bat er uns zu *Traitsche Kostow.*

Dieser, untersetzt, mit scharf blickenden dunklen Augen hinter schwarzgerandeten Brillengläsern, erklärte zu Per Meurlings Anliegen, das sei völlig unmöglich. Dimitrow sei erst seit kurzem wieder in Bulgarien, Wahlen stünden bevor und Dimitrow müsse sich aus gesundheitlichen Gründen schonen. Er jedoch, Kostow, und weitere Personen stünden gerne Red und Antwort, aber nicht heute abend. Per Meurling zog einen Brief aus der Rocktasche und reichte ihn Kostow. Der las, griff zum Telephon, redete – und erklärte: «Heute um zehn Uhr abends bei Dimitrow.»

Um halb zehn Uhr abends wurden Per Meurling, ich und die andern Kollegen im Hotel mit einem Auto abgeholt und zu *Georgi Dimitrow* geführt. Der stark gealterte, aber körperlich immer noch imposante Mann drückte jedem die Hand, sprach ein paar Begrüssungsworte, fragte nach diesem und jenem führenden Parteimann in den verschiedenen Ländern, die er in seiner Eigenschaft als General-Sekretär der Komintern kennengelernt hatte. Von mir wollte er wissen, wie es *Léon Nicole* gehe und wie die Bahnhofstrasse in Zürich denn heute aussehe. 1912 sei er in der Schweiz gewesen und habe die Bahnhofstrasse einigemale abgeschritten. Ausser Dimitrow waren auch *Traitsche Kostow* und *Wasil Kolarow* anwesend. Etwas später gesellte sich noch *Zola Dragoitschewa* zu der Runde.

Der etwa 70jährige *Wasil Kolarow* hatte 1919 zusammen mit Dimitrow und Kostow die Kommunistische Partei Bulgariens gegründet. Nach einem missglückten Aufstand 1923 waren Dimitrow und Kolarow zum Tode verurteilt worden. Sie flohen nach Moskau, wo sie in der Komintern bald führende Positionen einnahmen. Nun war Kolarow Vizepräsident der Regierung. Traitsche Kostow, knapp 50 Jahre alt, ursprünglich Lehrer, gehörte früh dem Zentralkomitee der Partei an. 1924 war er verhaftet und im Polizeihauptquartier so schwer gefoltert worden, dass er sich, aus Angst, andere Genossen zu denunzieren, aus dem vierten Stock der Polizeikaserne in die Tiefe stürzte. Er blieb mit gebrochenen Beinen und einer schweren Rückenverletzung am Leben. Kostow hatte den Widerstand gegen die Deutschen organisiert. 1942 waren er und fünf weitere Mitglieder des Zentralkomitees verhaftet und erneut schwer gefoltert worden. Die fünf Genossen wurden zum Tode verurteilt und hingerichtet, Kostow erhielt eine lebenslängliche Zuchthausstrafe. *Zola Dragoitschewa*, Generalsekretärin der bulgarischen Frauenorganisation, eine mittelgrosse, lebhafte Frau, hatte im Widerstand eine bedeutende Rolle gespielt.

Dimitrow sprach hintereinander französisch, englisch und deutsch, je nach seinem Gesprächspartner.

Für mich war *Georgi Dimitrow* vor allem der Held vor dem Reichsgericht 1933 in Leipzig, als ihm und andern Angeklagten der Reichstagsbrand angelastet worden war. Ich erinnerte mich, wie tief mich das 1934 erschienene Buch *Dimitrow contra Göring* beeindruckt hatte. Die Auseinandersetzung zwischen dem bulgarischen Angeklagten und *Hermann Göring* gehörte zur hinreissendsten Szene in dem Prozess, den Dimitrow dank seiner angriffigen Selbstverteidigung von Anfang an dominierte.

Als er mit seinen bohrenden und die wirklichen Brandstifter entlarvenden Fragen den mit gespreizten Beinen in Stiefeln, die Fäuste in die Seiten gestemmt, dastehenden höchstrangigen Nazi in Weissglut versetzte, brüllte ihn dieser an: «Ich will Ihnen sagen, was im deutschen Volk bekannt ist. Bekannt ist dem deutschen Volk, dass Sie sich hier unverschämt benehmen, dass Sie hierher gelaufen sind, um den Reichstag anzustecken. Sie sind in meinen Augen ein Gauner, der direkt an den Galgen gehört.» Darauf Dimitrow lächelnd: «Ich bin sehr zufrieden mit der Antwort des Herrn Ministerpräsidenten.» Als der Präsident des Reichsgerichtes Dimitrow das Wort entzog, rief er noch rasch und laut in den Saal: «Sie haben wohl Angst vor meinen Fragen, Herr Ministerpräsident?» *Göring*, jetzt völlig ausser sich: «Hinaus mit Ihnen, Sie Gauner!» Dimitrow wurde abgeführt.

Vollends zum Ankläger wurde Dimitrow in seinem Schlusswort, in dem er seine und seiner Mitangeklagten Unschuld am Reichstagsbrand akribisch nachwies und die wahren Brandstifter blossstellte. Das Reichsgericht musste die Angeklagten «mangels Beweisen» freisprechen.

Emil Zbinden hatte mir berichtet, wie in jenem November in allen grossen Städten Europas, auch in Zürich, Bern, Basel, Genf, Lausanne Abertausende Frauen und Männer auf den Strassen für Dimitrow und Genossen demonstrierten und dann den Freispruch feierten.

Auf ausgedehnten Fahrten durch das Land bis nach Warna am Schwarzen Meer, sammelte ich immer neue Eindrücke von der Schönheit und Eigenart Bulgariens.

Wieder in Sofia, sprach mich eine blonde, rundliche, etwa vierzigjährige Frau bei einem Empfang mit bulgarischen Schriftstellern, Musikern und Künstlern in schönstem Berndeutsch an. Sie gab sich als Tochter eines Direktors der Käseunion zu erkennen, nun verheiratet mit dem 1904 geborenen Komponisten und Dirigenten *L. Pipkow*, Direktor des Opernhauses der Hauptstadt.

Ein Abend im Hause des 41jährigen Pipkow, zu dem auch der andere bedeutende Komponist des Landes, *P. Wladigerow*, 1899 geboren, kam, brachte mir das Erlebnis neuerer bulgarischer Musik, als die beiden Komponisten zwei- und vierhändig eigene Werke auf dem Flügel spielten. Der Besuch einer Opernaufführung, dirigiert von L. Pipkow, vertiefte die Begegnung mit bulgarischer Musik.

Anfang Dezember verliess ich Sofia mit dem Zug nach Belgrad, gut versorgt mit Pouletfleisch, Wurst und Brot und heissem Tee in meiner Thermosflasche. Am Abend vorher hatte ich mich von meinen Kollegen und einigen bulgarischen Journalisten bei einem opulenten Mahl und reichlich Wodka verabschiedet. *Claude Cockburn* – unter diesem Namen schrieb er für den *Daily Worker*, unter dem Pseudonym *Pittcairn* für die *Times* – lud mich nach London, *Per Meurling* nach Stockholm ein. Cockburn hatte als Reporter in Spanien *Ernest Hemingway, Alfred Kantorowicz, George Orwell, Oto Bihalji* und andere Journalisten und Schriftsteller kennengelernt und sich mit ihnen angefreundet.

Nach etwa einer Stunde Bahnfahrt kam ein sowjetischer Offizier, ein Hüne von Gestalt, zu mir ins Abteil. Er grüsste freundlich und laut, sagte seinen Namen und dass er Major sei. Ich gab mich als Schweizer Journalisten zu erkennen. Der Russe zeigte seine Orden auf der breiten Brust und nannte dazu Namen von Städten, wo er offenbar gekämpft hatte. Nach einiger Zeit packte ich meine Esswaren auf einer Zeitung über den Knien aus. Der Russe verliess das Abteil und kam bald mit einer grossen Flasche Wodka zurück. Ich lud meinen Mitfahrer ein, zuzugreifen, was er denn auch tat, dazu ebenfalls fleissig die

Wodkaflasche zum Mund führte, sie aber sofort auch mir reichte.

Als auf einmal das schummrige Licht im Abteil erlosch – es war inzwischen Nacht geworden – und der Russe laut zu schimpfen anfing, holte ich die Dynamo-Taschenlampe aus dem Rucksack und betätigte sie. Der Russe schien begeistert und probierte die Lichtmaschine ebenfalls aus. Als es wieder hell wurde im Abteil, drückte ich die Lampe dem Offizier in die Hand, zum Zeichen, dass sie ihm gehöre. Darauf schloss der Riese mich so innig an seine Brust, dass mir fast der Atem ausging und ich um meine Rippen fürchtete. Kurz danach schlief der Major auf der Bank ein. Sein orkanartiges Schnarchen klang wie Musik in meinen Ohren.

Gegen Mittag kam der Zug in Belgrad an. Wir umarmten uns noch einmal. Der Russe zog die Taschenlampe aus der Jackentasche, betätigte sie mit seinen Pranken und lachte herzlich. Dann verabschiedeten wir uns.

Wieder bei den Bihaljis, erzählte ich von meiner Bulgarienreise und insbesondere von der Begegnung mit *Dimitrow. Oto Bihalji* sprach mit hohem Respekt vom Mut dieses Mannes beim Prozess um den Reichstagsbrand 1933 in Leipzig. «Mit ihm werden wir hier eine Region des Friedens schaffen!»

Abschied von Belgrad

Mitte Januar 1946 verabschiedete ich mich von *Oto, Lise* und *Mirjana.* Wir waren Freunde geworden. Es vergingen dann Jahre, bis Oto und ich uns in Zürich wieder begegneten. Oto hatte eine Ausstellung jugoslawischer Bauernmalerei in der Galerie von *Hans Oprecht* eingerichtet. Bihalji war ein international bekannter Kunstkritiker und -historiker geworden, seine Bücher in allen Weltsprachen erschienen. Man nannte ihn «Papst der Naiven». Als Mensch war er der gleiche geblieben, herzlich, interessiert an meinem Ergehen.

Lise Bihalji starb 1991, Oto im Dezember 1993, zwei Wochen vor seinem 90. Geburtstag.

50 Jahre waren vergangen, ehe *Mirjana* und ich uns wieder sahen. Sie besuchte mit ihrem Mann, dem Schriftsteller und Leiter der Wannsee-Gedenkstätte, *Gerhard Schoenberner, Maria Konfino-Drittenbass* in Zürich. Die längst verblassten Hoffnungen von 1945 auf eine neue demokratische, sozialistische Gesellschaft waren mit dem Ende der Sowjetunion endgültig begraben. Was bleibt, ist die Erinnerung an Menschen, die sich nicht verführen und korrumpieren liessen.

In einem ausführlichen Gespräch, das *Fritz J. Raddatz* im Mai 1988 mit *Oto Bihalji-Merin* in der *Zeit* führte, sagte Oto zum Schluss: «Auf die Frage Jüngerer Wie war es? antworte ich: Ich habe in dieser Hölle ein schönes Leben geführt – erfüllt, voller Arbeit und geborgen in einer währenden Liebe. Aber: es ist kein weisses Glück. Und keine weisse Aufklärung. Meine Aufklärung ist eine schwarze Aufklärung – die Goya'sche. Das ist der Pessimist im Optimisten. Der Hintergrund ist das Ende. Wer diesen schwarzen Hintergrund nicht hat, der macht es sich zu leicht. Der macht sich etwas weis.»

17 SOLIDARITÄT MIT DEN VÖLKERN OSTEUROPAS

Die immer konkreteren Berichte über Krieg, Unterdrückung und den Massenmord in den Vernichtungslagern in den osteuropäischen, von den Nazis besetzten Ländern machten rasche Hilfe notwendig. Dies um so mehr, als fast alle Hilfswerke und die *Schweizerspende* sich weitgehend auf Aktionen in westeuropäischen Ländern konzentrierten. So hatte die Schweizerspende bis zum 15. November 1945 für die Niederlande, Frankreich, Italien, Norwegen, Belgien, Finnland, Österreich, Deutschland und Luxemburg Hilfe im Betrag von annähernd 36 Millionen Franken entweder bereits geleistet oder zugesprochen, während für Jugoslawien knapp 1,2 Millionen, die Tschechoslowakei rund 400 000, Ungarn 220 000, Polen 20 000 (!) und Bulgarien ebenfalls 20 000 Franken ausgegeben oder zugesprochen worden waren.

Im Sommer 1945, als ich in Jugoslawien weilte, war die *Koordinationsstelle für Nachkriegshilfe (Koost)* gegründet worden. Sie hatte die Aufgabe, die von den nationalen osteuropäischen Hilfskomitees geplanten Aktionen zu koordinieren. Präsidentin der Koost wurde *Hedwig Streiff-von Wyss*, Vizepräsident *Edgar Woog*, dem Gründungsvorstand gehörten unter andern an *Elsi Haus, Dora Staudinger* und *Albert Nussbaumer*. Nach meiner Rückkehr aus Jugoslawien wurde ich zum Sekretär der Koost bestimmt.

Am 18. Januar 1946 veranstaltete die Koost in Zürich eine Informationskonferenz unter der Leitung von Oberrichter *Max Wolff*, an der die einseitige Hilfspolitik der Schweiz kritisiert wurde. Mitte Februar rief die Koost zu einer Diskussionsversammlung zum Thema «Wem soll geholfen werden?» auf. *Edgar Woog* setzte sich in seinem einleitenden Vortrag entschieden für eine verstärkte Hilfe an Osteuropa ein.

Beide Veranstaltungen wurden von bürgerlichen Zeitungen scharf kritisiert. Die *Neuen Zürcher Nachrichten* etwa schrieb von am Schweizervolk verübten Verrat und von «Skandalfabrikanten», deren «üble Mistbude ausgeräuchert» werden müsse. Anderer Meinung war Redaktor *Paul Schmid-Ammann*, der schon vorher im *Zürcher Demokrat* festgestellt hatte, es sei «nachgerade sehr auffällig, wie man jetzt seit einiger Zeit nur immer von der Notlage in Deutschland» spreche. Gewiss sei die Not dort gross und man solle vor allem den kleinen Kindern helfen. «Aber es ist ungerecht, zu übersehen, dass heute noch Völker, die an diesem Krieg unschuldig sind, noch ungleich mehr und länger leiden als die deutsche Bevölkerung.» Schmid-Ammann machte die Not in diesen Ländern mit eindrücklichen Zahlen und Tatsachen deutlich, um dann fortzufahren: «Von all diesem Unglück, das die Deutschen über die Völker gebracht haben, von all der Not und dem Jammer, den die Holländer, Norweger, Belgier, Franzosen, Griechen, Polen, Tschechen, Russen während voller fünf bis sechs Jahre auszuhalten hatten und heute noch erdulden müssen, spricht die Welt, wenigstens die *neutrale*, beinahe nicht mehr. . . . Wir wollen *zuerst* unser Mitleid und unsere Hilfe allen Unglücklichen und Leidenden in den einst von den Deutschen *besetzten Ländern* zuwenden und dann in Deutschland ausschliesslich den *Opfern* des Nationalsozialismus.»

Auch nachdem die *Schweizerspende* im Februar 1946 bekanntgab, dass die geleistete oder kreditierte Hilfe für die osteuropäischen Länder inzwischen auf 6,6 Millionen Franken angestiegen sei – gegenüber 70 Millionen Franken für Westeuropa – behielt die Kritik der Koost ihre Berechtigung. Sie versuchte denn auch, Hilfsaktionen für Polen, Jugoslawien, die Tschechoslowakei und Albanien in Gang zu bringen. Einem Komitee *Hilfe für Polens Kinder*, dem Stadtpräsident Dr. *Adolf Lüchinger*, die Professoren *Anton Krupski* und *Leopold Ruzicka*, Oberrichter *Max Wolff*, der polnische Arzt *Olek Szemberg* und andere angehörten, fügten sich tschechische und jugoslawische Aktionen an. Für die Hilfe an die Sowjetunion wurde das Komitee *Dem russischen Kind* gebildet, das bedeutende Hilfe leisten konnte.

Dass die Koost der Partei der Arbeit nahestand, war offensichtlich und wurde nie verheimlicht. Trotzdem war sie keine parteioffizielle Organisation. Vielmehr war die Koost in den Führungsgremien der Partei auch auf Skepsis gestossen, weil sie nicht auf einem Parteibeschluss beruhte, sondern der Initiative osteuropäischer Flüchtlinge, *Edgar Woogs* und anderer Parteimitglieder, die sich mit sozialen Fragen befassten und die Notwendigkeit der Hilfe erkannt hatten, entsprang.

Ein kleines Arbeitsteam, bestehend aus *Hedwig Streiff-von Wyss, Dora Staudinger* und mir als Leiter der Koordinationsstelle – aushilfsweise wurden stunden- oder tageweise Frauen beigezogen – nahm die Aufgaben an die Hand. Ausgerüstet mit einem Generalabonnement reiste ich in die Innerschweiz, die Kantone Schaffhausen, Thurgau, St. Gallen, Graubünden. Über ein Dutzend lokaler Hilfskomitees rief ich ins Leben. Sie sammelten für Kinder geeignete Naturalien, Frauen schneiderten und strickten Kleider, Unterwäsche, Strümpfe, usw.

Dr. *Marc Oltramare* gründete in Bern und in der Westschweiz um die 20 Komitees für die Hilfe an jugoslawischen Kindern. Die Koost beteiligte sich an dieser Aktion, die 1946 mehr als 40 Tonnen Hilfsgüter im Wert von 136 000 Franken einbrachte. Für Kinder aus Jugoslawien, die für einen längeren Aufenthalt vom Schweizerischen Roten Kreuz und den schweizerisch-jugoslawischen Hilfskomitees ins Tessin eingeladen wurden, sammelte die Koost Spielzeug. Von der Koost organisierte Konzerte und andere Veranstaltungen erbrachten Geld und beträchtliche Mengen an Naturalgaben, die nach Jugoslawien geschickt wurden.

Sammlungen für die Tschechoslowakei, vor allem Medikamente und medizinische Geräte, erbrachten Hilfsgüter im Gewicht von sieben Tonnen und im Wert von annähernd 70 000 Franken. Albanien erhielt eine Hilfssendung im Wert von 6000 Franken. Für Kinder im Widerstand gefallener oder ermordeter Väter und Mütter im savoyischen Kinderheim *La Renaissance* in Samoëns suchte und fand die Koost zahlreiche Patinnen und Paten, die monatlich feste Beträge spendeten. Überdies sandte sie Kleider, Schuhe und Spielsachen in dieses Heim. Auch Österreich wurde für kurze Zeit in die Sammeltätigkeit einbezogen, bis eigenständige Gruppen diese übernahm.

Hilfe für Polens Kinder

Einen Schwerpunkt bildeten die für das Komitee *Hilfe für Polens Kinder* durchgeführten Sammelaktionen. Im Frühjahr 1946 unterbreitete der zum Delegierten des polnischen Gesundheitsministeriums ernannte Arzt, Dr. *Olek Szemberg*, ein Hilfsprojekt für das *Kindersanatorium Górka*, nördlich von Zakopane. Eine Matinée über polnische Dichtung im Schauspielhaus Zürich, eine in verschiedenen Städten gezeigte Ausstellung *Warschau klagt an*, sowie Dokumentarfilme über die Zerstörung des Landes bereiteten den Boden für die Sammlung. Sie ergab 1946 rund 55 000 Franken. Spezielle Aktionen trugen Säuglingsausstattungen und Seifen im Wert von vielen tausend Franken zusammen.

Anfang August 1946 stand ein erster Transport mit Kinderkleidern, Wäsche, Wolldecken, Stoffen, Lebensmitteln, zwölf Betten und Medikamenten bereit. Ich begleitete ihn nach Warschau und von dort ins Kindersanatorium Górka. Dem Leiter des Heims, dem alten Arzt Dr. *Starkiewicz*, einem Menschenfreund pestalozzischen Zuschnitts, mit leuchtenden, hellen Augen in einem vom Leid der vergangenen Jahre zerfurchten Gesicht, kamen die Tränen, als er den «Segen» aus der Schweiz sah. In verschiedenen Häusern betreuten er und seine Helferinnen und Helfer im Sommer 800, im Winter 200 Buben und Mädchen im Alter zwischen drei und 18 Jahren, Kinder, deren Eltern durch Kriegshandlungen getötet oder in Vernichtungslagern ermordet worden waren. Einige Kinder hatten selbst die Lagerhölle überlebt. Aus bleichen, eingefallenen, gealterten Gesichtern schauten sie den wohlgenährten Spender aus dem fernen Land Schweiz an. Ich schämte mich, als sie mir mit polnischen Liedern dankten. Ich schämte mich erneut, als ich Anfang September einen Brief von Dr. Starkewicz erhielt, worin es unter anderem hiess: «Die Leitung der Vereinigung Górka, Kindersanatorium . . . fühlt sich verpflichtet, an dieser Stelle noch einmal herzlich für die erhaltenen Gaben zu danken, wie auch für die Herzlichkeit, die Sie uns zeigten, uns und unsern Kindern in Górka . . . Gruss und Dank Euch Schweizern für die Initiative, die Sorge und die fruchtbare Arbeit für unser Polen und unsere Kinder, welche während den sechs Jahren barbarischer hitlerischer Unfreiheit so grausam misshandelt wurden.»

Das zerstörte Warschau

Der Besuch in Polen stellte alles weit in den Schatten, was ich bis anhin in Frankreich, Italien, Jugoslawien und Bulgarien vom Krieg gesehen hatte. Warschau, vor dem Krieg eine Stadt von mehr als einer Million Einwohner mit schönen Bauten, Parks und Alleen das Paris des Ostens, nun ein unabsehbares Trümmerfeld mit Bergen von Schutt eingestürzter Häuser, mit schwarzen Ruinen, trostlosen Mauerskeletten, verschütteten Strassen und kaum 200 000 Einwohnern – mehr als ein Jahr nach Kriegsende! Mädchen, Knaben, alte Frauen und Männer, Menschen im «besten» Alter, die auf den Trümmern nach den Leichen ihrer Angehörigen suchten, die da immer noch begraben lagen.

Das *Getto von Warschau.* Völlig dem Erdboden gleichgemacht. Eingeebnet. Nur dann und wann ein Strassenschild erinnerte daran, dass hier auf vier Quadratkilometern von den Nazis zusammengetriebene 500 000 Juden eingeschlossen und eingepfercht waren. Zehntausende starben an Hunger. Zu Ostern 1943 erhoben sich 60 000 Juden zum *Warschauer Aufstand I*, im Wissen, dass sie dem barbarischen Feind unterliegen würden. Nachdem 300 000 Glaubensgenossen schon deportiert waren, griffen die zum Widerstand Entschlossenen zu den armseligen ins Getto geschmuggelten Waffen. Vom April bis Mai hielten sie die Wehrmacht und die SS in Atem, griffen an und trieben die schwerbewaffneten Deutschen immer wieder zurück. Als 50 000 jüdische Kämpfer gefallen und viele weitere verwundet waren, war der ungleiche «Krieg» zu Ende.

Anderthalb Jahre später erlebten die Warschauer im *Aufstand II* – August bis Oktober 1944 –, was es heisst, im Stich gelassen zu werden, als die von England geleitete Heimatarmee sich gegen die Besatzungsmacht erhob, die Russen jedoch jenseits der Weichsel Gewehr bei Fuss stehen blieben und zuschauten, bis die polnischen Patrioten kapitulieren mussten.

Am Rande des Gettos ragten noch die Mauern eines ausgebrannten Gebäudes in den Himmel. An den Innenwänden waren verbleichende Kreidezeichnungen zu sehen. Ich fragte den mich begleitenden polnisch-jüdischen Dichter *Arnold Słuzki*, was diese Zeichnungen bedeuteten. Das Gebäude sei, so sagte Słuzki, ein Gefängnis gewesen. Jüdische Frauen mit ihren kleinen Kindern seien hier gefangengehalten worden. Die Mütter hätten ihnen von der Welt draussen erzählt, von Blumen, Wiesen, Sonne, Himmel, Bäumen. Die Kinder hätten gefragt: «Was sind Bäume?» Darauf hätten die Frauen mit Kreide Bäume an die Wände gezeichnet. Als der jüdische Aufstand zusammenbrach, seien die Frauen, die sich bis zuletzt gewehrt hätten, mit ihren Kindern umgebracht worden.

Dieses Erlebnis versuchte ich in einem Gedicht zu verarbeiten.

Von den Kindern, die nie grüne Bäume gesehen haben

Als die Kinder geboren wurden,
leuchtete die Sonne ihnen nicht.
  Die Helle, die Wärme,
  das Spiel des Windes
  blieb draussen vor den Mauern,
  die ihre Mütter einschlossen.

Als die Kinder ein Jahr alt waren,
waren ihre Gesichter grau wie die Steine
und voller Falten
wie die Gesichter alter Frauen.

Sie weinten nicht
wie Kinder weinen,
die in weissen Tüchern
und hellen Zimmern liegen
und Tag für Tag
die Luft der Erde und des Himmels einatmen.

Und als sie zwei Jahre alt waren,
war noch niemals ein Lächeln
über ihre Gesichter geglitten –
denn sie wussten nicht, was Sonne ist
und Wärme
und das kosende Spiel des Windes.
Und das Lächeln ihrer Mütter
war trauriger
als die Räume dieses Gefängnisses,
denn in ihm lag die Erinnerung
an die Liebe,
an die Zärtlichkeiten starker Männer,
an das Lächeln guter Menschen,
an das Leben,
das es hier nicht mehr gab.

Als die Kinder drei Jahre alt waren,
hatten sie niemals Blumen gesehen
und keine Flüsse,
keine Felder,
keine Wälder,
keine Bäume mit grünen Blättern
und roten Früchten.

Da zeichneten ihre Mütter
mit weisser Kreide
Bäume an die grauen Wände.
Und die Kinder schauten sie an
und fragten:
Was sind Bäume?

Darauf wussten die Mütter keine Antwort.

Denn in diesen Bäumen
aus weisser Kreide
an den feuchten Wänden
   sang kein Wind,
   bewegte sich kein Blatt
   und reiften keine Früchte.
   Kein Vogel in diesen Ästen
   ohne Schatten.

Wie soll man Kindern sagen,
was Bäume sind,
wenn sie nicht wissen,
   was Sonne ist,
   Licht und Wärme
   und das Spiel des Windes?

Im vierten Jahr aber
wurden die Kinder erschossen,
erhängt
und verscharrt.

Sie hatten niemals Bäume gesehen –
Bäume mit grünen Blättern
und roten Früchten.

Auschwitz – Stadt des Todes

Dann die Reise nach Auschwitz. Die Stadt des Todes neben dem Städtchen der Lebenden. Dort der 30 000-Seelenort mit seiner wechselvollen Geschichte unter Deutschen und Österreichern, hier der riesige Industriekomplex der IG Farben und der SS-Mordfabriken. In den IG Farben-Betrieben wurden vor allem Juden, dann auch Russen und Polen bei schwerer Arbeit und Hungerrationen geschunden, bis sie entkräftet oder tot umfielen. Die Juden gingen ins Gas. Die Bahnrampe, an der die einfahrenden Kinder, Frauen und Männer in noch nützliche Arbeitstiere und so schnell wie möglich zu tötende, rassisch minderwertige Subjekte selektioniert wurden.

In einer Gaskammer stand ich mit andern, meist jüdischen Frauen und Männern. An den Decken noch die Hülsen, durch die das Zyklon-B-Gas in den Raum gelassen worden war. Hier hatten die Menschen dicht aneinandergedrängt den Todeskampf erlitten. Er konnte bis zu einer halben Stunde dauern. Wenn ein Schub zu Ende war und die Türen zur Gaskammer geöffnet wurden, mussten viele der ineinander verkrallten Toten gewaltsam auseinandergerissen werden, bevor sie in die Krematorien gestossen wurden.

Manchmal wurde die lautlose Stille, in der ich die Angstschreie der zum Gastod Getriebenen zu hören vermeinte, durch plötzliches Schreien von Besucherinnen und Besuchern unterbrochen. Sie hatten hier Angehörige, Vater, Mutter, Schwestern, Brüder, Kinder verloren. Manche Besucherinnen fielen in Ohnmacht und mussten hinausgetragen werden.

Die Krematorien. In geöffneten Öfen waren noch Reste von Knochen, Schädeln und die Asche der zuletzt Verbrannten zu sehen.

Mehr als 5000 Menschen konnten in dieser technisch und organisatorisch perfekt eingerichteten Tötungsmaschinerie im 24-Stunden-Betrieb vergast und verbrannt werden. Wenn die Kapazität nicht mehr reichte, wurden Abertausende Juden erschossen und in Massengräbern verscharrt.

In weiteren Räumen lagen, ordentlich sortiert, Mädchen- und Frauenhaare, Kleider und Schuhe aller Grössen, Abertausende Brillen, in grossen Metallschalen Goldplomben, die man den Opfern ausgebrochen hatte. Deutsche Tüchtigkeit und Gründlichkeit auch im Geschäft des Massenmordes.

Beim Anblick dieser für «Arier» noch verwertbaren Reste der Verbrannten wurde mir plötzlich mit hämmernder Deutlichkeit bewusst: Da sind Haare, Kleider, Schuhe, Brillen, Goldplomben auch von Menschen, die einmal an der Schweizer Grenze gestanden und um Einlass gebeten haben und die zurückgewiesen wurden, und von andern, die schon im Land waren, wieder über die Grenze den nazistischen Häschern ausgeliefert und damit in den sichern Tod getrieben wurden. Ja, waren da vielleicht auch Haare und Kleider von *Edna Kahn, Nel Delhaas, Mies Brinkhuis*?

Eine Frau fragte mich, woher ich komme. Als sie hörte, aus der Schweiz, sagte sie: «Meine Eltern wollten auch in die Schweiz.»

In Auschwitz nahm ich mir innerlich das Versprechen ab, zu tun, was in meinen Kräften steht, damit nie mehr Juden- und Fremdenhass zu Verbrechen führen können, wie sie hier am jüdischen Volk, am Volk der Zigeuner, an Polen, Russen, an Andersdenkenden verübt worden sind.

Weiter helfen

Die Hilfe für die osteuropäischen Völker, insbesondere für das polnische Volk, für polnische Kinder, konnte nur der besagte kleine Tropfen auf den noch von Todesgeruch durchglühten Stein sein. Aber sie war ein Zeichen der Solidarität.

Am 20. September 1946 kehrte ich nach Zürich zurück, entschlossen, die Hilfe verstärkt voranzutreiben. Eigene Fotos unterstrichen meinen Bericht an den Vorstand und meine Vorträge über meine Reise.

Schon Anfang Oktober konnte ein zweiter Transport mit Hilfsgütern auf den Weg nach Polen geschickt werden. Er enthielt neben den üblichen Lebensmitteln und andern Naturalien 25 Fässer hochkonzentrierte Kindernährprodukte, die 25 000 vollwertigen Mahlzeiten entsprachen. Ein Teil der Sendung ging wiederum an das Kindersanatorium Górka, der andere Teil kam dem Waisenhaus Dabrowa Leschna mit 50 Kindern zugute.

Den dritten Transport mit fünf Tonnen Hilfsgütern im Wert von knapp 40 000 Franken begleitete ich Anfang Juni 1947 wieder nach Polen. Empfänger waren neben Górka weitere Kinderheime, vor allem aber Familien des Dorfes Kampesinos, das im Frühling von einer schweren Überschwemmungskatastrophe heimgesucht worden war. Eltern mit Kindern hausten zum Teil immer noch in Erdlöchern oder notdürftig errichteten Notunterkünften. Zusammen mit einer Abteilungsleiterin der polnischen Frauenliga verteilte ich die Naturalspenden. Erneut wurde ich Zeuge des vom Krieg verursachten Elends, aber auch einer Dankbarkeit, deren ich mich schämte.

Die Abteilungsleiterin, 25 Jahre alt, hiess *Zofia Pawliszewska*. Sie hatte während des Aufstandes II rund 150 jüdische Frauen, Männer und Kinder aus dem Zentrum der Stadt, durch die Schluchten der Kanalisation unter Lebensgefahr in einen Aussenbezirk geführt und so vor dem Zugriff der Nazis gerettet. Am 8. Mai 1948 heirateten wir in Warschau.

Es war meine vierte und für 30 Jahre letzte Reise in das schwer geprüfte Land gewesen.

Erfüllt von den bedrückenden Erfahrungen kam ich Ende August 1947 wieder in Zürich an, mit Plänen, die Hilfe an Polen zu intensivieren. An einer Vorstandssitzung der Koordinationsstelle und des Komitees Hilfe für Polens Kinder berichtete ich über meine Eindrücke und die Notwendigkeit, die Sammlung verstärkt weiterzuführen. Nach einer Diskussion über die finanzielle Situation der Koost – Transportkosten waren fällig geworden, ein Gelegenheitskauf von 500 Paar Schuhen aus amerikanischen Armeebeständen usw. hatten die Geldreserven schwinden lassen, wogegen beträchtliche Mengen Naturalien im Wert von vielen tausend Franken noch am Lager waren – wurde beschlossen, weiterzumachen.

Unverzüglich starteten wir die schon im Frühling konzipierte und technisch vorbereitete neue Sammlung für Polens Kinder. Anfang Oktober waren mehr als 7000 Franken an Spendengeldern eingegangen. Jeden Tag trafen Pakete mit Kinderkleidern, Wäsche, Lebensmitteln, Seife, Spielsachen usw. ein. Frauen sortierten die Naturalgaben und verpackten sie in festen Kartons. Verhandlungen mit Firmen betreffend Ankauf notwendiger Materialien oder Spenden entsprechender Produkte waren im Gang. Ein vierter Transport, vielleicht gar noch vor Weihnachten, schien möglich.

Es sollte nicht sein. Es kam ganz anders. Nicht höhere Gewalt griff ein, sondern niedrige . . .

18 DER KALTE KRIEG

Die Hoffnungen nach dem Ende des Krieges und dem Zusammenbruch des nazistischen Verbrecher-Regimes auf einen lange dauernden, vielleicht sogar den «ewigen Frieden», auf den gewaltlosen Wettbewerb zwischen Sozialismus und Kapitalismus, begannen bald Risse zu bekommen. In den von der Sowjetarmee befreiten und besetzten Staaten Mittel- und Osteuropas trieb *Stalin* seine «Sozialisierung» energisch voran. In den Vereinigten Staaten und in Westeuropa gewannen die antikommunistischen Kräfte zusehends an Einfluss. *Stalins* Misstrauen gegen die «kapitalistischen» Staaten und die Angst der führenden Politiker und Parteien des Westens vor einer Machtergreifung durch die Kommunisten bestimmten zusehends das politische Klima.

1946 hatte Stalin noch von den «zwei Wegen zum Sozialismus», dem revolutionären und dem demokratischen, gesprochen. Für die Randstaaten der Sowjetunion galt aber schon bald nur noch der sowjetische Weg als der allein richtige. Schon im gleichen Jahr wurden die kommunistische und die sozialdemokratische Partei in der Sowjetzone zur Sozialistischen Einheitspartei (SED) zwangsvereinigt. In Frankreich, Italien und andern westeuropäischen Staaten sassen Kommunisten noch in den Regierungen, wurden dann aber im Zusammenhang mit der Entfremdung zwischen Ost und West ausgebootet. Die Spaltung der Arbeiterbewegung wurde trotz aller bitteren Erfahrungen nicht überwunden. Traditionelle und ideologische Unterschiede waren stärker als jüngste Erfahrungen und Einsichten.

Am 19. September 1946 hielt *Winston Churchill* in Zürich seine berühmte Rede für ein vereinigtes Europa, in der er vom *Eisernen Vorhang* sprach, der zwischen West- und Osteuropa heruntergelassen werde.

Im März 1947 proklamierte Präsident *Harry S. Truman* die *Truman-Doktrin* gegen die sowjetische Expansion. Am 5. Juni

1947 lancierten die USA den *Marshall-Plan.* Er wurde auch den osteuropäischen Staaten angeboten. Als die Tschechoslowakei ihr Interesse anmeldete, wurde sie von *Stalin* energisch zur Ordnung gerufen.

Ende September 1947 beschlossen die Kommunistischen Parteien der Sowjetunion, Jugoslawiens, der Tschechoslowakei, Ungarns, Bulgariens, Rumäniens, Frankreichs und Italiens in Warschau, das *Kommunistische Informationsbüro (Kominform)* zu gründen, um sich gegen «das Lager des Imperialismus und seine Führungsmacht, die USA», zur Wehr setzen zu können. Sitz des Kominform-Büros wurde Belgrad. Die Spaltung der Welt in ein «sozialistisches» und ein «imperialistisches» Lager war vollzogen. Der Kalte Krieg entbrannte in voller Schärfe.

Verhaftet, angeklagt und vorverurteilt

Am 6. Oktober 1947 wurden *Edgar Woog, Hedwig Streiff-von Wyss, Dora Staudinger, Helen Erb, Albert Nussbaumer, Willy Engeli,* Vorstandsmitglieder und Angestellte der Koordinationsstelle für Nachkriegshilfe (Koost), verhaftet und ins Bezirksgefängnis Zürich eingeliefert. Ich befand mich seit einer Woche im Militärdienst im bernischen Gürbetal. Der Feldweibel hatte mich von meinen Kameraden weggeholt und zu einem im Kompaniebüro wartenden untersetzten, rundlichen und freundlichen Polizisten in Zivil gebracht. Er wies sich aus und zeigte den Haftbefehl. Ich packte meine Sachen zusammen und fuhr mit dem Polizeimann nach Bern, wo ich im städtischen Arrestlokal abgeliefert wurde. Dort verbrachte ich die Nacht. Am folgenden Tag ging die Reise weiter nach Zürich. Im sogenannten «Efeuhäuschen» wurde mir Quartier zugewiesen.

Die Verhaftungen erfolgten drei Wochen vor den Nationalratswahlen. *Edgar Woog* war Spitzenkandidat auf der Zürcher Liste der Partei der Arbeit. Er wurde gewählt.

Bereits am 7. Oktober 1947, einen Tag nach der Verhaftung und Beschlagnahme von Akten, veröffentlichte die Bezirksanwaltschaft Zürich ein Presse-Communiqué, in dem «Feststellungen» der bisherigen Strafuntersuchung bekannt gemacht wurden. Die *Koost* habe «ungefähr 30 Kommunisten aus verschiedenen Ländern einen Erholungsaufenthalt von einigen Wochen bis zu drei Monaten» bezahlt. *Edgar Woog* habe der Sammlung für Polens Kinder 5000 Franken entnommen und sie dem in finanziellen Schwierigkeiten steckenden *Vorwärts* überbracht. Die Summe sei zwar ein halbes Jahr später von der Präsidentin der Koost zurückerstattet worden, jedoch habe man ihr aus Sammelgeldern 800 Franken vergütet.

Eine dritte «Feststellung» lautete, Anfang September habe die Koost über keine eigenen Mittel mehr verfügt, vielmehr ein Defizit von 5330 Franken ausgewiesen, und dann zur Deckung der Schulden eine «Nachtragssammlung» zugunsten der polnischen und jugoslawischen Kinder durchgeführt, welche «rund 5000 Franken» eingebracht habe, die «plangemäss zur Tilgung von Schulden der Koordinationsstelle verwendet wurden».

Kein erfreuliches Bild, das die Bezirksanwaltschaft da von den Mitarbeitern und Vorstandsmitgliedern der Koost der Öffentlichkeit präsentierte. Die Presse reagierte entsprechend.

Die Basler *Arbeiterzeitung* wusste von kriminellen Handlungen zu berichten, von denen selbst die Bezirksanwaltschaft nichts zu wissen schien: «die angeblich für das Ausland gesammelten Gelder» seien «zum grössten Teil für die Sanierung des Vorwärts und zur Unterstützung der PdA verwendet worden. . . von einem gesammelten Betrag von Fr. 75 000.–, angeblich für die hungernden Kinder in Russland, Jugoslawien und Polen» gingen «Fr. 70 000.– an die PdA und an den Vorwärts». «Der Vorwärts soll mehrere Fr. 10 000.– aus solchen Sammelgeldern erhalten haben. Ferner sollen bei der grossen Kleidersammlung für das Ausland die besten Mäntel und Kleider unter den Funktionären der PdA verteilt worden sein!»

Während praktisch die gesamte bürgerliche und sozialdemokratische Presse auf die Verhaftung Woogs und der andern Betroffenen mit Schreien der Empörung reagierte, vermochte sich die *Tat* vom 9. Oktober 1947 «nicht von dem Verdacht zu befreien, dass interessierte Kreise diese Untersuchung unmittelbar vor die Nationalratswahlen zu verlegen wussten.» In einem letzten Satz wies die Zeitung darauf hin, dass die «Sozialdemokratische Partei das Erbe der Partei der Arbeit für sich beanspruchen wird». Die *Tat* war auch die einzige Zeitung (ausser dem *Vorwärts*), welche die Erklärung der Revisoren der Koost abdruckte, in der diese feststellten, sie hätten «Rechnung, Buchhaltung und Geschäftsgebaren» der Koost «bis 30. Juni 1947 einer gründlichen Revision unterzogen, sämtliche Ein- und Ausgangsbelege (mehrere zehntausend) einzeln geprüft und in unserem Bericht vom 7. September 1947 übereinstimmend die Geschäfte in Ordnung befunden. Insbesondere wurde belegmässig festgestellt, dass die eingegangenen Gelder ihrer Bestimmung gemäss zu Hilfszwecken verwendet wurden.»

Im Falle der Koost galt die Unschuldsvermutung bis zu einem rechtskräftigen Urteil für die Betroffenen nicht. Das «Schuldig» stand fest, bevor es überhaupt zu einer Anklage kam. Was aber war geschehen?

Ein zurückbezahltes Darlehen

Im September 1946 steckte der *Vorwärts* in Geldschwierigkeiten. Als die Einstellung der Zeitung unausweichlich schien, mussten innert weniger Tage bedeutende Summen aufgebracht werden, um das Schlimmste zu verhindern. In dieser Situation entnahm *Edgar Woog* Mitte September, im Einvernehmen mit dem Vertreter Polens für die Hilfe aus der Schweiz, den Betrag von 5000 Franken als Darlehen aus den Sammelgeldern für Polens Kinder. Die Summe wurde auch als Darlehen verbucht. Als ich nach meiner Rückkehr aus Polen, ein paar Tage nach der Gewährung des Darlehens an den *Vorwärts*, von der Sache hörte, drang ich darauf, dass das entliehene Geld unverzüglich zurückerstattet werden müsse. *Hedwig Streiff-von Wyss*, die schon früher grössere Beträge der Partei oder parteinahen Organisationen gespendet hatte, stellte denn auch den Betrag im

Dezember 1946 zur Verfügung. Damit war das Darlehen zurückerstattet, der Hilfsaktion für Polens Kinder also keinerlei Schaden entstanden. Dass diese zweifellos politisch unüberlegte Transaktion auch noch höchst dilettantisch ausgeführt worden war, darüber wurden die «Täter» später vom Ankläger belehrt.

An der Vorstandssitzung der Koost vom 3. September 1947 nun, an der die weitere Arbeit besprochen und nach meiner Darstellung der Lage in Polen die verstärkte Weiterführung der Sammlung zugunsten der polnischen Kinder beschlossen wurde – dabei kam gegen den Schluss der Sitzung, mehr am Rande, auch die Erledigung des Darlehens an den *Vorwärts* zur Sprache –, hatten sich in einem Nebenraum der *Kaufleuten* zwei Polizeibeamte einquartiert und im Zimmer, in dem die Vorstandssitzung stattfand, Abhörgeräte installiert. Da schrieben sie nun eifrig auf, was sie zu hören vermeinten. Aus Angst, von den Bespitzelten entdeckt zu werden, verliessen die beiden Männer die Stätte ihres Wirkens vorzeitig, so dass sie das Ende der Sitzung und damit die Rückzahlung des 5000-Franken-Darlehens gar nicht mehr mitbekamen. Das bestätigten sie Ende Januar 1948 anlässlich der Abschlussbefragung der Verdächtigten durch den Bezirksanwalt. Schon vorher hatten sie bei meiner Befragung in der Untersuchungshaft erklärt, wenn sie gewusst hätten, dass die 5000 Franken der Aktion *Hilfe für Polens Kinder* wieder zurückbezahlt worden waren, wäre vermutlich gar keine Strafuntersuchung eingeleitet worden. Dieses Bekenntnis stritten die beiden als Zeugen vor Schwurgericht geladenen Horcher an der Wand dann allerdings ab.

Wenn man weiss, wie an Vorstandssitzungen oft durcheinander gesprochen, Sätze nicht beendigt werden, ist die Frage wohl berechtigt, wie zuverlässig das Protokoll der beiden Polizisten sein mochte, das dann – mehr als einen Monat nach der Sitzung und, wie gesagt, drei Wochen vor den Nationalratswahlen – zu den Verhaftungen geführt hat. Beide Protokoll-Verfasser hatten, so erklärten sie später, ihre Notizen nach Gebrauch weggeworfen(!), so dass nicht mehr festzustellen war, was sie enthielten und wie weit sie übereinstimmten.

Drehbuchautor, Dramaturg und Hilfsregisseur des aufsehenerregenden Justiz-Spektakels war Bezirksanwalt Dr. iur. und Polizeimajor *Otto Gloor*, ein erfahrener Fachmann gegen Linke. Im November 1936 hatte er den bekannten jüdischen Rechtsanwalt *Wladimir Rosenbaum* durch eine Strafuntersuchung wegen Betrugs zur Strecke gebracht. Diese musste eingestellt werden, da alle Beschuldigungen sich als haltlos erwiesen. Trotzdem wurde Rosenbaum im vergifteten Klima des Antikommunismus und Antisemitismus aus dem Anwaltsverband ausgeschlossen. Dies bedeutete das Ende seiner Anwaltstätigkeit und die Zerstörung seiner Existenz. Dr. *Walter Baechi*, zu jener Zeit Mitarbeiter Rosenbaums: «Gloor war natürlich glücklich . . ., Rosenbaum sofort zu verhaften. Dann aber musste er ihn wieder rauslassen, weil einfach nichts dran war . . .»

An der Schulungstagung der Nationalen Front vom 13./14. Mai 1939, konnte Frontenführer *Robert Tobler* im Zusammenhang mit polizeilichen Untersuchungen gegen nazifreundliche Organisationen bekanntgeben, dass die Front deshalb verschont worden sei, weil Untersuchungsrichter Hauptmann Gloor «uns sehr sympathisch gesinnt ist». (Siehe *Beat Glaus: Die Nationale Front*, Seite 456.)

Nun, da es darum ging, den Kommunisten und Juden *Edgar Woog* aus dem Stadtrat von Zürich zu entfernen und wenn möglich seine Wahl in den Nationalrat zu verhindern, war Otto Gloor gewiss der richtige Mann. Indem Woog krimineller Handlungen bezichtigt und ihm gleichzeitig unterstellt wurde, er bereite den Einmarsch der Sowjetarmee in die Schweiz vor (!), glaubte man, den erfolgversprechenden Weg eingeschlagen zu haben. Gloor versuchte auch hartnäckig, mich zum Geständnis zu bewegen, die Koordinationsstelle sei zu dem Zweck gegründet worden und darauf ausgerichtet gewesen, nicht etwa Hilfe zu leisten, sondern die kommunistische Herrschaft in den osteuropäischen Staaten zu unterstützen!

Ende Februar 1948 wurde die 14 Seiten umfassende Anklageschrift vom Ersten Staatsanwalt Dr. *Walter Frey* eingereicht.

19 DER PROZESS

Am 1. März 1949 – eineinhalb Jahre nach der Verhaftung – begann der Prozess gegen die *Koordinationsstelle für Nachkriegshilfe* vor dem Schwurgericht in Winterthur. Er dauerte bis zum 26. März. Als Verteidiger wirkten Dr. *Sennhauser*, ein bekannter Strafverteidiger aus St. Gallen, für *Edgar Woog*; Dr. *Otto von Wyss*, Basel, für seine Schwester *Hedwig Streiff-von Wyss*; *Christian Hitz*, Zürich, für *Willy Engeli* und *Helen Erb-Keller*; Rechtsanwalt *Depnoz,* Zürich, für mich und *Albert Nussbaumer.* Präsident des Schwurgerichts war Dr. *Egloff.* Dr. *Walter Frey* amtete als Ankläger.

Für die meisten Zeitungen stand das «Schuldig» wiederum von vornherein fest. Hauptzielscheibe aller Attacken war *Edgar Woog*, was dadurch unterstrichen wurde, dass allgemein vom *Woog-Prozess* geschrieben wurde. Das *Volksrecht* hielt mit der Hoffnung nicht zurück, dass «die Stadtratskarriere von Edgar Woog endgültig zu Ende sein» werde. Der politische Charakter des Prozesses stand ausser Zweifel, auch wenn Präsident Egloff und Staatsanwalt Frey dies immer wieder zu bestreiten suchten. Für den Zürcher *Tages-Anzeiger* waren die Angeklagten Leute, «deren politisches Credo keinerlei menschliche Rücksicht, keine liberale Betrachtungsweise und keine Zurückhaltung der Staatsansprüche gegen humane Belange» kannten. Ihre delinquentische Absicht stand für diese Zeitungsleute ausser jedem Zweifel.

Im Juni 1946 waren der *Schweizerspende* im Nationalrat organisatorische Mängel, teilweise unzweckmässige Verteilung der Mittel, unvorteilhafte Einkäufe durch Unkundige usw. vorgeworfen worden. Aber das war natürlich etwas ganz anderes als das vielleicht dilettantische Handeln der Mitarbeiter der Koordinationsstelle.

Gewiss war der Aufwand der von der Koost durchgeführten Hilfsaktionen – Kosten der Drucksachen, des Postversands der flächendeckenden Spendenaufrufe, der Organisation von lokalen Komitees, der Veranstaltungen usw. – im Verhältnis zu den finanziellen Sammelergebnissen recht hoch, jedoch keineswegs unverhältnismässig. Im Gegensatz zu andern Hilfsorganisationen konnte die Koost mit keinerlei Zuwendungen der *Schweizerspende*, zahlungskräftiger Kreise oder grosser Gewerkschaften rechnen.

Einen kleinen Anteil an den Aufwendungen nahmen die Löhne und Entschädigungen der festangestellten und der zeitweise beschäftigten Mitarbeiterinnen und Mitarbeiter ein. Auf die Vorhaltungen des Anklägers, die Angeklagten hätten übersetzte Löhne und Spesenentschädigungen bezogen – mein Monatslohn betrug am Anfang 300, dann 350 und schliesslich 400 Franken, plus Generalabonnement –, musste Dr. *Frey* sich von der als Zeugin vorgeladenen *Regina Kägi-Fuchsmann* belehren lassen, die Bezüge der Angestellten seien keine Löhne, sondern Trinkgelder. Das Arbeiterhilfswerk bezahle seinen Angestellten 1100 und mehr Franken im Monat.

Das Büro der Koost befand sich in meiner Zweizimmer-Mietwohnung an der Müllerstrasse im Stadtkreis 4. Der Mietzins betrug um die 150 Franken. Daran bezahlte die Koost 80 Franken. Es fiel Dr. *Walter Frey* offensichtlich nicht leicht, im Verlaufe der Verhandlungen einzuräumen, dass die Angeklagten höchst bescheidene Löhne bezogen und sich keinerlei Bereicherung auf Kosten der Sammelgelder schuldig gemacht hätten.

Geleistete Hilfe

In den zweieinhalb Jahren ihrer Tätigkeit hatte die Koost für Kinder in Jugoslawien, der Tschechoslowakei, Polen, Albanien und Russland Hilfe im Betrage von rund 500 000 Franken geleistet, bestehend aus Naturalspenden und von den aus Geldspenden gekauften Hilfsgütern. Aufwand und Spesen hatten keine 20 Prozent der geleisteten Hilfe ausgemacht. *Otto Binder* von der *Pro Juventute* und *Regina Kägi-Fuchsmann* bezeugten vor Schwurgericht, dass bei Sammlungen mit mindestens 20 Prozent Spesen zu rechnen sei, und dass bei Naturaliensammlungen die Spesen weit höher ausfielen als bei reinen Geldsammlungen, weil hier zusätzliche Aufwendungen für das Sortieren, Instandstellen und Verpacken des Sammelgutes nötig seien. Staatsanwalt *Frey* wollte jedoch den Wert der Naturalspenden nicht dem der gekauften Hilfsgüter zurechnen. Das ergab ein völlig verzerrtes Bild der tatsächlich geleisteten Hilfe.

Eine Vereinbarung mit dem Komitee *Hilfe für Polens Kinder*, die von Präsident Prof. Dr. *Anton Krupski*, Oberrichter Dr. *Max Wolff*, Prof. Dr. *Leopold Ruzicka* und den andern Komiteemitgliedern gutgeheissen war, besagte, dass bis zu zehn Prozent der Brutto-Geldeinnahmen für unvorhergesehene Notfälle und berechtigte Hilfeleistungen verwendet werden dürften, entsprechend Vereinbarungen, wie sie auch von andern Hilfswerken getroffen wurden. Staatsanwalt Frey wollte diese Vereinbarung nicht anerkennen. Tatsächlich waren diese zehn Prozent nur zur Hälfte beansprucht worden, etwa für den Aufenthalt ehemaliger Konzentrationslager-Häftlinge im Toggenburg. In den Augen des Anklägers handelte es sich um «Ferienaufenthalte» für «Gesinnungsgenossen». In der Tat soll es in den deutschen Konzentrationslagern kommunistische Häftlinge gegeben haben . . .

Dr. *Egloff* machte aus seiner Antipathie gegen die Angeklagten, aber auch gegen deren Verteidiger kein Hehl. Dr. *Sennhauser* musste sich von ihm Zurechtweisungen gefallen lassen, wie sie normalerweise vor Gericht nicht üblich sind. Dr. *Claus Burkhard*, Inlandredaktor der *Tat*, der über den Prozess berichtete, stellte in der Ausgabe vom 3. März unter anderem fest, dass «die Politik eine sehr starke Rolle spielen und sich trotz aller Bemühungen nicht aus dem Gerichtssaal vertreiben lassen wird . . . Dr. Egloff hat . . . bereits am ersten Prozesstag durch seine Fragestellung die Verhandlungen weitgehend selbst auf das politische Geleise gleiten lassen.» Dr. Claus Burkhards Berichterstattung unterschied sich deutlich und wohltuend von der offen feindseligen Haltung der meisten Zeitungen. Diese faire Haltung trug dem Blatt am Ende des Prozesses den Vorwurf der NZZ ein, es habe «den Kommunisten . . . eine auffällige Waffenhilfe geleistet».

Wenn zwei das Gleiche tun

Eine gewisse Rolle spielten die technischen Details beim Abhören der Koost-Vorstandssitzung durch die zwei Polizisten. Auf die Frage danach verweigerten sie die Antwort. Auch die Frage des Geschworenen *Paul Ackermann*, wie lange der abhörende Polizist darin Übung habe, weil das für die Bewertung der Abhörprotokolle sehr wichtig sei, wurde keiner Antwort für würdig befunden, was selbst Präsident Egloff zur Bemerkung veranlasste, das falle doch wohl nicht unter das Berufsgeheimnis. Immerhin bestätigten die beiden Lauscher, das Stimmengewirr bei der Sitzung habe ein zuverlässiges Abhören zeitweise verunmöglicht.

Kurze Zeit vor dem Winterthurer Prozess war in Bern ein Urteil gegen zwei Angeklagte vom Obergericht aufgehoben worden, weil ein Gespräch zwischen ihnen abgehorcht worden und als für sie belastend berücksichtigt worden war. Das war, laut Ankläger, etwas ganz anderes als die Lauscherei gegen die Koost.

Als so integre Zeugen wie Oberrichter *Max Wolff*, ehemaliger Präsident der Zürcher Kirchensynode und mutiger Kämpfer für eine humanitäre Flüchtlingspolitik, und Nobelpreisträger *Leopold Ruzicka* ihre Zustimmung zur Zehn-Prozent-Vereinbarung bestätigten, mussten sie sich vom Ankläger belehren lassen, sie seien sich wohl nicht im klaren gewesen, was die Angeklagten damit bezweckt hätten. Die *Tat* nannte das eine «fadenscheinige Argumentation».

Dr. *Sennhauser* legte dem Gericht Vereinbarungen verschiedener Hilfswerke vor, nach denen von den Sammel-Einnahmen bis zu zehn und mehr Prozent für andere Zwecke abgezweigt werden durften. Zeugen bestätigten diese Abmachungen und begründeten sie auch.

Die Mehrzahl der Zeugen erklärte sich, nachdem sie über

den wahren Verwendungszweck der zehn Prozent orientiert worden waren, mit dem Vorgehen der Koost einverstanden.

Mit einigem Erstaunen konnte man an diesem Prozess zur Kenntnis nehmen, dass die sogenannte *Christliche Nothilfe* ein Geschäftsbetrieb mit Liebesgabenpaketen sei, der bis zum Frühjahr einen Gesamtumsatz von 40 Millionen Franken erreicht habe. Die Mitglieder des Direktionskomitees bezogen pro Sitzung Fr. 100.–. Bei 50 Sitzungen im Jahr kamen die durchaus prominenten Leute, unter ihnen ein Pfarrer vom Grossmünster, auf ein jährliches Nebeneinkommen von 5000 Franken – ungefähr gleichviel oder etwas mehr, als die Angestellten der Koost im Jahr verdienten.

Ein weiterer schwergewichtiger Anklagepunkt gegen die Koost war der schon erwähnte Kauf von 500 Paar Schuhen aus amerikanischen Armeebeständen. Staatsanwalt *Frey* mochte den Verdacht nicht loswerden, diese Schuhe seien vermutlich für Soldaten der polnischen Armee bestimmt. Als der als Zeuge geladene Verkäufer dieser Schuhe vor Gericht erklärte, die Schuhe, Grösse 36 bis 41, seien sehr wohl für Jugendliche bis zu 18 Jahren geeignet, fand der Ankläger mit messerscharfer Logik, Jugendliche seien eben keine Kinder, für die die Koost gesammelt habe ...

Den besonderen Zorn des Schwurgerichtspräsidenten erregte eine Kundgebung der PdA Mitte März zum Prozess in Winterthur. Insbesondere missfiel ihm, dass die Rechtsanwälte Dr. *Fritz Heeb* und *Ernst Rosenbusch* über Anklage und Prozess gegen die Koost referierten. Die völlig einseitige Berichterstattung durch die Presse sollte im Sinne der rechtlichen Würdigung aus der Sicht der Verteidigung ergänzt und korrigiert werden. Rechtsanwälte hätten, so Dr. *Egloff*, laut Anwaltsgesetz Gehilfen des Richters zu sein. *Fritz Heeb* und *Ernst Rosenbusch* jedoch meinten, Anwälte sollten in erster Linie Gehilfen des Rechts und der Fairness und nicht eines voreingenommenen Gerichtspräsidenten sein.

In der fünfstündigen Anklagerede hielt Dr. *Frey* sämtliche Anklagepunkte bezüglich Betrug und Veruntreuung aufrecht.

Dass die Verteidiger, vor allem Dr. *Sennhauser*, diese Anklage gründlich durchleuchteten und widerlegten, erregte erneut den Ärger der meisten Presseleute, insbesonders als er darlegte und begründete, das Strafverfahren sei ein politischer Schlag gegen die PdA und *Edgar Woog* als deren führendes Mitglied. «Wir müssen dafür sorgen, dass sich die Justizleute nicht dazu hergeben, mit der politischen Wünschelrute trotz mangelnden Tatbestandes nach dem Täter zu suchen.»

In 26 von 39 Anklagepunkten kamen die Geschworenen zu einem «nicht schuldig», so insbesondere in jenem des Betrugs. *Edgar Woog* wurde der Veruntreuung von 5000 Franken zugunsten des *Vorwärts* schuldig gesprochen und zu sechs Monaten Gefängnis unbedingt verurteilt. Wegen Veruntreuung zwischen 500 und 850 Franken schuldig gesprochen und zu bedingten Gefängnisstrafen zwischen vier Monaten und einem Monat verurteilt wurden *Hedwig Streiff-von Wyss, Dora Staudinger, Helen Erb-Keller* und ich. Freigesprochen wurden *Willy Engeli* und *Albert Nussbaumer*. Keinem wurde persönliche Bereicherung angelastet. Meine Deliktsumme betrug 500 Franken: 300 Franken waren an eine kinderreiche Innerschweizer Familie gegangen, die ihren Mietzins nicht mehr hatte bezahlen können. Die Summe war von mir, *Dora Staudinger* und *Hedwig Streiff-von Wyss* in monatlichen Raten zu 10 Franken der Koost zurückbezahlt worden. 200 Franken wurden der Vereinigung *Frieden durch Aufbau* zugesprochen, die mit Jugendgruppen Aufbauhilfe in Lidice (Tschechoslowakei) und in Jugoslawien geleistet hatte.

In der *Tat* kommentierte Dr. *Claus Burkhard* den Prozess so: «Abschliessend kann festgestellt werden, dass die zahlreichen Freisprüche auf eine gewisse Aufblähung der Anklage hindeuten, und man sich fragen kann, ob die Aufziehung eines solchen Monsterprozesses von vier Wochen mit wohl über 100 Zeugen . . . gerechtfertigt war.» Im übrigen habe der Prozess Einblick in Wesen und Praktiken schweizerischer Sammelorganisationen gewährt, die bisher verborgen waren.

Mit dem Schuldspruch war der Hauptzweck des Unternehmens erreicht: *Edgar Woog* war als Stadtrat von Zürich erledigt, ebenso die Hilfe zugunsten kriegsgeschädigter Kinder in osteuropäischen Ländern, insbesondere in Polen.

Nur drei Jahre nach dem Prozess in Winterthur konnten die Verurteilten im Organ der Sozialistischen Einheitspartei Deutschlands, *Neues Deutschland*, lesen, die Koordinationsstelle für Nachkriegshilfe sei vom Geheimdienst der USA gegründet worden! Doch das ist ein anderes Kapitel.

Die Verhaftung, die Tage der Haft, die Pressekampagne, der Prozess und die Verurteilung hinterliessen bei mir Spuren. Geprägt vom rechtlichen Denken meiner Eltern, mir in Gelddingen nie etwas zuschulden kommen zu lassen und keine Schulden zu machen, war ich nun doch als Veruntreuer gezeichnet. Gleichzeitig hatte ich die Justiz als Instrument des Klassenkampfes erfahren. Da mischte sich denn in meinen noch unerschütterten Glauben an das Endziel des Sozialismus eine tüchtige Portion Trotz gegen eine herrschende Schicht, die sich solcher Mittel bediente. Wo Zweifel an der «grossen Sache» aufkommen wollten, rief ich mir immer auch die Erfahrung des Woog-Prozesses in Erinnerung. Sie beeinflussten mein Denken und Verhalten noch während Jahren.

Infolge der spektakulären Aktion gegen die *Koordinationsstelle für Nachkriegshilfe* musste diese ihre Arbeit einstellen. Ich suchte Arbeit. Ohne Erfolg, nachdem mein Name im Zusammenhang mit den «kriminellen» Taten der Koost in nicht eben erfreulicher Weise «populär» geworden war. Als ich hörte, dass an der Badenerstrasse in Zürich ein kleines Antiquariat aufgegeben werde, kaufte ich mit geliehenem Geld die Bücher samt Einrichtung. Monatlicher Mietzins 170 Franken. Mit Literatur und Büchern vertraut, glaubte ich, als «selbständiger Unternehmer» hinfort mein und meiner Frau Leben fristen zu können.

Ende Januar 1948 begleitete ich den aus der Naturalien- und Geldsammlung zusammengestellten letzten Hilfstransport nach Polen. Das Material ging wiederum an ein Heim für Kinder und Jugendliche nördlich von Warschau. Die 500 Paar Schuhe aus amerikanischen Armeebeständen wurden an Burschen und Mädchen im Alter zwischen 15 und 18 Jahren verteilt. Ich hätte gewünscht, die Herren *Otto Gloor, Walter Frey* und einige Journalisten bürgerlicher und sozialdemokratischer Zeitungen wären bei der Übergabe der Schuhe, Kleider und Lebensmittel dabei gewesen. Möglicherweise hätten sich einige der beflissenen Anklägerinnen und Ankläger ein wenig geschämt.

Ausser dem Bewusstsein, wirkliche Hilfe geleistet zu haben, wurde die Heirat mit *Zofia Pawliszewska* am 8. Mai 1948 zum beglückenden Ereignis am Ende dieser turbulenten Erfahrungen. Zusammen mit den Vermählten feierten die Trauzeugen *Mietek Walczak* und seine Mutter *Mama Kotasowa* sowie einige weitere Freunde den Tag, der für mich zugleich – noch unbewusst – zum Abschied von Polen für viele Jahre wurde. Am 9. Mai flog ich zurück nach Zürich. Kein Jahr später sassen die meisten Freunde im Gefängnis, beschuldigt, sie hätten als Agenten des US-Geheimdienstes die sozialistische Gesellschaftsordnung zerstören wollen.

Das Antiquariat brachte mir kein genügendes Einkommen.

Es blieb mir nichts anderes übrig, als meine im Lauf der Jahre angelegte Bibliothek Stück für Stück zu verkaufen. Schweren Herzens trennte ich mich von *Romain Rollands Jean Christoph* und den sechs Bänden *Die verzauberte Seele*, die meine geistige Entwicklung so nachhaltig beeinflusst hatten. Auch Werke von *Jack London, Upton Sinclair, Sinclair Lewis, John Galsworthy, Maxim Gorki, Hermann Hesse, Martin Andersen Nexö* fanden ihre Abnehmer. Ich musste mich von ihnen und schliesslich auch von den mir lieb gewordenen Kunstbüchern über *van Gogh, Rembrandt, Velázquez, Kollwitz, Masereel, Goya, Anker, Segantini, Hodler* trennen. Es wurden schmerzhafte Trennungen.

Dafür begegnete ich Menschen, die ich von ihren Werken her kannte: *Sigismund von Radetzki*, kräftig gebaut, gemächlich daher schreitend, mit gütigen Augen. *Bruno Schönlank*, 1933 emigrierter deutscher Arbeiterdichter; aus verschatteten Augen blickte er einen an; vor Hitlers Machtergreifung hatten seine Sprechchorwerke Massen begeistert, *Tilla Durieux* hatte mitgewirkt; jetzt war er verstummt und schon fast vergessen. *Josef Saladin*, Eisenbahner und Schriftsteller, hager, immer freundlich und zum Gespräch bereit, war ein lieber Gast in meinem Antiquariat; wie sein Schwiegersohn, Dr. *Walter Winkler*, Germanist und Lehrer für deutsche Literatur, kenntnisreich, interessiert an meinem Ergehen. *Albert Ehrismann* entdeckte im Schaufenster eines seiner Bücher; seitdem erschien er von Zeit zu Zeit in der «Fundgrube». *Robert Bietenholz*, Angestellter der Büchergilde Gutenberg, war ein streitfreudiger Kunde, mit dem zu diskutieren immer anregend war.

Die Begegnungen im Buchladen bleiben Lichtblicke in der sonst eher düstern Zeit.

Suppe in der Volksküche

Im Juli 1948 traf Zofia aus Warschau in Zürich ein. Ich konnte meiner Frau als Wohnung nur das Zimmer anbieten, das ich als Untermieter bewohnte. Schmalhans war rigoroser und unerbittlicher Küchenmeister. Oft konnten wir beide unser Mittagsmahl, eine Portion Suppe und Brot für 1.50 Franken in der nahen Volksküche, erst einnehmen, wenn wir ein Buch verkauft hatten. Weil die Kasse meistens leer war, die Einnahmen jedenfalls kaum je ausreichten, die unausweichlichen Rechnungen zu bezahlen (Laden- und Zimmermiete, Essen usw.), musste ich immer wieder Freunde um Darlehen angehen – zum bankenüblichen Zins. Auf die Anschaffung von Kleidern, Schuhen und was sonst noch ausser Lebensmitteln zum Dasein gehört, hatten wir während einiger Jahre notgedrungen zu verzichten. *Zofia* trug es ohne zu klagen.

Als Ende Jahr die Tochter *Johanna* zur Welt kam, mussten wir sie in ein städtisches Kinderheim geben, weil das Kind nicht ins Zimmer genommen werden durfte. Eine Trennung, die wohl jeder jungen Mutter schwerfällt. Für eine slawische Mutter war sie nur schwer zu ertragen.

Eines Tages erhielt ich von der Zimmervermieterin die Kündigung, auf Druck des Hausbesitzers, wie sie sagte. Auf ein kleines Inserat hin bot eine ältere Witwe in Zürich-Altstetten uns zwei ihrer vier Zimmer und Küchenbenützung zu einem günstigen Monatszins an. Wir waren glücklich, packten unsere paar Habseligkeiten auf ein Handwägelchen und marschierten von Zürich-Wiedikon nach Altstetten. Als wir zum Haus kamen, standen die Witwe und drei weitere Frauen davor auf der Strasse. Weinend teilte die Vermieterin uns mit, sie dürfe uns leider nicht aufnehmen, der Hausbesitzer habe es ihr verboten. Was nun?

Eine Nachbarin der Witwe meinte, da ihr Sohn gerade im Militärdienst sei, könnten wir sein Zimmer beziehen, es werde sich dann schon eine Wohnung finden.

Wenige Tage später fand sich ganz in der Nähe eine Zweizimmerwohnung. Küchenherd und Ofen waren mit Holz zu heizen. Ein Holzzuber stand als Badewanne zur Verfügung. Es trübte die Freude nicht. Ein Jahr nach der Geburt konnten wir die Tochter Johanna nach Hause nehmen. Was für ein Freudentag!

Als der Hausbesitzer erfuhr, wen er da als Mieter im Haus

hatte, begann er uns zu schikanieren. Machte das Kind freudigen Lärm oder weinte es einmal in der Nacht, polterte der Hausbesitzer von unten an die Decke. Kam ich dann und wann spät nach Hause, konnte ich sicher sein, dass der Mann im Dunkeln wartete, um mich als «verfluchten Kommunisten» zu beschimpfen. Weil die Holzstiege bei jedem Treppenabsatz knirschte, zog ich vor dem Haus die Schuhe aus, öffnete und schloss die Haustüre möglichst lautlos, stieg dann Schritt um Schritt am äussersten Rand der Stufen in den ersten Stock – es half nichts. Der Mann liess sich nicht übertölpeln. Er schien seine Nachtruhe erst zu finden, wenn er seinen Hass vernehmbar losgeworden war. Wenn ich auf der Schreibmaschine schrieb und der Hausbesitzer war in der Wohnung, schritt er gewiss ins Freie und schrie seine Verwünschungen zu den ängstlich verstummenden Mietern hinauf. Johanna klammerte sich dann an die Mutter. Das Kind konnte ja nicht begreifen, warum der Mann so böse war.

Ganz anders die Gattin des Hausbesitzers, eine gütige, freundliche Frau. Sie entschuldigte sich bei *Zofia*. Es sei wohl seine Magenkrankheit, die ihren Mann so hässig mache.

Intensiv suchte ich nach einer andern Bleibe. Es dauerte fast ein Jahr, bis im Mehrfamilienhaus eines befreundeten jungen Arztes, der der Partei nahestand, eine Zweizimmerwohnung frei wurde. Der Umzug wurde diesmal zum Festzug. Ich genoss es, wenn ich spät nach Hause kam, den Hausschlüssel ohne Furcht und Zittern zu betätigen und die Türe ganz normal zu schliessen. Johanna durfte jetzt so laut lachen, wie es ihr ums Herz war. Es war, was das Wohnen anbetraf, wieder eine Lust zu leben.

Draussen vor der Tür jedoch pfiff nach wie vor der Wind des Kalten Krieges mir und meinen Genossen unvermindert harsch um die Ohren. Die feindlichen Lager formierten sich.

Da erhielt die Nachricht von der Ermordung *Mahatma Gandhis* am 30. Januar 1948 beinahe symbolischen Charakter. Gandhi gehörte für mich zu jenen Menschen, deren Haltung Hoffnung bedeutete, dass die Welt vielleicht eines Tages ohne Krieg und

Gewalt ihre Konflikte lösen werde. Mit dem Tod des grossen Inders erlosch ein Licht in einer wieder dunkler werdenden Zeit.

Eiszeit

Grossbritannien, Frankreich, Belgien, Holland und Luxemburg begründeten am 17. März 1948 den Fünfmächtepakt, der zwei Jahre später in den zwölf Staaten umfassenden Nordatlantikpakt mündete. Im April fand in Den Haag ein Kongress für ein vereintes Europa statt. Massgeblicher Initiant war der Philosoph *Denis de Rougemont*. Prominente Mitwirkende unter den 400 Teilnehmern waren: *Winston Churchill, Anthony Eden, Paul-Henri Spaak, Konrad Adenauer, Bertrand Russell, Salvador de Madariaga. Denis de Rougemont* Jahrzehnte später in einem Fernseh-Gespräch mit mir: «Wir waren nahe daran zu glauben, das vereinte Europa stehe vor der Tür.» Im selben Monat April 1948 wurde die Organisation für europäische wirtschaftliche Zusammenarbeit (OEEC) ins Leben gerufen.

Ende Februar 1948 hatten die Kommunisten in der Tschechoslowakei die Macht an sich gerissen. Zwei Wochen später stürzte Aussenminister *Jan Masaryk* unter ungeklärten Umständen aus einem Fenster zu Tode.

Die Ausrufung des Staates Israel am 15. Mai 1948 verstand ich als historisch gerechte Antwort auf *Hitlers* Versuch, das jüdische Volk auszurotten. Während der «Führer» eben in den Orkus gefahren war und sein «tausendjähriges Reich» in Schutt und Asche lag, erstand der jüdische Staat nach 2000 Jahren Zerstreuung und Verfolgung des Volkes in seinem ihm verheissenen Land. Solches Überleben war rational nicht zu erklären. Sollte da nicht auch die prophetische Verheissung vom Friedensreich, in dem die Völker den Krieg nicht mehr üben würden, eines Tages wahr werden? Dass die Sowjetunion als erste Grossmacht, noch vor den USA, den neuen Staat anerkannte, schien ein gutes Zeichen. Sorge bereitete dagegen der militärische Überfall arabischer Armeen gegen das kleine, vor ungeheuren Aufgaben stehende Israel.

Ein anderes Datum prägte sich mir wie ein Hammerschlag ein: Während eines Mittagessens mit einem Freund kam am 28. Juni 1948 aus dem Radio die Nachricht, dass die kommunistische Partei Jugoslawiens aus dem Kominform ausgeschlossen worden sei. Die ruhmreiche Partei mit *Tito* an der Spitze auf dem Weg ins Lager der Imperialisten? Die Begründung des aufsehenerregenden Vorganges wurde aus Moskau wortreich nachgeliefert.

In der Partei der Arbeit kam es zu scharfen Auseinandersetzungen. Insbesondere *Fritz Heeb, Ernst Rosenbusch, Martin (Bobby) Stohler* und andere, auch ich, waren nicht bereit, die sowjetischen Anschuldigungen unbesehen zu übernehmen. Wir forderten Gespräche mit den jugoslawischen Genossen. Im persönlichen Gespräch mit *Edgar Woog* brachte ich meine Zweifel an der sowjetischen «Wahrheit» vor. Woog äusserte Verständnis. Aber: Der kapitalistische Feind habe sich in seinem Wesen und seinen Zielen nicht verändert. Man müsse den Konflikt des Kominform mit der KP Jugoslawiens im Zusammenhang mit der welthistorischen Auseinandersetzung zwischen Kapitalismus und Sozialismus sehen. In Asien, Afrika, Lateinamerika zeige sich das wahre Gesicht des Imperialismus. Dort fänden sich auch die die Zukunft bestimmenden Verbündeten der Sowjetunion und bald auch Chinas.

Drei Dinge bestimmten meine Entscheidung, nach einigen Zweifeln, in der Partei zu bleiben: Der Glaube an den schliesslichen Sieg des Sozialismus in Frieden und Freiheit; dass man eine Gemeinschaft nicht verlässt, wenn von allen Seiten auf sie eingeschlagen wird; der bevorstehende Prozess als Klassenkampf mit den Mitteln der Justiz.

Nach dem Prozess, während dessen *Zofia* das Antiquariat betreut hatte, wurde es immer klarer, dass das Geschäft nicht zu halten war. Zwar erfuhr Zofia schöne Zeugnisse der Solidarität, etwa vom benachbarten Studenten *Georges Schlocker*, dessen Freundschaft – er lebt seit Jahren mit seiner Frau in Paris – alle Jahrzehnte überdauert hat.

Als ich eine Aushilfsstelle als Maschinensetzer in der Druckerei an der Sihl, wo die *Weltwoche* und die *Annabelle* gedruckt wurden, von einer Stunde auf die andere verlor, weil man entdeckt hatte, wer ich war, und als auch eine weitere Stelle in Jona aus dem gleichen Grund einen Tag vor Antritt abgesagt wurde, war die Zeit gekommen, das Angebot eines Industriellen anzunehmen, der Bücher und Gestelle für 1500 Franken – keinen Rappen mehr – zu kaufen bereit war.

17 000 Franken Schulden und keine Aussicht auf Besserung – lieber ein Ende mit Schrecken, als ein Schrecken ohne Ende. Der Käufer legte 15 Hunderter-Noten, eine nach der andern, auf den Ladentisch. Ich unterschrieb die vorbereitete Quittung. Einen Tag später luden zwei Arbeiter Bücher und Gestelle auf einen Lastwagen. Mit den 1500 Franken – soviel Geld hatten wir schon lange nicht mehr beieinander gesehen – konnten wir eine Weile leben.

Dann fand ich eine Stelle als Hilfsarbeiter in einem Galvanisierungs-Unternehmen. Mitte März 1950 nahm ich die Arbeit auf. Der Monatslohn betrug 400 Franken. An den Abenden steckten *Zofia* und ich galvanisierte Schräubchen in gelöcherte Bretter, was 100 bis 200 Franken im Monat einbrachte. Sie wurden für die Abzahlung der Darlehen verwendet.

Ein weiterer Glücksfall trat ein, als ich in einer nahegelegenen Druckerei eine Aushilfsstelle als Maschinensetzer fand. Nun arbeitete ich acht Stunden Nachtschicht in der Galvanisierungsanstalt und acht Stunden am Tag als Maschinensetzer. Nachdem ich zweimal das Angebot der Druckereibesitzer mich fest anzustellen, abgelehnt hatte, fragten sie mich, ob meine Ablehnung mit der Mitgliedschaft in der PdA zusammenhänge. Als ich bejahte – ich wolle nicht eine sichere Stelle aufgeben und dann plötzlich erneut auf der Strasse stehen – offerierten sie mir eine Vereinbarung, in der ich die Kündigungsfrist bestimmen konnte. Nun sagte ich zu. Ein 16-Stundentag wäre auf die Dauer nicht durchzuhalten gewesen. Mein Feindbild vom Klassenfeind begann zu wanken. Als ich nach sieben Jahren, im Februar 1958 die Stelle kündigte, blieb das gute Verhältnis zu dem Arbeitgeber bestehen.

21 STALINS SCHAUPROZESSE

Anderthalb Monate nach dem Ende des «Woog-Prozesses» kam aus Ungarn die Nachricht, dass führende Kommunisten, unter ihnen der Aussenminister und frühere Innenminister *László Rajk* und Dr. *Tibór Szöny (Tibor Hofmann)*, verhaftet worden seien – als «Verräter und Spione», die den Sturz der volksdemokratischen Ordnung im Auftrag ausländischer Mächte vorbereitet hätte. Vom 16.–25. September 1949 fand in Budapest der Prozess gegen Rajk und Genossen statt. Rajk, Szöny und *András Szalar* wurden zum Tode durch den Strang verurteilt und am 15. Oktober 1949 gehängt. Zwei Angeklagte wurden zum Tode durch Erschiessen verurteilt und hingerichtet. Drei weitere erhielten Zuchthausstrafen zwischen einigen Jahren und lebenslänglich.

Im Prozess wurde von der Anklage erstmals *Noël Field* als Schlüsselfigur erwähnt. Er war im Mai 1949 anlässlich einer Reise mit seiner Frau *Herta Field* nach Polen und der Tschechoslowakei verschwunden. Nun wurde er als Meisteragent, Helfer und Zuträger von *Allen W. Dulles* dargestellt. Die «Verbrecher» waren fast ausschliesslich langjährige, kampferprobte Mitglieder der kommunistischen Partei Ungarns.

Vor dem «Volksgericht» in Budapest gestanden alle Angeklagten die ihnen zur Last gelegten Verbrechen ein und bekannten sich schuldig, Agenten des amerikanischen Geheimdienstes, anderer westlicher Spionagedienste, des *Tito*-Faschismus usw. gewesen zu sein. Ihr Ziel: Sturz der volksdemokratischen Ordnung, Wiedereinführung des Kapitalismus.

Der in deutscher Sprache veröffentlichte Protokollbericht über den Prozess wurde für mich zu einer bedrückenden Lektüre. *Noël Field*, ein Agent des US-Imperialismus, welcher langjährige Kommunisten einkaufte wie irgendeine Ware? Warum erschien er nie als Zeuge vor Gericht? Hatte er gar nicht gestanden? War er gar ein freiwilliger Mitarbeiter der Ankläger?

Mir drängte sich die Frage auf, was mit mir geschehen würde, falls ich eine Volksdemokratie besuchte? Alle Indizien sprächen doch gegen mich. Zusammenarbeit mit Field; Geld von Field für die Jugoslawienreise; acht Monate in Titos Staat und der begeisterte Bericht über Erlebnisse und Begegnungen in *Aufgehende Saat!* Wie würde ich mich unter der «Last» solcher Tatsachen verhalten? Würde ich schliesslich auch gestehen – unter Folter vielleicht und im «Interesse der Sache»? So oder so: ich verspürte keinerlei Bedürfnis mehr, in irgendein sozialistisches Land zu fahren. Es vergingen 30 Jahre, bis ich erstmals wieder nach Polen reiste.

Einige Zeit nach dem Rajk-Prozess wurde bekannt, dass in weiteren geheimgehaltenen Prozessen in Ungarn eine unbekannte Zahl von «Verschwörern» verurteilt worden sei. Unter ihnen auch *Toni Drittenbass*, die den Ungarn-Flüchtling *Janos Dobo* geheiratet hatte. Ihr Mann war zu 15, Toni zu sechs Jahren Zuchthaus verurteilt worden. Im selben Prozess erhielten die «Schweizer» *György Hódos* und *Rosa (Ri) Demeter* acht und fünf Jahre Zuchthaus. Sie alle hatte ich in der Schweiz kennengelernt. *Toni Drittenbass*, der blonden, sommersprossigen, fröhlichen Buchhändlerin bei *Emil Oprecht*, war ich freundschaftlich verbunden gewesen. War ihr die Beziehung von *Allen W. Dulles* zu *Emil Oprecht* zum Verhängnis geworden? Als sich führende PdA-Funktionäre in Budapest nach den Verfehlungen von Toni erkundigten, antwortete man ihnen, sie sei eben in diese Sache hineingezogen worden und habe sich nicht gewehrt. Ein Besuch der Verurteilten im Gefängnis wurde nicht gestattet. Sie starb, wie *Georg (György) Hermann Hódos* in seinem 1988 im Campus Verlag erschienenen Buch *Schauprozesse* mitteilt, im Gefängnis, weil man der Zuckerkranken das Insulin entzog; ihr Sohn wurde in ein staatliches Kinderheim gesteckt. *András Kálmán*, verheiratet mit einer Schweizerin, beging im Gefängnis Selbstmord.

Auch in Polen, der DDR, in Rumänien und Bulgarien verschwanden im selben Jahr führende Frauen und Männer hinter Gefängnismauern. Die «Verschwörung» gegen das sozialistische Lager hatte sich wie eine Epidemie über alle Volksdemokratien ausgebreitet. Der Tito-Bazillus ging um.

Ich erinnerte mich an die letzte Begegnung, 1948, mit *Tonja Lechtman* in Wrocław, wo sie in einem vom *Unitarian Service Committee* gestifteten Spital arbeitete. Sie hatte Angst gehabt, weil sie schon zweimal von der Miliz einvernommen und über die Zeit in der Schweiz und ihre Genossen befragt worden sei. Was geschah jetzt mit ihr? Was mit *Szymek Rosenbluth*, mit *Jan Sokolowski* und seiner Frau *Trudi Michel?* Was mit *Mietek Walczak* und *Mama Kotosowa?* Ein in die Schweiz zurückgekehrter polnischer Freund warnte, es sei besser, den Verstummten nicht zu schreiben, weil Briefe aus der Schweiz leicht zu belastendem Material werden könnten. «Funkstille» weit und breit. Man wurde zwischen Furcht und Hoffnung um das Schicksal der Freunde hin und her gerissen. Die Verdrängung der Zweifel an diesem Sozialismus wurde schwieriger.

Knapp drei Monate nach dem Rajk-Prozess stand vom 7. – 14. Dezember 1949 *Traitsche Kostow* mit zehn weiteren Angeklagten in Sofia vor dem Tribunal. Das Todesurteil wurde am 16. Dezember vollstreckt.

Georgi Dimitrow, der im Januar 1948 eine Föderation sozialistischer Balkanstaaten zur Diskussion gestellt hatte und darauf von Moskau scharf kritisiert worden war, entging dem Schicksal *Rajks* und *Kostows* wohl nur, weil man sich einen Prozess gegen den «Helden von Leipzig» nicht hätte leisten können. Im Januar 1949 verschwand er unauffällig aus Sofia – krankheitshalber, wie es hiess. Er starb am 2. Juli 1949 in einem Spital in der Nähe von Moskau.

Vom 20. bis zum 27. November 1952 ging in Prag der «Prozess gegen die Leitung des staatsfeindlichen Verschwörerzentrums mit Rudolf Slánský an der Spitze» über die Bühne. Angeklagt waren, neben dem ehemaligen Generalsekretär der Tschechoslowakischen Kommunistischen Partei *Rudolf Slánský*, führende Partei- und Regierungsmitglieder, unter ihnen der frühere Aussenminister *Vladimir Clementis* und *Arthur London*, der während des Krieges ebenfalls als Flüchtling in der

Schweiz gelebt hatte. Elf der insgesamt 14 Angeklagten waren jüdischer Herkunft. Die Anklagen auf Titoismus, auf Spionage zugunsten des westlichen Imperialismus, auf Trotzkismus wurden nun um jene auf Zionismus erweitert. Der antisemitische Charakter des Prozesses war unüberhörbar.

Elf «Verschwörer» wurden zum Tode verurteilt und hingerichtet, ihre Asche in alle Winde verstreut. Drei Angeklagte, unter ihnen *Arthur London*, erhielten lebenslängliche Freiheitsstrafen. Nach seiner Rehabilitierung ging London nach Paris. In einem Buch schilderte er die Erlebnisse während der Untersuchungshaft. Sie wurden, mit *Yves Montand* in der Hauptrolle, verfilmt.

Noël Field – Bösewicht im Dunkel?

Auch im Slánský-Prozess war *Noël Field* stets gegenwärtig und blieb doch der Bösewicht im Dunkeln. Er wurde nach *Stalins* Tod in Ungarn aus dem Gefängnis entlassen und später rehabilitiert. Er starb im September 1970 in Budapest.

François Bondy bezeichnete seinen Freund, den er 1967 in Budapest besucht hatte, in einem Nachruf in der *Weltwoche* (25. September 1970) als den nach dem Untergang der spanischen Republik zum Kommunismus bekehrten protestantischen angelsächsischen Amerikaner, «aktiv, missionarisch, humorvoll und von einer stillen, nicht aufdringlichen, aber auch nicht erschütterbaren Überzeugtheit».

Wie umstritten *Noël Field* war und wohl geblieben ist, zeigen zwei Bücher über ihn. Die amerikanische Journalistin *Flora Lewis* – sie interviewte bei ihren Recherchen auch mich – zeigt sich in ihrem Buch *The Man Who Disappeared* überzeugt, dass Field bereits 1935 vom sowjetischen Geheimdienst angeworben und seitdem für ihn tätig gewesen sei. Der englische Journalist *Stewart Steven* dagegen vertritt in seinem Buch *Sprengsatz. Die Operation Splinter Factor* die Theorie, «dass die lange, blutige Welle der Nachkriegs-Schauprozesse in Osteuropa eine gezielte Provokation der amerikanischen CIA gewesen sei, mit *Noël Field* als der zentralen Figur». (G. H. Hódos: *Schauprozesse*, Seiten 61 – 64). Danach soll *Allan Dulles* erkannt haben, dass er von Field, dem verkappten Kommunisten, benutzt worden sei, der sein Vertrauen missbraucht und ihn gegenüber Washington schwer kompromittiert habe, indem er das OSS zum Komplizen der Kommunisten gemacht habe. Aus diesem Grund habe Dulles darauf 1949 unter dem Decknamen *Splinter Factor* den Plan ausgeheckt, einen Keil zwischen Moskau und seine Satelliten, aber auch zwischen die «Liberalen» und die «Orthodoxen» in den osteuropäischen Führungen der Kommunistischen Parteien zu treiben und so den monolithischen Sowjetblock zu sprengen. (Hódos, a.a.O.)

Der Pole *Jozef Swiatło* (er hatte eine hohe Position im polnischen Sicherheitsdienst inne und veranlasste seinerzeit die Verhaftung von *Noël* und *Herta Field*, sowie von *Hermann Field*) deckte, nachdem er sich in den Westen abgesetzt hatte, die Machenschaften des sowjetischen Geheimdienstes im Zusammenhang mit den Schauprozessen auf. Er hätte *Stalin* einflüstern sollen, dass *Noël Field* ein Meisteragent des amerikanischen Geheimdienstes und von *Allen W. Dulles* beauftragt gewesen sei, seine Vertrauensleute, sowie *Rajk, Slánský, Gomułka* und andere in Spitzenfunktionen ihrer Parteien zu bringen.

Georg Hermann Hódos, selber Opfer des stalinistischen Prozesses in Ungarn, bezeichnet in seinem Buch die «Annahme . . ., Field sei ein Agent des OSS gewesen», als ein Produkt «einzig und allein der krankhaften Phantasiewelt der *Stalinschen* Nachkriegsstrategie. Sie wurde als Falle konstruiert, in der die Opfer der Schauprozesse verschwinden sollten.»

Etwas mehr Licht ins Dunkel um Noël Field zu bringen versuchte *Werner Schweizer* mit dem Film *Noël Field – der erfundene Spion* (Dschoint Ventschr Filmproduktion AG, Zürich). Er erhebt nicht den Anspruch, *die* letzte Wahrheit zu präsentieren, beeindruckt aber durch umfassende Recherchen und viele Gespräche mit Betroffenen, auch mit Noël Field, *Erica Wallach, Hermann Field* und andern.

Man wird sich wohl damit abfinden müssen, dass ein unabklärbarer Rest Wirklichkeit verdunkelt bleibt in einem Geschäft, in dem alles erlaubt ist, jede Lüge, jede Perfidie, in dem Menschen gebraucht, missbraucht und fallen gelassen werden, wenn sie keinen Nutzen mehr bringen, im Interesse der Machterhaltung. Moralische Verantwortlichkeit haben in dieser Schattenwelt keinerlei Platz.

Kaum war der Slánský-Prozess vorbei, kamen aus Moskau Nachrichten, dass jüdische Ärzte *Stalin* hätten umbringen wollen. Der Verfolgungswahn schien eine neue Stufe zu erreichen. Der Tod des Alleinherrschers machte dann diesem Spuk ein Ende.

Agenten in der PdA?

Dagegen schwappte die Agenten-Hysterie jetzt auch auf die Partei der Arbeit über.

Im Organ der Sozialistischen Einheitspartei Deutschlands (SED), *Neues Deutschland*, wurde der Beschluss des Zentralkomitees über die «Lehren aus dem Prozess gegen das Verschwörerzentrum Slánský» veröffentlicht, in dem es unter anderem hiess: «Eines der führenden Mitglieder der Zürcher Emigration, die unter trotzkistischer Führung stand, *Sperling*, arbeitete eng zusammen mit den amerikanischen und englischen Agenten in der Schweiz. Sperling erhielt aus den Mitteln des OSS (Office of Strategic Services – Büro für Strategische Dienste) laufend finanzielle Unterstützung . . . Im Frühjahr 1945 unterstützte er den Plan von *Field & Co.* zur Gründung der ‹*Koordinationsstelle für Nachkriegshilfe*›, das ist eine Organisation des amerikanischen Geheimdienstes.»

Darauf beschuldigte *Léon Nicole*, der seit einiger Zeit die andern führenden Mitglieder der Partei des Antisowjetismus verdächtigte, in der *Voix Ouvrier*, *Edgar Woog* und die Mitarbeiter der Koost, im Sold des amerikanischen Geheimdienstes zu stehen. Mitunterzeichnet wurde diese Attacke von einem Waadtländer und einem Zürcher Theoretiker der «reinen Lehre» des Marxismus-Leninismus-Stalinismus.

In einem geharnischten Artikel wiesen die so Verdächtigten die Verleumdungen aus Genf und Zürich zurück. Jedoch blieb die Behauptung der SED stehen, und diese durfte man doch nicht der Verleumdung und Lüge bezichtigen. In einem Anfall von Sarkasmus meinte ich zu *Edgar Woog*, man müsse jetzt wohl annehmen, dass *Otto Gloor* im geheimen Einverständnis mit Moskau, die «amerikanischen Spione der Koordinationsstelle» zu Fall gebracht habe.

Führende Genossen mokierten sich über die vorschnelle Reaktion insbesondere *Edgar Woogs*. Jedenfalls müsse die Kontrollkommission der Partei abklären, inwieweit die Behauptungen aus Berlin zuträfen. Die SED sei schliesslich an der Macht und deshalb ernstzunehmen. Also trat die Kontrollkommission unter dem Vorsitz ihres Präsidenten, des Rechtsanwalts *Ernst Rosenbusch*, in Funktion. Die Verdächtigten wurden vorgeladen und aufgefordert, genau zu schildern, welche Beziehungen sie zu Field und den verhafteten und verurteilten Männern und Frauen in den Volksdemokratien gehabt hätten. *Rosenbusch* gab zu verstehen, dass er von den Anschuldigungen der SED nichts halte. Die Verdächtigten wurden denn auch «freigesprochen».

Nach der letzten Sitzung meinte *Edgar Woog* beim Verlassen des Büros Rosenbusch zu mir: «Jetzt sind wir doch froh, in der Schweiz und nicht in der DDR oder einer andern Volksdemokratie zu sein.»

Da ich wusste, dass die «Feststellungen» aus Berlin inbezug auf die Koordinationsstelle völlig aus der Luft gegriffen waren, hielt es erneut schwer, die Frage zu verdrängen, unter welchen Umständen denn *Fritz Sperling* dazu gekommen sei, in der Untersuchungshaft etwas einzugestehen, wovon er wusste, dass es nicht stimmte. Da erschienen auch die Geständnisse in Budapest und Prag in einem immer düstereren Zwielicht.

In der Partei verschärften sich nach dem *Slánský-Prozess* die Diskussionen zwischen Nicole und der Parteileitung. Der Zürcher Dogmatiker hatte noch vor dem Prozess eine über 50 eng beschriebene Seiten umfassende «Abrechnung» mit den «Sowjetfeinden» in der PdA verfasst. Unter dem bezeichnenden Titel *Wahrheit* (russisch *Prawda*) griff er neben *Woog, Vincent, Muret* und andern Alt-Kommunisten vor allem die «Rechts-Opportunisten» *Fritz Heeb, Martin (Bobby) Stohler* und *Ernst Rosenbusch* an, die auf eine Loslösung der PdA von der Sowjetunion hinarbeiteten.

Zu einer Zerreissprobe kam es, als *Nicole* wegen seiner hemmungslosen Angriffe auf die Parteileitung ausgeschlossen werden sollte. An dem zu diesem Zweck einberufenen Parteitag in Genf tauchten dann im Verlaufe der emotionsgeladenen Auseinandersetzungen zwei führende Mitglieder der französischen und der italienischen Partei, *Kriegel-Valrimont* und *Sereni*, auf, die, aus Prag kommend, freundlich, aber bestimmt erklärten, man würde es im Kominform ungern sehen, wenn ein so bewährter Genosse wie *Léon Nicole* aus der PdA ausgeschlossen würde. Darauf wurde der Ausschlussantrag zurückgezogen.

McCarthy-Wahn

Diesseits des Eisernen Vorhangs leitete der republikanische Senator für Wisconsin, *Joseph Raymond McCarthy*, als Vorsitzender eines Untersuchungsausschusses gegen «unamerikanische Umtriebe», den Feldzug ein gegen Intellektuelle, Journalisten, Verleger, Kritiker, Schriftsteller, Filmschauspieler und Regierungsbeamte vor allem im State Department. *Herbert Hoover*, Leiter des FBI, unterstützte McCarthy, indem er Hunderte Namen von Frauen und Männern lieferte, über die im Laufe der Jahre entsprechende «Erkenntnisse» gesammelt worden waren.

Die Verdächtigten wurden vor das Tribunal des wutschnaubenden, von Wahnideen umgetriebenen Anklägers zitiert und in beleidigender und demütigender Weise vor laufenden Fernsehkameras der Komplizenschaft mit der Sowjetunion, als Sympathisanten oder Mitglieder der kommunistischen Partei bezichtigt. Sie mussten «beweisen», dass sie keine Kommunisten waren, nicht die Ankläger ihre Anschuldigungen.

Wer jemals zur Zeit des spanischen Bürgerkrieges Sympathie für die republikanische Regierung geäussert, an einem Kongress für den Frieden teilgenommen oder einen wirklichen oder vermeintlichen Kommunisten zum Freund gehabt hatte, und mochte es noch so viele Jahre zurückliegen, geriet in den Verdacht, den kommunistischen Umsturz in den Vereinigten Staaten vorzubereiten. Hohe Beamte im Aussenministerium, wie *Alger Hiss* und andere, verloren nicht nur ihre Stellen, sondern wurden in Indizienprozessen verurteilt. In einem sich ständig steigernden Fanatismus bezichtigte *McCarthy* höchste Offiziere und selbst den Verteidigungsminister der Begünstigung des Kommunismus. *Harry S. Truman* geriet in Verdacht der Kommunisten-Komplizenschaft. Der Präsident des Obersten Bundesgerichts, *Earl Warren*, wurde als orthodox-marxistischer Kommunist öffentlich denunziert, ebenso der frühere Botschafter der USA in Moskau, *George Frost Kennan*, der nach kurzer Zeit 1952 seinen Posten in Moskau auf Begehren des Kremls hatte räumen müssen. Das CIA, der amerikanische Geheimdienst, der von *Allan W. Dulles* geleitet wurde, sei, so McCarthy, die am meisten von Kommunisten durchsetzte Institution der USA.

Schliesslich verlangte McCarthy die Errichtung von Konzentrationslagern für Kommunisten, und der Gouverneur von Texas sah vor, seinem Parlament einen Gesetzesvorschlag zu unterbreiten, nach dem die Mitgliedschaft in der kommunistischen Partei als Kapitalverbrechen einzustufen und mit der Todesstrafe zu ahnden sei.

Rassistische und antisemitische Tendenzen charakterisierten die Jagd gegen Andersdenkende und vermeintliche Feinde der USA. Das jüdische Ehepaar *Julius* und *Ethel Rosenberg* wurde in einem fragwürdigen Indizienprozess wegen Spionage zugunsten der Sowjetunion zum Tode verurteilt und trotz heftiger Proteste bedeutender Persönlichkeiten der Politik, der Wissenschaft und Kultur Westeuropas hingerichtet. *Robert Oppenheimer* dem «Vater der Atombombe», wurde, weil er sich aus wissenschaftlichen und moralischen Gründen gegen den Bau der Wasserstoffbombe wandte und weil er zur Zeit des Bürgerkrieges in Spanien Sympathien für die demokratisch gewählte Regierung geäussert hatte, ebenfalls Kommunistenfreundlichkeit vorgeworfen und nach einem inquisitorischen Verfahren der Zugang zu allen als geheim eingestuften Forschungen verboten. Selbst *Albert Einstein*, der 1939 Präsident *Franklin Delano Roosevelt* den Bau der Atombombe empfohlen hatte, entging den Verdächtigungen der Saubermänner nicht. Schriftsteller wie *Arthur Miller, Bertolt Brecht, Lion Feuchtwanger* und andere mussten sich vor McCarthy wegen ihrer Gesinnung verantworten und üble Beschimpfungen in Kauf nehmen.

Charly Chaplin verliess das feindlich gesinnte Amerika. Repräsentanten der geistigen Elite waren in Hoovers Archiven registriert, so gegensätzliche Menschen wie *Ezra Pound, Ernest Hemingway, John Steinbeck, William Faulkner, Grace Paley, Pearl S. Buck.* Tausende verloren ihre Existenz. Denunzianten belasteten und verrieten Freunde und Berufskollegen. Einer hörte auf den Namen *Ronald Reagan.*

Als das Treiben *Joseph Raymond McCarthys* und seiner Mitarbeiter auch bürgerlich-konservativen Kreisen diesseits und jenseits des Ozeans zu bunt wurde und der Bruder Präsident Eisenhowers, *Milton Eisenhower*, erklärte, wenn er den Namen McCarthy höre, müsse er an *Hitler* denken, sank der Stern dieses politischen Amokläufers.

Jean-Rudolf von Salis wies in einem in der *Zürcher Woche* erschienenen Artikel auf Parallelen zur Machtergreifung Hitlers hin. *Fritz Heberlein* schrieb unter anderem: «Man wähnt sich in die guten Tage eines Heinrich Himmler zurückversetzt, als sich die deutschen Konzentrationslager mit Kommunisten und andern Feinden des Regimes füllten . . . Im amerikanischen Aussenministerium inszeniert *McLeod* der eifrige Adlatus McCarthys, eine besonders hitzige Jagd nach roten Seelen. Nicht einmal Tote sind in ihren Gräbern vor seinen nachträglichen Überprüfungen sicher.»

Es war auch die Zeit, als der demokratisch gewählte Präsident Guatemalas, *Jacobo Arbenz Guzmán*, Sohn eines eingewanderten Schweizers, der eine Bodenreform in Angriff genommen hatte, von Söldnern der amerikanischen *United Fruit Company* gestürzt wurde. Aktionäre der United Fruit Company waren *John Foster* und *Allan W. Dulles*, Aussenminister der USA und Chef des amerikanischen Geheimdienstes CIA. Dass *Herbert Hoover* mit von der Party war, erstaunte nicht. Wenn lateinamerikanische Diktatoren nur die wirtschaftlichen Interessen der USA garantierten, störte man sich im Weissen Haus an ihren Verbrechen gegen Indios und Oppositionelle nicht. Im Gegenteil. Man half ihnen in den Sattel.

Das von Verfolgungswahn und Misstrauen vergiftete Klima des Kalten Krieges bestimmte auch die politische Atmosphäre in Westeuropa. In der *Bundesrepublik* wurde die Kommunistische Partei verboten. Die kommunistischen Konzentrationslagerhäftlinge erhielten, im Gegensatz zu nichtkommunistischen, keine Wiedergutmachung. Derweil sassen Richter, Professoren, Lehrer, Beamte, Bankiers und Wirtschaftsführer, die *Hitler* bis zum bittern Ende treu gedient hatten, weiterhin in ihren Ämtern oder wurden mit hohen Pensionen entlassen. Im Kabinett Adenauer wurde *Hans Globke* Staatssekretär. Er hatte an der Formulierung der judenfeindlichen Nürnberger Gesetze massgeblich mitgewirkt. Aktive und belastete Nazis konnten Bundes- und Länderminister werden.

Derweil übten die Propagandisten des kalten Krieges auch in der Schweiz ihren Kampf für die Freiheit. Arbeiter und Arbeiterinnen, die als Mitglieder der Partei der Arbeit bekannt waren, flogen reihenweise aus ihren Stellen: Die PTT entliess Briefträger und Schalterbeamte, die SBB stellte Lokomotivführer und Kondukteure auf die Strasse, ein bedeutendes Druckerei-Unternehmen, dessen Gründer *Verena* und *Conrad Conzett* noch aktive Sozialisten gewesen waren, und den im deutschen Reich verbotenen «Sozialdemokraten» gedruckt hatten, kündigte acht Frauen und Männern, Hilfsarbeiterinnen und Typographen, von einem Tag auf den andern. Andere Betriebe taten das gleiche.

Lehrerinnen und Lehrer, denen schulisch nichts vorgeworfen werden konnte und die von Kindern und Eltern geschätzt wurden, mussten nach denunzierenden Wahlkämpfen die Schulstuben räumen.

Ich kannte viele der so Gemassregelten. Sie waren einfache Menschen, Gewerkschafterinnen und Gewerkschafter, die eine sozialistische Gesinnung hatten und zu ihr standen. Bei manchen zog an Armut grenzende Bedürftigkeit ein. Ich wusste, wie ihnen zumute war.

Am meisten hatten die Kinder der Betroffenen unter diesen Verhältnissen zu leiden. Es gab Lehrer, die sie in den Schulen blossstellten und den Quälereien der Mitschülerinnen und Mitschüler auslieferten. Im Namen der Demokratie und der Freiheit. Der Erfolg blieb nicht aus. Viele der Verfemten zogen sich aus der Politik zurück, verstummten, wehrten sich oft vergebens gegen Verbitterung und Resignation.

Wie in den USA richtete sich die Jagd nach «Staatsfeinden» nicht allein gegen Kommunisten, sondern auch gegen liberal denkende Persönlichkeiten und kritische Schriftsteller. *Gertrud Kurz*, Männer wie *Fritz Wartenweiler, Carl Albert Loosli, Alfred Rasser* und andere gerieten in Verdacht kryptokommunistischer Umtriebe. Der Waadtländer Gelehrte *André Bonnard* musste ein Gerichtsverfahren und eine Verurteilung über sich ergehen lassen.

In einem Arikel, in dem ich mich empört gegen die Verdächtigungen wandte und Vaterlandsliebe für die Kommunisten in Anspruch nahm, schrieb ich unter anderem: «Du denkst: Es geht ja nur gegen die Kommunisten, und weisst nicht, dass deine Karte schon in der Kartothek der Bupo figuriert, dass sie täglich nachgeführt wird, dass dort Dinge über dich stehen, die du nicht getan hast und von denen du selbst nichts weisst, dass dein Telephon überwacht, deine Briefe geöffnet und die Besuche, die du machst und empfängst sorgfältig notiert werden.» (*Kommunist und Vaterland*, 1954)

Dieser Aufsatz trug mir von einem linientreuen Marxisten den Vorwurf «nationalistischer Abweichung» ein.

Mehr als 35 Jahre später fand ich meine Behauptungen

durch die Fichen-Affäre in einem Umfange bestätigt, den ich selbst nicht für möglich gehalten hatte. Viele Hundert vom Bund, von Kantonen und Städten beauftragte Horcher mit Beamtenstatus betrieben ihr Geschäft fleissig und dumm, für manche Opfer jedoch mit schlimmen Folgen. Demokratische Magistraten und Politiker fanden es über Jahrzehnte offenbar nicht für notwendig, gelegentlich zu kontrollieren, was denn so abseits der Freiheitsbeteuerungen im Dunkeln geschah.

Die Rollen der Ankläger hüben und drüben waren austauschbar. Während die Betroffenen in den sozialistischen Staaten jedoch am Galgen, vor Hinrichtungspelotons oder im Gulag endeten, verloren die im Westen «nur» ihre Stellen. Die ideologischen und ehrenwerten Trommler der Furcht vor den Linken dort und hier lieferten sich gegenseitig die Argumente für ihr nicht besonders ehrenwertes Geschäft.

22 IM SCHATTEN DES KALTEN KRIEGES

Am 5. März 1953 starb *Josef Wissarionowitsch Stalin.* Die Welt schien für einen Augenblick den Atem anzuhalten. Dem Bewusstsein, dass mit dem sowjetischen Diktator jener Mann abtrat, der neben *Hitler* wie kein anderer dem Jahrhundert seinen Stempel aufgedrückt hatte, folgte die Frage: Wie geht es weiter?

In der *Neuen Zürcher Zeitung* vom 6. März 1953, Mittagsausgabe, wurde das Ableben Stalins unter anderem wie folgt kommentiert: «Der Mann, der in seinem 74. Altersjahr von der weltpolitischen Bühne verschwindet, hat während zweieinhalb Dezennien entscheidend und schliesslich selbstherrlich über die innere Entwicklung Russlands und über das Auftreten der Sowjetunion als Weltmacht bestimmt. Es wird zu einem wesentlichen Teil Stalins historisches Verdienst bleiben, dass Sowjetrussland die gewaltige und überaus gefahrenvolle Belastungsprobe des Zweiten Weltkrieges mit einer einigermassen adäquaten Rüstung militärisch und politisch zu bestehen, von der Waffen- und Wirtschaftshilfe der westlichen Verbündeten Gebrauch zu machen und schliesslich als Sieger seine Stellung in der Welt machtvoll zu befestigen vermochte. Stalin wird einen bedeutenden Platz in der russischen Geschichte behaupten; als ein aus Revolution und Massenbewegung hervorgegangener Diktator ist er Napoleon an die Seite zu stellen und dem zeitgenössischen Hitler als Staatsmann und Persönlichkeit unzweifelhaft überlegen. Diesen vor der Geschichte anzuerkennenden Titeln steht als schwere Belastung gegenüber seine Mitverantwortung dafür, dass die in der russischen Revolution von 1917 vorhandenen Keime einer freiheitlichen Entwicklung durch den bolschewistischen Terror und die auf dem Sowjetregime sich bildende totalitäre Despotie erstickt wurden. In der Nachkriegszeit hat sich Stalins Verantwortung vor der Geschichte dadurch entscheidend erschwert, dass er in der auswärtigen Politik der Sowjetunion einem gleichzeitig von weltrevolutionären und nationalistischen Triebkräften genährten Expansionsdrang folgte.»

In der Sowjetunion wandten das Zentralkomitee der Partei, der Ministerrat und das Präsidium des Obersten Sowjets sich «an alle Mitglieder der Partei, an alle Werktätigen der Sowjetunion». Der Name *Stalins*, so hiess es in der üblichen Partei-Sprache, sei «dem Sowjetvolk» und «den Werktätigen der ganzen Welt unendlich teuer». Nach der Aufzählung seiner Verdienste wurde beteuert, dass «in diesen leidvollen Tagen» sich die «grosse Bruderfamilie aller Völker unseres Landes noch enger» zusammenschliesse «unter der erprobten Führung der kommunistischen Partei, die *Lenin* und *Stalin* geschaffen und erzogen» hätten. Stalin sollte an der Seite Lenins in einem Sarkophag seine letzte Ruhestätte finden und ausserdem ein Pantheon «als Denkmal des ewigen Ruhms der Grossen des Sowjetlandes» errichtet werden. Die Bruderparteien hielten sich an die sowjetische Sprachregelung.

In mir weckte der Tod Stalins zwiespältige Gefühle. Einerseits war sein Name mit der Zerschlagung Hitler-Deutschlands eng verbunden, anderseits war dieser Name auch unauslöschbar über den Schauprozessen und den Todesurteilen ungezählter Kommunisten und über Millionen vertriebener und getöteter Menschen des riesigen Reiches eingraviert. Mit dem Tod des Tyrannen verband sich die leise Hoffnung, dass auch seine Schreckensherrschaft zu Ende gehe.

Die Nachfolger konstituierten sich als «kollektive Führung». *Georgi Malenkow* wurde Vorsitzender des Ministerrats, *Lawrenti Berija, Wjatscheslaw Molotow, Nikolai Bulganin* und *Lazar Kaganowitsch* standen ihm als Erste stellvertretende Vorsitzende zur Seite. *Nikita Chruschtschow* wurde Generalsekretär der Partei. Führende Funktionen erhielten *Mikojan, Wyschinski, Malik, Schwernik, Woroschilow* und *Leonid I. Breschnew.*

Innenminister *Berija* wurde drei Monate nach *Stalins* Tod verhaftet und am 23. Dezember 1953 hingerichtet. Seine Genossen, hiess es, hätten den gefürchteten Geheimdienstchef im Kreml eigenhändig erschossen.

Dass hinter den Mauern des Kremls Veränderungen im Gang waren, wurde bald spürbar. Programmierte und vorbereitete Schauprozesse in der DDR, Polen, Rumänien fanden nicht mehr statt. Jahrelang verschwundene «Verräter» tauchten wieder auf. Vom befürchteten Ärzteprozess in Moskau verlautete nach einiger Zeit, dass die Verdächtigungen auf einer üblen Denunziation beruht hätten.

Ilja Ehrenburgs Erzählung *Tauwetter* wurde zum Signet einer etwas liberaleren Kulturpolitik. *Alexander Solschenizyns* Roman *Ein Tag im Leben des Iwan Dessinowitsch*, worin das Leben im Gulag geschildert wird, erschien Anfang der sechziger Jahre. An Tagungen von Kulturschaffenden und Wissenschaftern wurden vermehrt kritische Stimmen laut.

Am 2. Juni 1955 kreuzten *Nikita Chruschtschow* und Ministerpräsident *Nikolai Bulganin* in Belgrad auf und akzeptierten die jugoslawische Sonderform des Sozialismus. *Tito* war kein amerikanischer Spion und kein Faschist mehr.

Wichtiger als die oft sterilen ideologischen, strategischen und taktischen Diskussionen in der Partei waren für mich die konkreten sozialen Probleme und Fragen des nahen kulturellen Lebens. Es gab verdeckte Armut in der Schweiz. Wer offenen Auges sich umsah, entdeckte sie hinter den saubern Fassaden. Darüber zu schreiben, war mir ein Anliegen. Da gab es, zum Beispiel, in der reichen Stadt Zürich in einem alten, allmählich zerfallenden Haus eine alte Frau, der die Zweizimmerwohnung gekündigt worden war, und die nicht wusste, wohin sie gehen sollte. Überhaupt waren die Wohnverhältnisse in den eher unbekannten Quartieren der Städte und mehr noch in den Dörfern alles andere als menschenwürdig. *Jeremias Gotthelf* hätte hundert Jahre nach seinem Tod die gleichen Geschichten schreiben können wie zu seinen Lebzeiten. Es gab nicht nur die *Armennot im Emmental.* Im Wallis etwa besuchte ich Familien mit acht bis zehn Kindern, die in einem Raum auf mit Streu gefüllten Säcken schliefen. Die Abwässer flossen auf die engen Dorfgassen und rannen als übelriechende Brühe zwischen den Häusern dahin. An Stoff für Reportagen fehlte es nicht.

Über literarische und andere kulturelle Veranstaltungen berichtete ich regelmässig. *Arnold Kübler, Kurt Guggenheim, Maria Lutz-Gantenbein* spendete ich ungeteiltes Lob. In der *Helvetischen Typographia* nahm ich zu gewerkschaftlichen Themen Stellung und an Gewerkschafts-Tagungen intervenierte ich immer wieder mit Erfolg zugunsten der Setzer und Drucker. Eine Zeitlang dirigierte ich die Singgruppe der Naturfreunde, in der *Lydia Woog* die schönste, aber eine auch sonst dominierende Stimme besass. Die Singgruppe sang in fast allen europäischen Sprachen Volks- und Freiheitslieder. Wo sie auftrat, riss sie die Zuhörerinnen und Zuhörer zu begeistertem Beifall hin. Auch eine Kabarettgruppe unter dem Namen «Märzespriggel» wurde ins Leben gerufen. Für sie schrieb ich Texte und spielte verschiedene Rollen.

«Kultur und Volk»

Ende 1950 war man übereingekommen, die in den dreissiger und vierziger Jahren aktive linke Vereinigung *Kultur und Volk* wieder zu neuem Leben zu erwecken. Im Oktober 1951 wurde an einer ausserordentlichen Generalversammlung ein neuer Vorstand und ich als Präsident gewählt.

Unverzüglich wurde die Arbeit aufgenommen. Schon zehn Tage später stand die Ausstellung *Mosaiken aus Ravenna* mit Dr. *Willy Rotzler* auf dem Programm. Kaum eine wichtige Kunstausstellung, zu der *Kultur und Volk* nicht eigene Führungen veranstaltete, so *Schweizer Holzschnittkunst* mit *Emil Burki*; *Käthe Kollwitz* mit Pfarrer *Robert Lejeune*; *Ernst Ludwig Kirchner* mit *Hans Bolliger*; *Graphik von Dürer bis heute* und *Claude Monet* mit *Konrad Farner*; *Theodor Steinlen* mit *Robert Lejeune*; Ausstellungen mit Werken von *Edvard Munch, Leonardo da Vinci, Aurèle Barraud, Max Gubler, Leopold Richter*; *500 Jahre venezianische Malerei, Moderne amerikanische Malerei, Holländische Kunst, Theater der Welt, Deutsche Impressionisten, Kunst und Leben der Etrusker, Aussereuropäische Kunst* mit *Johannes Itten* fanden starkes Interesse. Eine Osterfahrt 1953 von *Kultur und Volk* nach Mailand galt der grossen *Picasso-Ausstellung* unter der Führung des bekannten italienischen Malers *Gabriele Mucchi*, der im Dezember des gleichen Jahres bei Kultur und Volk in Zürich über den *Realismus in der modernen italienischen Malerei* sprach. Weitere Kunstreisen galten 1955 Mailand, Verona, Venedig, dem Tessin, dem Wallis und dem Genfersee.

Zu Gast waren mit Vorträgen und Lichtbildern auch *Hans Erni*, *Paul Camenisch* (*Francisco Goyas Realismus*), *Peter Steiger* über Amerika und den grossen Architekten *Frank Lloyd Wright*, der bekannte Photograph *Hans Finsler* (*Die Kunst der Eiszeit*), *Hans Schmidt* (*Neue polnische Architektur*), *Jakob Tuggener*, *Arnold Kübler*, *Emil Hegetschweiler* und andere.

Grosses Gewicht legte ich auf literarische Bildungsabende. So sprach *Otto Steiger* über *Der Schriftsteller in unserer Zeit*. Im August 1953 galt ein Abend dem Gespräch mit *Kurt Guggenheim* über seinen Romanzyklus *Alles in Allem*. Im September und Oktober des gleichen Jahres sprachen in einem dreiteiligen Zyklus *Otto Volkart* über *Gottfried Keller*, *Georges Schlocker* über *Jeremias Gotthelf* und *Carl Spitteler*. Schon im November folgte ein weiterer Zyklus über *William Shakespeare*, *Charles Dickens* und *G. B. Shaw* des Anglisten Dr. *A. Dutli*. Im Februar 1954 lasen *Jakob Stebler*, *Otto von Wyss* und *Maria Lutz-Gantenbein* aus ihren Werken.

Im April 1954 führte ich hin zu Leben und Werk der drei bulgarischen revolutionären Freiheitsdichter *Christo Botew*, *Christo Smirnensky* und *Nikola Ionkow Wapzarow*. Botew (1849 – 1876) war im Kampf gegen die Türken gefallen; Smirnenski (1898 – 1923) starb an den Folgen von Folterungen; Wapzarow, 1909 geboren, war 1942 zum Tode verurteilt und hingerichtet worden. Von diesen Dichtern war im Westen, insbesondere in der Schweiz, so gut wie nichts bekannt, jedenfalls waren nur einige Gedichte übersetzt worden.

Am 22. Oktober 1954 sprach ich zum hundertsten Todestag von *Jeremias Gotthelf*. Ich war diesem predigenden Dichter oder dichtenden Prediger, seinem kämpferischen Einstehen für die Schwachen, für Gerechtigkeit, seiner bildhaften, einprägsamen

Sprache, seinem elementaren Temperament seit Jahren verbunden. In gewissem Sinne stand er mir näher als *Gottfried Keller*. In Gotthelf sah ich einen geistig Verwandten *Leo Tolstois*. Der Vortrag erschien in der Zeitschrift *Sozialismus*. Am Inhalt hatte ich auch Jahre später nichts zu verändern.

Wie der Kalte Krieg auch das Kulturleben bestimmte, erlebte Kultur und Volk unter anderm bei der Vorführung von osteuropäischen Filmen. So durfte das Meisterwerk *Die Grenzstrasse* des bekannten polnischen Regisseurs *Aleksander Ford*, das den Aufstand der Juden im Warschauer Getto zum Inhalt hat, 1953, zehn Jahre nach der Tragödie, in Zürich nur ein einziges Mal in einer Nachtvorstellung, zu der auch jüdische Studenten eingeladen hatten, gezeigt werden – unter der Auflage, dass jegliche Besucherwerbung die Beschlagnahme des Films sowie eine Geldbusse oder Gefängnisstrafe zur Folge hätte! Das gleiche galt für andere polnische Filme, wie *Die Jugend Chopins* und *Die Teufelsschlucht*. In der Einführung zum Film *Die Teufelsschlucht* am 4. Juli 1953 kritisierte ich die einseitige, restriktive und lächerliche Filmpolitik der Behörden mit scharfen Worten, indem ich aufzeigte, was zurzeit an seichten Filmen aus den USA und Westeuropa in Zürcher Kinos zu sehen war.

Als der Zwiespalt zwischen der Treue zur Partei und dem Gewissen mein gesundheitliches Befinden immer mehr belastete – Herzbeschwerden, Schlaflosigkeit, nächtliche Schweissausbrüche, Übergewicht ohne ersichtlichen medizinischen Befund –, trat ich 1953/54 als Präsident von Kultur und Volk zurück. Meine letzte Aktivität bestand in der Organisierung eines literarischen Zyklus' mit neun Schweizer Autoren im Herbst/Winter 1956/57: *Felix Moeschlin, Fritz Brunner, Hans Roelli, Adrien Turel, Fridolin Tschudi, Jakob Bührer, Peter Kilian, Carl Seelig* und mir selbst mit einer Erzählung aus meinem Bändchen *Thymian*.

Der Zyklus nahm ein jähes Ende, als mit der Zerschlagung des Aufstandes in Ungarn im Oktober 1956 das politische Klima sich verhärtete und ich aus Protest zur Haltung der Partei in diesem Drama mich endgültig von ihr trennte. Ich blickte mit Genugtuung auf meine Zeit für Kultur und Volk zurück. Es gab da neben einigen Pflichtübungen Nischen, in die sich sture Partei-Dogmatiker mangels Wissen und Kompetenz nur selten einzumischen versuchten. In Bezug auf zum Teil vernachlässigtes kulturelles Schaffen in der Schweiz wurde Bildungsarbeit geleistet, die Jahre später, in einem milderen politischen Klima, Früchte trug.

Versuche als Schriftsteller

In diesen Jahren der inneren Entfremdung von der Partei und ihrem ideologischen Dogmatismus, schrieb ich Entwürfe zum Roman *Kaspar Iten* oder *Alle Macht hat ein Ende*, sowie die Erzählungen, die im Bändchen *Thymian – Geschichten von kleinen Leuten hinter den grossen Bergen* 1956 veröffentlicht wurden. Sie waren, wie der Roman, in der Landschaft und der Zeit meiner Jugendjahre angesiedelt. Soziale Zustände und menschliche Schicksale lieferten den Stoff für die Geschichten.

Weil ich Mitte der 50er Jahre Besitzer einer Simplex-Setzmaschine geworden war, die ich für 1000 Franken erwarb, konnte ich die *Thymian*-Geschichten selber setzen. Ein Drukker, dem ich Maschinensatz lieferte, übernahm den Druck, so dass nur das Binden des Bändchens bar bezahlt werden musste. *Zofia* war Herausgeberin in ihrem zu diesem Zweck gegründeten Perl-Verlag. Der Verkaufspreis betrug Fr. 6.50. 800 von 1000 Büchlein wurden an ausgewählte Adressen versandt und waren innert weniger Monate alle abgesetzt. Die Presse nahm die Geschichten gut auf. *Alfred Fankhauser* und *Carl Seelig* rühmten sie in verschiedenen Blättern und die Literaturkommission der Stadt Zürich sprach mir 1957 einen Aufmunterungspreis von Fr. 500. – zu. Daraufhin fanden auch die restlichen 200 Exemplare rasch ihre Käufer. Ein hoffnungsvoller Schritt zum Schriftsteller schien getan.

Die Setzmaschine brachte auch sonst einen erklecklichen Nebenverdienst, so dass ich alle Schulden vorzeitig zurückbezahlen konnte. Ausserdem legte ich ohne Wissen von *Zofia* ein Bankkonto an und kaufte, als ich 8000 Franken gespart hatte, einen VW-Käfer, mit dem ich eines Tages bei der Wohnung vorfuhr und Gattin und Tochter zu einer ersten Fahrt einlud.

Als die Satzaufträge so stark zunahmen, dass ich sie neben der Berufsarbeit kaum noch zu bewältigen vermochte, fand ich in einem Drucker aus Oberwil im Baselland einen Käufer, der mir 5000 Franken bot. Soviel war die Maschine allemal wert. Der Versuch, meine Simplex selber zu demontieren und wieder aufzubauen, gelang. Es blieb wohl das einzige Geschäft, bei dem ich, wenn man nicht allzu kaufmännisch rechnet, gut wegkam. Mit den «4 Prozent» Gewinn war ich denn auch voll zufrieden.

23 DAS ENDE DES «GROSSEN BRUDERS»

Am 25. Februar 1956 hielt *Nikita Chruschtschow* seine «Geheimrede» vor den Delegierten des 20. Parteitages der KPdSU. An Dutzenden von Beispielen schilderte er die Verbrechen *Stalins* und seines beflissenen Knechtes *Lawrentji Berjia*, die Folterungen, Deportierungen, Hinrichtungen Abertausender Genossen der KPdSU, die erpressten Geständnisse, den gnadenlosen Terror, die ungehemmte Willkür, vor der selbst seine engsten Gefährten nicht sicher waren. In den letzten Lebensjahren habe der Tyrann im Kreml *Molotow, Woroschilow, Mikojan, Schukow*, ja sogar *Berija* verdächtigt, britische Spione zu sein. *Kalinins*, des Staatspräsidenten, und *Molotows* Frau, *Stalins* Privatsekretär und andere ihm nahestehende Personen liess er als Verräterinnen und Verräter ins Gefängnis werfen. *Chruschtschow* habe er zum Gespött der Anwesenden gezwungen, auf allen Vieren zu tanzen.

Als diese Rede im Westen veröffentlicht und von Moskau nicht dementiert wurde, waren Zweifel an der Echtheit nicht mehr möglich. Es wurde eine beklemmende Lektüre, die Chronik eines menschenverachtenden *Caligula* und *Nero*. Der Schock traf die meisten Genossen aller kommunistischen Parteien, vor allem im Westen, ungeheuer. Ein Mythos wurde entzaubert, ein Götzenbild auf dramatische Weise demontiert. Alles, was die bürgerliche und sozialdemokratische Presse seit Jahren behauptet hatte und was als bösartige antisowjetische Lügen diffamiert worden war, wurde jetzt aus dem Mund des Generalsekretärs detailliert bestätigt.

Nun standen die Genossen, mich selbst inbegriffen, als unkritisch Glaubende da, als Verteidiger eines enthemmten Tyrannen und eines riesigen Völkergefängnisses, das wir als Vaterland des Sozialismus je und je gepriesen hatten. Auch jene, die keine Lobgesänge auf den «weisen Führer» der Sowjetunion und des Weltkommunismus gesungen hatten, zu denen ich mich zählen konnte, mussten eingestehen, dass sie geschwiegen hatten, wo sie hätten reden müssen. Die meisten kamen sich betrogen vor und konnten doch der bohrenden Frage nicht ausweichen, ob sie denn nicht ziemlich freiwillig und auch wider besseres Wissenkönnen sich hatten betrügen lassen.

Arthur Koestlers Roman *Sonnenfinsternis*, worin er den psychologischen Prozess darstellt, der zu den absurden Geständnissen alter Kommunisten und Weggefährten Lenins führte, hatte man, wie *George Orwells* Romane *Farm der Tiere* und *1984* als Machwerke von «Verrätern» und «Komplizen des Klassenfeindes» abgetan – oft ohne die Bücher gelesen zu haben.

Die Erde bebt

Die Folgen von *Chruschtschows* Enthüllungen liessen nicht auf sich warten.

Ende Juni kam es in der polnischen Stadt Poznań (Posen) zu einem Arbeiteraufstand, der nur dank des Eingreifens sowjetischer Truppen niedergeschlagen werden konnte. Im Oktober wurde der in der Versenkung verschwundene *Władisław Gomułka* auf den Stuhl des Parteisekretärs zurückgeholt. Er führte einen Reformkurs *Polnischer Frühling im Herbst* ein, der *Chruschtschow* Angst einjagte. Als er mit militärischem Eingreifen drohte, erklärte Gomułka, dass dann die polnische Armee kämpfen würde. Chruschtschow gab nach.

In Ungarn waren *Lászlo Rajk* und die andern «Verschwörer» schon 1955 rehabilitiert worden. Am 6. Oktober 1956 wurde Rajk öffentlich beigesetzt. 200 000 Männer und Frauen nahmen an der Trauerfeier teil. Es war eine gewaltige Demonstration gegen das *Rakosi-Regime* und für den Reformkommunisten *Imre Nagy*.

Palmiro Togliatti in Italien kreierte den Begriff des *Polyzentrismus*, was soviel hiess wie: Moskau kann nicht länger der «Vatikan», die sowjetische Ideologie nicht mehr die «alleinseligmachende Wahrheit» für alle Kommunisten sein. Jedes Land müsse seinen eigenen, ihm gemässen Weg zum Sozialismus suchen und finden und seinen Sozialismus definieren.

Auch in der Partei der Arbeit setzte eine leidenschaftliche Diskussion über *Chruschtschows* Enthüllungen und die aus ihnen zu ziehenden Schlüsse ein. Endlich war es möglich, auch an der sowjetischen Partei Kritik zu üben und Fragen zu stellen, ohne sogleich als Verräter gebrandmarkt zu werden.

Fragen wurden ausgesprochen wie: Warum haben die Nachfolger Stalins erst drei Jahre nach seinem Tod die Verbrechen auf den Tisch gebracht? Warum schwiegen sie oder, richtiger: warum nahmen sie kritiklos teil am *Personenkult*? Liegt es nur am Gewaltcharakter des Tyrannen oder vielleicht doch auch an der Struktur der sowjetischen Partei im besonderen und der kommunistischen Parteien im allgemeinen, zum Beispiel an dem Dogma des «demokratischen Zentralismus», das in Wirklichkeit echte Demokratie verhindert und alle Macht dem Zentralkomitee, dem Politbüro und schliesslich eben dem «weisen Führer der Völker» überlässt? Manche Genossen stellten gar die Frage, ob die sowjetische «Entartung» nicht möglicherweise schon bei *Karl Marx* angelegt sei. Unüberhörbar die Stimmen, die verlangten, dass es nun Schluss sein müsse mit der Rolle der Partei als Filiale der sowjetischen Partei, ihren selbstherrlichen Wendungen und ihrer Aussenpolitik. Es wurde nun offenbar, wie sehr sich Zweifel, Unbehagen, Widerspruch hinter dem Dogma der Treue zur Sowjetunion und ihrer Partei aufgestaut hatten, die sich jetzt Luft machten.

Die heftigen Diskussionen um grundsätzliche Fragen der Ideologie und der Partei weckten auch Hoffnungen. Es waren in Ungarn und der Tschechoslowakei führende Genossen gewesen, die die Demokratisierung der Partei gefordert und eingeleitet, das Recht auf den eigenen Weg zum Sozialismus postuliert hatten. Das hiess: Die Idee des Sozialismus schloss Reformen und innere Erneuerung nicht aus, sondern ein.

Im *Vorwärts* veröffentlichte ich einen Artikel, in dem ich energisch für die Gleichberechtigung der marxistischen Parteien und gegen jede Einmischung irgendwelcher «grosser Brüder» eintrat. Es sollte mein letzter Beitrag im Organ der Partei sein.

Die Ereignisse in Ungarn verschärften die Auseinandersetzungen in der Partei. Während die «Reformer» sich entschieden für *Imre Nagy* und seine Mitkämpfer für ein unabhängiges sozialistisches Ungarn aussprachen, warteten die «Dogmatiker» ab, wie man in Moskau auf die sich überstürzende Entwicklung dort reagieren würde.

Am 23. Oktober 1956 brach der Aufstand gegen das Regime der *Rákosi, Farkas, Gerö* und Genossen offen aus. Während er im Gang war, sollte an einer Parteikonferenz in Zürich eine Klärung über den Kurs der Partei im Verhältnis zur Sowjetunion und über ihre künftige Rolle gefunden werden. Mitten in diese Auseinandersetzung platzte die Nachricht von der Verhaftung *Imre Nagys*. Jetzt wusste die Mehrheit der anwesenden Parteileute wieder, woher der Wind wehte. Imre Nagy, der die Neutralität Ungarns und den Austritt aus dem Warschau-Pakt verkündet hatte, musste ja ein Verräter sein. Also erhoben die Rechtgläubigen sich von ihren Sitzen und sangen die *Internationale* zum Zeichen der Zustimmung. *Fritz Heeb*, ich und zwei, drei andere blieben sitzen. Und schon tönte es von hinten: «Renegaten, Verräter» und was der freundlichen Charakterisierungen von Menschen waren, die nicht mehr blind hinnehmen wollten, was aus Moskau dekretiert wurde.

Als der Gesang zu Ende war, standen wir «Abtrünnigen» auf und verliessen den Saal im Zürcher «Limmathaus». Wütende «Nachrufe» der «Hinterbliebenen» begleiteten uns.

Zur Erleichterung darüber, die notwendige Trennung vollzogen zu haben, kam das Bewusstsein, etwas zu verlassen, was man doch während Jahren als eine Art Heimat von Hoffnung auf eine sozial gerechtere Welt, einen gesellschaftlichen Zustand erlebt hatte, in dem der Mensch nicht mehr ein gedemütigtes Wesen sein würde.

Die Idee, eine demokratisch-sozialistische Gruppe zu bilden und ein eigenes theoretisches Organ ins Leben zu rufen, wurde bald aufgegeben.

Zunächst galt es, die mit der Niederschlagung des Aufstandes in Ungarn ausbrechende Hasswelle gegen die Partei der Arbeit, auch gegen die Ausgetretenen, zu überstehen. Führende Funktionäre der Partei wurden auf der Strasse, im Tram, in der Eisenbahn, Zürcher Gemeinderäte wurden von Kollegen selbst vor dem Rathaus angepöbelt, manchmal tätlich angegriffen. Der kleine Textilladen von *Lydia Woog* wurde kurz und klein geschlagen. Der Laden des Literaturvertriebs wurde ausgeräumt, die Bücher auf die Strasse geworfen und verbrannt.

Einer pogromartigen Kampagne waren *Konrad Farner* und seine Familie ausgesetzt. Nachdem in der *Neuen Zürcher Zeitung* die Adresse des marxistischen Theoretikers und Kritikers veröffentlicht worden war, sammelte sich Abend für Abend eine tobende und schaulustige Menge vor Farners Haus mit Rufen wie «Hängt ihn!» und der Drohung, das Haus anzuzünden. Immer wieder musste die Feuerwehr ausrücken. Frau und Kinder Farners wurden auf der Strasse beschimpft und in den Dorfläden nicht mehr bedient. Im Garten neben Farners Haus stellte der Nachbar eine grosse Tafel auf, woraus zu lesen stand, dass hier der Doktor Farner wohne, «der die kommunistische Tyrannei in der Schweiz einführen will. Er und wer mit ihm verkehrt, sei von allen Freiheitsliebenden verachtet.» Selbst im Tessin, wohin die Familie geflüchtet war, wurde sie von Zürchern aufgespürt und verfolgt. Ein beschämendes Kapitel des helvetischen «Patriotismus», der seinen Heldenmut weit vom Schuss an Menschen demonstrierte, die seinen Attacken ziemlich hilflos ausgeliefert waren.

Trotz dieser üblen Treibjagd konnte eine Rückkehr in die Partei aus Solidarität mit den Verfolgten nicht in Frage kommen. Es war immer das gleiche: «Wenn der Feind angreift, diskutiert man nicht; wenn der Angriff vorüber ist, kommt man nicht auf Vergangenes zurück, sondern richtet den Blick nach vorn.» Damit waren grundsätzliche Fragen um Ideologie und Praxis auf den St. Nimmerleinstag verschoben.

Allmählich wurde nun auch bekannt, was die Freunde und Bekannten in Polen in den vergangenen Jahren erlebt und erlitten hatten. Nach der Hinrichtung *Berijas* und der Aufdekkung der stalinistischen Konstruktionen in den Schauprozessen in Budapest und Prag, den Massenverhaftungen «verdächtiger» Kommunisten in den andern sozialistischen Staaten, waren *Mietek Walczak* und seine Mutter, *Mama Kotasowa*, die Trauzeugen von *Zofia* und mir 1948 in Warschau, nach mehr als sechs Jahren Gefangenschaft freigelassen worden.

Zu den nur halbherzig rehabilitierten «Verrätern» gehörten *Tonja Lechtman, Jerzy Kawa, Jerzy Nowicki, Jan Sokolowski, Jan Lis* und andere, die den Krieg in der Schweiz überlebt hatten und, wie gesagt, von *Field* «gekauft» worden sein sollten, um den Sozialismus in ihren Ländern zu sabotieren. Sie alle hatten unmenschliche Folterungen erdulden müssen. *Mama Kotasowa* musste nach der Freilassung in eine psychiatrische Klinik eingewiesen werden, wo sie nach einiger Zeit starb. Der Arzt *Leon Gecow*, ein von hohen humanistischen Idealen erfüllter Sozialist, der schon im Vorkriegspolen im Gefängnis gesessen hatte, war als «Trotzkist» zu Tode gefoltert worden. Ich hatte ihn und seine Frau *Anka* in Warschau als warmherzige, offene Menschen kennengelernt. Anka, von Beruf Ärztin, kam nach 1956 in die Schweiz, wo sie in einem St. Galler Spital tätig war.

Einige der so Gemarterten kamen als körperlich und seelisch gebrochene Menschen zurück in die Freiheit. Manche litten an der Tatsache, dass sie unter grausamsten Folterungen falsche Geständnisse abgelegt und Genossen fälschlich belastet hatten. Sie waren ausserstande, von ihren Erlebnissen zu berichten. Wiederum andere, so *Jan Lis*, waren trotz überstandener Schrecken überzeugt, dass die stalinistische «Entartung» ein bedauerlicher «Betriebsunfall» in der Zeit historischen Umbruchs gewesen sei. Nur wenige Jahre später, 1960, als judenfeindliche Tendenzen auch in der kommunistischen Partei erneut zunahmen, war selbst der unverbesserliche Optimist *Jan*

Lis mit seiner sozialistischen Zuversicht am Ende. Er wanderte mit Frau und Kindern nach Israel aus, wo er bis zu seiner Pensionierung als Arzt tätig war – enttäuscht, dass auch in dem mit soviel sozialistischem Idealismus aufgebauten Staat die Hoffnungen nur teilweise erfüllt wurden.

In Gesprächen mit Opfern des Stalinismus erinnerten wir uns daran, wie wir einst inbrünstig gesungen hatten: «Unsterbliche Opfer, ihr sanket dahin» – gemeint waren die Opfer kapitalistischer Ausbeutung und Unterdrückung. Nun hatte das Lied einen andern Sinn bekommen. Die Ausgebeuteten, Unterdrückten und Ermordeten waren Opfer des ersten «sozialistischen Staates». Unsterbliche? oder nicht doch eher vergebliche Opfer?

Es kann nicht sein . . .

Die Berichte über die Jahre des Schreckens in den volksdemokratischen Kerkern veranlassten mich, unter dem Titel *Vlasta* die Geschichte der Frau eines osteuropäischen Landes zu schreiben, die Anfang Januar 1958 in der *Helvetischen Typographia* erschien.

In dieser Geschichte sagt Vlasta: «Ich klage niemanden an. Im Gefängnis hatte ich Zeit, über alles nachzudenken. Wir alle, auch ich, tragen Schuld. Wir haben vergessen, dass die Menschlichkeit nicht teilbar ist. Wir nahmen es hin und betrachteten es sogar als notwendig, unsere sogenannten Feinde zu vernichten. Wir dachten, dass wir alles selber bestimmen könnten, die Dauer und die Härte der Diktatur. Wir glaubten, dass wir, wenn die Klassenfeinde vernichtet seien, ganz von selbst die vollkommene Demokratie einführen würden. Das war falsch . . . Die Lüge wurde zur Beherrscherin unseres Daseins . . . Mit der Freiheit des eigenen Denkens hatten wir . . . die Menschenwürde preisgegeben. Was folgte, war unausweichlich.»

Die Veröffentlichung der Erzählung bedeutete das Ende einer Freundschaft. Bruder und Schwester, gebildete, sozial denkende Menschen, Mitglieder der kommunistischen Partei seit Jahrzehnten, verstanden zwar meinen Zorn und meine Trauer über das Schicksal Vlastas; dass ich es aber öffentlich gemacht hatte, bezeichneten sie als Verbrechen, weil die einfachen Arbeiter nicht verstehen würden, dass die Unterdrückung im Sozialismus nur eine vorübergehende Erscheinung sei und seine Verwirklichung Zeit brauche. Die Wahrheit wissen, aber verschweigen im Interesse der Sache. «Es kann nicht sein, was nicht sein darf.»

Zu einer harten und grundsätzlichen Auseinandersetzung zwischen mir und *Henryk Keysch*, dem Redaktor der *Neuen Deutschen Literatur* kam es, als Keysch mich einlud, wieder, wie gelegentlich früher, einen Beitrag über schweizerische Literatur, ihre Tendenzen und Perspektiven zu verfassen. Auf die Einladung, datiert vom 5. Februar 1957, begründete ich meine Ablehnung unter anderem wie folgt: «In Ihrem Lande zeichnet sich neuerdings eine Entwicklung ab, die ich überwunden glaubte, und die ich nicht billigen kann. Sie richtet sich u. a. namentlich auch gegen Geistesschaffende und erzeugt eine Atmosphäre, in der das notwendige freie Wort . . . mehr und mehr verungmöglicht wird.»

Keysch reagierte am 13. März 1957 in unverfälschtem Parteijargon: «Ich bin, offen gestanden, ein wenig verwundert über die unkritische Art, in der Sie sich zu eigen machen, was an trivialen Neuaufgüssen altbekannter Themen der antikommunistischen Propaganda in einer gewissen Presse zu lesen ist. Können Sie denn im Ernst daran glauben, dass sich bei uns, wie Sie schreiben, eine gegen Geistesschaffende gerichtete Entwicklung abzeichne? Das Gegenteil trifft doch zu: Wo sonst in Deutschland hätte der Geist eine Heimat, wenn nicht bei uns in der Deutschen Demokratischen Republik? Etwa im Westen unseres Landes? . . . Es gebe bei uns, so scheint es Ihnen, eine Atmosphäre, in der das notwendige freie Wort mehr und mehr verunmöglicht werde. Wenn ich Sie richtig interpretiere, haben Sie den Umstand im Auge, dass in letzter Zeit in unserer Presse, in Zeitschriften und auf Tagungen nicht nur Stimmen der Kritik laut geworden sind, sondern auch Stimmen der Gegenkritik . . ., und ich meine, das eben ist die notwendige Freiheit des Wortes. Oder soll etwa die Partei der Arbeiterklasse auf das Recht der Diskussion und Polemik verzichten, . . . nur weil sie die Macht innehat und deshalb naturgemäss eine Autorität geniesst, die sie in kapitalistischen Ländern noch nicht hat? . . . Sie sind von Ihrer Presse äusserst einseitig, tendenziös und böswillig informiert.»

Am 23. März antwortete ich unter anderem: «Wenn ich gewisse Reden gewisser Leute lese, die sie bei Ihnen gestern hielten und heute wieder halten, wenn ich daran denke, was für Folgen solche Reden jeweils in der Vergangenheit hatten, und wenn ich sehe, was für Folgen sie heute haben, dann müssen Sie verstehen, dass ich *daraus* unter anderem, und nicht aus der bürgerlichen Presse, meine Schlussfolgerungen ziehe . . . Finden Sie es wirklich so verwunderlich, dass ich misstrauisch bin gegenüber Leuten, die in der Vergangenheit die Hauptverantwortung trugen für die zahlreichen Gesetzesverletzungen, für die doch offen zugegebene Willkür, für den geistigen und physischen Terror gegenüber Andersdenkenden, . . . wenn diese Leute ihre entscheidenden Positionen beibehalten haben und heute wieder die gleichen Methoden anwenden, wie in der eben zu Ende gegangenen Vergangenheit? . . . Warum sprechen Sie nicht von den Kampagnen gegen polnische und ungarische Marxisten? Sind das alles Wirrköpfe, die Dummheiten proklamieren oder noch Schlimmeres tun? . . . Warum fürchtet man bei Ihnen die echte Auseinandersetzung? Können Sie da die DDR ohne zu zögern als Hort des Geistes bezeichnen? . . . Ich weiss nicht, wie es Ihnen geht. Aber mir ist doch nicht ganz so behaglich zumute, wenn ich mit lauter Stimme die Sklavenhalter der kapitalistischen Staaten anklage und dabei an die Völker denke, die zur Zeit *Stalins* mitsamt Kindern, Greisen, mit allen kommunistischen und Staatsfunktionären aus ihrer angestammten Heimat weggeführt wurden. Wir haben seinerzeit mit Recht gegen das Urteil gegen die beiden *Rosenbergs* protestiert. Leider haben wir bei *Rajk*, *Kostow* und andern geschwiegen . . . Es kommt darauf an, welches Mass an Menschenwürde tatsächlich zugestanden wird. Die Lehren aus der Vergangenheit lauten für mich, dass man sich gegen Unmenschlichkeit, Willkür und Terror zur Wehr setzen muss, wo immer sie sich zeigen.»

Zeit der Klärung

Die meisten meiner Freunde, die seinerzeit von der sozialdemokratischen Partei zur Partei der Arbeit gestossen waren, kehrten nach einer gewissen «Karenzzeit» zu ihr zurück. Ich konnte und wollte nicht diesen Weg wählen. Der Ausgangspunkt meiner sozialistischen Radikalität waren Gerechtigkeit und Liebe und die prophetische Vision vom Friedensreich. Sie blieben die Orientierung für mein Denken und Handeln. Nicht der Pietismus der Eltern konnte der Weg sein, den ich nun zu gehen im Begriff war. In dieser Welt einander widersprechender Wirklichkeiten zwischen zerstörerischen und schöpferischen Kräften wollte ich meine Aufgaben finden. Ohne humane Utopien verkümmert das menschliche Dasein zu einer auf Essen, Schlafen, sinnlosen Ablenkungen reduzierte Existenz, die den Machtsüchtigen ihr mörderisches Treiben erst ermöglicht. Ich würde ein Suchender bleiben. Das hiess Verzicht auf alle Erlösungs-Ideologien und -theologien. So gesehen hatten die Irrungen und Wirrungen der jüngsten Vergangenheit ihren Sinn.

Was mich seit dem beinahe tödlichen Schuss vor bald 30 Jahren unterbewusst immer begleitet hatte, floss jetzt deutlicher in mein Bewusstsein: die Endlichkeit des Lebens. Ich war 35 Jahre alt. Vielleicht würden mir noch einige Jahrzehnte gegeben sein. Diesem Leben auf der Spur bleiben, gewonnene Einsichten, belegbares Wissen in Worte fassen und weitergeben, den Menschen Mut machen, nicht resignieren, die persönliche Verantwortung im Kleinen und im Grossen wahrnehmen, das Schöpferische entdecken – das schien mir der Beitrag zu sein, den ich in Zukunft würde leisten können.

III Der Weg ist das Ziel

24 BERICHTE ZUR ZEIT

Das abgeschlossene Kapitel Lebensgeschichte, das mich weiterhin als wesentliche Erfahrung begleitete, und die Geschehnisse in Osteuropa drängten mich zum Schreiben. In der Sowjetunion wurde die alte Garde um *Stalin* mehr oder weniger sanft abgelöst. Sie fand das Altersbrot auf irgendwelchen Nebenposten – *Molotow* als Botschafter, *Malenkow* als Direktor eines Elektro-Unternehmens usw. Dass die Machtkämpfe im Kreml nicht mehr in Schauprozessen und vor Exekutionspelotons endeten, zeigte den neuen Stil der «kollektiven Führung» an.

Mehr aber als die nach wie vor schwer durchschaubaren Vorgänge in der Sowjetunion beschäftigten mich Polen und Jugoslawien. Von den aus den Gefängnissen entlassenen Freunden in Warschau erhielt ich direkte Nachrichten über den Balanceakt auf dem hohen Seil, den Gomułka zwischen seinen Vorstellungen eines «nationalen Weges zum Sozialismus» und den Erwartungen des nach wie vor mächtigen östlichen Nachbarn zu vollführen gezwungen war. *Gomułka* war gewiss ein national denkender Kommunist, aber doch keine überragende Persönlichkeit. Insbesondere war sein Verhältnis zu den kritischen Intellektuellen in der Partei eher zwiespältig. Darüber, aber auch über seine Beziehung zur Kirche, über den immer schmäler werdenden «eigenen Weg» zum Sozialismus schrieb ich mehrere Artikel.

Andere Themen lauteten: «Tito der Häretiker»; «Milovan Djilas – das schlechte Gewissen Titos»; «Zehn Tage, die das Sowjetreich erschütterten» (Ungarn-Aufstand 1956); «Ulbrichts Restauration»; «Im Banne des Zauberkünstlers» (Nikita Chruschtschow), «Das Bandenmitglied als Botschafter» (Molotow), usw. Meine Texte erschienen in zahlreichen Regional- und Lokalblättern. Das ergab zusammen ein Honorar, das den Aufwand bestens lohnte – und das wir brauchten.

Anfang der sechziger Jahre begann meine Zusammenarbeit mit dem *Schweizer Feuilleton-Dienst (SFD)*. Dessen Leiter, *Ru-*

dolf Keller, war ein versierter, vielseitig interessierter, für Zeitthemen immer offener Mann. Neben den sich vermehrt aufdrängenden Umwelt- und sozialen Problemen beschäftigten mich vor allem essayistische Porträts von Zeitgenossen, sowie Geburtstags- und Gedenkartikel von Schriftstellern. So über *Leo Tolstoi, Maxim Gorki, Gerhart Hauptmann, Josef Viktor Widmann, Arnold Ott, Jens Peter Jacobsen, Martin Andersen-Nexö, Hugo Marti, Adrien Turel, Max Geilinger, Jakob Bührer, Elisabeth Müller, Karl Grunder, Emil Balmer* und andere. Ich verstand mich dabei nicht als Literaturkritiker. Vielmehr versuchte ich, darzutun, was Mensch und Werk mir bedeuteten. Ich war ein «Rühmer», der Leserinnen und Leser ermuntern wollte, zu den Büchern der Gepriesenen zu greifen und sich beschenken zu lassen.

Noch hegte ich die Absicht, mich schriftstellerisch zu betätigen. Aber dann rutschte ich immer mehr, wenn auch keineswegs zielbewusst, in den Journalismus hinein, der mich rasch so gefangennahm, dass die Schriftstellerei unvermerkt in den Hintergrund rückte.

Das Wort in der «Tat»

1958 unterbreitete ich der Redaktion der *Tat* einen Beitrag unter dem Titel «Stop dem Ausverkauf der Natur», der Ende Juli veröffentlicht wurde. Ende Oktober kam die Volksinitiative des Landesrings für die Einführung der 44-Stunden-Woche zur Abstimmung. Ausser dem Typographenbund und dem Verband des Personals Öffentlicher Dienste (VPOD) hatten alle Gewerkschaften und der Gewerkschafts-Bund die Initiative heftig bekämpft. Als Mitglied des Typographenbundes und aus Überzeugung schrieb ich zwei Artikel zugunsten der Initiative: «Da staunt der Fachmann» und «Die Entscheidung naht», welche die *Tat* an prominenter Stelle veröffentlichte (4. und 25. Oktober). Darauf lud mich Inlandredaktor Dr. *Claus Burkhard* zu einem Gespräch in die Redaktion ein. Er sei an einer regelmässigen Mitarbeit stark interessiert. Darauf ich: «Wissen

Sie, mit wem Sie reden?». Claus Burkhard verneinte. Und ich: «Vor bald zehn Jahren berichteten Sie über den sogenannten *Woog-Prozess* in Winterthur. Auf der Anklagebank sass auch ein gewisser Alfred Häsler.» Dr. Burkhard erinnerte sich. Er werde Chefredaktor Dr. *Erwin Jaeckle* die Sache vorlegen, glaube jedoch nicht, dass meine «Vergangenheit» ein Hindernisgrund für eine Mitarbeit bei der *Tat* sei. Es war kein Hinderungsgrund.

Erwin Jaeckle, ein Mann urbanen Geistes, wacher Zeitgenosse, zu Hause in den Bereichen Literatur, Philosophie, Naturwissenschaft, Geschichte, temperamentvoller Politiker, kompetent, wo er sich schreibend und redend äusserte, hatte ein Gespür für Begabung und Gesinnung. Ideologische Bretter vor den Augen waren ihm ein Greuel. Er begleitete mich von Anfang an aufmerksam, förderte mich und sprach mir den Raum zu, worin ich mich entfalten konnte.

Die *Tat* war für mich ein Glücksfall. Unverzüglich machte ich mich an die Arbeit und brachte ein, was mich bewegte: Die Suche nach Menschen und Problemen der Zeit.

In den sechziger Jahren war ich in der deutschsprachigen Schweiz wohl der einzige Journalist, der Gespräche mit Persönlichkeiten in Frage und Antwort und in einer Ausführlichkeit pflegte, wie es so nur in der *Tat* möglich war. Ich machte den Dialog zu Zeitfragen zum Arbeitsprinzip.

Da kamen neben vielen andern *Carl Zuckmayer, Karl Jaspers*, der Tiefenpsychologe *Heinrich Meng, Albert Hofmann*, Entdekker des LSD, die Sängerin *Inge Borkh, Robert Jungk*, der Physiker *Max Thürkauf*, die Schriftsteller *Heinrich Wiesner* und *Fritz Hochwälder*, der führende Zionist *Nahum Goldmann*, der Philosoph *Hermann Levin Goldschmidt*, der Gewerkschaftsführer *Max Arnold*, der Historiker *Erich Gruner* zu Wort.

Entdeckungsfahrten zu Menschen

Als ergiebige, oft bewegende und unvergessliche Entdeckungsfahrten erlebte ich meine Besuche bei Frauen und Männern, von denen die meisten nicht zu den eigentlich Berühmten gehörten, die aber mit grosser Hingabe und Treue in den von ihnen gewählten Arbeitsgebieten Leistungen erbrachten, die in hohem Masse den kulturellen, vielfarbigen Reichtum des Landes ausmachten. Ich lernte so unter anderem Forschungsergebnisse kennen, von denen ich vorher nichts gewusst hatte.

Da war der Primarlehrer und Ornithologe *Paul Weber* in Zürich. Im Laufe seines mehr als 80 Jahre dauernden Lebens hatte er in allen Gegenden des Landes, oft auch im nahen Üetlibergwald oder in einer stillen Strasse über 100 000 Schmetterlinge gesammelt, präpariert, jedes Exemplar lateinisch und deutsch beschriftet. War das eine Welt an Farben und Formen, wie man sie in solcher Fülle nur eben in Sammlungen sieht! Weber betreute auch die Schmetterlingssammlung der ETHZ. An die 50 Schmetterlingsarten hatte er entdeckt, einige trugen seinen Namen.

Ähnlich erging es mir, als ich den Bergführer *Reto Giovanoli* in Bondo zuunterst im Bergell besuchte. Der hatte nach dem Krieg, als auch die Schweiz nach Uran suchte, mit einem Wissenschafter die Bergeller Berge nach entsprechendem Gestein abgesucht: Sie wurden nicht fündig. Fündig wurde dagegen *Reto Giovanoli*, der auf diesen Wanderungen die Vielfalt des Gesteins seiner engern Heimat entdeckte und von da an mit Leidenschaft Milliarden Jahre Erdgeschichte studierte.

In St. Moritz besuchte ich *Franz Donatsch*, der nach seiner Pensionierung als Sekundarlehrer sich noch einmal als Student an der Universität Zürich eingeschrieben hatte, um seine Botanikkenntnisse zu erweitern und zu vertiefen. Auf Wanderungen nach Maloja, zur Innschlucht, die damals noch nicht zubetoniert war, und hinauf zum Julier machte Donatsch mich mit der Flora des Engadins bekannt, deren Farben um so intensiver leuchteten, je kürzere Zeit sie in grossen Höhen blühen durfte. Donatsch hatte im Verlauf der Jahrzehnte beobachtet, wie südliche Blumen über den Maloja und den Julier ins Engadin einwanderten und wie sich in der Innschlucht ein Pflänzchen aus der Eiszeit erhalten hatte, das sonst nirgends mehr in der Schweiz zu finden sei.

Im alten, von seinen Vorfahren ererbten Bauernhaus in Seegräben beim Pfäffikersee zeigte mir der stille, zurückgezogen lebende ehemalige Lehrer an der Kantonsschule Winterthur, *Edwin Messikomer*, seine in vielen Jahren und auf unzähligen Wanderungen durchs Land und bis hinauf zu den höchstgelegenen Bergseen zusammengetragene Alpensammlung.

Wie das Schicksal so spielt: Als der aus Deutschland stammende, 1884 geborene Jurist *Erwin Poeschel* wegen seiner Lungentuberkulose in Davos Heilung suchte und fand, entdeckte er die Schönheit der Bau- und Kunstdenkmäler Graubündens, beschrieb und publizierte sie mit der Akribie des passionierten Forschers in Büchern, wie *Das Bürgerhaus in Graubünden, Burgenbuch des Kantons Graubünden*, so auch eines über *Paul Bodmers Fresken im Fraumünster-Kreuzgang in Zürich.*

Zu erlebnisreichen Entdeckungsfahrten wurden die Gespräche und Wanderungen mit dem Geologen *Arnold Heim*, dem Sohn des grossen Erforschers der Schweizer Alpen *Albert Heim* (1849–1937). Vor seinem 80. Geburtstag am 3. März 1962 brachten Arnold Heim, seine Frau *Elisabeth* und ich im Herbst 1961 von Schrina-Hochruck aus einen steilen Weg durch die Felswände der Churfirsten hinter uns. Hier nämlich hatte Arnold Heim 1912 die Forschungen zu seiner Monographie über die Churfirsten-Mattstock-Gruppe begonnen, die Massstäbe setzte für die stratigraphischen Untersuchungen im Deckengebirge. Forschungsreisen führten Arnold Heim nach Tibet, zur Teilnahme an der ersten schweizerischen Himalaja-Expedition, führten weiter nach China, Niederländisch Indien, Nord- und Südamerika, Grönland, Australien, Afrika. Mit *Walter Mittelholzer* begab er sich 1926/27 auf erste abenteuerliche Flugfahrten nach Südafrika. Zahlreiche, mit eigenen Aufnahmen illustrierte Bücher zeugen von diesen Reisen. In Persien suchte und fand er Erdöl, ebenso auf Formosa. Bis ins hohe Alter bestieg Heim 3000 und 4000 Meter hohe Berge. Im Urwald suchte er den Schrei des Orang Utans auf Tonband festzuhalten. Bei Spaziergängen im Wald konnte er mir genau sagen, von welchen Vögeln welches Gezwitscher stammte. Er hatte für ihren Gesang eine eigene Notenschrift entwickelt. Tausende von Dias und Fotofilmen füllten Heims Forscher-Archiv. Zur Bereicherung war mir schon Jahre zuvor Arnold Heims Buch *Weltbild eines Naturforschers* geworden, worin er sein Denken zu Wissenschaft, zu Ethik, Moral und Humanität niedergelegt hat. Heim war Forscher, Lehrer, Aufklärer, Moralist und Lebensreformer in einem.

Ein Forscher anderer Art wiederum war *Arnold Büchli*, der den Reichtum der Sagen und Gebräuche der Walser entdeckt hatte. Voluminöse Bände, *Mythologische Landeskunde von Graubünden*, zeugen von der enormen Leistung Büchlis. Von vielen wäre noch zu berichten. Von den Schriftstellern *Hans Zulliger, Jakob Flach, Jo Mihaly, Martha Maag-Socin, Hans Albrecht Moser, Edzard Schaper, Ruth Blum, Hans Schumacher, Rainer Brambach, Fridolin Tschudi, Clà Biert, Johannes Urzidil, N. O. Scarpi, Robert Mächler, René Gardi, Hans Reutimann, Erika Burkart*. Manche wurden Freunde. Unvergesslich die Besuche bei *Zenta Maurina* und *Mascha Kaléko*, zwei Dichterinnen hohen Ranges, beide aus leidvollen Erfahrungen schöpfend. Bleibend die Erinnerungen an die Maler *Charles Hug, Arnold Daghani, Walter Helbig, Max Bill, Tamara* und *Peter Voltz, Ignaz Epper, Helen Dahm, Walter Jonas, Arnold Brügger, Franz Gertsch, Willy Fries, Ernst* und *Sasha Morgenthaler, Viktor Surbek* und *Marguerite Frey-Surbek*, an den knorrigen Nebelspalter-Redaktor *Carl Böckli (Bö)*.

Eingegangen ins lebendig gebliebene Gedächtnis auch *Max Werner Lenz, Alfred Rasser*, die Journalistinnen *Emmy Moor* und *Elisabeth Thommen*, die grosse Schauspielerin *Therese Giehse*, der Volkserzieher *Fritz Wartenweiler*, die liebenswürdige Goetheforscherin und Pazifistin *Elisabeth Rotten*, der Kupferstecher *Karl Bickel*, der Mahner vor der Zerstörung der Natur *Emil Egli*, die Begleiterin junger Frauen *Didi Blumer*.

Zeugen des Menschlichen und freundliche Begleiter von besonderer Treue der Schriftsteller *Carl Seelig* und der jiddische Dichter waren *Lajzer Ajchenrand*. Seelig hatte sich besondere Verdienste um *Robert Walser* in seinen Jahren der innern Emigration in Heiden erworben. Junge oder zu wenig bekannte

Autoren erfreuten sich Seeligs beharrlicher Förderung. Am 15. Februar 1962 glitt *Carl Seelig* auf dem vereisten Trittbrett eines fahrenden Trams aus, stürzte und starb an den erlittenen Verletzungen. Auf der schwarzen Fahne am Unfallort war zu lesen: «Hier starb ein Mensch.»

Lajzer Ajichenrand, 1942 als Flüchtling in die Schweiz gekommen, sprach in seinen Dichtungen von dunklem Klang Schicksal und Leiden der Juden in diesem Jahrhundert an, wie es nur einem gelingt, der in der Geschichte, dem Denken und der Sprache seines vieltausendjährigen Volkes zutiefst beheimatet ist. Zum erstenmal begegnete ich ihm 1944 in Zürich. Vor meiner Reise nach Polen 1946 bat mich Lajzer Ajchenrand: «Wenn du in Polen einen jüdischen Friedhof besuchst, dann lege eine Rose auf ein Grab. Alle die dort liegen sind meine Brüder und Schwestern.» Angehörige von ihm hatten kein Grab. Lajzer war ein Ermutiger von besonderer Gewogenheit. Als er am 12. September 1985 starb, hatte sich ein Weggefährte verabschiedet, der eine nicht zu schliessende Lücke hinterliess. Er wurde als Staatenloser begraben, weil ein findiger «Schweizermacher» unmittelbar vor der Einbürgerung in Zürich herausgefunden hatte, dass der Dichter einmal einige Monate auf einer Vorlesungsreise bei jüdischen Gemeinden in Lateinamerika von Zürich abwesend gewesen war. Also hätte Lajzer Ajchenrand, der schon 20 Jahre Schweiz hinter sich hatte, noch einmal zehn Jahre warten müssen, bis ein neues Einbürgerungsgesuch auf mehr oder weniger wohlwollende Prüfung gestossen wäre. Auch ein Stück Bewältigung helvetischer Flüchtlingspolitik.

1965 brachten der Fretz & Wasmuth Verlag und der Ex Libris Verlag in Zürich 60 meiner kurzen, mit *Jeremias* gezeichneten Essays in dem Buch *Zu Besuch bei . . .* heraus. Die Schweizerische Schillerstiftung wählte es zum Buch des Jahres, welches sie jeweils ihren Mitgliedern schenkt. Unerwartet fiel das Echo aus. Rund 40 Zeitungen widmeten «Zu Besuch bei . . .» zum Teil ausführliche, durchwegs freundliche Besprechungen. Es erlebte mehrere Auflagen.

Dass das Zürcher Schauspielhaus seit Beginn meiner Zürcher Zeit Zentrum meiner kulturellen Neugier war, hing mit dessen Ruf als einer bedeutenden Stätte freien Geistes im dunkelbraunen deutschen Sprachraum und dann im besetzten Europa zusammen, aber auch mit den Schauspielern, die ich 1944/45 hier kennenlernte. Von diesem Ruf zehrte es immer noch, wenn auch bekannte Schauspieler Zürich verlassen und an Bühnen in beiden Deutschland und in Österreich neue Wirkungsstätten gefunden hatten. In der Reihe *Regie führt*, kamen *Leopold Lindtberg, Otto Tausig, Peter Löffler, Ernst Lothar, Werner Düggelin, Kurt Hirschfeld* und *Leonhard Steckel* zu Wort. Bei diesen Gesprächen erfuhr ich jeweils auch einiges über Erlebnisse und Schicksale der Künstler. Manchmal schimmerte eine nachwirkende Bitterkeit über die Bedingungen durch, unter denen sie ihre «Mission freien Geistes» unter bürokratisch-fremdenpolizeilicher Aufsicht zu erfüllen hatten. Das ständige Erinnertwerden durch kleinliche Beamte, dass sie eigentlich dankbar sein müssten, in der freien Schweiz zu sein, wog schwerer als die allzu kurzen Probezeiten, die mageren Gagen, die engen räumlichen Verhältnisse, es verstärkte die seelischen Belastungen, denen sie im Wissen um das mörderische Geschehen rund um die Schweiz ausgesetzt waren. Um so mehr schätzten sie die Solidarität von *Emil Oprecht*, Stadtpräsident *Emil Klöti*, Rechtsanwalt *Eduard Zellweger, Richard Schweizer, Kurt Düby* und *Oskar Düby* von der Fremdenpolizei, *Oskar Wälterlin* und anderen. Ein trauriger Tag war es, als Anfang Dezember 1964 die Nachricht vom Tod *Ernst Ginsbergs* eintraf. Mir blieb ein Gespräch in lebhafter Erinnerung, das ich in einer Pause zwischen zwei Akten mit dem schweissüberströmten Mimen in der engen Garderobe geführt hatte. Temperamentvoll und noch erfüllt vom Geschehen auf der Bühne, sprach er über dessen tiefern Sinn. Eine schwere Krankheit hatte den genialen Künstler allmählich seiner Stimme beraubt. *Friedrich Dürrenmatt* hat des qualvoll Verstummten letzte Gedichte

Buchstaben für Buchstaben zu Worten zusammengefügt. Zum Beispiel dieses:

Abschied von der Sprache

Wie soll ich dich lassen, des Geistes menschlichsten Hort,
Dich, an dem Himmel und Erde seit Anbeginn hängt –
Sprache, auf meinen Lippen verendende, stirb mir nicht fort.

Und:

Versteint
im leer hallenden Gemäuer
des Schweigens
moosüberwachsen der Mund
ätzende Rinnsale das Gesicht furchend
erwarte ich den Eroberer
der diese unnütz gewordene Festung
schleift.

(Aus: *Ernst Ginsberg: Abschied*, Erinnerungen, Theateraufsätze, Gedichte. Arche, Zürich).

Eine andere meiner Reihen galt den Holzschneidern *Emil Zbinden, Ugo Cleis, Aldo Patocchi, Karl Landolt, Fred Bauer, Bruno Gentinetta, Martin Thönen, Peter Wullimann, Ruth Steinegger* und *Michel Terrapon.* Meine enge Beziehung zu ihnen brachte es mit sich, dass ich Ausstellungen mit Holzschnitten der Vereinigung *Xylon* und einzelner Holzschneider eröffnen durfte. Wanderungen mit *Emil Zbinden, Robert Wyss* und *Karl Landolt* im Waadtland und im Wallis fanden Aufnahme in der Clubzeitschrift *ex libris* und in der *Weltwoche.*

Zürcher hiess eine Folge, in der ich Frauen und Männer «aus dem Volk» porträtierte.

Eine weitere Serie galt *Schweizer Buchreihen* und ihren Herausgebern. So *Der Bogen* von *Traugott Vogel; Akazienbücherei* von *Max Schmid; Quadratbücher* von *Hans Rudolf Hilty; Atlantis Musikbücherei* von *Martin Hürlimann; Arche-Bücherei* von *Peter Schifferli; Lebendige Gegenwart* von *Bruno Mariacher* und andere.

Neben dem, was ich als Allround-Journalist leistete – Berichte über kulturelle Veranstaltungen, Geburtstage bekannter Persönlichkeiten, Trauerfeiern usw. –, zog es mich immer wieder an Orte besonderen Geschehens, so zu hochgelegenen Baustellen. Kurz nach dem Krieg hatte in der ganzen Schweiz, besonders in den Bergen, eine Bautätigkeit gigantischen Ausmasses begonnen. Im Wallis verdoppelte sich die Zahl der Wasserkraftwerke von 34 auf über 70. Es entstanden die Stauseen Grande Dixence, Mauvoisin, Mattmark und andere. Der Strassentunnel durch den Grossen St. Bernhard verkürzte die Fahrzeit von der Schweiz nach Italien. Überall waren Abertausende meistens italienische, Arbeiter am Werk, die in grosser Höhe und unter nicht leichten Bedingungen zu allen Jahreszeiten sich durch den Berg bohrten, riesige Staumauern und Staudämme errichteten. Viele bezahlten mit ihrem Leben, so wie in der zweiten Hälfte des letzten und zu Anfang dieses Jahrunderts, als die Muratori unsere Bahnen und Tunnels bauten: Gotthard-, Lötschberg-, Simplon-, Jungfraubahn und alle Bergbahnen zu den schönsten Gipfeln der Schweiz.

Mitte Februar 1962 fuhr ich mit meinem VW über Martigny-Orsières zur Baustelle am Grossen St. Bernhard. Ein Schneesturm machte die Rückfahrt für einige Tage unmöglich. Am nächsten Tag der Gang in den Tunnel. Schummriges Licht von elektrischen Lampen. Arbeiter hämmern, schrauben, stemmen Eisenbalken in die Höhe, legen Röhren, ziehen Kabel durch Gräben. Die weissblauen Blitze der Schweissbrenner werfen fahles Licht auf die Männer mit abgedeckten Gesichtern. Das Dröhnen der Maschinen vermischt sich mit dem Geschrei kommandierender Vorarbeiter.

Am spätern Nachmittag in der Kantine. Männer sitzen an den Tischen vor einem Glas Weisswein oder Bier. Einige spielen Karten. Zwei spielen Mundharmonika. Der anhaltende Schneesturm, der die Rückkehr ins Tal verhindert, lässt Zeit, sich Geschichten derer anzuhören, die am Grossen St. Bernhard arbeiten. Warum kamen sie hier herauf? Man verdient gut und hat wenig Gelegenheit, sein Verdientes zu verschleudern – ausser in Alkohol. Manchmal werden einige vom Bergkoller übermannt. Dann weinen sie wie Kinder oder randalieren, dass man sie mit Gewalt bändigen muss. Einer, so vernehme ich, sei plötzlich von einer Art Wahnsinn befallen worden und mit dem Messer auf seine Kollegen losgegangen. Zwei Polizisten hätten ihn abführen müssen. Man habe nichts mehr von ihm gehört.

Der Chef einer Sprengequipe erzählt mir von der zerquetschten Hand eines Arbeiters. «Sie war nur noch ein blutiger Klumpen. Der Jackenärmel war zwischen dem Handgelenk und der Hand durchgezogen. Etwas so Schreckliches habe ich noch nie gesehen. Aber der Mann sass, als der Arzt ihm die Wunde reinigte, fast reglos auf dem Stuhl. Er jammerte nicht, stöhnte nur dann und wann ein wenig und meinte: ‹Die Hand ist futsch.› Ein harter Bursche.»

In Andeer berichtete mir der katholische Pfarrer in einem bis tief in die Nacht dauernden Gespräch bei einer Flasche Veltliner von den Problemen der Arbeiter am Stausee im Valle di Lei, einem Paralleltal zum Madrisertal knapp jenseits der Schweizergrenze. Er hatte eine Pfarrgemeinde im Unterland aufgegeben. «Die Arbeiter haben mich nötiger als die Wohlstandschristen. Die kommen aus Sizilien, Kalabrien, Umbrien, Neapel, aus dem Piemont, aus Ligurien und dem Trentino. Sie verlassen Haus und Familie, um Geld zu verdienen. Bei ihnen herrscht Arbeitslosigkeit. Das milde Klima tauschen sie mit den rauhen Winden auf 2000 und mehr Metern Höhe, wo dann und wann schon im Spätherbst Schneestürme den Aufenthalt im Freien verunmöglichen. Nicht alle stehen das durch. Viele sind schon davongelaufen und nicht wiedergekommen. Diese Männer brauchen nicht fromme Worte. Sie sollen spüren, dass ich einer der ihren bin, der sich für sie einsetzt.»

So vorbereitet fuhr ich am frühen Morgen mit dem Pfarrer ins Valle di Lei. Die Staumauer stand ungefähr zur Hälfte. Ein imposantes Bauwerk. Geplant von Ingenieuren und Architekten, ausgeführt mit Hilfe neuester Techniken – und den vielen hundert Arbeitern aus Sizilien, Kalabrien, Umbrien, dem Piemont und Ligurien, wo jetzt gerade die Orangen, Datteln, Bananen und Trauben reiften.

Wenn die Natur zuschlägt

Am Dienstag, dem 8. Oktober 1963, kam die Nachricht, dass ein Bergsturz vom Monte Toc in den Stausee von Vaiont eine Flutwelle ausgelöst und das Dorf Longarone und weitere Siedlungen zerstört habe. Am Donnerstag beschloss ich mit einem Kollegen, an den Ort der Katastrophe zu fahren. Um 17 Uhr starteten wir in meinem VW. Nach zwölf Stunden ununterbrochener Fahrt erreichten wir um 5 Uhr früh Belluno. Um acht Uhr waren wir in Longarone.

Am Sonntagabend konnte man in der *Tat* den Text lesen und die Bilder sehen: «Was verursacht das sonderbar unheimliche Grauen, das einen kalt anfasst, wenn man von einer Anhöhe über das verschüttete Piavetal blickt oder hilflos vor dem weiten Schlammfeld steht, aus dem dunkle Tümpel einen wie glanzlose Augen anstarren – und wo noch am letzten Sonntag die Leute von Longarone zum Gottesdienst in eine Kirche gingen, die mit ihren anderthalb Metern dicken Mauern wie für die Ewigkeit gebaut schien? Und der Auswärtige kann nicht ausmachen, wo sie denn gestanden hat. Manchmal hat man den Eindruck, als hätten hier nie Menschen gelebt. Nach einem Erdbeben, einer Feuersbrunst, sieht man noch, wo die Häuser standen. Man kann unter den Trümmern Dinge finden, die einem lieb waren. Ruinen machen auch den grausamsten Schmerz noch ein wenig menschlich. In Longarone und Piroga ist so gut wie nichts übrig geblieben. Die Flut hat keinem Menschen, den sie erfasste, auch nur die geringste Chance einer Rettung gelassen ... Wir haben die Heimkehrer – auch aus der Schweiz – gesehen, die sich nicht mehr zurechtfanden, weil sie nicht mehr wussten, wo genau ihr Haus gestanden hatte ...

Zahlen geben Anhaltspunkte über das materielle Ausmass der Katastrophe . . . Wenn man jedoch in einem Bergbach den an einem Stein mit einem Fuss hängengebliebenen Körper einer Frau erkennt, sieht, wie ihre Arme im strömenden Wasser Bewegungen machen, die Schwimmbewegungen gleichen, wie die Wellen mit den langen schwarzen Haaren gespenstisch spielen – dann wird für einen Augenblick vorstellbar, was die Zahl 1000 oder 2000 heisst.

Der Bergsturz in den Stausee – 200 Millionen Tonnen Fels und Schutt – hat die verheerenden Wassermassen zu Tal gejagt und bis hinauf zu den Hängen der andern Talseite. Und dort die Schienen der am Berg sich hinziehenden Bahngeleise von den Schwellen gerissen und zu schwungvoll in die Luft weisenden Bogen verformt, als wären sie aus dünnem Draht.

Ob der Monte Toc und die andern Berge beidseits des Stausees gründlich genug untersucht worden sind, bevor man die Mauer baute? Der Bauer *Giovanni Talamin* bezweifelte es. Aber er werde das Tal nicht verlassen. Er habe in der Unglücksnacht ein krachendes Geräusch gehört, sei aufgestanden und den Berg hinauf geeilt. Dann habe die Flutwelle über dem Haus zusammengeschlagen. Und das Haus sei weg gewesen. Und mit ihm die Frau und die Kinder. Jetzt bin ich allein. Man meint, es könnte noch einmal Wasser kommen. Aber ich bleibe hier.

Heimat ist auch dort, wo man seine Toten hat.»

Am Sonntag, 13. Oktober 1963 wird gemeldet, dass bis jetzt 1900 Leichen gefunden worden seien. Schliesslich weiss man: 2500 Frauen, Männer, Kinder wurden von den Fluten umgebracht.

Erdbeben in Skoplje

Am Freitag, 26. Juli 1963, geschah es: Am frühen Morgen, die ersten Sonnenstrahlen lagen schon auf Skoplje, ein schöner Sommertag kündete sich an. Frühaufsteher waren auf dem Weg zur Arbeit. Dann ereignete sich, was wir Erdbeben nennen.

Innert 20, 30 Sekunden stürzten annähernd die Hälfte der rund 35 000 Gebäude donnernd in sich zusammen. Nur etwa 15 bis 20 von 100 Häusern blieben mehr oder weniger unbeschädigt. Mehr als 1000 Menschen fanden den Tod, 3500 wurden schwer verwundet. Zehntausende hatten kein Dach mehr über dem Kopf. Aber schwere Erdbeben gehörten sozusagen zur Geschichte der Stadt – wie die Eroberungen durch die Illyrer, die Römer, Slawen und Türken.

Acht Monate nach dem Erdbeben, Ende März 1964, flog ich mit andern Journalisten und Vertretern von Hilfsaktionen nach Skoplje. In seltener Einmütigkeit hatten sich führende Parlamentarier aller Parteien für grosszügige Hilfe an die zerstörte Stadt ausgesprochen. Als Schweizer Beitrag wurde der Bau von einem, wenn möglich von zwei Schulhäusern beschlossen und an die Hand genommen. Das erste werde Pestalozzi-, das zweite Rousseau-Schulhaus heissen. Schon vorher waren elf Häuser mit 44 Wohnungen für rund 400 Menschen erstellt worden.

In meinem Bericht in der *Tat* hiess es unter anderem: «Wir waren nur ein paar Stunden in Skoplje. Aber sie genügten, um uns eine Ahnung von dem zu geben, was sich in dieser Stadt am Flusse Wardar in der Morgenfrühe des 26. Juli 1963 ereignet hat. Die Uhr an einem öffentlichen Gebäude war genau um 05.17 stehen geblieben. Die Zeiger standen immer noch auf 5 und 17.» Gang durch die Stadt mit der Dolmetscherin *Olivera Jancic*. «Immer wieder die eingestürzten Häuser, die Trümmerberge, die aufgerissenen Häuserfronten, die wie von Blitzen gespaltenen Mauern, tonnenschwere Quadersteine, geborstene Säulen. Olivera Jancic hatte das Beben miterlebt. ‹Ich werde das nie vergessen.› . . . In einer Nebenstrasse sass eine alte, schwarzgekleidete Frau auf einem Stein, den zahnlosen Mund leicht geöffnet, irgendwohin, an uns vorbei schauend, tränenlos. Olivera Jancic: ‹Sie sitzt jeden Tag da. Sie hat ihre ganze Familie verloren.›

Dass es in Skoplje wohl keine einzige Familie gibt, die nicht Angehörige verloren hat, macht vielleicht den Schmerz erträglicher. Wie das Wissen, dass es in Makedonien keinen erdbebensichern Platz gibt. Als Skoplje 1555 vom Erdbeben zerstört wurde, baute man die neue Stadt 25 Kilometer entfernt auf. Jetzt lag sie in Trümmern, während dort, wo sie früher stand, die Erde ruhig blieb.

Als ich die alte *Mileva Stoiceva* fragte, ob sie und ihre Tochter und der Schwiegersohn nicht anderswo das neue Haus bauen möchten, lächelte sie und schüttelte entschieden den Kopf: ‹Hier wurde ich geboren. Hier lebten meine Grosseltern und meine Eltern. Hier will ich sterben.›»

Mattmark, 30. August 1965

Im sechsten Jahr des Baues am Staudamm Mattmark auf 2120 Meter ü. M. oberhalb Saas-Fee stürzten von der Allalin-Gletscherzunge eine Million Kubikmeter Eis auf das unterhalb des Staudamms gelegene Barackendorf. 88 Arbeiter, vor allem Italiener, fanden unter den Eismassen den Tod.

Es war nicht das erstemal, dass vom Allalin-Gletscher riesige Eismassen sich als Riegel quer über die Mattmarkebene geschoben, die Saaser Vispa gestaut und dann nach der Schneeschmelze als verheerende Flut Dörfer und Siedlungen des Saas-Tales verwüstet hatten. Zwischen 1589 und 1850 zählte man 23 solche Überschwemmungen, die viele Familien zur Auswanderung veranlassten.

Nun würde der 120 Meter hohe und zehn Millionen Kubikmeter Schüttvolumen aufweisende Staudamm Katastrophen vergangener Zeiten verhindern. Allalin-Gletscherabbrüche würden unterhalb des Dammes das Wasser nicht mehr stauen. Die tödlichen Massen deckten jetzt Baracken, Menschen und Maschinen zu.

Am 8. September 1965 fuhr ich zur Trauerfeier für die Verunglückten am 9. September nach Mattmark. Es war ein Donnerstag. Die Sonne schien. Ich war einen Weg hoch über dem Unglücksort hinaufgestiegen. Noch immer lagen Eismassen unterhalb des Dammes. Wuchtig breitete der Staudamm sich über das Tal. Bei den nicht verschütteten Baracken wimmelte es von dunkel gekleideten Frauen und Männern. Zu Hunderten waren Angehörige aus Italien angereist, Frauen, Kinder, Eltern, um von den Toten, auch von denen, die noch nicht geborgen worden waren, Abschied zu nehmen.

In der Trauerrede von Bundesrat *Hans Peter Tschudi* war mehr zu spüren als offizielle Anteilnahme und Betroffenheit. In seiner nüchternen Art drückte er aus, was wohl alle fühlten: Das nur schwer Fassbare einer Katastrophe, die soviele Menschenleben innert wenigen Minuten auslöscht.

Ich stand mitten unter den schluchzenden Frauen und Kindern, den alten Männern, die hier um ihre Söhne trauerten, ratlos, hilflos, als ein Fremder unter denen, die durch die Tragödie zu einer Gemeinschaft verbunden worden waren, wie sie so wohl nur Leiderfahrung hervorbringt.

Und irgendwo war auch die Frage gegenwärtig: Wäre das Unglück zu vermeiden gewesen? Ist der gefährliche Gletscher genügend gründlich überwacht worden? War es richtig, das Barackendorf dort hinzustellen, wo in früheren Zeiten die Eismassen zu Tale gedonnert waren? Untersuchungen wurden angesagt. Was immer sie ergeben würden, Tote konnten sie nicht lebendig machen.

Die in die Geschichte der Technik eingegangenen Helden haben Namen. Die Opfer bleiben namenlos. Wie in unseren Kriegen. Gefeiert wurden und werden die siegreichen Generäle. Der toten Soldaten und der zivilen Opfer gedenkt man kollektiv.

Hospiz St. Bernhard

Mittwoch, 13. Dezember 1961. Fahrt nach Wichtrach, zum Bruder Hans. Nachtwache beim kranken Vater. Am Donnerstag früh weiter ins Wallis, durchs Val d'Entremont. In einem Barackendorf auf 1800 Meter parkiere ich meinen Volkswagen. Es ist vier Uhr nachmittags und beginnt bereits zu dämmern. Die Felle sind auf den Skiern. Mit dem Rucksack beginne ich den Aufstieg. Weit oben sehe ich eine dunkle Gestalt, die mir entgegenfährt, wie abgemacht. Man könne sich leicht verirren und gelange dann ins sogenannte «Todestal». Der Mann in der schwarzen, bis zum Boden reichenden Kutte ist ein junger Frater. Er bietet mir aus der Feldflasche heissen Tee an.

Kalt und mächtig flankieren die weissen Bergriesen das manchmal enge und dann sich wieder weitende Tal. Vom dunklen Himmel leuchten die schmale Mondsichel und die Sterne. Der Frater nennt die Namen der Berge. Einer heisst Mont-Mort. Er erhebt sich über dem Ende des Tales, aus dem es für viele erschöpfte Winter-Wanderer keine Rückkehr mehr gab. Nach zwei Stunden das Hospiz auf dem Grossen St. Bernhard, knapp 2500 m ü. M.

Nach dem Zimmerbezug Nachtessen im Speiseraum des Hospizes. Ich setze mich zu zwei Wallisern, die hier übernachten und am nächsten Tag ins Aostatal hinunterfahren. Kräftige, braungebrannte Burschen.

Eine Frau bringt eine dampfende Suppe, dann gebratene Kartoffeln und rezent gewürzte Würste. Zum Kaffee mit Schnaps setzt sich der Prior *Giroud* zu den Gästen, erzählt Geschichten von geretteten Wanderern.

Nachdem die Walliser zu Bett gegangen sind, weil sie früh aufstehen müssen, bleiben der Prior und ich noch am Tisch. Der Prior berichtet aus der Geschichte «seines» Hauses. Die Verfassung des Grossen St. Bernhard lautet: «Die Chorherren haben dafür zu sorgen, dass die Durchreisenden, besonders die Armen, weder an Nahrung und Kleidung noch an sonstigen notwendigen Dingen Mangel leiden.» Der Prior: «An dem Tisch, an dem wir jetzt sitzen, sassen Flüchtlinge, Arbeitssuchende, Grenzwächter, Schmuggler. Wir fragten und fragen nicht nach der Herkunft.»

Mit dem Bau des Simplontunnels, der Einrichtung des Telephons und dem Aufkommen des Skisports verlor die jahrhundertelange Aufgabe des Hospizes an Bedeutung. «Aber im Frühjahr kommen viele Skifahrer zu uns herauf, um in der Stille und im Gebet innere Ruhe und seelischen Frieden zu finden. Heute ist unsere Aufgabe in erster Linie eine geistig-religiöse.» Mitternacht war vorüber, als Prior Giroud und ich unser Gespräch beendeten.

Früh am Morgen wurde ich von einem lauten, wilden Sturm geweckt. In solchen Wettern kamen ungezählte Pilger und Wanderer um. Eine Glocke rief Geistliche und Laien zum Gebet. Als der Sturm sich legte und der dichte Nebel der bleichen Sonne für eine Stunde wich, fuhr ich mit den Skiern hinüber zur Statue des heiligen Bernhard, die sich gravitätisch in den Himmel reckt. Etwas weiter ein Kreuz aus Stein, das an einen Mönch erinnert, der hier bei einer Hilfeleistung den Tod fand.

Als ich zum Hospiz zurückkehrte, teilte der Prior mir schonend mit, *Zofia* habe telephoniert, der Vater sei am frühen Morgen gestorben.

Wieder herrschte undurchdringlicher Nebel, als ich am Nachmittag hinter dem Prior und den Geistlichen zu Tal fuhr. Auf einem Schlitten hatten sie lange Holzstangen geladen, die möglichen Wanderern den Weg weisen sollten. Wegweiser zum Haus auf 2500 Metern.

Valsainte

Nicht mehr als drei Stunden hatte ich geschlafen. Schon um acht Uhr, nach dem einfachen Nachtessen, hatte ich mich zu Bett gelegt, nachdem ich noch einmal in die Dezember-Nacht hinaus und in die Stille gelauscht hatte. Vielleicht waren es die hellen Schläge der Turmuhr von Valsainte gewesen oder auch der Vorsatz, rechtzeitig zur Mette der Patres eine halbe Stunde vor Mitternacht, aufzuwachen.

Wie weit weg war Zürich jetzt Mitte Dezember 1963. Die Bahnhofstrasse, die hell erleuchteten Schaufenster mit den teuren Pelzen, dem glitzernden Schmuck, den köstlichsten Speisen und Naschereien, das Gedränge der Menschen. Hier im Kloster Valsainte schien die grosse Stadt am See wie zu einer andern Welt zu gehören.

Ich dachte an die Fahrt durch die kahle winterliche Landschaft. Am frühen Nachmittag war ich im Kloster angekommen. Es liegt in einem weiten, leicht ansteigenden Tal. Zwei kleine Dörfer. Einzelne Geschäfte da und dort. Wiesen. Wälder. Von weit unten das Rauschen der Javroz.

Valsainte ist das letzte Kartäuserkloster in der Schweiz. Die von Oujon, Part-Dieu, La Lance, Thorberg, Basel und Ittingen mussten nach der Reformation ihre Tore schliessen.

Der Pater Prokurator, der mich erwartete, öffnete auf das Läuten hin das grosse Tor. Er führte mich durch die langen, weissgetünchten Gänge – einer ist 200 Meter lang –, vorbei an vielen Türen. An jeder sind ein Bibelspruch oder Worte von Kirchenvätern zu lesen. Daneben ein Schalter, durch den den Mönchen das Essen zugeschoben wird, ferner eine Glocke. Hinter diesen Türen lebt je ein Kartäuser. Sie alle weihen ihr Leben der Einsamkeit und dem fast völligen Schweigen. Zu jeder Zelle gehört eine Werkstatt und ein Gärtchen. An einem Tag der Woche dürfen die Patres für einige Stunden gemeinsam eine kleine Wanderung unternehmen. Es war gerade der Tag, an dem ich zu Besuch gekommen war. Ich hatte sie bei der Rückkehr getroffen. Später lud mich der Pater Koadjutor zu einem Gespräch in seine Zelle. Er erläuterte mir das Credo des Ordens: «Gott in der Einsamkeit loben und lieben, der Welt dienen durch reines Gotteslob und stilles Heiligkeitsstreben.»

Die Kartäuser verzichten auf allen Besitz wie die ersten Christenmenschen. Sie verlassen Vater, Mutter, Geschwister. Sie unterziehen sich einer strengen Hierarchie, festgelegten Regeln. «Wer alles verlassen hat, besitzt alles», las ich in einem Raum. Das Gebet, so der Pater Koadjutor, sei auch für die Menschen ausserhalb der Klostermauern nützlich. «Es mag sie daran erinnern, dass hinter dem Vergänglichen das Ewige wartet.»

Der Friedhof im Klostergarten Valsainte. Um die 30 kleine Hügel. Auf jedem ein Holzkreuz – ohne Namen, ohne Grabschmuck. Wer alles, auch sein Ich aufzugeben bereit ist, will auch im Tod namenlos bleiben.

Das Läuten der Glocke vor Mitternacht. Die Mönche treten aus ihren Zellen, die Kapuzen bis auf Augenhöhe übergezogen. Schnellen Schrittes eilen sie zur Kirche. Auf den Bänken zu beiden Seiten des Chores nehmen sie Platz. Der Prior leitet die Mette.

Am Morgen empfängt mich der Pater Prokurator in seiner Zelle, die er zum Mal-Atelier ausgestaltet hat. Stilisierte Blumen, Bäume, Früchte in leuchtenden Farben. Die Bilder werden in Ausstellungen gezeigt, aber ohne Signatur. Eine namenlos eindringliche Botschaft.

In der Klosterbibliothek stehen 15 000 Bücher den Mönchen zur Verfügung: Religion, Philosophie, Geschichte, Kultur – aber keine Politik – von frühen Jahrhunderten bis in die Gegenwart.

Am Mittagstisch sprach ich mit einem mexikanischen Priester, der Valsainte für Exerzitien aufgesucht hat. Er erzählt von den Problemen seines Landes, der unbeschreiblichen Armut der vielen und dem unbeschreiblichen Reichtum der wenigen. «Wir wollen Kirche der Armen sein, aber das wird uns oft auch von der Hierarchie als politische Einmischung verübelt. Da ist es gut, an einem Ort wie Valsainte in sich zu gehen, sich zu befragen. Ich werde gestärkt zurückkehren und der biblischen Gerechtigkeit dienen.»

Die Kartäuser missionieren nicht, sie unterhalten keine Spitäler und Schulen mehr. Sie lesen keine Zeitungen, hören kein Radio, Fernsehen hat keinen Platz.

Diese Abwendung von der äussern und für die äussere Welt hält sich an ein festgelegtes «Programm». Die Kartäuser leben fleischlos. Am 15. September beginnen die Ordensfasten. Am Abend etwas mehr Brot als sonst und Getränk. In der Advents- und Fastenzeit enthalten die Mönche sich auch aller Milch- und Eierspeisen. Einmal in der Woche wird ein Abstinenztag bei Wasser und Brot eingehalten, Schwächliche und Kranke ausgenommen.

Das streng geordnete «Nichtstun» – ist es nicht ein Anachronismus in unserem auf materielle Nützlichkeit pausenlos programmierten Dasein? Oder vielleicht doch der Stachel des Unerklärbaren im besessenen Aberglauben rationaler Vernünftigkeit?

Von Zeit zu Zeit kehrte ich wieder in Valsainte ein. Mit Gewinn.

Nach-Rufe

Immer wieder hatte ich in der *Tat* verstorbener Freunde und vertrauter Bekannter zu gedenken.

Mitte März 1961 war von *Hans von Fischer* (Vofi), dem Arzt aus altem bernischen Geschlecht, Abschied zu nehmen. Der tödliche Krebs hatte den kraftstrotzenden, temperamentvollen Freund, der Marxist geworden war, die Centrale Sanitaire Suisse gegründet und Ärztemissionen nach Spanien und Jugoslawien organisiert hatte, im Alter von erst 61 Jahren qualvoll sterben lassen. *Rudolf Jakob Humm* und *Ernst Rosenbusch* würdigten den Helfer und Zeitgenossen bei der Abdankung.

Elisabeth Thommen zählte zu jenen herausragenden Journalistinnen der ersten Hälfte unseres Jahrhunderts, die ihre Feder temperamentvoll in den Dienst für die Rechte der Frauen und aller sozial Benachteiligten stellten. Ab 1928 redigierte sie die Frauenbeilage der Basler *National-Zeitung*. Am Radio betreute sie die Sendung *Von Frau zu Frau*. Sie schrieb viel-gelesene Bücher, *Evas Weg* zum Beispiel. Mit *Jakob Bührer* führte sie von 1921 – 1937 eine so kreative wie spannungsreiche Ehe. Es war der 11. Mai 1960, als ich Elisabeth Thommen an der Forchstrasse in Zürich besuchte. Von Krankheit gezeichnet, aber geistig präsent wie eh und je, erzählte sie aus ihrem bewegten Leben. Am 24. Juni 1960 fand man Elisabeth Thommen tot in ihrer Wohnung. Mein Text wurde zum Nachruf.

Am 7. Dezember 1960 war der Tod von *Albert Streich* zu vermelden. Auch hier wurde der Text über den Dichter, den ich im August besucht hatte, zur Würdigung eines Toten, der zu den feinsinnigsten Lyrikern und Schriftstellern in der ersten Hälfte dieses Jahrhunderts gehört hatte – abseits allerdings des literarischen Betriebs, weil seine Brienzer Mundart den Zugang zu einer breiten Leserschaft erschwerte. *Carl Seelig* und *Hans Roelli* hatten sich für ihn eingesetzt.

Das Jahr 1966 begann mit zwei Todesnachrichten. Am 6. Januar starb *Fridolin Tschudi* im 54. Altersjahr. Keine sechs Monate zuvor hatte ich ihn und seine künstlerisch hochbegabte Frau in Rapperswil besucht. Der Dichter der heiter-tiefsinnigen Weisheiten hatte, braungebrannt, temperamentvoll und witzig, von seiner Versemacherei und dem kranken Herzen erzählt, lachend, ohne jede Spur von Wehleidigkeit. Beim Glase Roten und belegten Brötchen waren die Stunden nur so dahin geflogen. Als Freunde schieden wir und mit dem Versprechen, uns bald wiederzusehen. Nun hatte das Herz uns einen Strich durch die Rechnung gemacht. In Klosters, wo Fridolin Tschudi mit der Frau in den Ferien geweilt hatte, stand es plötzlich still. Er war müder gewesen, als der Dichter es hatte wahrhaben wollen.

Zehn Tage später kam die Nachricht vom Tode *Margarete Susmans*. Als ob es gestern gewesen wäre, erinnerte ich mich an den ersten Besuch bei der jüdisch-christlichen Denkerin und Dichterin an der Krönleinstrasse am Zürichberg. Sie hatte, 1872 geboren, fast ein Jahrhundert Geistesgeschichte teilnehmend und mitprägend erfahren und dann den Absturz in die Nacht der nationalsozialistischen Barbarei erlebt und erlitten. In ihren Werken *Das Buch Hiob und das Schicksal des jüdischen Volkes (1946), Deutung biblischer Gestalten, Vom Geheimnis der Freiheit*, den Erinnerungen *Ich habe viele Leben gelebt* fanden Fühlen und Gesinnung dieser Frau gültigen Ausdruck. Fast erblindet, strahlte sie Würde und Weisheit aus. Das Photo, das ich von Margarete Susman gemacht hatte, widerspiegelte die Schönheit ihres Wesens. Es schmückt den zu ihrem 90. Geburtstag herausgegebenen Band. Mit grosser, unsicher gewordener Schrift dankte sie mir für meinen Text in der *Tat*. Der Freund *Walter Nigg* sprach die Abschiedsworte an der Trauerfeier.

Einen besonders schmerzlichen Verlust bedeutete der Tod

von *Benjamin Sagalowitz* Anfang Juni 1970. Der wache, von an Besessenheit grenzender Sachlichkeit und Wahrheitssuche angetriebene Mann hatte im Laufe der Jahre eine Dokumentation über die Verbrechen der Nationalsozialisten und ihrer Söldlinge in der Schweiz, über die Verfolgung und Ermordung der europäischen Juden, die harte, unmenschliche Flüchtlingspolitik des Bundesrates und der Kantonsregierungen, aber auch die mutige Haltung vieler Schweizerinnen und Schweizer in schwierigster Zeit zusammengetragen, die ihresgleichen suchte. Über die dokumentarische Hilfe hinaus war er mir zu einem Freund geworden.

In der zweiten Hälfte Januar 1971 starb unerwartet *Walter P. Moser*, Inlandredaktor der *Tat*. Seit seinem Herzinfarkt einige Zeit zuvor war seine Gesundheit gefährdet. Der so ruhig wirkende Mann war von einem inneren Feuer angetrieben, für Rechtlichkeit und Moral in der Politik einzustehen. Von daher herrschte, über die menschliche Sympathie hinaus, zwischen Walter P. Moser und mir weitgehende Übereinstimmung in den Ansichten zu wesentlichen Fragen. Das beinahe tägliche Gespräch über aktuelle und grundsätzliche Themen der schulischen Bildung, des Umweltschutzes und der Sozialpolitik vertiefte die Zusammenarbeit zur Freundschaft.

Ich leistete Sonntagsdienst in der *Tat*-Redaktion. Es war der 26. November 1972. Da vernahm ich aus den Nachrichten, dass *Mani Matter* auf der Fahrt nach Rapperswil, wo er hätte singen und lesen sollen, auf der verschneiten Strasse tödlich verunglückt sei. Etwa ein Jahr zuvor war ich dem Berner Chansonnier und Schriftsteller erstmals begegnet. Beide hatten voneinander gewusst, wir hatten einander geschätzt. Mani Matter hatte, fast gleichzeitig mit *Kurt Marti*, der Berner Mundart ganz neue Töne entlockt. Statt der Heimeligkeit der Heimatschutz-Literatur war da plötzlich Hinter- und Untergründiges zu vernehmen. Heiteres verschwisterte sich mit Dunklem. Nun hatte der Tod den Sechsunddreissigjährigen eingeholt, seine Stimme verstummen lassen.

Mitte Juni 1960 hatte ich den Schriftsteller *Alfred Fankhauser* in seiner Wohnung an der Belpstrasse in Bern besucht. Umgeben von wohl einigen tausend Büchern, Stössen von Manuskripten auf Tischen und Stühlen, an der Wand ein grosses, farbiges, von Fankhauser selbst konstruiertes astronomisches Riesenrad, der «kleine Zeitglocken», wie er es nannte. Und überall Blumen. Mitten drin der hochgewachsene hagere Mann mit dem kantigen Faltengesicht und den aufmerksam blickenden Augen hinter randlosen Brillengläsern. Fankhauser erläuterte sein Verständnis von Astrologie, als deren anerkannter Vertreter er Achtung genoss und auf die er vom Maler *Robert Schürch* gestossen worden war. Ich fühlte mich bei Fankhauser wie zu Hause. Nun hatte ich am 22. März 1973 seinen Tod zu vermelden. Ein ungewöhnlich kluger Mann und bedeutender Schriftsteller hatte sich verabschiedet, der von der zünftigen Kritik links liegen gelassen worden war – in des Wortes doppeldeutigem Sinn.

Am 19. März 1974, erhielt ich in den Ferien die Nachricht, dass *Hans Munz* am Tag zuvor gestorben sei. Es war eine traurige Botschaft an meinem 53. Geburtstag. Auf vielen Wanderungen hatten wir uns immer wieder über ethische, soziale, religiöse Fragen unterhalten und darüber, wie *Gottlieb Duttweilers* geistiges Erbe in der Migros lebendig erhalten werden könne. Solches bildete auch den Inhalt der vielen Briefe, die wir wechselten. Um so tiefer empfand ich den Verlust des Freundes, der sich mit 72 Jahren zu früh verabschiedet hatte.

Im April 1974 starben zwei Menschen völlig verschiedener Art und Herkunft, denen ich mich auf besondere Weise verbunden gefühlt hatte.

Konrad Farner, 1903 in Luzern geboren, der kämpferische, eigensinnige und originellste marxistische Denker und Kunstkritiker der Schweiz, starb am 10. April. Er hatte Literatur, Kunstgeschichte, Philosophie und auch Theologie studiert, fand in der christlichen Religion sozialistische Tendenzen, stritt sich mit Protestanten und Jesuiten. Einige Wochen vor seinem Tod hatte ich mit Konrad Farner zum Thema *Ärgernis Kirche* (als Buch *Gott ohne Kirche?*) ein Gespräch geführt. Trotz eines erlittenen Hirnschlages erwies er sich als geistig völlig präsent und von unverminderter Lebendigkeit. Bevor ich ihm den Text des Gesprächs zuschicken konnte, starb Farner.

Einen oder zwei Tage später kam die Nachricht, dass *Margrit Knie* auf der Tournee des Circus Knie unerwartet gestorben sei. Noch einen Monat zuvor hatte ich am Telephon mit ihr gesprochen. Da hatte sie gesagt, das werde nun wohl das letztemal sein, dass sie den Circus begleite und an der Kasse Billette verkaufe. Sie werde müde und spüre die Last der Jahre, all der schweren und schönen Erlebnisse. Der Circus war ihr Leben. Ihr Wagen war das Zentrum, in dem man sich traf mit Freunden, Politikern, Bekannten, in dem Konflikte ausgetragen wurden, in dem man jederzeit Rat und Trost holen und erfahren durfte. Während der Zeit, da ich an der Geschichte des National-Circus Knie arbeitete, war Margrit Knie meine ergiebigste Gesprächspartnerin. Mit ihr ging ein Kapitel Circus-Geschichte zu Ende, das zu den spannendsten dieses zu Beginn des 19. Jahrhunderts gegründeten Unternehmens zählte.

Am 9. August musste ich vom Tod *Elisabeth Lenhardts* Kenntnis nehmen. Noch wenige Tage zuvor, als ich ihr ins Spital anläutete, hatte sie mit leiser, aber doch heiterer Stimme gesagt: «Ich bin bereit. Ich habe ein schönes Leben gehabt.» Kurz vor dem 65. Geburtstag ging dieses Leben zu Ende. Keine drei Jahre waren vergangen, seit ich Elisabeth Lenhardt in ihrer Schule in Arn ob Horgen kennengelernt und dann einigemale besucht hatte. Im November 1971 hatte ich unter anderem geschrieben: «Seit zwei Tagen kenne ich Arn – genauer: ich kenne Elisabeth Lenhardt und ihre 21 Erst-, Zweit- und Drittklässler, und ich kenne jetzt einige Bücher, die in Arn entstanden sind, Bücher von Kindern, für Kinder. Schön war es, die Frau in ihre Wohnung zu begleiten, mit ihr einen grossen Whisky zu trinken und auf ihre Schule anzustossen. ‹Schreiben Sie das nicht›, hatte sie lächelnd gesagt. Kurz nach ihrer Pensionierung musste Elisabeth Lenhardt ins Spital. Sie wusste, dass sie es nicht lebend verlassen werde. Aber: ‹Ich habe ein gutes Leben gehabt.›»

Vier Tage nach seinem 81. Geburtstag, am 31. Januar 1975, starb *Traugott Vogel.* Seit der Lektüre des Jugendbuches *Spiegelknöpfler* in den dreissiger Jahren fühlte ich mich Traugott Vogel innerlich verbunden. Dass ich ihn dann als *Tat*-Besucher in seinem Heim an der Luegete in Zürich-Witikon persönlich kennenlernte, gehörte zu den vielen guten Erfahrungen jener Jahre. Dass er den Militärdienstverweigerer und jungen Kollegen *Albert Ehrismann* vor Gericht verteidigt hatte, sprach für seine noble Gesinnung in einer so heiklen Frage. Traugott Vogel war ein Ermutiger von verlässlicher Treue. Es wurde eine schöne Pflicht, seiner zusammen mit der Tochter, der Lyrikerin *Magdalena Vogel* und dem Schauspieler *Peter Ahrens,* im Stadthaus Zürich zu gedenken.

Ende November 1975 hielt ich die Gedenkansprache an der Trauerfeier für *Jakob Bührer.* Auch er ein geistiger und dann persönlicher Weggefährte seit den frühen Jahren, als die Fronten den kritischen Schriftsteller aufs infamste und sogar vor Gericht bekämpften. Als Vertrauensmann der Büchergilde Gutenberg hatte ich vor dem Zweiten Weltkrieg den Roman *Sturm über Stifflis* gelesen, in dem Bührer sich mit den Fronten anlegte. Bezüge zur Gegenwart wies der dreibändige historische Roman *Im Roten Feld* auf. Bührer gehörte zur Gruppe von Autoren, die sich bewusst in Gegensatz zur bürgerlichen Gesellschaft und ihrer Literatur stellten – und entsprechend durch Nichtbeachtung oder Ablehnung «bestraft» wurden. Um so lieber ergriff ich die Gelegenheit, in den sechziger Jahren in einem dreiteiligen Fernseh-Porträt den damals schon mehr als achtzigjährigen Schriftsteller zu würdigen. Ich konnte da die dramatischen Ereignisse der Zeit – Arbeitslosigkeit, Frontenfrühling, Wirtschaftskrise, Kriegsgefahr – mit hinein verarbeiten. Kurz nach dem 93. Geburtstag hörte Jakob Bührers unruhiges Herz zu schlagen auf.

Wie oft war ich ihm begegnet, dem Mann mit dem wallenden Bart und der weissen Fahne, *Max Daetwyler.* Im Umzug der Arbeiter am 1. Mai war er mitmarschiert. In Moskau und Washington hatte er versucht, den Herrschern im Kreml und im Weissen Haus klar zu machen, dass Konflikte auch anders gelöst werden könnten, als mit Atombomben-Drohungen und Kaltem-Kriegsgeschrei. Man hörte dort so wenig auf ihn wie hierzulande. Man belächelte seine freundliche Hartnäckigkeit mit dem unbestimmten Gefühl, dass er vielleicht doch recht haben könnte. Er wurde oft verhaftet, verurteilt, psychiatrisch untersucht, verfolgt, verspottet, weggewiesen, abgeschoben, alles, was in demokratischen Staaten möglich ist gegen so unbeugsame Störer von Ruhe und Ordnung. Als Max Daetwyler am 26. Januar 1976 fast 90 Jahre alt starb, spürten viele, dass nun eine Stimme verstummt war, die man fortan vermissen würde.

Kurz nach seinem 82. Geburtstag am 13. Januar 1977 starb *Rudolf Jakob Humm* an den Folgen eines Verkehrsunfalls. Während Jahrzehnten war Humms Wohnung im Haus zum Raben am Zürcher Hechtplatz das geistige Zentrum der linken Intelligenz gewesen. Emigrierte Schriftsteller wie *Ignazio Silone, Julius Hay, Alfred Polgar, Arthur Koestler* und andere stritten sich ebenso leidenschaftlich wie *Adrien Turel, Ludwig Hohl, Walter Lesch* und die Leute vom Schauspielhaus. Im Buch *Bei uns im Rabenhaus* ist diese anarchosoziale Zürcher Kulturgeschichte aus bewegtester Zeit höchst lebendig und mit freundlicher Ironie dargestellt. In der persönlichen Zeitschrift *Unsere Meinung* hielt der hellwache Zeitgenosse fest, was ihm wichtig war. Humm konnte von bewegender Herzlichkeit und von ätzendem Zorn sein. Aber auch im Lob war er freigebig und aufrichtig, nachtragend nie.

Jeder Abschiedstext für Weggefährten war ein Nach-Ruf, der ohne Antwort blieb.

Nach-Ruf auf eine Zeitung

Am 1. April 1977 – es war kein Scherz – erschien die letzte Ausgabe der in den dreissiger Jahren von *Gottlieb Duttweiler* gegründeten Wochenpost der Unabhängigen, *Die Tat*, die 1939 in eine Tageszeitung umgewandelt worden war. Die wachsenden Defizite veranlassten die Verwaltungsdelegation des Migros-Genossenschafts-Bundes, es mit einem Boulevard-Blatt *Tat* zu versuchen.

Für mich und meine ältern Redaktionskollegen ging damit ein Lebensabschnitt zu Ende, der von Kameradschaft, Kollegialität und von anspornender, verlässlicher Freundschaft gekennzeichnet war.

Im Spätherbst 1964 hatte ich die Jubiläumsausgabe *25 Jahre Die Tat* konzipiert und gestaltet. Es waren 25 Jahre Zeitgeschichte und die Geschichte eines Blattes, das sich von Anfang an, zuerst unter der Leitung von *Max Rychner* und dann der Chefredaktion *Erwin Jaeckles* als unverkennbare Stimme freiheitlichen, sozialen, urbanen und humanen Geistes verstand und dieser Zielsetzung treu geblieben war. Bedeutende Persönlichkeiten hatten Inhalt und Gestaltung geprägt. Mitarbeiter von Format und Rang stellten sich dem Blatt zur Verfügung: *Jean Rudolf von Salis, Bernhard Diebold,* später *Robert Oboussier, Elisabeth Brock-Sulzer, Max Eichenberger. Felix Moeschlin* war Inlandredaktor, *Herbert von Moos* betreute die Aussenpolitik, *Hans Munz* war für die Wirtschaft verantwortlich. Im ganzen deutschen Sprachraum erwarb *Die Tat* sich unmittelbar nach dem Krieg hohes Ansehen als ein unvoreingenommenes, dauernden Werten verpflichtetes Blatt. Drei *Tat*-Redaktoren waren mit dem Literaturpreis der Stadt Zürich ausgezeichnet worden: *Felix Moeschlin, Max Rychner, Erwin Jaeckle.* Bedeutende deutsche Schriftsteller, die als Flüchtlinge in der Schweiz weilten, hatten unter Pseudonymen in der *Tat* geschrieben: *Hans Mayer, Stefan Hermlin, Robert Jungk* und andere.

Gottlieb Duttweiler stand der Tageszeitung als schützender Patron zur Seite, kritisch, aber im Bewusstsein der Notwendigkeit einer freien Presse.

Neben den grossen Serien zu den mir wichtig scheinenden Themen – Umweltschutz, Alter, Studenten- und Jugend-Unruhen, Erziehung und Bildung, Flüchtlingspolitik usw. – hatte ich mich auch im aktuellen Journalismus diesen Fragen konkret zuwenden können. «Gute Jahre bei der Tat» lautete denn auch der Titel des Artikels, den ich zur letzten Ausgabe beisteuert. Zum Schluss schrieb ich: «Journalismus kann ein wundervoller Beruf sein. Jeder, der ihn mit Leidenschaft ausübt, wird ihn, seinem Temperament und seinen Neugierden entsprechend, anders erleben. Aber wohl jeder wird sich als Zeitgenosse fühlen, der täglich, ja, stündlich die Hand am Puls des Geschehens hält. Fast 19 Jahre hat meine Mitarbeit bei der Tat gedauert. Es waren in jeder Beziehung gute Jahre.»

In der *Literarischen Tat* verabschiedete sich *Erwin Jaeckle* von den Leserinnen und Lesern, den Mitarbeiterinnen und Mitarbeitern. Dass da ein Gran Bitterkeit über dieses Ende der von ihm souverän und – man darf es wohl sagen – mit leidenschaftlicher Hingabe geleiteten Zeitung spürbar war, ist verständlich. Wie ihm, war allen Kolleginnen und Kollegen der Redaktion, die über Jahre das Blatt gestaltet hatten, klar, dass mit der *Tat* ein Kapitel Zeitungsgeschichte und ein Journalismus-Verständnis verabschiedet wurden, in denen Freiheit und Verantwortung den Massstab für das Tun gaben. Aktualität ja, billige Sensation nein. Den Menschen auf den Mund schauen ohne ihnen gesinnungslos nach dem Mund zu reden galt als mit dem Gewissen und mit Anstand zu vereinbarende geistige Orientierung.

Noch einmal wurde die *Literarische Tat* zu einem eindrücklichen und wertenden Zeugnis der Gegenwartskultur. Neben ausführlichen Buchbesprechungen – unter anderem erfuhr *Hermann Burgers* Roman *Schilten* eine eingehende Würdigung – wurden an die 100 Neuerscheinungen besprochen und gewichtet.

Anfang Februar 1977 hatten Dr. *Charles Linsmayer* und ich den Versuch unternommen, *Die Literarische Tat* als Periodikum zu retten. Wir luden um die 180 Persönlichkeiten aus Kultur, Wissenschaft, Wirtschaft, Kirche und Politik ein, einen Brief an den Herausgeber zu unterzeichnen, worin das Weiterbestehen dieses Kulturforums erbeten wurde. Darin hiess es unter anderem: «Unter der Leitung von *Max Rychner* und *Erwin Jaeckle* ist die Literarische Tat zu einem für die Schweiz einzigartigen offenen Forum geworden, in welchem einerseits das schweizerische literarische Schaffen repräsentativ dokumentiert und kommentiert wird, während anderseits der Blick offen gehalten wird für Entwicklungen und Tendenzen in den Literaturen vieler Sprachen und Völker.

Die Unterzeichner dieses Briefes . . . würden ein Verschwinden der Literarischen Tat als einen unersetzlichen Verlust für das geistige Leben der Schweiz betrachten. Dies um so mehr, als es im Zuge der Zeit zu liegen scheint, dass die literarischen und kulturellen Feuilletons immer mehr eingeschränkt oder gar aufgehoben werden.

Deshalb bitten wir Sie, . . . die Literarische Tat in irgendeiner Form . . . weiterbestehen zu lassen.»

153 der Angeschriebenen unterzeichneten den Brief. Unter ihnen alle bedeutenden Schriftstellerinnen und Schriftsteller der Schweiz und manche des Auslandes, die wichtigsten Verleger, prominente Vertreterinnen und Vertreter der Wirtschaft, der Banken, der Politik, Universitätsprofessoren aller Fakultäten, Direktoren der Kultur- und Kunstinstitute, sowie der Kirchen.

Ihre Fürsprache blieb ohne Erfolg.

25 AM PULS DER ZEIT

Kurze Zeit nachdem ich 1959/60 einige Reportagen in der *Tat* veröffentlicht hatte, meldete sich *Hans-Martin Bollinger*, Redaktor beim *Brückenbauer*, und lud mich ein, auch für seine *Wochenzeitung des sozialen Kapitals* zu schreiben. Damit begann eine regelmässige Tätigkeit bei diesem auch unter *Rolf C. Ribi* sorgfältig und professionell redigierten Blatt, die von gegenseitigem freundschaftlichem Respekt geprägt war. Neben Reportagen zu verschiedenen Themen interessierte ich mich vor allem für Menschen und Geschehnisse in den weniger bekannten Regionen des Landes. Von meinem eigenen Herkommen wusste ich, dass es auch dort ein vielfarbiges Leben und kreative Frauen und Männer gab.

Da fand ich im Muotathal, in Ob- und Nidwalden, im Bernbiet, im Bündnerland, im Schaffhausischen, im Aargau und im Solothurnischen Stoff in Hülle und Fülle. Baumkünstler, Büchelmacher, Holzschnitzer, Initianten und Regisseure für Volkstheatergruppen, Lokal-Poeten, -Historiker und -Komponisten boten sich für Geschichten an. Aber auch Umwelt-, Schul-, Entwicklungs- und Abwanderungsprobleme im Berggebiet nahm ich auf und wurde so mit schweizerischer Wirklichkeit in Regionen und Tälern bekannt, von denen ausserhalb dieser Gebiete wenig zu hören war. Begegnungen mit Menschen, die ein reiches Kulturerbe nicht nur bewahrten, sondern lebendig erhielten, gaben zu Hoffnungen Anlass, dass die starke Abwanderung aus den Bergregionen vielleicht doch in Grenzen gehalten werden könne. Auch bittere Erfahrungen gehörten zu diesen Touren: Versteckte Armut, Gemeinden, die unter Schuldenlasten kaum noch ein und aus wussten. Das Bild der Schweiz hat auch graue Töne.

Fruchtbare Jahre erlebte ich als Mitarbeiter von *Ex Libris*. In Dr. *Franz Lamprecht* hatte *Gottlieb Duttweiler* einen kenntnisreichen, initiativen Leiter gefunden. Wie in den Anfängen die Migros, stiess auch Ex Libris auf hartnäckigen Widerstand, vor allem von Seiten des Buchhandels. Mit Lust an der Auseinandersetzung und mit Phantasie meisterte Lamprecht diese Schwierigkeiten. Die meisten Verleger erkannten, dass die Zusammenarbeit mit Ex Libris sowohl ihnen als auch den Lesern zugute kam.

Nachdem ich in mehreren Heften der Club-Zeitschrift *ex libris* Beiträge zu Büchern und Personen veröffentlicht hatte, wurde mir die Redaktion von deren Textteil als Nachfolger *Emil Birrers* übertragen, der wieder zu Radio Zürich zurückkehrte. Emil Birrer war ein Literaturkenner und -liebhaber origineller Güte. Er schrieb einen geschliffenen Stil und trat entschieden ein für eine dem Humanen verpflichtete Kultur.

Für das Musikprogramm waren *Peter Otto Schneider* und *Władisław Głowacz* zuständig, Männer von hoher Kompetenz. *Franz Lamprecht* liess mir in der Gestaltung des Textteils der Zeitschrift völlig freie Hand. So gelang es denn, Autorinnen und Autoren von Rang für die Mitarbeit zu gewinnen.

In meinen Beiträgen befasste ich mich unter anderem mit der Rolle und dem Schicksal bedeutender Querdenker in der Demokratie; mit der Herausforderung der Demokratie durch eine aufmüpfige, kritische junge Generation; mit dem Problem der Dienstverweigerer; mit der Kirche im reichen Land; mit dem Generationen-Konflikt usw. Einen wesentlichen Platz räumte ich auch hier Gesprächen mit bedeutenden Persönlichkeiten aus Politik, Kultur, Wissenschaft und Kirchen ein. So zum Beispiel mit *Siegfried Lenz, Peter Bichsel, Pavel Kohout, Hugo Loetscher, Hans Erni, Hans Falk, Harald Szeemann, Artur Rubinstein, James Galway, Rafael Kubelik, Paul Sacher, Kurt Marti, Hans Küng, David Ben Gurion, Samuel Josef Agnon, Manès Sperber, Leszek Kolakowski, Denis de Rougemont* und anderen. Aufsehen erregte besonders ein Gespräch mit *Friedrich Dürrenmatt* im Augustheft 1966, in dem er sich ausführlich zur Politik der Schweiz während des Zweiten Weltkrieges, über den Kalten Krieg, über Ideologien und Ideologen, den Graben zwischen deutscher und welscher Schweiz, die Neutralität, über Möglichkeiten und Grenzen des Einflusses von Schriftstellern auf gesellschaftliche Probleme der Gegenwart und der Zukunft und über sein Befinden in der Schweiz äusserte.

Der Besuch bei *Dürrenmatt* im Frühjahr hoch über Neuenburg begann mit dem lauten Bellen eines Hundes. Ich dachte an das Riesentier aus *Der Richter und sein Henker* – und entdeckte dann ein zierliches Hündlein. Ob Dürrenmatt hinter der Haustür beobachtete, wie ich reagieren werde? Das Gespräch dauerte zwei oder drei Stunden. Dürrenmatt sprach in seinem breiten, gemächlichen Hochdeutsch, wie es etwa *Rudolf Minger* gepflegt hatte. Wieviel politischer Sprengstoff da verpackt war, wurde mir erst bewusst, als ich das Gespräch vom Tonband abschrieb.

Die späteren Begegnungen mit dem Dichter und Denker und mit seiner Frau *Lotti*, oder – zuletzt – anlässlich seiner umstrittenen Rede zur Verleihung des *Gottlieb Duttweiler-Preises* an *Vaclav Havel* im November 1990, beeindruckten durch das unkomplizierte Wesen, sein aufrichtiges Fragen nach dem Ergehen und dem immer durchschimmernden hintergründigen Humor. Dem Rummel um seinen 70. Geburtstag im Januar 1991 werde er ausweichen, hatte Dürrenmatt gesagt. Er hielt Wort – in unerwartet endgültiger Weise: einen Monat später, am 14. Dezember 1990, starb der schöpferische, phantasiefreudige Unruhe-Stifter.

Die reiche Ernte, die ich während fast 25 Jahren bei Ex Libris unter Dach bringen konnte, ist in dem Sammelband *Durch-Sicht* aufgehoben. (Ex Libris Verlag, 1987.)

Für einige Zeitschriften verfasste ich über längere Zeit Kolumnen zu Zeitthemen. So für *Leben + Glauben*, für den *Schweizerspiegel* und den *Nebelspalter*, wo ich meine satirischen Neigungen auslebte. Seit Jahren bin ich regelmässiger Mitarbeiter der *Jüdischen Rundschau* in Basel. Weitere Blätter wünschten und wünschen von Zeit zu Zeit Kommentare zu aktuellen Problemen, Würdigungen noch lebender oder verstorbener Persönlichkeiten aus Politik und Kultur.

Als mir *Hans O. Staub*, Chefredaktor der *Weltwoche*, im März 1977 anbot, Mitglied seiner Redaktion zu werden, sagte ich nach kurzer Bedenkzeit zu. Die liberale Haltung der Zeitung wurde durch Männer und Frauen von Rang repräsentiert: *François Bondy*, ein «homme de lettres» im besten Sinne. *Roger de Weck*, Leiter des Wirtschaftsteils bis *Die Zeit* ihn nach Hamburg berief, ein Kollege von reichem Wissen, gewinnendem Wesen und Kultur, die Tradition mit Offenheit zur Welt verband. Das Dreigestirn *Dieter Bachmann, Peter Rüedi* und *Wolfram Knorr*, zuständig für Literatur, Kunst, Film, kompetent, kritisch und weinfreudig. *Margrit Sprecher* mit der sanftesten Stimme, die man sich vorstellen kann; aber wehe denen, die das Pech hatten, von ihrer spitzen Feder aufgespiesst zu werden. *Erich Gysling*, souveräner Chef des Ressorts Aussenpolitik, profunder Kenner des Nahen Ostens und der arabischen Welt, deren Sprache er spricht und schreibt wie das Deutsche. *Jürg Ramspeck*, ein hervorragender Stilist, liebenswert, gescheit. *Ueli Kägi*, mit dem ich das Büro teilte, Kenner schweizerischer Politik, vor und hinter den Kulissen.

Später kam *Klara Obermüller* dazu, vielgelesene Jugendbuch-Autorin, die kirchliche, kulturelle und gesellschaftliche Zeitfragen kritisch anging, furchtlos Hintergründe und Ursachen von Konflikten ausleuchtend. *Rudolf Bächtold*, bedächtig, aber zielbewusst und organisatorisch begabt, dem Sessel des Chefredaktors zustrebend. Über allen der weitgereiste, erfahrene, versöhnliche *Hans O. Staub*.

Vom ersten Tag an griff ich voll in die Tasten. Wieder waren es die Themen, die mich suchten und fanden: Frauen- und Jugendalkoholismus; das Waldsterben; Arme im reichen Land; Drogensucht; eine Artikelserie über Polen – die 1980 ausbrechende Krise war allenthalben spürbar gewesen –; die Schweiz und die Menschenrechte; die Situation des Fahrenden Volkes («Fremde im eigenen Land»); Juden in der Schweiz («Die unbekannten Bürger»); der Holocaust und die Schweiz.

Ein grosses Echo fand der Report Ende Juni 1979: «Flüchtlingskatastrophe in Asien: Unser Boot ist nicht voll». Ich kritisierte die kleinmütige Offerte des Bundesrates angesichts der Tragödie der Boat People im indochinesischen Meer und forderte, es seien bis zu 10 000 Flüchtlinge aufzunehmen. Gleichzeitig wurden die Leserinnen und Leser nach ihrer Meinung gefragt. Das Echo überstieg alle Erwartungen: Von rund 1000 Zuschriften stimmten mehr als 900 der Forderung zu. Schliesslich fanden rund 8000 indochinesische Flüchtlinge aus Vietnam Aufnahme. Nur wenige Jahre später drehte dann der Wind. Fremdenfeindliche Tendenzen wurden geweckt und hochgespielt, die an die dreissiger Jahre erinnerten.

Ein ungewöhnliches Ergebnis brachte der Report: «Emigration ins Abseits – Jugend 1978» im Mai 1978. Ich wollte herausfinden, wie Jugendliche sich zehn Jahre nach 1968 fühlten, was sie dachten, was sie erwarteten. Mit einem Fragebogen wandte ich mich an 350 Lehrlinge und Mittelschüler in verschiedenen Landesteilen (an den Universitäten war es ruhig). Zurück kamen weit über 400 ausgefüllte Fragebogen. Ganze Klassen von Gewerbeschülern kopierten die Fragebogen und füllten sie aus. Ergänzend führte ich zahlreiche Gespräche mit Mittelschülern, Gewerbeschülern, Lehrern, Eltern und Schulbehörden. Die Untersuchung ergab ein vielschichtiges Bild. Neben angepassten jungen Leuten – der Ölschock 1973 wirkte nach –, kam auch eine Unruhe zum Ausdruck, die vorläufig noch unter der Oberfläche mottete. Der Schlussabschnitt des Reports lautete: «Wenn junge Menschen, aus welchen Gründen auch immer, ihre Seelen, Gefühle, Ängste scheinbar auf Eis legen, kann das für die Verantwortlichen in Politik, Wirtschaft, Schule, Kultur, Kirche usw. kein Anlass zur Beruhigung sein. Es könnte sich da nämlich unbemerkt Sprengstoff ansammeln, der eines Tages explodiert. Die Ausrede: Das haben wir nicht gewollt, würde dann wenig helfen.» Zwei Jahre später brachen die Zürcher Jugendunruhen aus.

Weitere Reports galten dem «Jahrhundert des misshandelten Kindes»; der «Endstation Altersheim»; der Frage, ob die Freiheit in der Kirche sich unter dem Einfluss rechtskonservativer Kreise ihrem Ende nähere; dem Phänomen der immer hohen Selbstmordrate in der Schweiz; Ende 1980 dann den Jugendunruhen, dem «verlorenen Dialog». Die Situation der Saisonniers in der Schweiz, die sich zuspitzende Problematik an unsern Spitälern, das Thema «Angst» gaben Stoff für weitere journalistische Untersuchungen.

Ein mir zusagendes Arbeitsfeld fand ich in der von mir vorgeschlagenen Rubrik «Zeugen der Zeit» und auf der Seite «Kopf der Woche». Da traten etwa die Musiker *Wladimir Vogel, James Galway, Krzysztof Penderecki* auf, die Maler *Max von Moos, Willy Fries, Hanny Fries*; die Schriftsteller *Jakob Flach, Hans Schumacher*; ferner der Schicksalspsychologe *Leopold Szondi, Salvador de Madariaga, Wladimir Rosenbaum, Suzanne Perrottet*, die Photographin *Gisèle Freund*. Es wurden mehr als ein halbes hundert Zeitzeugen, die hier ein breites Spektrum schöpferischen Tuns repräsentierten. Ein Porträt galt meinem Lehrer *Albin Stähli*. Aber auch ein Schwingerkönig und das Ski-Phänomen *Ingemar Stenmark* erwiesen sich als interessante Köpfe der Woche.

Die Kolonie linker Künstler in den zwanziger und dreissiger Jahren, *Fontana Martina*, zwischen Ascona und Ronco gelegen, gab Stoff für eine spannende Geschichte. Begründet vom Berner Buchdrucker, Journalisten, Dichter und Sozial-Utopier *Fritz Jordi*, bot die Siedlung «Menschen, die im politischen Kampf standen, verfolgt wurden und für kurze Zeit der Ruhe in diesem abgeschiedenen Erdenwinkel bedurften», freundliche Aufnahme. *Heinrich Vogeler, Clément Moreau, Eugen Früh* und andere machten mit. Man richtete eine Handweberei, einen Brennofen für Keramiken, eine Druckerei ein. 1931 brachte Jordi die erste Nummer der Zeitschrift *Fontana Martina* heraus. Die meisten Texte stammten von ihm.

Die Künstlersiedlung wurde zum Experiment idealistischer Vorstellungen von einer friedlichen, gerechten Welt ohne Ausbeutung und Zwang. Aber die Zeit war den Utopiern nicht günstig gesinnt. In Deutschland stand der Nationalsozialismus vor der Tür. Im nahen Italien wütete der Faschismus. Anfang November 1932 erschien die letzte Nummer der Zeitschrift. *Heinrich Vogeler* floh in die Sowjetunion, wo er 1942 in einem Lager umkam. *Fritz Jordi* starb 1938 noch nicht 53 Jahre alt.

Clément Moreau wich Ende der dreissiger Jahre nach Südamerika aus. Der von *Dieter Pforte* herausgegebene vollständige Faksimile-Druck der Zeitschrift erschien 1976 im Anabas Verlag Günter Kämpf KG/Köhler Verlag KG Giessen/Lahn.

Mit einer andern, gewichtigeren Manifestation linker Künstler und Architekten, befasste ich mich 1983, als die *Gruppe 33* in einem grossen Band gewürdigt wurde. Sie war am Tag der Bücherverbrennung im Dritten Reich in Basel gegründet worden und verstand sich als Kreis bewusst antinazistischer, mit sozialistischen und kommunistischen Ideen sympathierender Künstler. Dazu gehörten *Walter Bodmer, Paul Camenisch, Hermann Eidenbenz, Max Haufler, Charles Hindenlang, Meret Oppenheim, Max Sulzbachner, Irène Zurkinden* und andere. Gefördert wurde die quer zum «vaterländischen» Kunstverständnis liegende Gruppe von *Georg Schmidt* und dem Mäzen *Emanuel Hoffmann. Paul Camenisch, Charles Hindenlang* und *Max Sulzbachner* hatte ich persönlich kennengelernt und von ihnen manches vernommen aus jenen Jahren, als die Nazis jenseits des Rheins unsere unmittelbaren Nachbarn waren und ihre schweizerischen Anhänger Morgenluft witterten. In dem Band *Gruppe 33* war Zeitgeschichte und Bekenntnis zum freien Geist in dunklen Jahren eindrücklich dokumentiert.

Als ich im Februar 1984 die *Weltwoche* verliess, schloss sich ein weiteres gutes Kapitel journalistischer Arbeit.

Mit nicht geringen Erwartungen betrat ich am Dienstag, dem 2. März 1965 das Bundeshaus West, wo ich um zehn Uhr mit Bundesrat *Friedrich Traugott Wahlen* ein Gespräch zum Thema «Sind unsere führenden Persönlichkeiten überlastet?» vereinbart hatte. Wahlen begrüsste mich mit freundlicher Zurückhaltung. Prüfende Augen hinter der randlosen Brille schafften zunächst eine Atmosphäre abwartender Distanz. Auffallend Wahlens kräftige Bauernhand, die nicht zu dem eher schmächtig wirkenden Magistraten und Gelehrten zu passen schien. Am Ende des Gesprächs hatte sich ein gegenseitiges Vertrauen eingestellt, das sich bald zu einer tiefen Freundschaft entwickelte.

Ich machte mich mit den Reden und Aufsätzen Wahlens seit den vierziger Jahren vertraut und stellte fest, dass da ein Wissenschafter, ein hervorragender Organisator, ein bewährter, realistischer Praktiker und ein politischer Denker von unüblichem Format Bundesrat geworden war.

Als F. T. Wahlen Ende 1965 nach sieben Jahren aus dem Bundesrat zurücktrat – Bundespräsident *Hans Peter Tschudi* bedauerte am Radio den Rücktritt seines Kollegen – eine durchaus unübliche Geste der Achtung –, unterbreitete ich dem Magistraten den Vorschlag, eine Sammlung seiner wichtigsten Reden und Aufsätze in einem Buch herauszugeben. In der Tat hatte Wahlen Gewichtiges anzubieten: über Sinn und Bedeutung des Anbauplanes, über das Spannungsverhältnis zwischen Stadt und Land, über das kontinentübergreifende grosse Experiment FAO. Dessen Ziel, Landwirtschaft und Ernährung in der entkolonialisierten sogenannten Dritten Welt so zu fördern, dass die soziale Kluft zwischen Armen und Reichen sich rasch verringere, benötigte freilich, so Wahlen, Investitionen in der Höhe der Rüstungsaufwendungen. In bewegenden Schilderungen machte Wahlen vorstellbar, was Leben in ständiger Armut heisst. Da begleiteten die Leserinnen und Leser den Verfasser zum «Indio des Hochplateaus der Anden, welcher erloschenen Blicks stundenlang auf dem gleichen Stein sitzt, die stumpfe Resignation der Generationen seiner Väter mit sich schleppend, die nie etwas anderes waren als Objekte ihrer Kolonialherren, wie ihre Nachkommen auch heute noch ausserhalb der staatlichen Gesellschaft als Ausgestossene leben». Sie sahen mit seinen Augen die «Kinder im Dschungel des Amazonas oder im Urwald Afrikas, die auf dünnen Beinchen ihre durch Unterernährung und Eiweissmangel aufgeschwollenen Bäuche kaum fortzuschleppen vermögen». Die «Tausende von Obdachlosen, im strömenden Monsunregen am Strassenrand» von Calcutta schlafend, «von denen beim Erwachen keiner weiss, wie er seinen Hunger stillen wird», waren plötzlich nicht mehr eine abstrakte Zahl, sondern Menschen wie wir. Wahlen nahm einen mit in die «Hütten ägyptischer Fellachen» und erläuterte, dass nicht Faulheit schuld war an ihrem Hungerdasein, sondern eben mangelnde und einseitige Ernährung.

In Honduras sah er einen ärmlich gekleideten Mann auf dem Geleise der Schmalspurbahn einer dicht bepflanzten Bananenplantage der United Fruit Co: «Auf seinem Kopf trug er ein kleines selbstgezimmertes Särglein. Ihm voran ging ein kleiner Bruder des verstorbenen Kindleins mit einem Strauss künstlicher Blumen. Natürliche Blumen wären in Mengen vorhanden gewesen, aber der Vater fühlte sich offenbar dem kleinen Dahingegangenen gegenüber verpflichtet, einige von den wenigen vorhandenen Lempiras auszugeben.»

Solche nicht am Schreibtisch, nicht aus Statistiken und nicht aus Verhandlungen mit Regierenden der Entwicklungsländer zu erfahrenden Wirklichkeiten ergänzte er durch eindrückliche Fakten. So kamen in den fünfziger Jahren in der Schweiz auf 700 Einwohner ein Arzt und auf 68 ein Spitalbett; in Nigeria kam ein Arzt auf 57 000 und ein Spitalbett auf 2200 Einwohner. Weil er nicht als Besserwisser in diese Länder kam, sondern bereit war, sich mit der Geschichte, den Traditionen und Kulturen der Völker vertraut zu machen, erkannte er, dass Entwicklungshilfe nicht nur ein Geben, sondern auch ein Nehmen ist. Er kritisierte, dass die reichen Geberländer den «Wert und die Erhaltenswürdigkeit der andersartigen Kulturen und Lebensweisen nicht genügend gewürdigt» hätten. So verstand er die von ihm als Bundesrat intensiv geförderte Entwicklungshilfe zum einen als Ausdruck der Dankbarkeit für die Verschonung der Schweiz vom Krieg und zum andern als «die geschichtliche Verantwortung . . ., unsere Verpflichtung, dafür zu sorgen, dass ihnen (den Völkern der Dritten Welt) die Freiheit als jenes Gut erscheine, das allen Gütern erst den Wert verleiht».

Mitte der fünfziger Jahre erkannte *Friedrich Traugott Wahlen* die kulturgefährdende Spannung zwischen Hochkonjunktur und Menschenwürde. «Wir haben die materiellen Grundlagen zu einem Leben in Menschenwürde geschaffen und verstehen dieses Leben nicht zu leben. Wir verfügen über die Mittel, die uns die Freiheit geben könnten, und lassen uns durch sie knechten. Wir meistern die Technik und machen uns doch zu ihrem Sklaven . . . Wir haben die Fertigkeit der Erregung materieller Begehrlichkeiten zur Meisterschaft entwickelt und versagen kläglich in der Kunst der Weckung geistiger Bedürfnisse. Wir sind im Begriffe, die ganze Welt zu gewinnen und unsere Seele zu verlieren.»

Hier wie in allen Bereichen des öffentlichen Lebens verwies Wahlen darauf, dass Freiheit ohne Verantwortung zum Untergang der Freiheit führt, und dass ohne Freiheit Verantwortung nicht wahrgenommen werden kann. Aus dem gleichen Geist heraus äusserte er sich zu den Gefährdungen der Demokratie, zum Verhältnis Schweiz und Europa – er hatte die Schweiz in den Europarat geführt, was damals auf ähnlichen Widerstand stiess wie heute die Bestrebungen, unser Land in Europa zu integrieren –, wobei er den für ein föderalistisches Europa wichtigen Beitrag des «Modelles» Schweiz hervorhob. In gleicher Weise machte er deutlich, wie sehr die Schweiz untrennbarer Teil der Welt sei und ihren Beitrag für Frieden, Freiheit und soziale Gerechtigkeit zu leisten habe, um ihrer Zukunft selbst willen.

Als *Friedrich Traugott Wahlen* am 11. Dezember 1958 in den Bundesrat gewählt worden war, sagte er unter anderem: «Ich fühle mich auch gestärkt durch das Bewusstsein, niemand verpflichtet zu sein als meinem Gewissen, dem Wohl des Schweizervolkes und den Grundsätzen unserer abendländischen Kultur.»

Dem Gewissen verpflichtet wählte ich als Titel des Buches. Noch im Jahr seines Erscheinens, 1966, erlebte es im Verlag Ex Libris sechs, im Verlag Fretz & Wasmuth drei Auflagen; insgesamt wurden mehr als 30 000 Exemplare abgesetzt. Die um Gegenwart und Zukunft besorgten Bürgerinnen und Bürger spürten, dass da einer von ihnen die bedrängenden Zeitprobleme erkannt und aufgezeigt hatte, wie sie menschengerecht angegangen werden sollten. In seltenem Masse verband er Sachverstand mit visionärem Schauen.

Eine französische Übersetzung unter dem Titel *L'Ambassade permanente* erschien bei den Editions l'Age d'Homme in Lausanne. Das Buch fand auch in der Romandie viele tausend Leserinnen und Leser.

Einen weiteren Band, Reden und Aufsätze von 1966 bis 1972 enthaltend, *Politik aus Verantwortung*, brachte ich 1974 im Verlag Friedrich Reinhardt, Basel, heraus. Nicht weniger als die früheren Stellungnahmen boten sie glaubwürdige Orientierungen in einer Zeit, die zunehmend von Orientierungslosigkeit gekennzeichnet war. Aber die Tendenz zur Oberflächlichkeit hatte sich verstärkt, und das Vergessen, auch unter Parlamentariern selbst seiner eigenen Partei, trafen den Mann und das Buch.

Für mich und *Zofia* blieb Friedrich Traugott Wahlen ein verlässlicher, ermutigender Freund. An Gesprächsstoff mangelte es nie. Einige Dutzend Briefe und Karten zeugen von gemeinsamen Interessen, Sorgen und Hoffnungen.

An einem sonnigen Oktobertag 1975 besuchten FTW, wie er oft seine Briefkarten unterzeichnete, und seine Frau *Helen*, als sie gerade in Ascona in den Ferien weilten, *Zofia* und mich in unserem Refugium im Gambarogno. Auf der Terrasse des Hauses sassen wir vor einem Krug Nostrano. Wunderbare Wolkengebilde zierten den Himmel, wie ich sie nie vorher gesehen hatte und auch später nie mehr sah. Wahlen, ein Bewunderer der Natur, sagte plötzlich: «Wäre das jetzt Blasphemie, wenn wir auf den lieben Gott anstossen würden, weil er das so schön gemacht hat?» Nach einem Moment des Stillschweigens standen wir Vier auf und sandten dem lieben Gott mit erhobenen Boccalinos ein dankbares «Prost!» zu. Eine beinahe feierliche Stimmung herrschte. Am Abend bei einem Raclette vor dem Kaminfeuer meinte Wahlen plötzlich: «Jetzt kennen wir uns schon zehn Jahre. Es ist Zeit, dass wir einander ‹du› sagen.»

Kaum eine Woche verging, in der Wahlen sich nicht am Telephon als «Beauftragter des Bundesrates für die Gesundheit von Bürgerinnen und Bürgern» meldete und sich nach dem Ergehen erkundigte. Einmal rief er wieder ins Tessin an und meinte zu mir: «Ich muss dir ein Geständnis machen.» Nach einer Pause sagte er: «I ha di gärn!»

Friedrich Traugott Wahlen verfügte bei aller Skepsis gegenüber unguten Zeiterscheinungen über Humor. Als der Direktor der Landwirtschaftlichen Schule Rüti bei Zollikofen dem begabten, aber immer auch zu Streichen aufgelegten Schüler um 1916 prophezeite: «Fridu, entweder wirst du Bundesrat oder ein Lumpenhund», entschloss sich Friedrich zum ersten. Er, der aussah wie ein frommer Sonntagsschullehrer, war zeitweise Kettenraucher, trank gerne ein Glas Wein, erwies sich als routinierter Jasser. Als er einer Allergie wegen auf den Wein, nicht aber auf Whisky verzichten musste, ergriff er, wenn ich ihn und seine Frau in ihrer Wohnung an der Humboldtstrasse in Bern besuchte, die Gelegenheit zu bitten: «Helen, Alfred hätte gerne einen Whisky!» Sie verstand, brachte die Flasche Scotch und drei Gläser. Wahlen meinte lächelnd: «Ein Glas für dich, eines für mich, eines für Helen, aber da sie keinen Whisky mag, trinke ich ihn für sie.» Wenn Wahlen und ich bei einer Frage nicht weiterwussten rief FTW seiner Frau: «Du musst uns helfen, wir wissen nicht mehr weiter.» Es war mehr als ein Scherz. Helen war seine immer bewährte Gefährtin. Als er nach einem leichten Schlaganfall mit dem Schreiben von Hand Mühe hatte, meinte er einmal: «Wenn du meine Schrift nicht lesen kannst, komm vorbei. Bei einem Scotch werde ich dir sagen, was ich meinte.»

Wahlens Religiosität hatte nichts Frömmlerisches. Weil er lebte, was er glaubte, glaubte man ihm, was er sagte. Aus seiner Gesinnung machte er nie ein Hehl. Er vereinigte in sich einen bewährten Werten verpflichteten Konservatismus, einen an den Menschenrechten sich orientierenden Liberalismus und ein soziales Verantwortungsbewusstsein, ohne welches echte Freiheit nicht möglich ist. In seiner Heimat tief verwurzelt, war er eben darum fähig zu einer Offenheit zur Welt hin. Seine Solidarität mit den Schwachen, Armen, Gedemütigten und Ausgebeuteten in der Schweiz und vor allem in der Dritten Welt, war die Frucht seiner Ethik.

Als *Friedrich Traugott Wahlen* am 7. November 1985 nach längerer Krankheit in Bern starb, hatte das Land einen herausragenden Bürger, ich, Zofia und viele andere einen Freund und Weggefährten verloren. Zur Trauer gesellte sich tiefe Dankbarkeit, ihn als treuen Begleiter erlebt zu haben.

Soziale Demokratie

Bundesrat *Hans Peter Tschudi* wünschte kein laufendes Tonband, und eigentlich möchte er mehr hören, was ich ihm zum Thema *Schulziel im Wohlstandsstaat* zu sagen habe. Es war Dienstag, der 15. Februar 1966, als der Innenminister mich zu einem Gespräch in seinem Büro an der Inselgasse in Bern empfing. Er war ein aufmerksamer Zuhörer. Auch wenn die Volksschule nicht seinem Departement unterstand, war ihm deren Bedeutung für die Bildung und Erziehung der Kinder als Vorbereitung auf das Leben bewusst.

Professor Hans Peter Tschudi war in der Dezember-Session

1959 in einer spannenden Wahl als Gegenkandidat zu dem von der Sozialdemokratischen Partei vorgeschlagenen *Walter Bringolf* in den Bundesrat gewählt worden. In seinem Wesen und von der äussern Erscheinung her unterschied sich Hans Peter Tschudi deutlich vom temperamentvollen Schaffhauser. Nüchtern, beinahe spröde, von bürgerlichem Habitus, schien er besser ins Bild zu passen, das man sich hierzulande von einem Bundesrat zu machen gewohnt war. Nach kurzer Zeit schon wurde es auch für jene deutlich, die von ihm wenig gewusst hatten, dass da ein Mann sein Amt gefunden hatte, der ihm nicht nur in jeder Hinsicht vollauf gewachsen war, sondern der ihm eine zielstrebige Dynamik verlieh, die ihresgleichen suchte. Seine immense Arbeitskraft und Kompetenz wurde schnell fast legendär. Es war *Karl Schmid*, der mir erklärte, *Hans Peter Tschudi* sei der einzige Bundesrat, dem man am Abend einen 200 Seiten umfassenden Expertenbericht in die Hand drücken könne und der am folgenden Morgen ihn so kenne, als habe er ihn selber verfasst.

Diese enorme Sachkenntnis zeichnete denn auch seine Vorträge zu den verschiedenen, sein breitgefächertes Departement betreffenden Themen aus: zu Sozialpolitik, insbesondere die AHV/IV, Bildung, Wissenschaft, Umwelt und Verkehr. Echte Fortschritte waren ihm wichtiger als utopische Ziele. Entschieden kämpfte er für das zu verantwortende Erreichbare.

Meinem Vorschlag, eine Auswahl seiner Reden in Buchform zu veröffentlichen, stimmte Tschudi zu. Gleich nach dem Rücktritt aus der Landesregierung Ende 1974 machte ich mich an die Arbeit. Noch im gleichen Jahr erschien das Buch unter dem Titel *Soziale Demokratie* im Reinhardt-Verlag in Basel.

Die Reden und Aufsätze decken das Spektrum der Aufgaben des Innen-Departementes ab: «Die Schweiz als Sozialstaat», «Eidgenössische Kulturpolitik», «Die Geisteswissenschaften in der modernen Gesellschaft», der Nationalstrassenbau, «Umweltschutz für den Menschen». Grundsätzliche Betrachtungen galten Zukunftsproblemen des Kleinstaates: «Wohin geht die Schweiz?» oder «Eine Zukunft für die Vergangenheit».

In manchen Begegnungen, etwa im Leitenden Ausschuss des *Forum Helveticum*, das Tschudi lange Jahre präsidierte, lernte ich seine Liberalität, seine kreative Neugier, gelegentlich auch seinen sarkastischen Humor näher kennen und schätzen. Sein Teilnehmen an Arbeiten und Schicksal von Zeitgenossen über alle ideologischen und politischen Unterschiede hinweg zeugt von einer nicht alltäglichen Toleranz und souveränen Geisteshaltung. Exemplarisch die Tugend, die auch *Friedrich Traugott Wahlen* auszeichnete: Briefe zu beantworten und auf ihm zugeschickte Texte einzugehen, handschriftlich und glaubhaft.

Bundesräte von hoher ethisch-sozialer Gesinnung, mit denen ich während einiger Jahre in der *Gesellschaft Minderheiten in der Schweiz* eng zusammenarbeitete, waren ihr erster Präsident, Dr. *Willy Spühler*, und Dr. *Hans Hürlimann*. Sozialdemokrat der erste, Christdemokrat der andere. Ihr Engagement für soziale Gerechtigkeit im Land und jenseits der Grenzen der Schweiz, entsprach ihrem Verständnis von Politik. Über die gemeinsamen Anliegen hinaus bleibt Dankbarkeit für den menschlichen Gewinn jeder Begegnung. *Anni Spühler*, die Frau von Willy Spühler, war in die gute Beziehung eingeschlossen.

27 ERFREULICHE AUFTRÄGE

1966 fragte mich der Stiftungsrat der *Max Geilinger-Stiftung*, bestehend aus Dr. *Robert Blass*, Dr. *Martin Usteri*, Dr. *Hans Ulrich Rübel* und *Verena Bodmer-Gessner*, ob ich Interesse hätte, das Leben des Dichters *Max Geilinger* nachzuzeichnen und eine Auswahl seiner Werke zu treffen. Der Auftrag lockte mich, obwohl oder gerade weil ich zwar von Max Geilinger gehört hatte und wusste, dass er in der ersten Hälfte des Jahrhunderts als Lyriker und Dramatiker bekannt gewesen, jedoch inzwischen weitgehend vergessen war.

Max Geilinger, Spross eines bis ins 15. Jahrhundert zurück zu verfolgenden Geschlechts und Sohn eines begüterten Seidenkaufmanns, fühlte sich schon früh zum Dichter berufen, musste jedoch zunächst, dem Wunsch des Vaters entsprechend, Jurisprudenz studieren. Anschliessend war er Beamter in der Staatskanzlei des Kantons Zürich. Zu dieser Zeit entstanden erste Dichtungen. Als der Vater 1929 starb und ein beträchtliches Vermögen hinterliess, konnte der 1884 Geborene, nun 45 Jahre alte Max Geilinger sich ganz dem schriftstellerischen Werk widmen.

Während eines Englandaufenthaltes hatte er die einem verarmten Adelsgeschlecht entstammende *Frances Dalton* kennen gelernt und sie 1913 geheiratet. Die Liebe zu Frances und zu England beeinflusste sein Schaffen. Zu den bis 1929 erschienenen sechs veröffentlichten kamen in rascher Folge weitere Gedichtbände, dazu dramatische und Prosawerke, so ein schöner Band *Wanderungen in England.* Daneben verfasste Geilinger Theater- und Literaturkritiken und übersetzte literarische Texte aus dem Englischen ins Deutsche. Die Dichtungen und Dramen zeugen von der spätromantischen Gefühlswelt Geilingers – *Der grosse Rhythmus, Rauschende Brunnen, Träumer zwischen Blüten, Sonette der goldenen Rose, Vom grossen Einklang* usw. –, während die dramatischen Werke Paracelsus und Süsskind von Trimberg, oder auch Märchen galten.

Das zwei Bände umfassende *Leben und Werk von Max Geilinger* spiegelt eine Zeit, die mit dem Zweiten Weltkrieg endgültig zu Ende ging. Aber als Zeugnis dieses schöngeistigen, etwas weltfernen Dichtens und Trachtens lohnt es sich, es zur Kenntnis zu nehmen.

Die *Max Geilinger-Stiftung* richtet alle paar Jahre Preise an Persönlichkeiten aus, die sich in besonderer Weise um die literarischen Beziehungen zwischen der Schweiz und der englischsprachigen Welt verdient gemacht haben.

Knie – Die Geschichte einer Circus-Dynastie

Als Rechtsanwalt *Walter Baechi*, früher Verteidiger von *Gottlieb Duttweiler*, mir 1967 anbot, die Geschichte des Circus Knie zu schreiben – die Knies legten Wert darauf, ihr Unternehmen in alter Schreibweise als *Circus* zu bezeichnen – sagte ich ohne Zögern zu.

Soweit die Zeitungsarbeit es mir erlaubte, reiste ich im Sommer 1967 mit dem Circus Knie von Ort zu Ort. In langen Gesprächen mit Frau *Margrit Knie* und ihren Söhnen *Fredy* und *Rolf Knie*, mit Artisten, Dompteuren, Mitarbeitern, Freunden und Bekannten der Familie, liess ich mir die Probleme eines so grossen und risikoreichen Unternehmens, Höhepunkte und Krisen darlegen. Das Studium alter Dokumente und Zeitungsberichte ergab eine in der Tat so farbige wie abenteuerliche und bewegende Geschichte zwischen Wahrheit und Dichtung. Es war anzunehmen, dass den Beginn der Wandertruppe, den Gründer *Friedrich Knie* (1784–1850), die Liebe, Entführung und Heirat der *Antonia Stauffer* (1786–1833) zu Anfang des 19. Jahrhunderts, dass den Werdegang des Sohnes als Leibarzt der *Kaiserin Maria Theresia* von Österreich Legenden umrankten. Aber Legenden, von Generation zu Generation weiter erzählt, sind oft so schön, dass es schade wäre, sie zu entmythologisieren. Die Geschichte vom Gründer Friedrich Knie und seiner Frau Antonia Stauffer ergab auch einen Fernsehfilm, in dem *Fredy Knie jun.* die Hauptrolle spielte.

Die unausweichlichen Spannungen unter den Nachkommen Friedrich Knies, das ständige Auf und Ab zwischen Erfolg und drohendem Ende, gaben genügend Stoff für eine abenteuerliche und facettenreiche Familien-Saga. Die endgültige Etablierung der anfänglichen Variété-Arena als *Schweizer National-Circus* erfolgte 1919, als *Friedrich* (1884–1941), *Rudolf* (1885–1933), *Carl* (1888–1940) und *Eugen* (1890–1955), unterstützt von energischen Gattinnen, den Sprung in ein neues Kapitel ihrer Geschichte wagten. Es wurde ein Abenteuer. Nach dem Tod Friedrichs übernahmen dessen Söhne *Fredy*, geboren 1920, und *Rolf*, geboren 1921, zusammen mit der Mutter *Margrit Knie* die Leitung. Inzwischen hat die sechste Generation die Zügel übernommen und die siebente führt die artistische Tradition aktiv fort.

Carl Zuckmayer, Autor des Theaterstückes *Katharina Knie* – es hat mit der Familie nichts zu tun –, schrieb das Vorwort zum Buch *Knie – Die Geschichte einer Circus-Dynastie*. Es wurde ins Französische und Italienische übersetzt und erlebte bald eine zweite Auflage. (Benteli-Verlag, Bern.)

Der Weizenkönig von Tanganjika

1977 wandte sich ein Mann aus Bern an mich mit der Mitteilung, es gebe da einen Schweizer in Tansania, den man als Pionier bezeichnen könne und dessen Geschichte es wohl wert wäre, aufgeschrieben zu werden. Meine Neugier war geweckt. 1978 lernte ich den Mann – er hiess *August Künzler* – und seine Frau *Susi* während eines Kuraufenthaltes in Zurzach kennen. 1979 besuchte ich Künzler in Arusha, der Hauptstadt der Nordprovinz am Fusse des Mont Meru.

August Künzler, ursprünglich Gärtner, war 1929 nach Tanganjika ausgewandert. Im Laufe der Jahre hatte er Steppen in fruchtbaren Boden verwandelt, den Weizenanbau eingeführt, die Viehwirtschaft und Milchverarbeitung gefördert, ein bedeutendes Auto-Transport-Unternehmen aufgebaut und nach dem Krieg den Wildtierfang für zoologische Gärten betrieben.

Ausserdem hatte er die Farmer Tansanias in einer Genossenschaft organisiert und die Schwarzen als völlig gleichberechtigte Mitglieder und Partner aufgenommen, zum Teil gegen den Widerstand der Engländer, die über die Afrikaner ziemlich überheblich, wenn nicht rassistisch sprachen und sich entsprechend von ihnen separierten.

Beeindruckt von den Leistungen und der anständigen Gesinnung Künzlers schrieb ich dessen Biographie unter dem Titel, den die schwarzen Farmer Tansanias ihm «verliehen» hatten: *Der Weizenkönig von Tanganjika*. Sie erschien im Huber-Verlag Frauenfeld, der damals von Dr. *Peter Keckeis* geleitet wurde.

Ernst Göhner – Die Geschichte eines Unternehmers

Ein Pionier anderer Art war der Bauunternehmer *Ernst Göhner*. Ich hatte ihn, einen engen Freund *Gottlieb Duttweilers*, anlässlich eines Essens, das die *Tat* zu seinem 70. Geburtstag gab, kennengelernt. Zusammen mit *Jean Vannini*, dem Präsidenten der Genossenschaft zur Limmat, die die *Tat* druckte, hatte Göhner einigemale beträchtliche finanzielle Mittel für die dann und wann in Schwierigkeiten geratene Zeitung zur Verfügung gestellt. Das Interesse an dieser ungewöhnlichen Unternehmerpersönlichkeit liess mich den Vorschlag, Ernst Göhners Biographie zu schreiben, annehmen. Je mehr ich mich mit der Herkunft und dem Werdegang des Ende November 1971 verstorbenen Mannes beschäftigte, um so mehr faszinierten mich dessen Leben und Werk. Dem sozialen Kapital im Sinne Gottlieb Duttweilers verpflichtet, förderte Göhner in enger Zusammenarbeit mit dem Freund *Jean Vannini* den Wohnungsbau unmittelbar nach dem Ende des Zweiten Weltkrieges. Landesweit und über die Grenzen hinaus erstellte Göhner wohl Tausende Wohnungen, Dutzende Fabrik- und Verwaltungsgebäude. Als Göhner im Sommer 1971 schwer erkrankte, verkaufte er sein weitverzweigtes Werk und gründete mit dem Erlös die nach ihm benannte Stiftung, die seither mit namhaften Beiträgen soziale und kulturelle Institutionen und Projekte unterstützt.

Die Geschichte Ernst Göhners – *Einer muss es tun* – ist Teil der Wirtschafts- und Sozialgeschichte unseres Jahrhunderts. Sie erschien ebenfalls im Verlag Huber in Frauenfeld.

Gotthard – Durchbohrung des Alpenwalls

Aufschlussreich und spannend gestaltete sich die Arbeit für das Buch *Gotthard – Als die Technik Weltgeschichte schrieb.* Als *Peter Keckeis* mich fragte, ob ich diese Aufgabe übernehmen würde, erinnerte ich mich an ein Gespräch mit *Felix Moeschlin* 20 Jahre zuvor. Moeschlin hatte die Geschichte des Jahrhundertwerks in dem umfangreichen Buch *Wir durchbohren den Gotthard* (1947/49) in der Büchergilde, später im Artemis Verlag veröffentlicht. Auf Grund umfangreicher Recherchen, angereichert mit erfundenen, aber möglichen Szenen und Gesprächen zwischen den Hauptakteuren, war eine ungemein spannende Geschichte entstanden. Das einzige, was mich störte, war der chronologische Ablauf des Geschehens, Jahr für Jahr, wodurch das Gesamtbild streckenweise unübersichtlich wurde. In einem Gespräch meinte der Schriftsteller zu mir: «Sie haben recht. Ich stand unter Zeitdruck, war damals Nationalrat und Inlandredaktor der *Tat* und musste die Sache zu Ende bringen.» Dann fügte er lächelnd bei: «Sie können ein neues Buch schreiben und die Geschichte dann strukturieren.»

Ich machte mich unverzüglich an die Arbeit. Es wurde eine Geschichte der technischen Leistung und darüber hinaus eine politische, eine Finanzgeschichte und eine solche menschlicher Schicksale von manchmal dramatischer Wucht. Es brauchte Jahrzehnte, von den ersten, teilweise von utopischen Höhenflügen begleiteten Plänen, bis zur Durchbohrung des Gotthards, um so den Weg von Norden nach Süden und umgekehrt drastisch zu verkürzen. Zwar war die Industrialisierung in vollem Gang, der wirtschaftliche Austausch vermehrte sich sprunghaft. Der lange Transportweg ums Kap der Guten Hoffnung erschwerte die Entwicklung. Der Suezkanal war Ende 1869 eingeweiht worden. Die Untertunnelung des Kanals zwischen Frankreich und England war mehr als ein unerfüllbarer Traum. Das Britische Empire drängte auf die Verkürzung der Verkehrswege nach Indien, ebenso das deutsche Kaiserreich und das werdende Königreich Italien. Nur die Eidgenossenschaft bekundete Mühe, dem grossen Plan eines Tunnels durch den Gotthard zuzustimmen.

Genauer: Die Kantone hatten inbezug auf die zum Gotthard führenden Eisenbahnlinien das Sagen. Das verlangsamte den Prozess. Basel, Aargau, Luzern, Schwyz, Uri, Tessin hatten unterschiedliche Vorstellungen; die Ostschweiz wünschte einen Tunnel durch den Lukmanier usw.

Ein langwieriges Kapitel bildete die Finanzierung des Unternehmens. Dazu kamen die politischen Auseinandersetzungen etwa zwischen dem in Zürich mächtigen *Alfred Escher* und dem kämpferischen Gegenspieler *Jakob Stämpfli* in Bern. Immer wieder machten die Gegner mobil. Als der Bau endlich beschlossen war, begannen bald die heftigen Auseinandersetzungen zwischen dem mit dem Bau beauftragten *Louis Favre* und dem für das Gesamtwerk verantwortlichen *Alfred Escher*, die gelegentlich vor dem Richter endeten.

Die sozialen Verhältnisse im und um den Tunnel spotteten jeder Beschreibung. Die Sicherheitsmassnahmen waren so ungenügend, dass um die 160 tödliche und aberhundert schwere Unfälle zu verzeichnen waren. Tausende Arbeiter erkrankten an der sogenannten «Tunnelkrankheit». Halbwüchsige Burschen arbeiteten im Tunnel. Ein Streik wurde mit brutaler Gewalt niedergeschlagen. Die vertraglich festgelegte Bauzeit wurde massiv überschritten, ebenso der Kostenvoranschlag, was zum finanziellen Ruin *Louis Favres* und zu seinem vorzeitigen Tod im Tunnel führte. An der Eröffnungsfeier des Tunnels am 22. Mai 1882 fehlte *Alfred Escher* – er war nicht eingeladen worden. Krank und verbittert starb er gegen Ende des Jahres in seinem Heim im Zürcher Enge-Quartier. *Jakob Stämpfli*, einst scharfer Kritiker der Banken und egoistischer Wirtschafts-

Kreise, wurde nach dem Rücktritt aus dem Bundesrat Bankdirektor und verfiel zusehends dem Alkohol.

Die Geschichte des Gotthard-Eisenbahntunnels ist ein Lehrstück, wie in der föderativen Eidgenossenschaft Grossbauten zustande kommen: langsam, widersprüchlich, nicht selten tragische Opfer fordernd. Daran hat sich bis heute nichts geändert.

Stark für die Schwachen

Gleich anschliessend an das arbeitsintensive Buch nahm ich die Geschichte des *Schweizerischen Beobachters* an die Hand, die zu schreiben der neue Besitzer *Beat Curti* mich gebeten hatte.

Schon in meinen Kindheits- und Jugendjahren war der *Beobachter* mir zu einem Begriff geworden. Weil anfangs der Abonnementspreis pro Jahr 85 Rappen betrug, hatten die Eltern das für die kleinen Leute einstehende Blatt regelmässig bezogen. Von den Zeitungsverlegern bis aufs Messer bekämpft, hatte der Beobachter sich durchgesetzt.

Der 1889 in Graz geborene *Max Adolf Rasworscheg*, dessen Eltern sich 1895 in Zürich niederliessen, änderte seinen Namen später in *Max Ras*. Das klang zwar immer noch nicht urschweizerisch, aber doch weniger österreichisch als Rasworscheg.

Im Januar 1927 erhielten alle 660 000 Haushaltungen der deutschsprachigen Schweiz die erste Nummer des Beobachters mit dem Aufdruck «Gratis! Nicht refüsieren!» Von den 32 Seiten waren 16 Seiten mit Inseraten gefüllt, die andere Hälfte enthielt das Grusswort des Herausgebers und Redaktors, worin es unter anderem hiess: «Eines möchte er gleich am Anfang recht laut betonen, dass der Beobachter in allen Fragen der Wirtschaft, Politik und Religion absolut neutral ist und auch im übrigen nach niemandes Pfeife tanzen wird.»

Die Texte galten in der Rubrik Rundschau der Sicherung des Weltfriedens, der politischen Lage in einigen Ländern Europas und in China. Ferner enthielten sie eine Orientierung über Vitamine, über Sparen, Winke für Haushalt und Küche,

Anregungen für Spiele mit Kindern, über Prügelstrafe usw. Es war eine Mischung, die allen etwas bot. Jedes «Wort sollte bedächtig abgewogen werden, damit es der Beobachter allen treffen könne, nicht dass der Professor in der Stadt, wenn er das Blatt in die Hände bekommt, bemerkt, das sei jetzt doch ein einfältig geschriebener Stiefel, oder der Bauersmann auf dem Lande findet, das sei ihm am Ende zu gelehrt.»

Seine Unabhängigkeit sicherte sich der Beobachter durch die hohe Auflage. Sie erreichte schon nach kurzer Zeit einige hunderttausend feste Abonnenten. An den Kiosken war er nicht zu haben. Max Ras gewann die Mitarbeit eigenwilliger Persönlichkeiten. So schrieb *Albert Oeri* für die politische Rundschau, der Freiwirtschaftler *Fritz Schwarz* über Finanz- und wirtschaftliche Probleme. *Carl Albert Loosli* konnte seine ätzende Kritik an unmenschlichen Zuständen in Kinder- und Erziehungsheimen und in manchen Pflegefamilien üben. Der kämpferische *Johann Baptist Rusch* fand im Beobachter ein Forum, das seiner Stimme vermehrtes Gewicht verlieh. Erlebte Geschichten von Frauen und Männern, wie du und ich, Schicksale an den Rand der Gesellschaft gedrängter Jugendlicher, Strafgefangener, von Behörden «versenkter» Wehrlose wurden an konkreten Fällen dargestellt und Gerechtigkeit für sie gefordert.

Tierquäler wurden ebenso an den Pranger gestellt, wie die geschändete Natur im Beobachter einen hartnäckigen Verteidiger fand, als das noch kein allgemeines Thema war. Die Diktatur der Bürokratie kam auf die Anklagebank, und das Einstehen für Menschenrecht und Menschenwürde war ein ständiges Anliegen des Blattes. Den Bergbauern und Heimarbeiterinnen war das Blatt eine resolute Fürsprecherin. Die Frontisten hatten nichts zu lachen, wenn er sie aufs Korn nahm.

Heinrich Pestalozzis Bildungsverständnis fand im Beobachter breiten Raum. Seit 1931 wurde das Titelblatt klassischer und zeitgenössischer Kunst reserviert. Der Kunsthistoriker und -kritiker *Albert Baur*, später *Dorothea Christ* und nach ihrem Rücktritt *Franz Zelger* schrieben zu jedem Bild einfühlsame

Texte. Die zeitgenössische Schweizer Literatur wurde vorgestellt und kritisch begleitet. *Friedrich Dürrenmatts* Romane *Der Richter und sein Henker* und *Der Verdacht* wurden im Auftrag des Beobachters geschrieben.

Es war der Beobachter, der im Frühjahr 1954 ans Licht brachte, dass das «J» in den Pässen deutscher Juden auf Verlangen der Schweiz unter Mithilfe Schwedens zustande gekommen war, was dann den sogenannten *Ludwig-Bericht* zur Flüchtlingspolitik zur Folge hatte.

Als *Max Ras* am 12. Januar 1966 im 77. Altersjahr starb, hinterliess er ein Werk, das die demokratische Schweiz mitgeprägt und unverwischbare Spuren hinterlassen hat. Der Titel meines Buches: *Stark für die Schwachen.*

Freundschaften mit Künstlern

Meine Beziehung zur Kunst der Gegenwart war sehr persönlicher Art. Sie beruhte auf Zuneigung. Sie bewegte sich im Bereich des Gegenständlichen und war in hohem Masse von den Inhalten bestimmt. Freundschaften mit Künstlern führten zu Texten in Kunstbüchern.

Aus meiner Freundschaft mit *Emil Zbinden* und *Bruno Dressler* ergab es sich wie von selbst, dass ich den Text zum Band II des graphischen Werks Zbindens, *Jeremias Gotthelf* (Edition Xylon Verlag – Hauterive, 1984) verfasste. Das gab mir Gelegenheit, ausser auf die Entwicklung Zbindens und seine Holzschnitte zur Gotthelf-Ausgabe der Büchergilde, auf die Leistung *Bruno Dresslers* und auf mein Verhältnis zu *Gotthelf* und seinem Werk einzugehen.

Seit den frühen vierziger Jahren waren mir die beiden in Luzern wirkenden Künstler *Max von Moos* und *Hans Erni* zum Begriff für eine Kunst geworden, die sich intensiv und kritisch mit der Zeit auseinandersetzte. In einem Fernseh-Gespräch versuchte ich, dem von düstern Ahnungen gepeinigten *Max von Moos* und seinem diese Vorstellungen in Bildern ausdrükkenden Werk nahezukommen.

Von ganz anderer Art *Hans Erni.* Bei ihm faszinierte mich seine schöpferische Virtuosität, wie er sein «Handwerk» beherrschte, dann vor allem seine Fähigkeit Kultur-, Geistes-, Wissenschafts- und Zeitgeschichte in sein Werk aufzunehmen, aber auch Sport umfassend als Spiegel humanen Daseins darzustellen. Seine politischen Stellungnahmen, wie sie etwa in den Plakaten Ausdruck fanden, brachten ihm zur Zeit des kalten Krieges gehässige Ablehnung rechter Bürger, aber auch die Entziehung eines Bundesauftrags ein. Es war für mich eine schöne Aufgabe, in dem 1987 im ABC-Verlag erschienenen, das Werk der letzten zehn Jahre enthaltenden Buch, Ernis «lebendige Zeitgenossenschaft» darzustellen.

Freundschaftsbezeugungen zu Mensch und Werk wurden Beiträge in Kunstbüchern über *Walter Jonas,* den genialischen Maler, Architekten und Denker; über *Ruedi Peter,* den hochbegabten Holzschneider; im Bildband über *Ernst Scheidegger,* den vielseitigen Photographen, Cinéasten, Gestalter, Redaktor, Maler, Verleger, Galeristen und verlässlichen Freund seit einem halben Jahrhundert.

28 GOTTLIEB DUTTWEILER – REALIST UND VISIONÄR

1985 jährte sich zum 60. Mal die Gründung der Migros. Das Jubiläum sollte mit einer Geschichte des zur grössten Genossenschaft der Schweiz gewachsenen Unternehmens gewürdigt werden. Ich erhielt den Auftrag, diese Geschichte zu verfassen. Die von *Gottlieb Duttweiler* verwirklichte Idee des Sozialen Kapitals, das geistige Erbe der Gründer und Stifter, gedachte ich in den Mittelpunkt und gleichwertig neben die kaufmännische Leistung zu stellen.

Viermal hatte ich Gottlieb Duttweiler als Redner erlebt: 1937 in Interlaken, 1940 in Brig, 1941 in Bern, 1942 oder 1943 in Biel. Diese Begegnungen als Zuhörer hinterliessen eine Mischung zwischen Sympathie und Skepsis. Einerseits wurde der Migros-Gründer als besonders raffinierter Kapitalist bekämpft. Auch der Verbindung von Geschäft und Politik mochte ich wenig abgewinnen. Anderseits war Duttweilers soziales Engagement spürbar. Weil er von den Bürgerlichen, die äusserste Rechte inbegriffen, vom Gewerbeverband, den grossen Wirtschaftsverbänden, den Grossisten und Detaillisten wütend attackiert und boykottiert wurde, kam bei mir eine Solidarität und ein Gerechtigkeitsgefühl ins Spiel für Menschen, die von allen Seiten angegriffen werden, wo Feinde sich plötzlich verbünden, wenn es gegen den unbequemen Einzelgänger und Aussenseiter geht. Es war zunächst diese gefühlsmässige Solidarität mit dem Vielgeschmähten, was meine innere Beziehung zum erfolgreichen Wirtschaftsmann bestimmte, mehr als seine politischen Ideen.

Im Zürcher Stadtkreis 4 aufgewachsen, war Duttweiler auch die düstere soziale Lage der arbeitenden Bevölkerung nicht fremd. Seinem ungestümen Temperament und Interesse an Kauf und Verkauf folgend, trat er schon kurz nach der Lehre in die Firma *Pfister & Sigg* ein. Als deren Vertreter gelang es ihm, während des Ersten Weltkrieges aus Italien und Spanien grosse

Mengen Lebensmittel und andere Waren einzuführen und so einen Beitrag an die Landesversorgung zu leisten. Sein Handeln war so erfolgreich, aber auch so halsbrecherisch, dass *Nathan Sigg* sich aus dem Geschäft zurückzog. An seiner Stelle wurde Duttweiler Teilhaber der Handelsfirma – und ein reicher Mann, der sich in Rüschlikon eine herrschaftlichw Villa bauen konnte.

Das Glück dauerte nicht lange. Kurze Zeit nach dem Ende des Krieges musste die Firma *Pfister & Duttweiler* um Nachlass-Stundung ersuchen. Duttweiler stellte sein ganzes Vermögen zur Verfügung, ebenso Pfister, so dass die Guthaben der Gläubiger zu 60 Prozent abgegolten werden konnten. Seinen Anteil am Rest beglich *Gottlieb Duttweiler* später, als es ihm wieder besser ging, ebenfalls.

Der Schock des geschäftlichen Zusammenbruchs sass tief und beeinflusste sein weiteres Handeln. Eine grosse Farm in Brasilien musste nach einem Jahr aufgegeben werden, weil Frau *Adele* das Klima nicht ertrug. Verschiedene Pläne, so etwa, in den Kohle-Bergbau in Polen einzusteigen, scheiterten.

Als Gottlieb Duttweiler sich 1924 mit den Ideen befasste, die zur Gründung der Migros führten, hatte der 36jährige auch die brasilianische Erfahrung vor Augen: Die Diskrepanz zwischen dem Preis, den die Produzenten für Kaffee und Weizen erhielten, und jenem, zu dem diese Produkte in Europa, auch in der Schweiz, verkauft wurden. Der Irrsinn, Kaffee und Weizen zum Heizen von Lokomotiven zu verwenden oder in riesigen Mengen ins Meer zu schütten, nur um die Preise hochzuhalten, während gleichzeitig Millionen Menschen verhungerten, veranlassten ihn, nach Mitteln und Wegen zu suchen, die den Produzenten einen angemessenen Preis für ihre Arbeit garantierten und gleichzeitig den Verkaufspreis so anzusetzen, dass die ärmeren Volksschichten die Produkte auch zu bezahlen in der Lage waren.

Auf dem Statistischen Amt der Stadt Zürich studierte er Lebensmittelpreise und Preisunterschiede in den verschiedenen Landesregionen, unterstützt von seinem Vetter *Paul Meier-*

hans, der später als prominenter Sozialdemokrat einer seiner schärfsten Kritiker wurde. Als Mitarbeiterin gewann Duttweiler die Nationalökonomin Dr. *Elsa Gasser*, die ihm ebenso kritisch wie verlässlich zur Seite stand.

Am 25. August 1925 war es soweit: Die ersten legendären Migros-Verkaufswagen in Zürich fuhren aus. Es war ein Abenteuer, das auf schärfste Abwehr der Detaillisten, aber auch der Konsumgenossenschaften stiess. Nicht so bei der «Hausfrau, die rechnen muss!» und bei «der intelligenten Hausfrau, die rechnen kann!»

Was dann folgte, ist heute kaum mehr nachvollziehbar. Nicht nur mächtige Lebensmittel- und andere Verbände und sozusagen alle Parteien erklärten Gottlieb Duttweiler und seiner Migros den «Krieg», wenn nötig bis zum bittern Ende, auch der Bundesrat, der Nationalrat, kantonale Regierungen und Parlamente bliesen zum Angriff auf den verhassten Aussenseiter. Viele Kantone verboten der Migros den Lebensmittelverkauf. Graubünden und die Welschschweiz verwehrten ihr bis nach dem Zweiten Weltkrieg jeden «Einbruch» in ihre Hoheitsgebiete. Aber es schien, dass wachsender Widerstand Gottlieb Duttweilers Kampfeslust nur steigerte und seine Phantasie anregte. Die Migros wuchs und wuchs.

«Freiwilligkeit ist der Preis der Freiheit»

Nicht weniger interessant als die wirtschaftliche Entwicklung der Migros zum dominierenden Detailhandels- und Dienstleistungsunternehmen der Schweiz, war für mich die politisch-geistige Entwicklung ihres Gründers. Es waren die wirtschaftlichen und sozialen Auseinandersetzungen, die Duttweiler bewusst machten, wie gross die Kluft zwischen weitgehend profitorientiertem Handeln und sozial-ethischer Verantwortung gegenüber den schwachen Mitgliedern der Gesellschaft war. *Christentum im Alltag* bedeutete ihm mehr als ein verbales Bekenntnis. *Freiwilligkeit ist der Preis der Freiheit* und *Dienen kommt vor dem Verdienen* wurden glaubwürdige Worte seines liberalen und sozialen Denkens und Handelns. Es hiess: Die kapitalistische Wirtschaft wird an sich selber zugrundegehen, wenn sie nicht soziale Gerechtigkeit, Menschenrechte und Menschenwürde zu Massstäben ihres Wirkens macht. In Thesen und Statuten verankerte Duttweiler diese Grundsätze, damit sie soweit als irgend möglich auch nach seinem Ableben verbindlich bleiben sollten. Offen äusserte er seine Sorge, es könnte ein ausserordentlich tüchtiger Wirtschaftsmann die Migros zu einem Machtinstrument machen, dem die ethisch-sozialen Zielsetzungen nur noch zweitrangig wären.

Als *Gottlieb* und *Adele Duttweiler* die viele Millionen schwere Migros AG 1940/41 in eine Genossenschaft umwandelten, waren sie sich bewusst und erlebten es mehr als einmal, dass sie damit Rechte und Einfluss abtraten, ja ihre bisherige Entscheidungsfreiheit einschränkten. Mit der Umwandlung ihres Alterssitzes *Park im Grüene* in Rüschlikon in eine Stiftung bewies Duttweiler erneut, dass er Besitz auch loslassen konnte.

Der in den Statuten verankerte Beschluss, ein Prozent des Umsatzes des Migros-Genossenschafts-Bundes und ein halbes Umsatz-Prozent der regionalen Genossenschaften für soziale und kulturelle Zwecke zu verwenden – des Umsatzes, nicht des Gewinnes und unabhängig vom Geschäftsgang! –, entsprach ebenfalls dem sozialen Denken Duttweilers. In seinen letzten Lebensjahren trieb die Idee ihn um, ein *Forum Humanum* ins Leben zu rufen, wo Wissenschafter, Philosophen, Theologen, Wirtschaftsführer, Politiker von hohem Ansehen sich um die Lösung der weltweiten sozialen Probleme und die Sicherung des Weltfriedens bemühen sollten. Er starb, bevor die Idee konkrete Formen annahm.

Der enge Weggefährte *Hans Munz* verglich *Gottlieb Duttweiler* einmal mit dem Matterhorn: Aus genügender Entfernung ein eindrucksvolles Gebirge, aber strapaziös beim Aufstieg. Gottlieb Duttweiler fühlte sich wohl in der Menge, aber zugleich war er auch ein Einsamer. Ganz verstanden fühlte er sich nur von seiner Frau *Adele*. Was ihn bewegte, besprach er zuerst und zuletzt mit ihr. Zu kritischen Sitzungen mit den führenden

Männern der Migros bat er sie mitzukommen. Mehr als einmal war es ihren Interventionen zu verdanken, dass gefährliche Meinungsverschiedenheiten vernünftig beigelegt wurden. Respektvoll gestand Gottlieb Duttweiler zu, dass ohne seine Frau die Migros nicht hätte werden können, was sie geworden ist. Bis zu ihrem Tode im Mai 1990 war sie die milde Hüterin des gemeinsamen Erbes, zurückhaltend, aber stets präsent und eingreifend, wo es ihr notwendig schien. Man nannte sie zu Recht das Gewissen der Migros.

Gottlieb Duttweiler war eine Jahrhundert-Persönlichkeit. Er vereinigte die liberalen und sozialen Tugenden mit der Ungeduld des Vorauseilenden in sich, die einen *Conrad Escher von der Linth, Heinrich Pestalozzi, Alfred Escher* und *Gottfried Keller, Jakob Stämpfli* und *Jeremias Gotthelf* antrieben. *Hans Munz* wies bei der Abdankungsfeier für Gottlieb Duttweiler im Juni 1962 auf ein wesentliches Merkmal seiner Persönlichkeit hin, als er sagte: «Er kannte keine Menschenfurcht.»

Gottlieb Duttweilers Nachfolger, *Rudolf Suter, Pierre Arnold, Jules Kyburz* und *Eugen Hunziker* traten ein verpflichtendes, ebenso bedeutendes wie schwieriges Erbe an. Ihm in einer sich rasch wandelnden Zeit gerecht zu werden, ist eine ständige Herausforderung.

Im Buch *Das Abenteuer Migros* versuchte ich, den Gründer und sein Werk in ihrer Zeitgebundenheit und ihrer zukunftsweisenden Bedeutung darzustellen.

29 BERNER OBERLAND – GESTERN UND HEUTE

1984 schlug mir *Hans Frutiger,* Verwaltungsratspräsident der Frutiger Unternehmungen AG in Thun, vor, eine Geschichte des Berner Oberlandes zu verfassen. Ich sagte gerne zu, empfand ich es doch als Chance, meine engere Heimat näher zu erkunden.

Während des Jahres 1985/86 war ich unterwegs, sprach mit Dutzenden von Frauen und Männern, studierte Dokumente, vertiefte mich in die Geschichte der Menschen und der Landschaft.

Ein kurzer Streifzug durch die Jahrhunderte führte überdeutlich ins Bewusstsein, wie die Gnädigen Herren in ihrem Hoheitsgebiet geschaltet und gewaltet hatten, mit Zuckerbrot und Peitsche, je nach Willfährigkeit oder Widerborstigkeit der Untertanen. *Grossmacht im Kleinstaat* betitelte *Fritz René Allemann* das Kapitel über den Kanton Bern in seinem Buch *25mal die Schweiz.*

Mit dem Sieg der einmarschierenden Franzosen endete 1798 das Regime der Gnädigen Herren. Das Berner Oberland wurde zum eigenen Kanton ausgerufen. Aber die allzu grosse Verschiedenheit der Talschaften einerseits und die von den französischen «Befreiern» dem Volk auferlegten Lasten anderseits, liessen diese «französische» Schöpfung nach der Niederlage *Napoleons* in den Schoss des nun um die Waadt und den Aargau kleiner gewordenen Kantons zurückkehren.

Mit dem endgültigen Durchbruch vom Ancien Régime zum liberalen und radikalen Staat begann auch im Kanton Bern ein neues Zeitalter. In ausführlichen Kapiteln schilderte ich Beginn und Entwicklung der Schiffahrt auf dem Thuner- und dem Brienzersee, den Strassen- und Eisenbahnbau, wobei die Bergbahnen auf das Brienzer Rothorn, die Schynige Platte, den Niesen und insbesondere zum Jungfraujoch Pionierleistungen darstellten, wenn auch meist höchst verlustreiche. Gerade die so abenteuerliche wie imponierende Geschichte des Eisenbahnbaus im Oberland, zu der auch die Linie Bern-Lötschberg-Simplon gehört, zeigt exemplarisch, wie sehr die unterschiedlichen Interessen der oberländischen Regionen und naturschützerische Ideen eine zügige Verwirklichung verhindert haben. Eindrücklich etwa der temperamentvolle Kampf des Dichters und Feuilletonredaktors des Berner *Bund, Josef Victor Widmanns,* gegen eine Eisenbahn am linken Ufer des Brienzersees. Er ging zugunsten des Dichters aus! Ein weiteres Kapitel galt der Entwicklung der Wasserkraft.

Den meisten der rund 80 Gemeinden der sieben Amtsbezirke widmete ich Porträts. In einem vielfach von schwerer Armut gezeichneten Landesteil, aus dem Tausende junger Menschen auswandern mussten, weil sie in der Heimat keine lebenswerte Perspektive erwartete, entwickelte sich seit dem letzten Drittel des 19. und 20. Jahrhundert dank der rasanten Entwicklung des Fremdenverkehrs ein gewisser Wohlstand. Da war aber auch nach dem Zweiten Weltkrieg ein Nachholbedarf zu decken. Das Mensch und Natur zuträgliche Mass zu finden, fällt dann schwerer, wenn es darum geht, dem eigenen Nutzen – Eigennutz genannt – Zügel anzulegen. Das Problem stellte sich ebenfalls im Berner Oberland. Nun, nach Jahren schier ungebremsten Wachstums scheint sich weltweit eine neue Wirtschaftskrise abzuzeichnen, die schon wieder Erinnerungen an die dreissiger Jahre und damit Ängste auslöst.

Mit dem Buch *Berner Oberland – Geschichte und Geschichten* (Verlag Fischer, Münsingen), hatte ich in gewissem Sinne Landschaft und Leben meiner Herkunft neu entdeckt.

1991/92 schrieb ich den Text zu einem Bildband des Malers *Martin Peter Flück* in Schwanden/Brienz: *Spiegelungen der Schöpfung.* Von *Martin Mätzener* kompetent betreut und vom Buchgestalter *Eugen Götz-Gee* zu einem harmonischen Ganzen aus Bild und Text «komponiert», entstand ein rundum gelungenes Werk. Im einleitenden Text schrieb ich: «Martin Peter Flück lässt die Dinge sprechen. Landschaften, Bäume, Blumen . . . Es sind nicht die globalen sozialen und gesellschaftlichen Eruptionen, die den Künstler ... umtreiben – so sehr sie ihn als Zeitgenossen bedrängen –, es ist die existenziell gefährdete Umwelt ..., die vergewaltigte und missachtete Schöpfung, die ihn herausfordert ... In der ihm bekannten Welt erkennt er die Spiegelungen dieser Schöpfung ...»

1994 schrieb ich im Auftrag der Kulturkommission der Volkswirtschaftskammer Berner Oberland das 100 Seiten umfassende Buch *Einkehr bei Schriftstellern, Malern und Bildhauern.* Es wurden kleine Essays über Frauen und Männer, die entweder Berner Oberländerinnen und Berner Oberländer waren oder enge schöpferische Beziehungen zum Oberland gepflegt hatten. Die meisten waren mir persönlich bekannt. Es wurde ein Buch der Freundschaft und Erinnerung. So an die Schriftsteller *Peter Bratschi, Fritz Ringgenberg, Albert Streich, Erwin Heimann, Elisabeth Rotten, Maria Lauber, Paul Eggenberg, Kurt Marti, Peter Lehner, Hans Raaflaub;* die Maler *Arnold Brügger, Alfred Glaus, Johann Peter Flück, Johannes Itten.* Vertraut waren mir *Josef Victor Widmann, Ferdinand Hodler, Clara von Rappard, Max Buri.*

Beim Schreiben glaubte ich die Begegnungen noch einmal zu erleben. Es war wie ein Gruss hinüber in jene Welt, wohin die meisten bereits vor Jahren «abgereist» waren.

Einer «Heimkehr» intimerer Art gab ich Ausdruck in einem Beitrag in dem zum 800-Jahr-Jubiläum meines Dorfes erschienenen Buch *Gsteigwiler – Bilder einer kleinen Gemeinde,* verfasst von *Heinz Häsler,* ehemaligem Generalstabschef. Indem er sein reiches Wissen um das Dorf durch umfangreiche Forschungen, unter anderem im Staatsarchiv Bern, ergänzte, gelang Heinz Häsler eine lebendige Darstellung vom Werden des Dorfes und vom Schicksal seiner Menschen. Mein kurzer Beitrag lautete «Heimat». Ich rief Wege und Weggefährten der Kindheit und Jugendzeit in Erinnerung, die, im Rückblick, meinen Weg mit beeinflusst hatten. Das kleine Dorf bleibt Ausgangspunkt meiner Lebenswanderung.

«Die soziale Frage war das Problem des 19. Jahrhunderts – die Bildungsfrage ist das Problem des 20. Jahrhunderts.» So 1967 Professort *Max Imboden* in einem Gespräch mit mir zum Thema «Schule».

Bei der Frage, ob denn und, wenn ja, wie denn wir Menschen allmählich zu einem humaneren, vernünftigeren Zusammenleben gelangen könnten, gewannen für mich Rolle und Möglichkeiten der Volksschule immer stärkere Bedeutung, gerade aus meiner persönlichen Erfahrung.

Siebzehn Persönlichkeiten aus verschiedenen Bereichen des öffentlichen Lebens, stellten sich meinen Fragen. Unter ihnen die Professoren *Hans Biäsch,* Gründer und Leiter des Instituts für Angewandte Psychologie, Zürich, *Joseph Bochenski,* Freiburg, *Gerhard Huber,* Zürich, *Karl Schmid,* ETH Zürich, *Jeanne Hersch,* Genf; die Seminardirektoren *Hanspeter Müller,* Basel, *Konrad Zeller,* Zürich; Ständerat *Eduard Zellweger,* Zürich, sowie Erziehungsdirektoren einiger Kantone. Bundesrat *Hans-Peter Tschudi* steuerte die Einführung bei. Ich umriss das Thema so: «Genügen unsere Schulen noch? . . . Haben wir Pestalozzis Erbe vermehrt oder vertan? Ist sein Anliegen im Zeitalter der Technisierung überhaupt noch gültig? Nimmt die Schule zur Kenntnis, was sich in der Schweiz und in der Welt in den letzten Jahrzehnten verändert hat? Kann sich unser kleines Land weiterhin 25 verschiedene Schulsysteme leisten? Wer bestimmt denn unser Schulziel? Der Staat – die Kirche – die Wirtschaft – oder die Lehrer selbst?»

Alle angesprochenen Erziehungsdirektoren anerkannten den Zwiespalt zwischen den in den Kantonsverfassungen formulierten Schul- und Erziehungszielen und den tatsächlichen Ansprüchen der Gesellschaft, insbesondere der Wirtschaft. «Förderung der geistig-seelischen und körperlichen Entwicklung und Bildung der Kinder zu selbständig denkenden, verantwortungsbewussten Gliedern der Gemeinschaft nach christlichen, demokratischen und sozialen Grundsätzen», wie es in Zweckartikeln etwa hiess, hörte sich zwar gut an, entsprach jedoch kaum der Schulwirklichkeit.

Schulziel im Wohlstandsstaat lautete der Titel zu den Gesprächen ursprünglich. *Schulnot im Wohlstandsstaat* hiess am Ende das Ergebnis.

Für mich war – und ist – *Pestalozzis* Bildungsverständnis von grundlegender, keineswegs überholter Bedeutung. In zahlreichen Artikeln und Vorträgen, zu denen ich nach dem Erscheinen der Gesprächsserie in der *Tat* und anschliessend als Buch bei Ex Libris, eingeladen wurde, versuchte ich, die erhöhte Aktualität dieser Menschenbildung in unserer Zeit darzutun.

Am 25./26. Oktober 1974 legte ich auf Schloss Lenzburg, anlässlich der Jubiläumstagung zum 125jährigen Bestehen des Schweizerischen Lehrervereins, und am 20. September 1982 vor der Zürcher Schulsynode, bei der Feier «150 Jahre Zürcher Volksschule», die Notwendigkeit einer tiefgreifenden Schulreform dar, die sich auf Pestalozzis Vorstellungen stützen müsste.

In einem Bericht der Herren *Abel Merian,* Pater *Gregor Girard* und *Friedrich Trechsel* von 1810 über Pestalozzis Institut in Yverdon an die Eidgenössische Tagsatzung heisst es unter anderem, es gehe um ein «ununterbrochenes Fortschreiten», das jedoch nur «abgemessen und langsam geschehen» müsse. Das Institut lasse «den Zögling nicht übereilte Fortschritte machen . . . Im Gegenteil, es will, dass er lange und anhaltend bey einerley Übungen ausharre, oft auf den nämlichen Gegenstand zurückkehre, und lieber gut und gründlich lerne, als aber vieles und diess nur oberflächlich . . . Allmählig und zwanglos kann sich dabey das Kind entwickeln, denn es folgt seiner Neigung, seiner Natur, und findet Vergnügen und Befriedigung in diesem Naturgemässen Gang . . . Noch mehr. Die Unterrichtsweise des Institutes giebt dem Kinde Antheil an der Erschaffung seiner Kenntnisse und macht es zum Genossen bey der Bildung seiner Kräfte . . . So wird der Unterricht anziehend, ein wahres Spiel. Noch ein Mittel, ein mächtiges Mittel» attestieren die Berichterstatter der Anstalt, nämlich die «Liebe der Zöglinge zu erwerben». Es sei dies der «Central-Punkt der Erziehung. In der That, ist einmal das Herz gewonnen, so kommt der Zögling dem Lehrer auf halbem Wege entgegen und thut von sich aus und willig, was Niemand auf der Welt für ihn thun kann.»

Heinrich Pestalozzis «Grundsätze der Erziehungskunst» hätten «die Aufmerksamkeit des grössten Theiles von Europa auf die wichtige Angelegenheit der Erziehung gezogen. Die heilsame Erschütterung ist bis zu den Thronen gedrungen, um von da aus in die untersten Dorfschulen zurückzuwirken.»

So viel Lob auf 200 Seiten – knapp 20 Seiten genügen dann, nachzuweisen, dass man von der Erziehungs-Anstalt «diess und jenes . . . aufnehmen, aber keinesfalls sie nachbilden» könne. Vielmehr sei es «wohl getan, wenn wir uns der Kenntnisse und der Erweiterung enthalten, deren Bedürfnisse der Landmann nicht fühlt . . . Reden, Lesen, Schreiben, Rechnen» würden «in der Regel die Künste bleiben, welche das eigentliche Quadrat der Landschulen bilden».

Damit waren die Weichen für die Volksschule gestellt; die Forderung Pestalozzis, Menschenbildung auch durch die Schule aus Abschied und Traktanden gefallen – bis heute. Ziel der Volksschule sollte es demnach nicht sein, die «allgemeine Menschenbildung» anzustreben, sondern «das Kind das zu lehren, was es als Mann einst zu thun haben wird».

Dazu ich: «Aber dieser eigenwillige, eigensinnige, mit prophetischer Weitsicht ausgestattete Mann lässt uns auch 180 Jahre nach seinem Tod nicht in Ruhe.» Es wäre ein verhängnisvolles Missverständnis, wenn wir meinen, Menschenbildung im Sinne Pestalozzis heisse oberflächliches Herumschnuppern und nichts richtig lernen und können. Im Gegenteil. Alle Erfahrung zeigt, dass menschlich gebildete Menschen auch bessere Spezialisten sind als einseitig gezüchtete. «Unsere Zeit krankt nicht an zu wenig Spezialisten, sondern an zu wenig Menschen.»

Ich stellte die Frage, ob nicht die von uns gemachten Sach-

zwänge mit den Sach*werten* zusammenhängen. «Sind die Sachwerte die zentralen Werte in unserem Dasein? Wir werden jetzt Opfer eines Tüchtigkeits- und Leistungswahns, an dem wir zu ersticken drohen. Wir fragen ja immer noch nicht als erstes: Was braucht der Mensch?, sondern: Was brauchen die Wirtschaft, der Staat, die Wissenschaft? Wie vor bald 200 Jahren teilen wir die Menschen ein in wenig, mittel und hoch Begabte. Der Massstab ist der messbare Intellekt. Musische, soziale und handwerkliche Begabungen sind Begabungen zweiten und dritten Ranges. Deshalb die frühe Selektion nach diesem Massstab.»

Nicht eine Revolution sei notwendig, wohl aber eine in die Tiefe reichende Reform. «Wenn einseitige Förderung der äusseren Tüchtigkeit die Entwicklung zum Menschsein hemmt, dann wird das Ergebnis immer brutalere Inhumanität, mehr Egoismus, mehr Vereinsamung und Verzweiflung sein.»

Was hat sich in den bald 30 Jahren seit den Gesprächen zur *Schulnot im Wohlstandsstaat* verändert? Haben wir dem Geist Pestalozzis in den Schulen mehr Raum gewährt? Skepsis scheint angebracht. Lehrerinnen und Lehrer sehen sich neuen Herausforderungen gegenüber: Gewalttätigkeit nimmt zu und entlädt sich nicht selten in Tätlichkeiten unter Jugendlichen und gegen Lehrerinnen und Lehrer. Das Drogenproblem bleibt nicht vor den Türen der Schulstuben. Die an vielen Orten steigende Zahl von Kindern aus andern, nichteuropäischen Weltgegenden könnte eine Chance des Zusammenlebens Verschiedener sein, ist aber oft eine schwere Belastung, weil unreflektierte Fremdenfeindlichkeit auch hier das Klima beeinflusst. Das unmittelbar verwertbare Wissen und Können dominiert nach wie vor weitgehend den Unterricht – Ausnahmen bestätigen die Regel. Um so mehr sind alle Menschen guten Willens herausgefordert, nicht zu resignieren. Eltern, Lehrer, Behörden, Politiker – wir alle.

31 DER AUFSTAND DER SÖHNE

In der Nacht vom Samstag auf den Sonntag, am 29./30. Juni 1968, ereignete sich in Zürich, «was noch vor einem Jahr als völlig undenkbar erscheinen mochte» (NZZ vom 1. Juli 1968): wilde Schlägereien zwischen Demonstranten und Polizisten.

Das Ereignis ging als «Globus-Krawall» in die zürcherische und schweizerische Geschichte ein.

Das Ergebnis am Sonntagmorgen, dem 30. Juni 1968: 41 verletzte Personen, davon 22 Polizisten und Feuerwehrsleute, 19 Demonstranten; 169 Personen wurden festgenommen (55 waren weniger als 20 Jahre alt, 150 wurden noch am Sonntag aus der Haft entlassen). Der Verkehr war beim Bahnhof und bis zum Bellevue während Stunden zum Erliegen gekommen. Der Bahnhofplatz glich einem Trümmerfeld. Die Zeitungen titelten ihre Berichte etwa: «Blutige Strassenkrawalle in Zürich – Die Zürcher Nacht der Gewalt» *(Tages-Anzeiger)*, «Schwere Ausschreitungen in Zürich» *(Die Tat)*. Detailliert verzeichneten sie über viele Seiten den Ablauf der «Strassenschlacht», das Vorrücken und Zurückweichen der Polizei und der Demonstranten. In den folgenden zwei Nächten kam es zu «Nachhutgefechten», die immerhin mit gegen 20 Verletzten und rund 40 Verhaftungen endeten.

Die Stadt reagierte wie im Fieber. Sympathisanten der aufmüpfigen Studierenden standen muskulösen Patrioten gegenüber, die sich – teils auf der Durchreise – anerboten, die «Krawallanten» in die Limmat zu werfen oder zu vergasen.

Natürlich war dieser Ausbruch nicht völlig überraschend auf Zürich niedergefahren; unerwartet war lediglich seine Intensität und Brutalität, nicht nur auf der Strasse, sondern auch im Globus-Keller, wo verhaftete Demonstranten von Polizisten geschlagen und teilweise recht übel zugerichtet wurden.

Zürich hatte nachgeholt, was sich in Paris, Berlin, Rom, London und andern europäischen Städten – auch in Tokio – zugetragen hatte. Das Jahr '68 gab der Bewegung, vor allem der in Zorn geratenen studierenden Jugend der westlichen Wohlstandswelt, den Namen. Die rebellierenden Söhne und Töchter an den Universitäten der demokratischen Staaten waren in den wenigsten Fällen Kinder armer Eltern. Dem stürmischen wirtschaftlichen Aufschwung hatten sie es zu verdanken, dass sie studieren konnten. Soziale Klassengegensätze nach marxistischem Muster konnten es also wohl nicht sein, was die Studierenden zum Aufstand veranlasste. Die traditionelle Arbeiterbewegung stand dieser Revolte denn auch distanziert bis ablehnend gegenüber, die kommunistischen Parteien inbegriffen.

Die Ideologen hiessen *Herbert Marcuse, Theodor W. Adorno, Jean-Paul Sartre, Franz Fanon* und andere Begründer des Neo-Marxismus. Er verstand sich als antikapitalistisch, antiimperialistisch und – antisowjetisch. Die Idole waren *«Che» Guevara, Fidel Castro, Mao Tse Tung, Ho Chi Minh,* die Helden der Tat in der kapitalistischen Welt *Carmichael Stokely, Malcolm X.* In Paris feuerte *Daniel Cohn-Bendit* im Mai 1968 die Studierenden so an, dass das gaullistische Frankreich vorübergehend ins Wanken geriet. In Deutschland war *Rudi Dutschke* der beredte Führer des Sozialistischen Deutschen Studentenbundes (SDS) gewesen. Im April 1968 war er durch einen gezielten Schuss schwer verletzt worden.

Gewalt als «Gegengewalt» und «Gewalt gegen Sachen» gehörte zur Strategie und Taktik des Kampfes gegen das Establishment und wurde – wie beim «Globuskrawall» – in die Tat umgesetzt.

Ich beobachtete die Bewegung der kämpferischen Studierenden mit steigendem Interesse, mochte mich aber mit den mehr oder weniger ideologisch und sozial begründeten Aktionen nicht zufrieden geben.

Am 4. April 1968 war *Martin Luther King* ermordet worden. Zwei Monate später, am 6. Juni 1968, fiel *Robert Kennedy* einem Mordanschlag zum Opfer. *Malcolm X* war im Februar 1965 einem Attentat erlegen. Mörderische Gewalt erschütterte die USA.

In der von *Antonin Novotny* stalinistisch geführten kommunistischen Partei der Tschechoslowakei kamen im Frühjahr *Aleksander Dubcek* und andere Reformkommunisten an die Spitze mit dem erklärten Ziel, einen «Sozialismus mit menschlichem Gesicht» durchzusetzen. *Prager Frühling* hiess der Versuch. Aber am 21. August 1968 machten die Staaten des Warschaupaktes unter Führung der Sowjetunion diesem kühnen Experiment ein gewaltsames Ende – wie 1956 in Ungarn.

Die Revolte der Studierenden hatte in amerikanischen Universitäten ihren Anfang genommen. Der Sieg *Fidel Castros* in Kuba beflügelte diese von marxistischen Ideen erfüllten Gruppen. 1960 veranstalteten schwarze Studenten in Greensboro in North-Carolina erstmals einen Sitzstreik (Sit-in). Go-ins und Teach-ins wurden zu Formen des Kampfes um Gleichberechtigung und Demokratie an den Universitäten.

Von den USA sprang der Funke auf Westeuropa über. Massenveranstaltungen an den Universitäten, Besetzung von Hörsälen und Rektoraten, Verhinderung von Vorlesungen sollten provozieren und etablierte Spielregeln verletzen.

Eine neue Qualität erreichte die studentische Unruhe, als am 2. Juni 1967 anlässlich des Schah-Besuches in Berlin der Student *Benno Ohnesorg* von einem Kriminalbeamten erschossen wurde. Das Attentat auf *Rudi Dutschke* heizte die brodelnde Stimmung noch mehr an.

In Zürich hatten sich 1963 an der Universität Zürich*Fortschrittliche Studenten Zürich (FSZ)* formiert. Marxistische, sozialreligiöse, pazifistische, anarchistische Tendenzen gaben den Ton an.

Bei Veranstaltungen am 14. April und am 31. Mai 1967 im Zürcher Hallenstadion – *Rolling Stones* und *Jimmy Hendrix* – kam es erstmals zu gewaltsamen Auseinandersetzungen zwischen Polizei und Jugendlichen.

Fortschrittliche Arbeiter, Schüler und Studenten (FASS) organisierten sich. Am 15. Juni 1968 wurde am Zürcher Hirschenplatz von einem «Volksgericht» dem «unbekannten Polizisten» der Prozess gemacht. Anschliessend sollte das Globus-Provisorium beim Bahnhof besetzt werden. In einem Gespräch mit dem *Tages-Anzeiger* vom 14. Juni 1968 erklärten führende FASS-Leute, die Störung der Ruhe und Ordnung sei ein Mittel, das man bewusst anstrebe. Gewalt schlossen die FASS-Repräsentanten nicht völlig aus, lehnten aber «Angriffe auf ältere Leute» ab. Für allfällige Tätlichkeiten werde keine Verantwortung übernommen. Es komme auf das Verhalten der Polizei an.

Die Demonstration verlief ohne Zwischenfälle. Der Stadtrat gab das Globus-Provisorium für die Jugendlichen frei. Die Polizei blieb im Hintergrund. Sachbeschädigungen hielten sich in Grenzen. An der «Vollversammlung» im Globus-Provisorium wurde mit Mehrheit beschlossen, dem Stadtrat ein Ultimatum zu stellen mit folgenden Forderungen: 1. Bereitstellung des Globus-Provisoriums oder eines entsprechenden Gebäudes im Stadtzentrum bis zum 1. Juli, ansonsten der Globus besetzt und zu «unserem Kultur-, Gesellschafts- und Freizeitzentrum» ausgebaut werde; 2. Mitsprache- und Mitbestimmungsrecht im Verhältnis 1:1; 3. von den Behörden absolut unabhängige Verwaltung und Organisation durch «die Jugend».

Anlässlich einer Verhandlung mit den Jugendlichen von FASS und der Aktion Autonomes Jugendzentrum schlug der Stadtrat vor, leerstehende Gebäulichkeiten bei der Kaserne, auf dem Milchbuck oder aber den Lindenhofbunker zur Verfügung zu stellen sowie den Neubau des Jugendhauses auf dem Drahtschmidli-Areal. All das wurde abgelehnt. Die Stadtregierung ihrerseits wies die Forderung, das «Esplanade» neben dem Stadttheater (Opernhaus) freizugeben, ebenso zurück wie das Eingehen auf das Ultimatum. Zu einer auf den 29. Juni festgelegten erneuten Besprechung zwischen Jugendlichen und Behörden kam es nicht mehr. Die Ereignisse nahmen ihren Lauf.

Gespräche mit den Rebellen

Über die Ursachen und Ziele des studentischen «Aufstandes» in Zürich und den übrigen Universitäten gingen die Meinungen weit auseinander. Ich wollte in dieser emotionsgeladenen

Atmosphäre und Auseinandersetzung versuchen, im Gespräch mit den Unruhigen herauszufinden, wo sie denn selbst die Ursachen sähen. Mit einigen Studierenden arbeitete ich einen Katalog von rund hundert Fragen aus, beginnend mit den Kindheitsjahren, dem Verhältnis zu den Eltern, Geschwistern, Freunden, zur Schule, zu Lehrern, zu Kunst, Musik, Literatur; ob und wie auf ihre persönlichen Begabungen eingegangen worden sei; Fragen zu Inhalt und Vermittlung der Geschichte vor allem dieses Jahrhunderts; warum sie das gewählte Studium ergriffen hätten; ihr Verhältnis zur Religion, zu Ideologien, zur Tiefenpsychologie, zur Naturwissenschaft und Technologie, zur Philosophie; Beziehungen zu wichtigen Repräsentanten der Naturwissenschafts- und Geistesgeschichte; die Einschätzung der Parteien; ihre Meinung zu aktuellen Fragen wie Neutralität, Überfremdung, Landesverteidigung, Dienstverweigerung, Zivildienst, AHV, Entwicklungshilfe, Mitbestimmung auch an den Universitäten, Sexualität, Freiheit; Vorstellungen von einer zu erstrebenden menschlichen und staatlichen Gesellschaft. Ich wollte die Fragen im persönlichen Gespräch, je einzeln und nicht in der Gruppe, angehen, um so dem ideologischen Druck gewandter «Sprecher» auf die Gruppe zu entgehen.

Mit mehr als achtzig Studierenden sämtlicher Hochschulen der Schweiz und zwanzig Schülerinnen und Schülern von Gymnasien und Lehrer-Seminaren vor allem im Tessin und andern Nichthochschul-Kantonen kam dieser Dialog zustande. Er nahm 1968/69 mehr als ein halbes Jahr in Anspruch. Das kürzeste Gespräch dauerte etwa zwei, das längste zwölf Stunden. In fast jedem Fall gelang es, rasch eine Atmosphäre des Vertrauens zu erreichen, in der Offenheit möglich wurde.

So kamen insgesamt 10 000 Antworten zusammen. Ich verarbeitete sie in einer Serie in der *Tat*. Anschliessend gab sie Ex Libris als Buch heraus.

Ein bestürzend pitoyables Bild bot der erlebte Geschichtsunterricht. Nur verhältnismässig wenige der Befragten waren hier bis etwa zum Ersten Weltkrieg vorgestossen. Den Generalstreik

1918, das immerhin erschütterndste innenpolitische Ereignis seit dem Sonderbundskrieg 1847, hatten lediglich 20 in der Mittelschule behandelt, 18 hatten «am Rande» etwas gehört, 62 dagegen nichts. Von den Unruhen in Genf 1932, bei denen dreizehn Menschen anlässlich einer Demonstration gegen eine Kundgebung des Faschisten *Georges Oltramare* von einer Rekruteneinheit erschossen worden waren, hatten 90 der Befragten nie, sechs «am Rande» gehört, lediglich vier wussten Bescheid. Ähnliche Ergebnisse zeitigten die Themen Arbeitslosigkeit, Fronten in der Schweiz, Flüchtlingspolitik während des Zweiten Weltkrieges, Zensur usw.

Wenn im Gespräch einmal das ideologische Vokabular erschöpft war, wurde hinter vordergründigen «Weisheiten» aus *Marcuses* Schriften nicht selten Hilflosigkeit und Angst vor einer Zukunft spürbar, die man nicht in den Griff bekommen konnte und wo auch kein Beistand von den Hochschulen her angeboten werde. Dem Liebäugeln mit der Gewalt war oft die Unsicherheit beigemischt, ob solche Rhetorik unter unsern demokratischen Gegebenheiten vielleicht doch ein wenig lächerlich wirke.

Mir gaben die Gespräche nicht nur Auskunft über das Denken und Fühlen der Jungen, sondern auch über das Verhalten und die Befindlichkeit der Eltern-Generation, vor allem der Väter. Die von der Erfahrung der Arbeitslosigkeit der dreissiger Jahre geprägte «gute Absicht», es den Kindern nun «leichter zu machen», wurde von den beunruhigten Jungen als Abwesenheit der Väter in der Phase des Heranwachsens wahrgenommen. Fast durchwegs kamen die Mütter der Befragten besser weg. Auch wenn sie das Treiben der Jungen und ihr ideologisches Zungenreden meist kaum begreifen konnten und auch nicht billigen mochten, spürten sie tiefer als die Väter, dass die Jungen berechtigte Unruhe äusserten.

In der Zusammenfassung der Ergebnisse meiner Untersuchung stellte ich unter anderem fest: «Wir haben das materielle Leben wohl eingerichtet. Wir bemühen uns um eine immer bessere Organisation. Nur etwas gaben wir unsern Söhnen und

Töchtern nicht: Die Liebe, das Verständnis, das sie brauchten, den Schutz, nach dem sie sich sehnten. So litten und leiden sie Mangel im Wohlstand. Seele und Geist fanden keine oder nur künstliche Nahrung.» In der Schlussfolgerung hiess es: «Wir alle sind unterwegs, die Jungen und die Ältern. Wir alle haben es zurzeit schwer, den richtigen Weg zu finden. Wir werden ihn nicht gegeneinander, sondern nur gemeinsam finden.»

An der Pressekonferenz zum Buch *Der Aufstand der Söhne,* Anfang September 1969, äusserten sich in einem Podiumsgespräch Nationalrat *Georges-André Chevallaz,* damals Stadtpräsident von Lausanne, Prof. Dr. *Francesco Kneschaurek,* Rektor der Hochschule St. Gallen, und *Johann Jakob Vischer,* Korpskommandant, zu den Problemen zwischen den Generationen. Im Buch selbst nahmen Bundesrat *Hans Peter Tschudi,* Prof. Dr. *Jeanne Hersch,* Bundesrat *Nello Celio,* die Professoren *Arthur Rich* und *Gian Töndury,* Rektor der Universität Zürich, aus ihrer Sicht Stellung zur Unruhe grosser Teile der studentischen Jugend. Ein kritisches Verständnis des «Aufstandes» zeichnete die fünf Gespräche aus.

Das Ende der Revolte

Es war nicht zuletzt die Erinnerung an meine eigene sozialistische Phase, was mich am Thema bleiben liess. Vor allem beschäftigte mich die Frage: «Inwiefern hängt politisch motivierte Gewaltgläubigkeit mit seelischen Anlagen, Entwicklung und Konstitution der Wort- und Tat-Revolutionäre zusammen?» Gewiss: «Der Geist ist ein Wühler», wie *Jacob Burckhardt* feststellt, ein notwendiger Unruhestifter in einer Welt, in der institutionalisierte, erlaubte Gewalt gegen Menschen und Umwelt den Alltag prägt. Da darf Ruhe nicht des Bürgers erste Pflicht sein. Aber mit welchen Mitteln sollen Freiheit, Gerechtigkeit und Menschenwürde immer wieder erstrebt werden? Heiligt der Zweck die Mittel?

In einer weitern Serie in der *Tat* schilderte ich zunächst die äussern Abläufe der Revolten in den verschiedenen Städten, zitierte die Theorien der Neuen Linken und rief die «Ahnen der revolutionären Gewalt» als Zeugen auf: *Marx, Bakunin, Lenin, Trotzki*. Ihre Nachfolger in Theorien und Praxis waren unter anderen *Carlos Marighela* mit seinem *Handbuch der Stadtguerilleros, «Che» Guevara*, der Priester *Camilo Torres*. In der Bundesrepublik Deutschland gaben *Andreas Baader, Ulrike Meinhof, Gudrun Ensslin, Jan-Carl Raspe* und ihre *Rote Armee Fraktion (RAF)* die Marschrichtung des Terrors an. Es begann mit Brandstiftungen an Kaufhäusern in Frankfurt. Die Losungen: «Wann brennt das Brandenburger Tor? Wann brennen die Berliner Kaufhäuser? Wann brennen die Hamburger Speicher? Zerschlagt den Kapitalismus! Es lebe die sozialistische Weltrevolution!» Und: «Wir zünden Kaufhäuser an, damit ihr aufhört zu kaufen. Der Konsumzwang terrorisiert euch!»

RAF-Mitglieder besuchten Kurse bei der palästinensischen *El Fatah* über Taktik und Praxis terroristischer Aktionen und beschafften sich dort auch Waffen. Bei Gewaltakten und Auseinandersetzungen mit der Polizei kamen auf beiden Seiten Menschen zu Tode. Im Juni 1972 wurden *Andreas Baader, Holger Meins* (er starb später an den Folgen eines Hungerstreiks), *Jan-Carl Raspe, Gudrun Ensslin* und *Ulrike Meinhof* verhaftet. Sie wurden beschuldigt, für fünf Morde und um die fünfzig Mordversuche verantwortlich zu sein. Die Verhaftung und Verurteilung der Baader-Meinhof-Gruppe bedeutete nicht das Ende der RAF-Gewalttaten. Entführungen, Morde, Anschläge auf Gebäude wurden über Jahre hinweg von den Nachfolgern der Gründer begangen und hielten die Bundesrepublik in Atem.

Beim Studium der Biographien der Theoretiker und Praktiker «revolutionärer Gewalt», ihrer ideologischen Begründungen, ihrer Selbstzeugnisse etwa in Briefen und Tagebuchaufzeichnungen wurde mir immer deutlicher, dass zerstörerische Aggressionen ihr Handeln in hohem Masse mitbestimmten. Da waren *Ulrike Meinhof* und *Gudrun Ensslin*, in ihrer Jugend von einer bekennerischen, radikalen Religiosität geprägt, von der dann der Schritt zum ideologischen Fundamentalismus und zur gewalttätigen Aktion sich fast von selbst ergab. *Andreas Baader*, schon als Kind durch «infantile Anpassungsschwierigkeiten» aufgefallen, scheint seine charakterlichen Defizite durch überhöhtes, tyrannisches Gehabe kompensiert zu haben. Indem er andere beherrschte, überdeckte Baader seine Schwächen. *Jan-Carle Raspe* litt als Kind unter Kontaktarmut. In einem dreihundertseitigen Protokoll seiner Kommune wurden Raspe Kontaktarmut und Autoritätsängste bescheinigt. Längere Krankheit habe nicht organische, sondern eindeutig psychische Ursachen.

Das Interesse sowohl an der Untersuchung zum Aufstand der Söhne wie am Versuch, die weltweite Revolte der akademischen Jugend und deren Hintergründe darzustellen, überstieg die Erwartungen. *Der Aufstand der Söhne* erreichte innert kurzer Zeit eine abgesetzte Auflage von 25 000 Exemplaren, die zweite in der *Tat* veröffentlichte Serie unter dem Titel *Das Ende der Revolte*, 1976 ebenfalls bei Ex Libris erschienen, fand mit 6000 Exemplaren eine gute Aufnahme.

Obwohl es um die Achtundsechziger Bewegung inzwischen ziemlich ruhig geworden war und manche ihrer Wortführer im verachteten «Establishment» ihren Platz gefunden hatten, hinterliess die Rebellion ihre Spuren. Nicht wenige der damals jungen Engagierten blieben ihren Vorstellungen von einer gerechteren Ordnung und Gesellschaft treu, verfolgten ihre Ziele in demokratischen Parteien, bei sozialer Arbeit, in der Entwicklungshilfe, in Bereichen der Kultur und als Historiker, Theologen, Juristen, Soziologen usw.

Insbesondere im Kampf um die Rechte und die Gleichberechtigung der Frauen spielten von ihren linken «Patriarchen» emanzipierte Feministinnen eine bedeutende Rolle. Die politische Atmosphäre gewann an liberalem, sozialem und kritischem Denken an den Universitäten, in den Medien, den Kirchen und in der Politik, wo neue Parteien und Gruppierungen wie zum Beispiel die inzwischen wieder verschwundenen Progressiven, und die Grünen frischen Wind ins politische Getriebe brachten und existenzielle Probleme wahrnahmen und weiter wahrnehmen. Auch in den herkömmlichen Parteien kam da und dort eine neue Generation zum Zug. Mit Interesse verfolgte ich die Wege einiger Gesprächspartner und -partnerinnen. So die von *Margerita Zimmermann,* die als *Gret Haller* zur Präsidentin des Nationalrates aufrückte, als Botschafterin beim Europarat und Menschenrechts-Beauftragte in Bosnien-Herzegowina ihr entsprechende Aufgaben fand. Ihr Bruder *Matthias Zimmermann,* ein aktiver Naturschützer, ist jetzt Präsident des Verkehrsclubs der Schweiz. *Georg Kreis* gehört zu den führenden jüngeren Schweizer Historikern. *Ernst Leuenberger* zählt zu den markanten sozialdemokratischen Politikern und Gewerkschaftsfunktionären von nationalem Rang. *Peter Niggli* spielt als grüner Gemeinderat der Stadt Zürich eine beachtete und respektierte Rolle. *Beat Kappeler* gehört zu den führenden Sozialwissenschaftlern und Publizisten. *Eva Caflisch, Edda Brühlmann, Reto Padrutt* haben beim Fernsehen ihren Platz gefunden. *Gotthard und Wolfgang Klingler* und *Holger Weisswange* investieren ihr soziales Engagement in schweizerischen und europäischen Gruppen für die Menschenrechte und eine gesunde Umwelt.

Der verlorene Dialog

Die Jugendunruhen Anfang der achtziger Jahre hatten einen andern Charakter. Die Studierenden blieben diesem «Aufstand» fern. Jetzt waren es die Burschen und Mädchen der Berufsschulen und einiger Gymnasien, die auf die Strasse gingen, Gewalt gegen Sachen verübten, wilde Auseinandersetzungen mit der Polizei lieferten. Es war keine erkennbare Ideologie auszumachen wie bei den Achtundsechzigern.

Im Dezember 1980 ging ich in einem grösseren Report unter dem Titel *Der verlorene Dialog* den Ursachen des *Aufstandes der Chaoten,* wie ratlose Erwachsene die Unruhe schnell zu etikettieren beliebten, nach. In Dutzenden von Gesprächen mit Sekundar-, Kantons- und Berufsschülerinnen und -schülern versuchte ich herauszufinden, was sie jetzt zur Opposition gegen die Gesellschaft antrieb. So sagten drei Schüler einer für ihren hohen Wissensstandard anerkannten Mittelschule im Kanton Zürich unter anderem: «Ausser Wissen wird da nichts vermittelt. Gespräche, Diskussionen über aktuelle Fragen, die uns beschäftigen, finden nicht statt.» Auf die Frage, ob sie unzufrieden seien und warum, meinten sie: «Wir wollen die Matur machen. Aber motiviert zu lernen, werden wir nicht. Wir werden ‹behandelt› und wir lassen uns ‹behandeln›, passiv.» Sie seien Minimalisten. «Mehr als die Matur zu bestehen liegt da nicht drin.»

Die siebzehnjährige Schülerin an einem innerschweizerischen Gymnasium bekannte: «Da ich nicht in Zürich wohne, habe ich bis jetzt keine Steine geworfen. Vielleicht wäre ich auch zu feige dazu. Ich fühle Trauer, Wut und Ohnmacht in mir. Manchmal möchte ich etwas ganz Verrücktes tun, schreien, etwas zusammenschlagen, ein Haus anzünden. Mein Bruder hat vor einem Jahr Selbstmord gemacht, mit neunzehn Jahren. Mit ihm konnte ich reden. Jetzt bin ich allein.» Der Lehrer sprach von dem Mädchen als einer überdurchschnittlich intelligenten Schülerin. Zuerst hätte sie Architektin werden wollen, dann Ärztin. Jetzt erklärte sie: «Wozu Häuser bauen für Menschen, die unglücklich sind? Wozu Menschen das Leben verlängern, die ohnehin sterben?»

Der Lehrer einer Zürcher Kantonsschule staunte nicht wenig, als er eines Tages den zwanzigseitigen Aufsatz zweier seiner Maturanden las, die ihm bis jetzt vor allem durch ihre Intelligenz, keineswegs durch Aggressivität aufgefallen waren. Da stand unter anderem folgendes: «Am Abend, nachdem die Bullen das AJZ (Autonomes Jugend-Zentrum) gestürmt haben, sind wir etwa 500 auf der Gasse, die der Polizei erbitterte Strassenschlachten liefern. (. . .) In derselben Nacht ging auch noch das Statussymbol für Reichtum, geordneten Lebenslauf und spiessiges Kleinbürgertum, die Bahnhofstrasse, die schönste Prunkstrasse der Welt in die Brüche. Die Jugendlichen haben sich mit dem einzigen Mittel gewehrt, das ihnen in unserem demokratischen Rechtsstaat noch zur Verfügung stand, mit Gewalt. (. . .) Ich bin eigentlich gegen Gewalt, doch die Menschen auf der Strasse erreicht man leider nicht dadurch, dass man auf Missstände aufmerksam macht.»

Oder: «Die Schweiz . . ., reichstes Land der Welt, das von allen Industrienationen am wenigsten für die Entwicklungsländer tut.» Oder: «Endlich richtet sich die Aggression der Jugend nicht mit Drogen und anderen selbstzerstörerischen Mitteln gegen sich selbst, sondern gegen aussen. Die Jugend wehrt sich.» In ausgiebigen Diskussionen mit über tausend Schülerinnen und Schülern der dritten Sekundarklassen und mit Gymnasiasten im Kanton Luzern, an denen sich oft auch Lehrerinnen und Lehrer beteiligten, zu den Jugendunruhen in Zürich konnte ich feststellen, dass diese jungen Menschen fern von den Orten der gewalttätigen Demonstrationen ihren rebellierenden Altersgenossen Sympathie und Solidarität entgegenbrachten. Dort, wo das Gespräch zwischen Lehrern und Schülern nicht stattfand, blieben meist auch die Jungen stumm.

Im Zusammenhang mit meinen Untersuchungen bei Jugendlichen und ihrer Art, mit Ängsten umzugehen, stiess ich auf die vielen Selbstmorde in der Schweiz, gerade auch bei Kindern und Jugendlichen. In der Zeit von 1945 – 1980 hatten 40 000 Frauen und Männer Selbstmord begangen. Von 1965 – 1975, also in den Jahren der Überkonjunktur, stieg die Zahl der Selbstmorde bei Frauen um 33, bei Männern um 20 Prozent. Bei Männern zwischen 15 und 29 Jahren stieg die Selbstmordrate um 40, bei Frauen gleichen Alters um 35 Prozent an. Bei Jugendlichen war der Selbstmord die zweithäufigste aller Todesursachen.

Das zu einer vieltausendfachen menschlichen Tragödie angewachsene Drogenelend, muss auch als ein selbstzerstörerischer Protest gegen ein gesellschaftliches Klima gesehen werden, das auf den Gefrierpunkt gesunken ist. Leichtes Spiel haben da Parteien, die vorzugsweise auf Polizei- und andere repressive Methoden setzen. Im demokratischen Staat ist gelebte Freiheit, die sich am Wohlergehen des andern zu bewähren hat, ein Wert, den wir immer wieder lernen und üben müssen.

32 IM SCHATTEN DES WOHLSTANDES

Schon während des Zweiten Weltkrieges rückte die Altersfrage immer stärker ins persönliche und gesellschaftliche Bewusstsein. Bundesrat, Parlament und Parteien bereiteten ein Gesetz über die Alters- und Hinterbliebenen-Versicherung (AHV) vor, das dann 1947 vom Volk bei hoher Stimmbeteiligung deutlich angenommen wurde und 1948 in Kraft trat, nachdem eine entsprechende Vorlage 1931 noch abgelehnt worden war. Die AHV war ein wichtiges Sozialwerk zugunsten der ältern Generation, auch wenn die Renten anfänglich mehr als bescheiden ausfielen. Die AHV wurde auch als Dank an die Frauen verstanden, die während des Krieges eine den Männern vergleichbare, wenn nicht grössere Leistung erbracht hatten.

Mit der materiellen Besserstellung waren andere Probleme nicht gelöst, ja sie verschärften sich. Schon 1952 reichte Nationalrat *Erwin Jaeckle* ein Postulat ein, in dem er auf die neuen Fragen – Alterskrankheiten und Altersbeschäftigung – aufmerksam machte und eine Fachkommission forderte, die sich mit diesen Themen befassen und darüber berichten solle. 1961 wurde diese Kommission bestellt, und Mitte 1967 wurde der von ihr verfasste, knapp 340 Seiten umfassende Bericht *Die Altersfrage in der Schweiz* veröffentlicht.

In einer Folge von Artikeln in der *Tat* ging ich 1968 auf das Thema ein. Sie erschienen 1969 unter dem Titel *Im Schatten des Wohlstandes* im Ex Libris Verlag, Zürich.

Im Vorwort schrieb ich: «Das Altersproblem pocht mit Macht an die Türe des Schweizerhauses. Aber zur Kenntnis genommen in seiner ganzen Tragweite und Vielschichtigkeit haben wir es noch nicht. Wir schieben es immer noch vor uns her, ohne zu realisieren, dass es eines Tages unser eigenes persönliches Problem sein wird, und ohne uns klar zu werden, dass es heute schon nicht *ein* Altersproblem in der Schweiz gibt, es gibt deren 750 000.»

Um die Jahrhundertwende betrug die durchschnittliche Lebenserwartung rund 50 Jahre, heute rund 75 Jahre für Männer und 80 für Frauen. 1900 verzeichnete die Statistik bei gut drei Millionen Einwohnern 17 000 80 und mehr Jahre alte Frauen und Männer; heute sind es bei rund 7 Millionen Einwohnern 200 000. Die Einwohnerzahl hat sich etwas mehr als verdoppelt, die Zahl der 80 und mehr Jahre alten Frauen und Männer aber verzwölffacht. 95 und mehr Jahre alte Frauen und Männer kamen um die Jahrhundertwende in der Statistik gar nicht vor. Heute dürften es mehr als 3000 sein.

In meiner Untersuchung würdigte ich die positiven sozialen, hygienischen und medizinischen Fortschritte: Rückgang der Kindersterblichkeit, des Kindbettfiebers, dem früher viele Mütter erlagen, der tödlich verlaufenden Infektionskrankheiten – Tuberkulose, Brustfell-, Lungen-, Hirnhautentzündung usw. Die Renten bewegten sich anfangs zwischen 100 bis 200 Franken im Monat; 1970 betrugen die einfachen Altersrenten 200 bis 400, die Ehepaarrenten 320 bis 640; heute erreichen die Höchstrenten für Ehepaare gegen 3000 Franken im Monat.

Das soziale Netz ist dichter geworden. Aber auch in der reichen Schweiz ist eine neue, wachsende Armut zu verzeichnen, gerade bei der ältern Generation. Neben materiellen Sorgen treten andere dunklere Seiten der höhern Lebenserwartung zu Tage: Die Zunahme der Alterskrankheiten. Es sind Hunderttausende, die an einer oder mehreren dieser Krankheiten leiden, meist mit dauernden grössern oder kleinern Schmerzen. Direkt betroffen sind auch Angehörige, die manchmal über Jahre und Jahrzehnte mit betreuenden Aufgaben, gelegentlich bis an die Grenze der Kräfte gefordert sind. Denn nach wie vor fehlt es an genügend Alterswohnungen, Altersheimen, Alterswohnheimen, Pflegeheimen, vor allem auch solchen, die für viele noch bezahlbar sind.

In Gesprächen mit weit über hundert betagten Frauen und Männern, mit Ärzten, Pflegerinnen und Pflegern bei Besuchen in Alters- und Pflegeheimen versuchte ich hinter Zahlen den einzelnen betroffenen Menschen zu sehen. Hier wurde ich mit einem dunklen, in den sechziger Jahren noch weitgehend verdrängten Schatten konfrontiert, der hinter der farbigen Kulisse des Wohlstandes sich fröstelnd ausbreitete. Die in der Zeit der Weltkrise und des Zweiten Weltkrieges aktiv gewesenen Frauen und Männer, nun alt und müde geworden, besassen in den Parlamenten kaum eine Lobby. Eben noch gelobt für ihre Leistungen im Dienste des Landes in gefahrvoller Zeit, tönte ihnen nun vielstimmig und von allen Seiten ein Wort in die Ohren: «Überalterung». Das klang nach «überflüssig». Die Alten als Unkostenfaktor der Erwerbstätigen, obwohl sie ja auch jahrzehntelang ihre AHV-Prämien entrichtet und die Kassen geäufnet hatten.

Die Bilanz von 40 Jahren Hochkonjunktur sieht menschlich nicht eben rosig aus. Der materielle Wohlstand – für viele, aber nicht für alle – hat kaum ein Mehr an seelisch-körperlichem Wohlbefinden für jene gebracht, die ihn mit geschaffen haben. Das könnte erstaunen, scheint aber bei näherem Zusehen natürlich. Solidarität, Zuwendung zum Schwächern, Hilfsbereitschaft kommen in Zeiten der Not zum Tragen. «Herr, lass mich hungern dann und wann, satt sein macht stumpf und träge» – *Gustav Falke* wusste wovon er in seinem Gedicht sprach. Über je mehr Zeit wir verfügen, desto weniger Zeit scheinen wir füreinander zu haben.

Menschliche Zuwendung üben

Dabei wären doch, so schrieb ich vor bald 30 Jahren, mit der materiellen Besserstellung der Ältern, der verkürzten Arbeits- und der verlängerten Freizeit der jüngern und mittleren Generation, mit der zunehmenden Mobilität die Voraussetzungen gegeben, Zuwendung gegenüber den allmählich schwächer werdenden Eltern und Grosseltern zu üben.

Aber wir sind auch hier mit Ausreden leicht zur Hand. Die Eltern in Zürich, Basel oder St. Gallen, die Grosseltern in Bern, Luzern, Solothurn oder Freiburg. Da ist die Mühsal des Reisens doch zuviel verlangt – obwohl fast jeder Ort innert weniger Stunden bequem zu erreichen ist, mit der Bahn oder mit dem Auto.

Ich erinnerte mich an meine Jugend. Da besuchte man sonntags nach dem Füttern des Viehs eine Grosstante, zwei Stunden zu Fuss, in einem andern Dorf. Da sass man zusammen, berichtete, was seit dem letzten Besuch sich ereignet hatte, freute sich an einem bescheidenen Mahl und machte sich dann wieder auf den Nachhauseweg, wieder zwei, manchmal auch mehr Stunden, mit einem guten Gefühl im Kopf, im Herz und Magen.

Dieses Verhalten kann der Staat nicht dekretieren. Es geht den einzelnen Menschen direkt an. Was die Gesellschaft, der Staat sich dringend überlegen müssen, ist eine grössere Vielfalt der Daseinsgestaltung in der dritten Lebensphase. Das Alter muss mehr sein, als ein Warten auf den Tod, nämlich eine letzte Chance, die noch verbleibende Zeit kreativ, erfüllt zu erfahren, Versäumtes nachzuholen. Menschlicher Umgang von der Wiege bis zur Bahre – und da weisen die Jahre vor der Bahre vielfach noch bedeutende Defizite auf –, kann zur Selbstverständlichkeit werden, wenn wir die geistigen und ethischen Werte, die uns bekannt sind, ebenso achten wie die materiellen.

Es ist der Geist der lebendig macht und unser Verhalten und Handeln bestimmt, in der Gesellschaft, in der Politik, im Persönlichen. Wo wir ihn wehen lassen und ihm nicht Türen, Fenster und Herzen verschliessen, bewahrt er uns vor bürokratisierter Verwaltung des Menschen, vor blindem Vertrauen auf finanzielle, technische und organisatorische Massnahmen.

33 AUF VORRAT GRAUSAM

Selbst jene, die sich über das nazistische Verbrecherregime keinen Illusionen hingegeben und das Geschehen im Dritten Reich und im besetzten Europa nicht verdrängt hatten, erlebten die Filmdokumente und authentischen Berichte aus den Konzentrations- und Vernichtungslagern am Ende des Krieges als einen zunächst lähmenden Schock.

Der nachwirkende Besuch in den Vernichtungslagern Auschwitz, Maidanek und Treblinka stellte mich verstärkt vor die Frage meiner persönlichen Verantwortung, immer deutlicher aber auch nach dem Beitrag der Schweiz zum Massenmord am jüdischen Volk. Als der *Beobachter* Ende März 1954 die massgebliche Rolle der Schweiz bei der Kennzeichnung der Pässe deutscher Juden mit dem «J» bekannt machte, erregte dies die Öffentlichkeit so stark, dass der Bundesrat beschloss, den Basler Professor *Carl Ludwig* zu beauftragen, einen Bericht über *Die Flüchtlingspolitik der Schweiz in den Jahren 1933 bis 1955* zu verfassen. 1957 wurde dieser Bericht veröffentlicht. Es entstand ein düsteres, beschämendes Bild staatlichen Verhaltens, das sich nicht an der humanitären, sondern an einer judenfeindlichen Tradition der Eidgenossenschaft orientiert hatte. Wie es jedoch mit amtlichen Berichten zu gehen pflegt, fiel auch der *Ludwig-Bericht* nach relativ kurzer Zeit dem Vergessen anheim.

Als Dr. *Franz Lamprecht* nach vielen Gesprächen, in denen ich auch von meinen Erlebnissen berichtet hatte, mir vorschlug, ein Buch zur schweizerischen Flüchtlingspolitik zu verfassen, sagte ich nach einigen Bedenken zu. Was die sozusagen offizielle Seite der Chronik anbetraf, stützte ich mich weitgehend auf den Ludwig-Bericht. Mir ging es nun darum, in Gesprächen mit Flüchtlingen, mit bekannten und unbekannten Flüchtlingshelferinnen und -helfern, mit Politikern, anhand von persönlichen Dokumenten, Briefen, Protokollen sozialer, kultureller und anderer Organisationen Licht auch in nichtstaatliche, noch abgedunkelte Ecken zu bringen. So musste ich beispielsweise zur Kenntnis nehmen, dass der Vorstand des *Schweizerischen Schriftsteller-Vereins (SSV)* sich immer wieder zum Komplizen von Dr. *Heinrich Rothmund,* dem Chef der Eidgenössischen Polizeiabteilung, gemacht hatte. Dass der SSV sich auf die Einladung Rothmunds einliess, sich über die Asylwürdigkeit von Schriftstellerinnen und Schriftstellern zu äussern – was der Vorstand denn auch wiederholt und oft in ablehnendem Sinne tat, etwa im Falle *Alfred Polgars, Otto Nebels, Victoria Wolffs* und anderer –, machte es schier unausweichlich, dass er an verhängnisvollen Fehlentscheidungen mitschuldig wurde. Auch bildende Künstler und ihre Organisationen verhielten sich ähnlich. Rühmliche Ausnahmen waren etwa *Robert Lejeune, Cäsar von Arx, Hans Zbinden, R. J. Humm, Ernst* und *Sasha Morgenthaler, Victor Surbek* und seine Frau, *Marguerite Frey-Surbek, Paul Camenisch, Max von Moos, Hans Erni, Max Bill, Paul Sacher,* um nur diese zu nennen.

Tradition des Antisemitismus

Die «Angst vor der Verjudung der Schweiz», die die Asylpraxis des Bundesrates in hohem Masse bestimmte, war auch die Folge einer über Jahrhunderte gepflegten judenfeindlichen Politik der eidgenössischen Stände. Vom Pestjahr 1349 an verübten aufgeputschte Christen Pogrome und Vertreibungen von Juden. So wurde die Schweiz über viele Generationen hinweg ein mehr oder weniger «judenfreier» Staat. Lediglich in den Surbtaler Gemeinden Lengnau und Oberendingen durften Juden sich niederlassen. Jegliches Handwerk aber war ihnen verwehrt, da die Zünfte keine Juden aufnahmen. Landwirtschaft durften sie nicht betreiben, Bodenbesitz war ihnen untersagt.

Lediglich Hausier- und Viehhandel und Geldverleih waren ihnen erlaubt, Tätigkeiten, die immer wieder den Hass gegen die «jüdischen Wucherer» schürten. Zürich, Luzern und andere Stände verlangten von Zeit zu Zeit die völlige Austreibung der Juden aus dem ganzen Gebiet der Eidgenossenschaft. Das Betreten der Städte war den Juden bei schwerer Strafe verboten. Im Kanton Bern wurden aufgegriffenen Juden und Fahrenden ein Ohr abgeschnitten. Tauchten sie wieder auf, mussten sie mit der Todesstrafe rechnen. Die schweizerischen Frontisten konnten sich denn auch in ihrer judenfeindlichen Propaganda auf diese Tradition berufen.

Vornehmer, aber um so wirkungsvoller wussten die politisch und wirtschaftlich massgebenden Kreise die «Verjudung der Schweiz» zu verhindern. Es wäre als «unschweizerisch» und unschicklich empfunden worden, Juden in Landesbehörden, in oberste Etagen der Bank- und Wirtschaftswelt oder gar der Armee einziehen zu lassen. Soweit ging die von Frankreich, den USA und den Niederlanden nachdrücklich geforderte und 1866 endlich gewährte Emanzipation der Juden denn auch wieder nicht.

Der im rechtsbürgerlichen und katholisch-konservativen Lager geübte Antisemitismus war fester Bestandteil rechten eidgenössischen Denkens. Der Ende des Ersten Weltkrieges und im Zusammenhang mit dem Generalstreik gegründete *Vaterländische Verband,* dem einflussreichste Persönlichkeiten angehörten, machte aus seiner judenfeindlichen Haltung kein Geheimnis.

Heinrich Rothmund konnte deshalb zu Recht seinen deutschen Gesprächspartnern 1938 erklären, wenn Deutschland die Juden so behandelt hätte wie die Schweiz, wäre es, wie diese, vom «Judenproblem» verschont geblieben. In der Tat lebten und leben in der Schweiz bis heute nie mehr als drei bis fünf Juden auf 1000 Einwohner.

Beschämender Ausdruck dieser behördlichen und weit verbreiteten Einstellung war 1938 die Forderung, die Pässe deutscher Juden so zu kennzeichnen, dass sie an der Grenze sogleich erkannt und zurückgewiesen werden könnten. Nach fast sechsmonatigen Verhandlungen gab Berlin Anfang Oktober 1938 widerwillig nach. Das Ergebnis: das grosse «J». Schweden stellte die gleiche Forderung.

Die rigorosen Rückweisungen und «Ausschaffungen» jüdischer Flüchtlinge während des Krieges und dann die Schliessung der Grenze am 13. August 1942, als die Eisenbahnzüge mit den Juden Europas Tag und Nacht rollten – was man in Bern wusste –, bedeuteten für Abertausende Frauen, Kinder und Männer Tod in den Gaskammern von Auschwitz.

Die abschreckende Flüchtlingspolitik der Regierung wurde freilich keineswegs vom ganzen Volk getragen. Als die heimlich getroffene Schliessung der Grenze bekannt wurde, erhoben die Hilfswerke, die Sozialdemokratische und die Demokratische Partei und – beinahe einmütig – die Presse, zahlreiche Kulturschaffende und Wissenschafter heftigen Protest. Es war ein Protest aus spürbarer menschlicher Empörung. Der Bundesrat musste, nach der Intervention von Nationalrat und Chefredaktor *Albert Oeri* und dem Besuch von *Gertrud Kurz* und dem Basler Bankier *Paul Dreyfus-de-Günzburg* bei *Eduard von Steiger* an dessen Ferienort, der klaren Meinungsäusserung breiter Volkskreise Rechnung tragen und die Grenze vorübergehend wieder öffnen.

In der September-Session des Nationalrates kam es zu einem emotionalen Schlagabtausch zwischen den Befürwortern der humanitären Aufgabe der Schweiz und jenen der Staatsräson. Die bürgerlichen Fraktionen stimmten der Politik des Bundesrates zu. Der katholisch-konservative, höchst einflussreiche Luzerner Nationalrat *Heinrich Walther* postulierte den «sacro egoismo». Asylgewährung sei ein «Gnadenakt»; in jedem einzelnen Fall «müsse ganz genau geprüft werden, ob genügend Gründe für die Gewährung dieser Gnade vorhanden» seien.

Demgegenüber setzten sich sozialdemokratische, liberale, demokratische und LdU-Parlamentarier vehement für eine Asylgewährung ein, die dem Geist der humanitären Tradition entspreche. Der Zürcher *Paul Meierhans* zeigte an konkreten Beispielen, wie unmenschlich Flüchtlinge behandelt und den Nazis ausgeliefert wurden. *Albert Maag-Socin* meinte, man könne doch ohne weiteres bis zu 40 000 Flüchtlinge aufnehmen. *Albert Oeri* kritisierte die Politik des Bundesrates als «Grausamkeit auf Vorrat», das Boot sei noch lange nicht voll.

Der St. Galler Freisinnige *Ludwig Rittmeyer* distanzierte sich entschieden von der Haltung seiner Fraktion und befürwortete vermehrte Aufnahme von flüchtenden Juden. Nationalrat und Literaturprofessor *Walter Muschg* appellierte an den Bundesrat, alles für die Rettung der Flüchtlinge zu unternehmen. *Felix Moeschlin*, Inlandredaktor der *Tat*, fand den Vergleich mit dem «kleinen Rettungsboot» falsch, vielmehr handle es sich um einen «überaus gut organisierten, tadellos ausgerüsteten Überseedampfer».

Als sich nach einiger Zeit, nachdem zahlreiche Flüchtlinge die Grenze hatten überschreiten dürfen, die Erregung im Volk legte, fuhr der Bundesrat mit der bisherigen Praxis weiter. Schon am 26. September 1942, zwei Tage nach der Debatte im Nationalrat, erliess die Polizeiabteilung erneut die Weisung an die Grenzorgane: «Flüchtlinge nur aus Rassegründen sind nach der bisherigen Praxis nicht politische Flüchtlinge.» Und: «Ausnahmslos zurückzuweisen sind französische Juden, da sie in ihrem Heimatland nicht gefährdet sind.» (!) Ausgenommen von dieser Weisung waren unter anderem «kranke Personen und schwangere Frauen, alleinreisende Kinder unter 16 Jahren, Eltern mit Kindern unter 16 Jahren». (Wie die Fernseh-Journalistin *Irene Loebell* im November 1995 festgestellt hat, haben Grenzbeamte dieser Weisung zuwider gehandelt, indem einer, zum Beispiel, zwei Knaben unter 16 Jahren an der Grenze zurückgewiesen habe, deren Namen später auf Todeslisten der Nazis in einem Vernichtungslager aufgeführt waren. *Heinrich Rothmund* verteidigte den fehlbaren Beamten, schliesslich habe es sich bei den zwei Knaben – die unter Lebensgefahr andere retteten – um «Schlepper» gehandelt!

Erst als es keinen Zweifel mehr geben konnte, dass *Hitler* den Krieg verlieren würde, wurde die Weisung, «Flüchtlinge nur aus Rassegründen seien zurückzuweisen», im Herbst 1944 aufgehoben. Jetzt intervenierte der Bundesrat in Berlin gegen weitere Deportationen von Juden und erlaubte 10 000 ungarischen jüdischen Frauen, Kindern und Männern die Einreise in die Schweiz.

Ich versuchte deutlich zu machen, wie sich die staatliche Flüchtlingspolitik auf Menschen aus Fleisch und Blut ausgewirkt hatte. Aus persönlichen Dokumenten, Briefen, Tagebuchaufzeichnungen, authentischen Berichten und vielen Gesprächen mit direkt und indirekt Betroffenen wurde das tragische Geschehen einigermassen fassbar. Sechs Millionen ermordete Juden ist eine unvorstellbare Zahl. Menschen mit Namen, Alter, mit einer Lebensgeschichte – das wird in Grenzen nachvollziehbare Wirklichkeit. Es wurden für mich bedrückende Erlebnisse, wenn ich die oft mit zitternder Hand geschriebenen Briefe von Frauen und Männern las, mit Flecken getrockneter Tränen auf dem billigen Papier.

Da schrieb eine Frau am 14. August 1942 aus dem Lager Rive-Saltes unter anderem: «Ein schweres Schicksal steht uns bevor, wir stehen vor der Abreise, wohin, unbekannt. Wir befürchten das Schlimmste, das uns noch passieren kann. Furchtbar ist es für uns, dass wir unser kleines Albertle hier zurücklassen müssen. Sie Liebe, Gütige, vielleicht steht es in Ihrer Macht, dem Kind beizustehen. Wir geben uns in Gottes Hand und hoffen, dass er uns beisteht. Hoffnung haben wir keine mehr, dass wir jemals unsere . . . Angehörigen sehen.»

Ein Mann, dessen Frau gestorben war, schrieb an seine Schwester in der Schweiz: «Eben holt man mich mit andern ab, ohne zu wissen, wohin. Und mein zwölfjähriger Bub bleibt allein . . . Kümmere Du Dich um den Knaben, wenn Du kannst, und wenn es irgend geht, nimm ihn zu Dir in die Schweiz, denn ich fürchte, er wird mir sonst eines Tages folgen müssen, ohne bei mir zu sein. Du verstehst.»

Ein Vater an seinen Sohn in der Schweiz: «Mein lieber Sohn! Leider hat es mich auch getroffen, und ich muss nun auch ins Ungewisse fahren. Es tut mir besonders leid, dass ich mich von der lieben Mutter nicht mehr verabschieden konnte . . . Ich bitte Dich, mein einziges, geliebtes Kind, schau Du jetzt auf unsere arme, liebe Mutter und . . . nur den Kopf hochhalten!»

Eine Frau an ihren Mann in der Schweiz: «Mein teurer Mann! Will Dir noch ein Lebewohl sagen – ich fahre an einen mir unbekannten Ort ... Um die Einreise brauchst Du Dich nicht mehr zu kümmern, es ist nicht mehr möglich. Habe alles stehen und liegen gelassen; meine Opfer waren umsonst.»

Im Archiv von *Paul Vogt* befand sich das Tagebuch eines reformierten französischen Pfarrers vom Sommer 1942. Einige Auszüge: «Seit acht Uhr bin ich im Lager. Ich versammle meine Freunde ... Da ist zuerst die rasende Furcht vor dem Gespenst der Deportation; dann aber ist es der Mut, mit dem trotz allem jeder seinem Geschick ins Gesicht sieht, und endlich ist es die Liebe, die sie unermüdlich einander bezeugen. Jeder versucht das Kreuz seines Bruders zu erleichtern und zur Rettung des Kameraden beizutragen.»

«Besonders schmerzlich war der Anblick der kleinen Kinder, denn in letzter Stunde kam eine Verfügung, wonach alle Kinder über zwei Jahren mit ihren Eltern fort mussten, so dass nicht mehr die Möglichkeit bestand, sie einer Hilfsorganisation zu übergeben. Ganz kleine Kinder, vor Müdigkeit und Kälte in der Nacht schlotternd, vor Hunger weinend, klammerten sich erbärmlich an ihre Eltern und wollten getragen werden.»

«Unsere Aufgabe ist nicht zu Ende. – Es war erst ein Vorspiel – unglückliche, verstörte und gehetzte Wesen, Greise und Frauen, ganz kleine Kinder, kranke und starke, aber vom Leben gebrochene Männer blicken auf uns und auf die Kirche.» So am 20. September 1942.

Was wir wissen konnten

Im August berichteten verschiedene Schweizer Zeitungen, was Augenzeugen in Paris festgestellt hatten. So die *Berner Tagwacht* am 3. August 1942 unter dem Titel: «Wir können nicht schweigen»: «Das Vélodrom ist vollgepfercht. Männer, Frauen, Kinder sind dicht beisammen. Man kann nur sitzend schlafen. Jeder muss lange warten, bis die Reihe an ihn kommt, das WC aufzusuchen. Diese armen Leute erdulden seit sechs Tagen grosse Leiden, während sie warten, bis ihr Schicksal entschieden wird.»

In der *Volksstimme*, St. Gallen, vom 6. August 1942 wurde eine Reuter-Meldung aus dem Hauptquartier de Gaulles wiedergegeben, nach der *Pierre Laval*, Ministerpräsident der Vichy-Regierung, das Einverständnis gegeben habe, den Deutschen die Juden ausländischer Herkunft im besetzten Gebiet und rund 10 000 Juden aus dem unbesetzten Gebiet Frankreichs auszuliefern. 3600 Juden aus den Lagern Gurs, Rive-Saltes und Vernet seien bereits zur Deportation bestimmt worden. Etwa 1000 weitere Juden sollten am 6., 8. und 10. August nach unbekanntem Bestimmungsort abtransportiert werden. In Lyon seien Massenverhaftungen durchgeführt worden.

Der Zürcher Arzt Dr. *Rudolf Bucher*, Mitglied der von Divisionär und Nationalrat *Eugen Bircher* und dem Schweizer Roten Kreuz organisierten ersten Ärztemission an der Ostfront von 1941, berichtete im März 1942 dem Oberauditor der Armee, Brigadier *Jakob Eugster*, und anschliessend in rund 150 geschlossenen Vorträgen, was er im Osten festgestellt oder von Gewährsleuten gehört hatte. So erklärte ihm im Januar 1942 der Chefarzt im Lazarett Nord, Hauptmann Wagner, dass «immer mehr Juden auf bestialischste Art umgebracht würden, und zwar weniger durch Massenerschiessungen (wie im Getto von Minsk 7000 Juden durch Maschinengewehrfeuer), sondern durch Vergasung in Gaskammern und Verbrennung der Leichenmassen in riesigen Krematorien.»

In Smolensk war Bucher Zeuge, wie 62 Geiseln, darunter auch Juden, in einem Gebäude der GPU durch Genickschuss exekutiert wurden. Im Eisenbahnzug sagte eine junge blonde Frau, die Geliebte eines SS-Offiziers, dem Schweizer Arzt – er befand sich auf der Rückreise in die Schweiz –, dass bei den angeblichen Entkleidungs- und Waschprozeduren die Juden mit Blaukreuzgas umgebracht und dann in Krematorien verbrannt würden. «Ich hörte zum erstenmal vom Zynismus der Entlausungsvorgänge.»

Im Mai 1944 warfen Bundesrat *Karl Kobelt* und Oberauditor

Jakob Eugster Dr. *Rudolf Bucher* vor, er habe durch seine Vorträge das ihm auferlegte, ehrenwörtlich gegebene Schweigegebot gebrochen. Sie drohten ihm mit Artikel 16 der Militärorganisation, der die Degradation und den Ausschluss aus der Armee vorsieht. Bucher liess sich nicht einschüchtern.

Tatsache bleibt, dass der Bundesrat schon im Frühjahr 1942 aus zuverlässigen Berichten nicht nur um die in grossem Ausmass stattfindenden Deportationen der Juden aus den besetzten Gebieten wusste, sondern auch um das grausame Schicksal, das sie im Osten erwartete. Dr. *R. Jezler,* Adjunkt von Heinrich Rothmund, bestätigte Ende Juli 1942 in einem Bericht an den Bundesrat, «die übereinstimmenden und zuverlässigen Berichte über die Art und Weise, wie die Deportationen ausgeführt werden, und über die Zustände in den Judenbezirken im Osten», die derart grässlich seien, «dass man die verzweifelten Versuche der Flüchtlinge, solchem Schicksal zu entrinnen, verstehen muss und eine Rückweisung kaum mehr verantwortet werden kann.»

Trotz dieses Wissens, wurde die Grenze am 13. August 1942 geschlossen.

Draussen vor der Tür

Unvergessen die Tragödie *Jochen Kleppers,* seiner Frau und deren Tochter aus erster Ehe, *Renate Stein.* 1942 war die zwanzigjährige Renate als «reine» Jüdin direkt gefährdet. Der in Zürich lebende Kirchenmusiker *Walter Tappolet,* ein Freund Kleppers, war bereit, Renate aufzunehmen. Bekannte Persönlichkeiten wie *Curt Goetz, Ernst Zahn, Carl J. Burckhardt,* Pfarrer *Paul Vogt* und andere setzten sich für die Aufnahme der jungen Frau in die Schweiz ein. Vergebens.

Die letzte Tagebucheintragung *Jochen Kleppers* vom 11. Dezember: «Wir gehen heute Nacht gemeinsam in den Tod. Über uns steht in den letzten Stunden das Bild des segnenden Christus, der um uns ringt. In dessen Anblick endet unser Leben.» So geschah es.

Die in Genf als Psychiaterin wirkende Dr. *Käthe Schuftan,* die in Bern studiert, in der Berner Heil- und Pflegeanstalt gearbeitet hatte und mit einem Berner Zahnarzt verheiratet war, schrieb mir in einem Brief über das Schicksal ihrer Mutter. Im Frühjahr 1940 hatte sie erstmals das Gesuch in Bern gestellt, ihre schwer herzkranke Mutter für einen Erholungsaufenthalt zu sich und ihrem Mann zu nehmen. Für den Aufenthalt war finanziell gesorgt. Der zuständige Beamte erklärte: «Wer garantiert uns, dass Sie, sobald Sie Ihre Mutter hier haben, nicht auch noch den Vater nachkommen lassen wollen?» Nachdem Frau Schuftan Ende 1941 eine Kaution im Betrage von 5000 Franken beigebracht hatte, wurde das Gesuch im Februar 1942 bewilligt. Nun verweigerten die Deutschen die Ausreise der schwerkranken Mutter. «Am 7. Juni 1942 wurden meine Eltern nach Auschwitz deportiert und – wie ich nach Kriegsende erfuhr – noch am Tage ihrer Ankunft vergast.» Die Schwester von Käthe Schuftan wurde Anfang Juli 1942 nach Auschwitz deportiert. «Sie war 39 Jahre alt. Wir haben nie wieder etwas von ihr gehört.»

Ende August 1942 hatte eine Gruppe von sechs Flüchtlingen, eine sechzigjährige Frau, deren Tochter und ihr Mann, ein fünfzehnjähriges Mädchen, ihr siebzehnjähriger Bruder und ein alleinstehender Mann, es im allerletzten Augenblick vor der Deportation geschafft, auf abenteuerlichen Wegen über die französisch-waadtländische Grenze in die Schweiz zu gelangen. Sie wurden von den Bewohnern eines Grenzdorfes verpflegt und umsorgt. Kaum wieder einigermassen bei Kräften, schrieben sie ihren Verwandten und Freunden über die geglückte Rettung. Sie hatten die Rechnung ohne den pflichtbewussten Dorfpolizisten gemacht. Unverzüglich verfügte er die «Ausschaffung» über die zwei Fussstunden entfernte Grenze. Die alte Frau brach entkräftet zusammen. Verzweifelt flehte sie die zwei begleitenden Polizisten an: «Tirez sur mois, tirez, je ne peux plus . . .» Sie wurden über die Grenze gestellt. (*Markus Imhoof* hat diese Geschichte zum Film *Das Boot ist voll* inspiriert.)

Einige tausend hatten mehr Glück. Der Schriftsteller Dr. *Edwin Maria Landau* fand nach drei Rückstellungen beim vierten Mal Gnade. Glück hatten die Schriftsteller *Stefan Hermlin, Jakob Haringer, Georg Kaiser, Hans Mayer, Robert Musil, Alfred Polgar.* Gern gesehene Gäste waren auch sie nicht. Der Sänger *Joseph Schmidt* («Ein Lied geht um die Welt») hatte im Lager Gyrenbad Unterkunft gefunden. Als ein notwendiger Spitalaufenthalt vom behandelnden Arzt als beendet erklärt wurde, da Schmidt wieder lagerfähig sei, starb der Sänger einen Tag nach der Einlieferung ins Lager.

Glück hatte das Mädchen *Karola Siegel,* das mit 300 andern jüdischen Kindern nach der «Reichspogromnacht» Anfang 1939 in die Schweiz reisen durfte. Karolas Eltern fanden den Tod in Auschwitz. Ich schilderte Karolas Erlebnisse in dem Buch *Die Geschichte der Karola Siegel* (Benteli Verlag Bern, 1976). Das ehemalige Flüchtlingskind ist inzwischen als Sexologin Dr. *Ruth K. Westheimer* international berühmt geworden . . .

Die Zensur achtete darauf, dass die Wahrheit über den Massenmord an den Juden nicht ans Tageslicht kam. Flüchtlinge arbeiteten im Anbauwerk mit. Zu keiner Zeit hat das Regime in Berlin wegen der Flüchtlingspolitik interveniert. Verschweigen blieb bei den zuständigen Bundesstellen oberstes Gebot, auch als sukzessive bekannt wurde, was geschehen war. Abertausende Akten über zurückgewiesene oder «ausgeschaffte» Flüchtlinge wurden vor einiger Zeit vernichtet. Auf wessen Geheiss und aus welchem Grund? Das gute Gewissen kann es nicht gewesen sein.

Es gab aber auch Tausende Frauen und Männer, die sich von ihrem Gewissen und der humanitären Tradition leiten liessen und das menschlich Selbstverständliche leisteten, wenn Flüchtlinge um Schutz baten. Unter ihnen auch Grenzbeamte, die weggesehen hatten, wenn Verfolgte illegal die Grenze überschritten.

Die Aufarbeitung dieses dunklen Kapitels jüngster Geschichte der offiziellen Schweiz setzte mir seelisch stark zu. Im

Schlusskapitel schrieb ich: «Wir müssen es uns so schwer wie möglich machen, vor unserem Gewissen allzu billig davonzukommen. Sündenbücke können uns immer weniger entlasten. Das was wir getan oder nicht getan haben, können wir nicht Heinrich Rothmund aufladen.»

Echo und Lehren

Das Erscheinen des Buches *Das Boot ist voll* löste in Presse, Radio und Fernsehen ein auch im Ausland unerwartet breites, fast durchwegs positives Echo aus. Innert weniger Wochen war die erste Auflage von 25 000 Exemplaren bei Ex Libris und im Fretz & Wasmuth Verlag verkauft. Es folgten weitere sieben Auflagen bei Ex Libris, eine achte im Diogenes- und 1992 eine neunte im pendo-verlag in Zürich. Insgesamt fanden gegen 60 000 Bücher allein in der deutschsprachigen Schweiz ihre Leserinnen und Leser.

Einer ersten Auflage in französischer Sprache, *La Suisse – Terre d'asile?* bei der Edition Rencontre, folgte 1992 eine zweite unter dem Titel *La barque est pleine – La Suisse Terre d'asile?* (Edition M, Zürich). Eine Ausgabe in englischer Sprache, *The Lifeboat is Full*, erschien 1969 in New York.

Markus Imhoofs Film *Das Boot ist voll*, der sich, wie erwähnt, auf das Buch stützte, wurde für den «Oscar» vorgeschlagen und in vielen Ländern gezeigt; er hinterliess einen tiefen Eindruck.

In zahlreichen Sekundar- und Mittelschulen wurde das Buch in den Unterricht der neuesten Schweizer Geschichte einbezogen. Teilnahme an Fernsehsendungen, Radio- und Rundtisch-Gespräche und Vorträge zum Thema folgten in grosser Zahl. Der Titel des Buches ist zum Begriff für die Flüchtlingsproblematik nicht nur des Zweiten Weltkrieges, sondern auch der Gegenwart geworden.

Anfang der fünfziger Jahre unterzeichnete der Bundesrat die internationale Konvention, wonach Flüchtlinge nicht in Länder zurückgeschickt werden dürfen, in denen sie an Leib und Leben bedroht sind.

Als im Herbst 1956 das ungarische Volk sich unter der Führung *Imre Nagys* und anderer Kommunisten gegen die stalinistische Diktatur erhob, die Sowjetarmee jedoch den demokratischen Aufstand unter ihren Panzern begrub, fanden 10 000 Flüchtlinge Aufnahme in der Schweiz. Nicht anders 1968, als der *Prager Frühling* der Reform-Kommunisten *Aleksander Dubcek* und Genossen von den Truppen des Warschau-Paktes auf Befehl Moskaus erstickt wurde: um die 14 000 Flüchtlinge wurden aus dem erneut schwer geprüften Land aufgenommen.

Aufgenommen wurden an die 1000 Tibeter, nachdem die Herrscher in Peking den letzten Rest an Autonomie des Bergstaates mit militärischer Gewalt ausgelöscht hatten.

Als Ende der siebziger und Anfang der achtziger Jahre Zehntausende von Frauen, Männern und Kindern Vietnam auf überfüllten Booten verliessen und viele im Meer einen traurigen Tod fanden, wurde rund 8000 vietnamesischen Flüchtlingen Asyl gewährt.

Das 1981 in Kraft getretene Asylgesetz zeugt von einem liberalen, sich an den Menschenrechten orientierenden Geist. So gilt als Asylgrund schon psychischer Druck eines diktatorischen Regimes auf kritische Bürgerinnen und Bürger.

Humanität im Gegenwind

Mitte der achtziger Jahre begann sich der Wind gegen die Befürworter der humanitären Asylpolitik zu drehen. Die geistigen Nachfahren des chauvinistischen, fremdenfeindlichen Vaterländischen Verbandes im Verein mit offen rassistischen Gruppen frontistischen Zuschnitts schürten ein untergründiges Unbehagen in bestimmten Volksschichten und machten es sich politisch zunutze. Das Unbehagen hatte verschiedene, durchaus auch reale Gründe: Umweltgefährdung; Technisierung unseres Lebens; das Altersproblem; die sich ausbreitende Drogensucht; das Auftauchen und die rasche Ausbreitung der unheimlichen Aids-Krankheit; die Bevölkerungsexplosion vor allem in der Dritten Welt; die damit zusammenhängenden Hungersnöte und die beginnende Völkerwanderung von Süden nach Norden; seelische Verarmung inmitten eines ungebremsten Konsumismus; Wohnungsnot vor allem für weniger bemittelte Leute; zunehmende Arbeitslosigkeit.

Die traditionellen Parteien und die meisten Politiker vermochten das Defizit an dem, was man mit dem Begriff «Lebensqualität» verband, von Ausnahmen abgesehen, zu denen vor allem auch Parlamentarierinnen gehörten, nicht zu beseitigen. «Überfremdung», ein Begriff unheilvollen Angedenkens aus dem Wörterbuch des Unmenschen ist erneut zum Markenzeichen «nationaler» Werte geworden. Volksinitiativen gegen diese «Überfremdung» fanden in den sechziger Jahren breite Zustimmung auch in Arbeiterkreisen und unter manchen Gewerbetreibenden. Sie wurden abgelehnt, waren aber Ausdruck eines dumpfen Gefühls der Bedrohung durch Fremde.

Den fremdenfeindlichen Gruppen herkömmlichen Zuschnitts machte dann Mitte der achtziger Jahre eine neue Partei «Konkurrenz», die das Auto zum Wahrzeichen ihres Patriotismus und ihres Verständnisses von Freiheit erhob. Auch an den rechten Rändern bürgerlicher Parteien setzten sich Ansichten durch, die sich von denen rechtsradikaler Gruppierungen nur noch graduell unterschieden.

Menschenrecht als ständige Aufgabe

Da hiess es nun für alle, die aus den Fehlern während des Zweiten Weltkrieges gelernt hatten, Flagge zu zeigen. In den Kirchen ist das Bewusstsein gewachsen, dass sie Verantwortung zu übernehmen haben für die Bewahrung der Schöpfung, für Frieden und Gerechtigkeit, hier bei uns und in der Welt.

Hand in Hand mit den Kirchen nahestehenden Hilfswerken und weitern sozialen Organisationen und Institutionen bildeten sich aktive Gruppen, für die ein Glaube ohne Werke ein toter Glaube ist.

Dem friedlichen Zusammenleben verschiedener ethnischer, religiöser und kultureller Minderheiten gilt auch die Tätigkeit der *Gesellschaft Minderheiten in der Schweiz* (GMS). In der Folge einer zu Beginn der achtziger Jahre von der *Israelitischen Cultusgemeinde Zürich* durchgeführten Veranstaltung, an der auf die wieder aktuelle Asyl-Problematik eingegangen wurde, schlug ich in meinem Schlusswort vor, ein Institut für Minderheitenforschung ins Leben zu rufen, das sich den folgenden Themen widmen sollte: Aufarbeitung der Geschichte verfolgter Minderheiten in der Schweiz, wobei vor allem an die jüdische Minderheit und an die Fahrenden gedacht wurde; Erforschung der Ursachen, die zu Diskriminierung und Verfolgung dieser Minderheiten geführt haben und führen: Wirtschaftskrisen; Anfälligkeit bestimmter Bevölkerungsschichten; ideologisch begründete Diskriminierungen (Antisemitismus, Rassismus). Aber auch Beispiele kreativen Zusammenlebens; Minderheiten als demokratisch-kulturelle Herausforderungen und Bereicherung sollten dargestellt und geeignete Unterrichtsmaterialien für die Schulen erarbeitet werden.

Im November 1982 wurde die GMS gegründet. Alt Bundesrat Dr. *Willy Spühler* übernahm das Präsidium. Treibende Kraft im Vorstand wurde Rechtsanwalt Dr. *Sigi Feigel,* Präsident der Israelitischen Cultusgemeinde Zürich. Er rief eine Arbeitsgruppe von Lehrern ins Leben, die im Verlauf einiger Jahre ein Unterrichtsmittel für die Volksschule gegen Fremdenfeindlichkeit, Rassismus, Antisemitismus und für gegenseitiges Verständnis schuf, das den Zürcher Schulen zur Verfügung steht. Die *Stiftung gegen Rassismus und Antisemitismus* ist ein weiteres seiner «Kinder». Sie verleiht periodisch Preise an Persönlichkeiten, die im Sinne des Stiftungszwecks besonders aktiv waren oder sind. Massgeblich auf Feigels Initiative geht die Gründung eines Parlamentarier-Clubs gegen Fremdenfeindlichkeit, Rassismus und Antisemitismus zurück, dem gegen hundert Frauen und Männer des National- und Ständerates angehören. Das von der Stiftung finanzierte Sekretariat wird von *Walter L. Blum* betreut.

Zusammen mit *Renée Levy,* der ehrenamtlichen Sekretärin der GMS, war ich verantwortlich für die Durchführung von

Symposien und andern Veranstaltungen, die meistens an der Universität Bern oder an der ETHZ stattfanden. Sie galten zunächst, ausser der jüdischen und der Minderheit der Fahrenden, den mehr von innen gefährdeten Rätoromanen und Walsern. Dann rückten Asylbewerberinnen und -bewerber, Ausländer der zweiten Generation, spezifische Gruppen von Ausländern, die zeitweise in besonderem Masse fremdenfeindlichen und rassistischen Angriffen und Bedrohungen ausgesetzt waren, zum Beispiel Tamilen, Kosovo-Albaner und andere ins Zentrum der GMS-Aktivitäten. Diese Veranstaltungen sollten eine breitere Öffentlichkeit über Tatbestände informieren und andern Institutionen ein Forum bieten, ihre Probleme darzulegen. Sie fanden denn auch ein starkes Medienecho und wirkten gelegentlich bis in politische Entscheidungsfindungen hinein.

Als *Willy Spühler* der die GMS mit Takt und Engagement präsidiert hatte, alters- und gesundheitshalber vom Amt zurücktrat, übernahm Prof. Dr. theol. *Werner Kramer* seine Aufgabe. Dem Vorstand trat ebenfalls alt Bundesrat Dr. *Hans Hürlimann* bei, der bis kurz vor seinem Tod der GMS ein wertvoller Berater war. Mit den Minderheitenproblemen vertraute Frauen und Männer tragen die Tätigkeit der GMS. So *Heidi Derungs, Regula Heusser, Rita Marx, Ellen Ringier, Cecile Bühlmann, Walter Schmid, Thomas Lyssy, Peter Arbenz, Ulrich Bär,* Professor *Heinrich Baggenstos.* Stellungnahmen zu besonderen Ereignissen fremdenfeindlicher Tendenz, Interventionen bei Behörden, Unterstützung nahestehender Organisationen gehören zu den Aufgaben der GMS.

Einen Schwerpunkt für die Tätigkeit der GMS bildete die Kampagne für das Antirassismus-Gesetz. Hier verdient die Präsidentin des befürwortenden Komitees, Nationalrätin *Rosmarie Dormann* besonders genannt zu werden; sie war widerlichen Angriffen ausgesetzt, die sie jedoch von der Notwendigkeit des Gesetzes nur noch mehr überzeugten. Führende Kraft mit ihr war *Sigi Feigel.* Ihnen ist es in hohem Masse zu verdanken, dass das Gesetz angenommen wurde.

Dass ich mich inbezug auf die Asylproblematik immer wieder gefordert fühlte, war selbstverständlich. Was ich im Vorwort zur 9. Auflage von *Das Boot ist voll* schrieb, trug ich kontinuierlich in Vorträgen und Zeitungsartikeln, in Gesprächen mit Jungen nach aussen: «Antijüdische Vorurteile grassieren weiter ... Ablehnung und Hass schlagen heute auch Flüchtlingen aus der Dritten Welt entgegen ... Das demokratische Europa verhält sich in steigendem Masse ähnlich wie in den dreissiger und vierziger Jahren. Gemeinden und Kantone wenden sich gegen die weitere Aufnahme von Asylbewerbern. Rassistische Töne sind nicht zu überhören. Selbst Mitglieder der obersten Behörden scheinen dem fremdenfeindlichen Druck zu erliegen und äussern Auffassungen, die dem ‹vollen Boot› des Bundesrates vom August 1942 entsprechen. Man nimmt nicht zur Kenntnis, dass mehr als 90 Prozent der 12 bis 15 Millionen Flüchtlinge in Lagern der Dritten Welt dahinvegetieren, während in der Ersten Welt lediglich etwa acht von 100 Aufnahme finden. Hilflos abwehrend begegnen wir dem neuen Phänomen der sogenannten ‹unechten› oder ‹Wirtschaftsflüchtlinge› und übersehen dabei, dass auch ‹unechte› Flüchtlinge echte Menschen sind und dass im 18., 19. und unserem 20. Jahrhundert Hunderttausende junge Menschen, oft mit ihren Familien, die Schweiz verlassen mussten, weil sie hier keine Existenz mehr hatten. Behörden unterstützten diese Auswanderung, und Werber durften ihr lukratives Geschäft ungehindert öffentlich betreiben.

Sachliche Aufklärung über die weltweiten Zusammenhänge und Ursachen der Fluchtbewegungen, Wachsamkeit gegen fremdenfeindliche Tendenzen und tätige Solidarität von Mensch zu Mensch sind unabdingbare Voraussetzungen einer anständigen, menschengerechten Lösung der drängenden Probleme. Nur so sind Chaos und weitere ‹Endlösungen› durch ‹ethnische Säuberungen› und Hungertod zu verhindern.

Wir dürfen nicht vergessen, was war und wie es zu dem gekommen ist, was in diesem Jahrhundert im christlichen Europa geschehen ist. Niemand soll ... je wieder sagen können: ‹Das haben wir nicht gewusst.›»

Wie sehr die aus den Untiefen des Unbewussten an die Oberfläche dünstenden Triebe zu Taten rassistischen Charakters führen, zeigt eine von der Stiftung gegen Rassismus und Antisemitismus und der Gesellschaft Minderheiten in der Schweiz herausgegebene, von Dr. *Regula Bähler,* später von *Hans Stutz* bearbeitete Chronologie über «rassistische Vorfälle in der Schweiz». Sie registriert allein in den Jahren 1985 bis Mai 1995 einige hundert verbrecherische Anschläge gegen Asylbewerberinnen und Asylbewerber, gegen andere Ausländer, gegen Schweizerinnen und Schweizer, die sich für die Menschenrechte und gegen Fremdenhass einsetzen, sowie gegen Asylbewerberheime. Es kamen zahlreiche Menschen dabei zu Tode oder wurden schwer verletzt.

Trotzdem: Hoffnung ist angesagt. Wie in den Jahren des nazistischen Rassenwahns sind auch heute Frauen und Männer zur Stelle, die sich den Propagandisten des Hasses entgegenstemmen. Ich denke an *Peter* und *Heidi Zuber,* die das Menschenrecht auf Leben in Freiheit und Würde von in ihren Herkunftsländern existenziell bedrohten Menschen höher gewichten als Staatsräson und Staatsrecht, wenn diese sich gegen die Tradition der Humanität richten, die aber auch Einheimischen in Not und Krankheit zur Seite stehen. Ich denke an *Angeline Fankhauser,* Nationalrätin und Präsidentin des Arbeiterhilfswerks, die mit beispielhaftem Mut sich für die Menschenrechte bei uns und in andern Ländern einsetzt und sich auch von infamen Beschimpfungen und Drohungen anonymer «Helden» nicht einschüchtern lässt. Mut und Standhaftigkeit zeichnet Nationalrätin *Verena Grendelmeier* aus, die immer wieder auf dunkle Tatsachen hinweist und einiges in Bewegung setzt. Ich denke an die Frauen und Männer im Kanton Obwalden, wie *Frau Spichtig,* die aufrechten Ganges sich für gefährdete Kurden eingesetzt haben, wenn schliesslich auch erfolglos, und damit ein Zeichen furchtloser Menschlichkeit setzten. Unermüdlich erhebt *Maja Wicki* ihre Stimme für die bedrohte Humanität. Ein Beispiel politischer Kultur gab *Peter Arbenz,* als er anlässlich der Übergabe des Preises für Menschlichkeit für

Peter und *Heidi Zuber* die Laudatio hielt, und ihnen damit jene Achtung bezeugte, die diese «Gegenspieler» ihm abverlangte. Die hier erwähnten Namen stehen stellvertretend für viele andere, die abseits aller Publizität tun, was ihr Gewissen sie zu tun heisst.

Die älteren Brüder

Das verdunkelte Verhältnis Juden-Christen bleibt ein aktuelles Thema. Aber es ist weniger ein Problem der Juden als vielmehr der christlichen Mehrheit. Sie erwies sich seit Jahrhunderten als unfähig, die kleine jüdische Minderheit in ihrer Eigenart, ihrer Tradition, ihrem Gottesverständnis zu verstehen und zu akzeptieren, sie nicht als Belastung, sondern als Bereicherung und Partnerin zu sehen im Bestreben, das menschliche Zusammenleben im Sinne des beiden Religionen eigenen Liebesgebotes allmählich zu humanisieren. Ich legte und lege das Gewicht auf das Gemeinsame im jüdischen und christlichen Glauben, auf die gemeinsame Verpflichtung, in dieser Richtung voranzuschreiten, nicht nachzulassen.

Zwiespältig entwickelte sich das Verhältnis zum im Mai 1948 ausgerufenen Staat Israel. Brachte die überwiegende Mehrheit des Schweizervolkes dem hartnäckigen Widerstand der jüdischen Streitkräfte gegen die vielfache Übermacht arabischer Staaten, die den eben erst nach 2000 Jahren wieder erstandenen Staat vernichten wollten, bewundernde Sympathie entgegen, so hing das sowohl mit dem Mut und der militärischen Tüchtigkeit des kleinen Volkes als auch mit dem schlechten Gewissen über unser klägliches Verhalten zur Zeit des Holocaust zusammen. Das tradierte Bild vom «feigen, undisziplinierten Juden» musste gründlich korrigiert werden.

Einen Höhepunkt der Sympathie, ja der Bewunderung erreichte Israel 1967 mit dem Sieg über die zum Angriff gerüsteten und ansetzenden arabischen Armeen. Nicht allein wurden die Bedroher geschlagen, vielmehr gelang die Eroberung des Westjordanlandes und die Befreiung ganz Jerusalems.

Dann jedoch begann sich auch hier eine Wendung abzuzeichnen. Israel, mit seinen vier Millionen Bürgerinnen und Bürgern auf 28 000 Quadratkilometern Territorium, sah sich unversehens in der Rolle des Angreifers, der nun 150 Millionen Araber auf zehn Millionen Quadratkilometern bedrohte! Die Palästinenser im Westjordanland und ihre politische Vertretung, die PLO, die in ihrer Charta die Vernichtung des jüdischen Staates als wichtigstes Ziel festgeschrieben hatte, wurden dagegen zu einem unterdrückten, ausgebeuteten Volk. Kreise der radikalen Linken, aber auch gewisse kirchlich-christliche Gruppen gefielen sich zunehmend in der Rolle derer, die die «wehr- und hilflosen» Palästinenser vor den imperialistischen Zionisten zu verteidigen hatten. Zionismus wurde zum Synonym jüdischen Machtanspruchs. Der israelische Ministerpräsident *Menachem Begin* wurde mit Hitler, die Zionisten mit Nazis gleichgesetzt, die nun den Palästinensern das antaten, was die Nationalsozialisten den Juden angetan hatten! Ziel der israelischen Politik sei es, das palästinensische Volk auszurotten oder aus den angestammten Gebieten zu deportieren.

Die Tatsache, dass ausgerechnet *Menachem Begin* mit Ägypten Frieden schloss, einen von Israel wirtschaftlich entwickelten Sinai zurückgab und die von Juden erbaute Stadt im Norden des Sinai räumen liess, gegen heftigsten Protest rechtsnationalistischer Kreise, wurde geflissentlich übersehen.

Nun konnte ich dem religiös kaschierten nationalistischen und rassistischen Lärm einer kleinen, aber lautstarken Minderheit in Israel keinerlei Verständnis entgegenbringen. Aber ich war entschieden der Meinung, ein Volk, das während 2000 Jahren immer wieder unmenschlichsten Verfolgungen ausgesetzt, das gerade eben erst der minutiös und perfekt geplanten völligen Vernichtung im christlichen Europa entgangen war und sich drei Jahre nach dem Holocaust erneut der offen eingestandenen Vertreibung aus der nie aufgegebenen Heimat ausgesetzt sah, habe ein elementares Recht, sich zu wehren. Dass im jüdischen Staat religiös begründeter Nationalismus sich formierte, war aus der Geschichte dieses Volkes nicht verwunderlich, aber auch kein Anlass, ihn anders zu gewichten als jeden fanatischen und immer auch christlich begründeten Nationalismus.

Israel war von Anfang an ein demokratischer Staat – im Gegensatz zu praktisch allen seiner erklärten arabischen Todfeinde –, wo jede nicht terroristische Partei und Gruppe sich frei äussern kann. Staatspolitisch verordnete Parolen wie: «Wer nicht schweigen kann, schadet der Heimat», wären in Israel undenkbar. In welchem Staat, der sich im Krieg befindet, würden sich ungehindert Hunderttausende auf die Strasse begeben, gegen den Krieg demonstrieren und die Armee schliesslich zum Rückzug zwingen, wie im Libanonkrieg?

In Israel wurden die Verantwortlichen, die das Massaker an den Palästinensern hatten geschehen lassen, vor einen Untersuchungsausschuss unter dem obersten Richter des Landes zitiert und entsprechend bestraft. *Ariel Sharon,* zum Beispiel musste seinen Hut eines Verteidigungsministers nehmen.

Wieder einmal erlebte das jüdische Volk, dass es in Zeiten der Gefährdung weitgehend auf sich selbst angewiesen war. Es konnte im Ernstfall nicht mit effektiver Hilfe rechnen.

Trotz aller Krisen, allen Terrors und aller Gewalttätigkeiten hinüber und herüber, war ich immer, nach dem Friedensschluss mit Ägypten mehr denn je, überzeugt, dass ein umfassender Friede im Nahen Osten in absehbarer Zeit sich anbahnen werde. Welche «Realisten» hätten je angenommen, dass *Yitzak Rabin* und *Yassir Arafat* sich die Hand reichen würden?

Der Friedensprozess ist im Gang. Er wird noch manche Rückschläge erleiden. Aber auch die Hand des Mörders, die Rabin tötete, wird ihn nicht aufhalten können, ebenso wenig die muslimischen Terroristen, die Unschuldige mit ihren Anschlägen ermorden. Die Gewalttäter, die den Frieden hintertreiben wollen, arbeiten sich in die blutigen Hände und schüren Hass. Aber sie werden ihre «heiligen Kriege» verlieren.

Der Jordan-Verlag, Zürich, hat 1986 meine Beiträge zu diesem Thema als Buch unter dem Titel *Die älteren Brüder – Juden und Christen gestern und heute* herausgebracht.

34 LEBEN MIT DEM HASS

Im gleichen Jahr, als *Das Boot ist voll* erschien, begann ich eine Serie von Gesprächen zum Thema Hass, Rassenhass, Völkerhass, Klassenhass, persönlicher Hass – woher kommt diese tötende Macht, die wie eine alle Vernunft und alle Grenzen überschwemmende Seuche immer wieder Einzelne und Massen ergreift und Leid und Tod verbreitet? Entsprang sie den unbewussten Schichten der menschlichen Natur? Brach sie hervor wie eine Naturkatastrophe, oder wurde sie geschürt von machtbesessenen Demagogen, war also auch organisier- und manipulierbar?

Ich legte meine Fragen dem marxistischen Philosophen *Ernst Bloch,* den Schriftstellern *Friedrich Heer* und *Max Frisch,* dem Historiker *Herbert Lüthy,* dem Marxisten *Ernst Fischer,* den Theologen *Helmuth Gollwitzer,* Kardinal *König* und *Visser't Hooft,* den Politikern und Staatsmännern *David Ben Gurion, Carlo Schmid, Léopold Sédar Senghor, Friedrich Traugott Wahlen,* Botschafter *Paul Rüegger,* dem Staatsrechtler *Paul Guggenheim,* dem Ideologen der neomarxistischen Studierenden, *Herbert Marcuse,* dem linken Studenten *Wolfgang Lefèvre,* dem ehemaligen irakischen Botschafter *Anouar Hatem,* dem Schwarzen *John Morsell, Benjamin R. Epstein* (beide USA), dem Gründer von Kinderdörfern und Friedensnobel-Preisträger Pater *Dominique Pire* und dem Tiefenpsychologen *Alexander Mitscherlich* vor. Alle waren bereit, auf das Thema einzugehen.

In den meisten Gesprächen wurde Hintergründiges, Dämonisches, letztlich nicht Erklärbares spürbar, wie alle es in spezifischer Weise in diesem dramatischen Jahrhundert erlebt hatten. Es entstand so ein vielfältiges Panorama über Ursachen, Auswirkungen und Sublimierungen des Hasses. *Ernst Bloch* etwa meinte, Hass mache «a) böse und b) blind. Er verzerrt das Gesicht, auch wenn er recht hat. Aber zwischen Klassenhass und Rassenhass sind doch inhaltlich und in der Adresse einige Unterschiede. Während . . . der Rassenhass die Begründung allein von Hitler hat –, hat der Klassenhass die Begründung seit Spartakus bis Marx, und ist doch zum Teil hoch verursacht. . . . Die Hauptsache scheint mir die Frage zu sein: Ist der Hass in revolutionären konkreten Situationen ein Mittel, das, eine Zeitlang mindestens, erlaubt sein kann . . ., wenn dieser Hass einen Übergang findet zum Zorn? Der Zorn sieht schon ganz anders aus als der Hass. Es gibt ja sogar die Kategorie ‹heiliger Zorn›. Und der Zorn, wenn er hoch verursacht ist – ja, das ist nun ein Element, das zur Erstürmung und Zerstörung der Bastille geführt hat, oder zur Niederlage von Zwing-Uri, zur Empörung aus Menschenwürde, aus aufrechtem Gang gegen den Gessler-Hut . . . Hass ist bleich, gedrückt, feige, schwelend, hat Bierdunst in sich, der hochexplosiv werden kann. Zorn ist offen.»

Max Frisch sah sich selber als nur selten Hassenden. Wenn, dann «nur kurzatmig, sofern Hass sich auf eine Person bezieht. Als Hassender liegt mir dringender an Versöhnung, als wenn ich der Gehasste bin. Hass als Stichflamme, das kann für Augenblicke erhellen, auf die Dauer verdummt er mich: als Hassenden, nicht als Gehassten . . . Was erstaunt, ist die unerwartete Intensität einer einseitigen Beziehung . . . Die Aufgabe wird sein, zu verhindern, dass der Hass sich nicht der Atomkraft bedienen kann, das heisst: Macht nicht in den Händen einer Person oder einer Sippe, einer Gruppe, einer Nation, die auf Hass zu einigen ist; das Vernünftige, unsere einzige Rettung, bestünde in einer politischen Einrichtung, die die Macht verteilt . . . oder wenn wir das Wort einmal sehr streng verstehen: demokratisiert, und zwar global.»

Begegnung in der Wüste

Unvergesslich die Begegnung mit *David Ben Gurion* im Kibbuz Sde Boker in der Wüste Negev im Mai 1968, wohin er sich nach dem Rückzug aus der Politik zurückgezogen hatte. In dem mittelgrossen, kräftig gebauten Mann mit den schlohweissen Haaren, den lebhaften Augen und dem markanten Gesicht, spürte ich so etwas wie die Person gewordene Geschichte des jüdischen Volkes, das nach 2000 Jahren Zerstreuung in der ganzen Welt zurückgekehrt war in das ihm verheissene Land. Eindrücklich auch, wie er, ein Jahr nach dem siegreichen Sechstage-Krieg, auf einem Hügel in Sde Boker die Arme ausbreitete und zu mir sagte: «Diese Wüste müssen wir noch fruchtbar machen. Wir brauchen nicht mehr Land. Wir brauchen Frieden und sichere Grenzen. Wenn Sie mich fragen, was wir tun müssen, würde ich sagen: Wenn wir Frieden bekommen und in sicheren Grenzen leben können, würde ich ausser Jerusalem alles jetzt eroberte Land zurückgeben.»

Auf meine Frage: «Was ist Hass?», antwortete David Ben Gurion: «Ich gehöre einem Volke an, das unter dem Hass gelitten hat – und heute noch leidet – wie kaum je ein anderes. Als Sklaven erlitten wir den Hass in Ägypten; wir wurden gehasst, als wir erklärten, dass es nur einen Gott gebe. Die Griechen nannten uns ein gottloses Volk, weil sie in den jüdischen Städten keine Götzenbilder fanden. Die Römer beschimpften uns als Müssiggänger, weil wir alle sieben Tage einen Tag der Ruhe einschalteten. Und was erst die Christen vom 4. bis zum 18. Jahrhundert von uns sagten – und viele bis auf den heutigen Tag von uns behaupten –, das brauche ich wohl nicht zu erwähnen.

Wir aber stellten das Gebot auf: Liebe deinen Nächsten wie dich selbst! – und im gleichen Kapitel (Levitikus 19) wird hinzugefügt: Wenn ein Fremder unter euch leben will, ‹sollst du ihn lieben wie dich selbst, denn auch ihr waret Fremde im Lande Ägypten›. Muss ich daran erinnern, was mit sechs Millionen europäischen Juden während des Zweiten Weltkrieges geschehen ist? Also, wir wissen, was Hass ist. Und nur eine Hoffnung beseelte uns und hielt uns aufrecht: Die Hoffnung, nach Zion zurückkehren zu können.»

Ben Gurion erinnerte daran, dass er sich am 14. Mai 1948, als er die Wiedergeburt des Staates Israel proklamierte, im Namen seines Volkes an alle in Israel lebenden Araber gewandt und ihnen zugerufen habe, «sich als freie und gleichberechtigte

Mitbürger an der Entwicklung unseres gemeinsamen Staates zu beteiligen. Ich richtete meinen Appell auch an die arabischen Führer der Nachbarländer, zu einer freundschaftlichen Zusammenarbeit im Interesse der Entwicklung des gesamten Gebietes im Nahen Osten Hand zu bieten. Die Antwort wurde uns am gleichen Tage erteilt: Sechs arabische Staaten überfielen uns in der Absicht, unsern eben geschaffenen Staat zu vernichten und die gesamte jüdische Bevölkerung auszurotten . . . Trotz allem aber bleibt es der tiefste und stärkste Wunsch unseres Volkes, die Prophezeiung Jesajas erfüllt zu sehen, dass ‹keine Nation ihr Schwert gegen eine andere zieht und dass sie nicht mehr wissen, was Krieg ist›.»

Die Feindesliebe

Franz Kardinal König bezeichnete Hass als «eine Verfallserscheinung, eine Negativform der Liebe . . . In jedem Hass sehe ich eine Sehnsucht nach Liebe und Enttäuschung darüber, nicht lieben, nicht gut sein zu können. Wir haben aber zu unterscheiden zwischen dem individuellen und dem Gemeinschaftshass. Was uns jetzt wohl vor allem beschäftigt, ist die Ansteckkung der Masse durch den Hass . . . Ich denke an die Religionskriege, an die Ausschreitungen gegen Juden und andere Minderheiten. . . . Man appelliert an die niedrigen Instinkte der Masse, verfestigt Vorurteile, um die Masse fester an die Ideologen zu binden.»

Kardinal König war im Auftrag des Zweiten Vatikanischen Konzils zunächst aktiv bei den Gesprächen mit den Vertretern des Hinduismus, Parsismus und Islams in Indien und wurde dann mit der Leitung des vatikanischen Sekretariates für die Nichtgläubigen betraut. In diesem Zusammenhang führte er Gespräche mit marxistisch-atheistischen Persönlichkeiten in der Sowjetunion und andern osteuropäischen sozialistischen Staaten.

Kardinal König: «Es geht um den Dialog . . . Wo Menschen miteinander sprechen, besteht Hoffnung.»

Der Historiker *Herbert Lüthy* wollte sich «mit voller Absicht an die psychologisch unkomplizierte, aber dafür begrifflich präzise Affektenlehre *Spinozas* halten: ‹Hass ist Unlust, verbunden mit der Idee einer äussern Ursache.›» Das Entscheidende sei «die *Idee* der äussern Ursache, das heisst die intellektuelle Leistung, die eigene Unlust . . . auf eine äussere Ursache zurückzuführen . . . Es können die Juden sein, die Freimaurer, die Jesuiten, die Ketzer, das Nachbarvolk, die Sozialisten, die Spekulanten oder die Kapitalisten. Die Kunst, diesen gemeinsamen Feind glaubhaft zu machen, das ist die politische Kunst grosser Rädelsführer . . . Es ist viel schwieriger, Massen zu einem positiven Ziel zu sammeln, als sie um die Fahne eines gemeinsamen Hasses zu scharen.» Herbert Lüthy nannte die Geschichte «eine Anthologie von Hass-Phänomenen, die kein Ende» nehme. «Der Aufbau der abendländischen Christenheit, diese eigentliche Geburt des Abendlandes, war offenbar nicht ohne Mordgeschrei und Blutrausch zu bewerkstelligen.»

So nüchtern-skeptisch, wie Herbert Lüthy geschichtliche Ereignisse beurteilte, so illusionslos betrachtete er die Gegenwart, auch die schweizerische. «Gerade eine Demokratie ist ja an sich nicht besonders tolerant gegen das Fremde und Neue . . . Aber in dem Masse, in dem Hass ein intellektuelles System und die Erweckung von Hass vorsätzliches Unternehmen ist, liegt es wirklich in der Verantwortung jedes Intellektuellen, wenn wir diesem Wort wieder eine Ehrbarkeit geben wollen, erstens nicht mitzubeten und zweitens, soweit seine Mittel und Möglichkeiten reichen, den Kampf gegen die Geschäftemacher des Hasses aufzunehmen. Das heisst: Wir müssen diese Propheten und Handelsreisenden des Hasses zur Rede stellen, wo wir es können, indem wir sie nicht fragen, was sie hassen und wen sie denunzieren – darüber sind sie sehr beredt –, sondern was sie konkret und positiv wollen; nicht *gegen* wen, sondern *für was* sie sich ereifern. Da werden sie meistens verlegen . . . Hass ist ein Opium für das Volk. Man kann nicht das Opium bekämpfen, aber man kann die Opiumhändler, den Opiumhandel bekämpfen. Das ist das einzige, was wir tun können.»

Dass Hass nicht wie irgendeiner heilbaren Krankheit beizukommen ist, beweist die Gegenwart. Erkenntnisse und Erfahrungen über Folgen des Hasses können nicht an die nachfolgenden Generationen «vererbt» werden. Ereignisse wie der fürchterliche Krieg im ehemaligen Jugoslawien mit seinen menschenverachtenden «ethnischen Säuberungen», die Massenabschlachtungen feindlicher Stämme in Ruanda, Burundi, Liberia und andern afrikanischen Staaten, Hass verbunden mit Chauvinismus, Antisemitismus in der ehemaligen Sowjetunion und einigen Nachfolgestaaten – diese dunkle Wirklichkeit, die offensichtlichen Schwierigkeiten, mit Freiheit und Demokratie verantwortungsbewusst und ideenreich umzugehen, darf und wird nicht dazu führen, geistig und politsch abzudanken. Hass ist immer auch eine Herausforderung an die denkenden, verantwortungsbewussten Kräfte.

Die Gespräche zum Thema Hass (sie erschienen als Buch im Rowohlt-Verlag und in spanischer Übersetzung bei El Libro de Bolsillo Alianza Editorial, Madrid), haben an Aktualität nichts eingebüsst.

35 DIE GESCHUNDENE SCHÖPFUNG

Ende der fünfziger und Anfang der sechziger Jahre drang die Gefährdung unserer Lebensbasis durch unser Tun immer unabweislicher in mein Bewusstsein. Es schien, als sei meine Generation aus der Zeit des sparsamen Haushaltens, der Einschränkungen und der Rationierung nun der Stillung eines Nachholbedarfs an materiellen Gütern mit einer an Sucht grenzenden Hemmungslosigkeit verfallen.

Ein Baufieber nahm seinen Anfang, wie man es kaum je vorher erlebt hatte. Immer mehr grüne Wiesen wurden zubetoniert. Wohnhäuser, Fabriken, Verwaltungsgebäude, Strassen verschlangen Quadratkilometer um Quadratkilometer farbiger Landschaft und fruchtbaren Bodens. Wasser- und Energieverbrauch vervielfachten sich innert weniger Jahre. Die Frage: «Wohin gehen wir in der ‹reichen› Welt?» rief der weitern Frage nach der persönlichen Verantwortung.

Im Sommer 1963 schrieb ich für den *Schweizer Feuilletondienst (SFD)* Drei Artikel: *Wasser – eine Menschheitsfrage, Vergiftete Luft, Der Mensch und seine Erde.* Sie wurden jeweils von rund zwei Dutzend Regional-Zeitungen mit zusammen weit mehr als hunderttausend Abonnenten abgedruckt.

Im Dezember des gleichen Jahres führte ich für die *Tat* ein ausführliches Gespräch zum Thema *Wasser – ein wichtiges Rechtsgut.* Gesprächspartner waren Dr. *Heinz Aeppli,* Bezirksanwalt, Professor *Otto Jaag,* Direktor der EAWAG, *Alfred Matthey-Doret,* Direktor des Bundesamtes für Wasserwirtschaft, und *Friedrich Baldinger,* Direktor des Wasserwirtschaftsamtes des Kantons Aargau. Anlass waren unter anderem die damals häufigen Fischvergiftungen in verschmutzten Gewässern. Aeppli hatte die Frage zur Diskussion gestellt, ob Wasserverschmutzer nicht wegen Tierquälerei angezeigt werden könnten, erlitten doch die vergifteten Fische einen qualvollen Erstickungstod.

1970 begann ich für die *Tat*-Serie: *So bringen wir unsere Welt um* systematisch Material und Informationen bei Wissenschaftern und andern Fachleuten zu sammeln. Die Serie erschien 1971 in 18 Folgen vom 13. Februar bis 12. Juni. Neben den Gefährdungen des Wassers, des Bodens und der Luft wurde der Themenkreis ausgedehnt auf die gesundheitsschädigenden Einwirkungen des Lärms, auf Alkohol-, Nikotin- und Medikamentenabhängigkeit. Ausser dem Aufzeigen der äussern Folgen menschlichen und gesellschaftlichen Fehlverhaltens ging es mir auch darum, dessen tiefern psychologischen Antrieben und Anlagen auf die Spur zu kommen.

Der aufgrund der Recherchen erarbeitete Befund war alarmierend. Es war mir schwer verständlich, dass das gesicherte Wissen und die bereits spür- und sichtbaren Folgen der Umweltzerstörung von den Regierungen und Politikern kaum zur Kenntnis genommen wurden, geschweige denn sie zum Handeln veranlasst hätten.

Die Zeit, seit der Mensch als aktives Wesen in Erscheinung trat, macht einen Bruchteil erdgeschichtlicher Zeiträume aus. Der Zürcher Bauingenieur *Ernst Basler* hatte 170 Millionen Jahre Erdgeschichte – insgesamt umfasst sie Milliarden Jahre – auf ein Jahr «verkürzt». Danach starben am 31. Dezember um 20 Uhr, also vor nicht ganz 80 000 Jahren, die Neandertaler aus. 30 Minuten vor Mitternacht, das liegt 10 000 Jahre zurück, begann der Mensch Land anzubauen. Vor 20 Minuten – 6500 Jahren – wurde das Rad erfunden. Der Beginn der industriellen Revolution liegt 36 Sekunden, die Konstruktion des Autos und der Flugzeuge geschah vor 15 Sekunden.

Schätzte man die Zahl der Menschen um 7000 v. Chr. auf ungefähr zehn Millionen, um das Jahr Null auf 160, um 1850 auf 1200, 1950 auf 2500 und 1970 auf 3500 Millionen, brauchte die Verdoppelung von zehn auf 20 Millionen Menschen 2500 Jahre, von 1200 auf 2500 Millionen 100, von 2500 auf 5000

Millionen (um 1980) nur noch 30 Jahre. Diese Zahlen verdeutlichen das atemberaubende Tempo der zivilisatorischen Entwicklung seit der Industrialisierung und insbesondere im 20. Jahrhundert.

Dass wir Menschen mit diesem Tempo geistig in keiner Weise Schritt gehalten, das uns zuträgliche Mass an Gewinn und Verzicht nicht gefunden haben, ist offensichtlich.

Der Verbrauch der in Millionen oder Milliarden Jahren angelegten Ressourcen an Energie (Erdöl, Kohle) war absehbar. Am Beispiel der riesenflächigen Abholzung der Wälder vor allem in Europa und den USA, neuerdings auch in Lateinamerika (Amazonas), Asien und Afrika, zumal wiederum in unserem 20. Jahrhundert, wird die Masslosigkeit menschlichen Raubbaus deutlich. Ebenso die Folgen: Erosion des Bodens, rasche Ausdehnung der Wüsten, damit zusammenhängend Dürre- und Hungerkatastrophen einerseits, verheerende Überschwemmungen anderseits.

Erschreckend ebenfalls die Statistik der ausgerotteten Säugetier- und Vogelarten, der Fische, Amphibien, Reptilien, der Schmetterlinge und Pflanzenarten.

Wie sehr wir «zivilisierte» Gegenwartsmenschen an Bodenfläche beanspruchen, geht daraus hervor, dass noch Mitte des 19. Jahrhunderts in der Schweiz auf einen Bewohner im Durchschnitt 20–40 Quadratmeter Netto-Siedlungsfläche kamen, hundert Jahre später jedoch 170–200 Quadratmeter (inzwischen dürften es vermutlich im Durchschnitt mehr als 200 Quadratmeter geworden sein).

Rund 12 000 von 40 000 Quadratkilometern Fläche der Schweiz stehen für Besiedlung, Landwirtschaft und Erholungsgebiete in der Nähe von Siedlungen zur Verfügung. In den sechziger Jahren wurden bei uns jede Sekunde ein Quadratmeter fruchtbaren Bodens unter Beton begraben, oder 30 Quadratkilometer im Jahr, oder in acht Jahren die Fläche des Kantons Zug. «Es dürfte nur wenige Jahrzehnte dauern, bis diese Verbauung der Landschaft nicht korrigierbare Störungen in der Umwelt verursachen.» So Dr. *J. Maurer,* Professor für

Planungstechnik der Orts-, Regional- und Landesplanung an der ETH Zürich.

Nicht besser sieht es weltweit aus. Von den rund 150 Millionen Quadratkilometern Festlandfläche waren nur etwas mehr als 18 Prozent kultiviert. Der Verlust an fruchtbarem Boden überstieg jedoch den Zugewinn durch Fruchtbarmachung bei weitem. Die USA verloren seit der Gründung Ende des 18. Jahrhunderts bis ungefähr 1935 rund 720 000 Quadratkilometer fruchtbaren Bodens. «Infolge Erosion», so in einem Bericht an den US-Kongress 1939, «verlieren wir täglich den Gegenwert von 200 Farmen von je 40 Morgen» (= 20,5 Quadratkilometer oder 7500 Quadratkilometer pro Jahr!).

Alarmierend auch ein Bericht, den Präsident *John F. Kennedy* 1961 dem Kongress vorlegte: Die Abholzung der Wälder erreichte allein in der ersten Hälfte des 20. Jahrhunderts drei Fünftel des Bestandes, was eine Erosion des Bodens in grossem Ausmass zur Folge hatte. Präsident Kennedy dazu: «Aus der Pioniersituation heraus erkannten wir erst spät, welche kostbaren und empfindlichen Güter Boden, Wasser und Luft tatsächlich darstellen.» (*Mensch ohne Umwelt?,* Seite 16/17).

Der Mississippi trug jährlich 200, der Gelbe Fluss im Norden Chinas 500, der Jangtsekiang 200 Millionen Tonnen gute Erde ins Meer. Der Po in Italien brachte es auf 12 Millionen Tonnen. Seit 1945 ist ein Viertel der landwirtschaftlich nutzbaren Fläche durch unser Verschulden unbrauchbar geworden. Jedes Jahr gehen 20 Milliarden Tonnen Ackerboden verloren.

Unmenschliche Riesenstädte

Entsprechend dieser Entwicklung entvölkerten sich die Dörfer und wuchsen die Städte. Um 1965 lebten von damals 3,5 Milliarden Menschen mehr als eine Milliarde in Städten. Ums Jahr 2025 soll die Weltbevölkerung 8,3 Milliarden Menschen zählen, rund Dreiviertel würden dann in Städten leben. Bereits um 2015 soll es, so an der Habitat II-Konferenz Anfang Juni 1996 in Istanbul, 33 Megastädte mit mehr als 8 Millionen und 500 Städte mit mehr als einer Million Menschen geben. Was das an Verelendung bedeutet, kann am Beispiel Istanbuls beobachtet werden: Ende der fünfziger Jahre zählte die Stadt 1,5 Millionen Einwohner, heute wird ihre Zahl auf 12 – 15 Millionen geschätzt. Von den täglich produzierten 10 000 Tonnen Müll bleiben 2000 Tonnen an den Strassenrändern liegen.

In einer kleinen, unvollständigen Abfallchronik listete ich um 1970 die Mengen anfallenden Mülls in der Schweiz auf: Pro Jahr mehr als eine Million Tonnen Hausmüll und Sperrgut. Auf dem Land pro Kopf und Jahr 110 – 150, in der Stadt 200 – 250 Kilogramm. Die Kehrichtmenge, so wurde errechnet, verdopple sich alle zehn Jahre, sei aber nur zu einem Viertel auf die Bevölkerungszunahme, zur Hauptsache jedoch auf die moderne Verpackung zurückzuführen.

An Klärschlamm fiel pro Jahr eine Million Kubikkilometer an. Lediglich der Müll von 3,2 Millionen Einwohnern der Schweiz wurde in Kehrichtverbrennungsanlagen vernichtet, derjenige der weiteren drei Millionen aber an Waldrändern, ausgebeuteten Kiesgruben, in Tobeln, an See- und Flussufern abgelagert. Rund 70 000 Autos wurden Jahr für Jahr auf Autofriedhöfen deponiert.

In den seither verflossenen 25 Jahren ist die Entsorgung des Mülls – und nicht nur des Mülls – zum in absehbarer Zeit kaum noch zu lösenden Problem geworden.

Der verlorenen Stille galt ein weiteres Kapitel moderner Zivilisation: Lärm von Flugzeugen, Autos, Baumaschinen, Transistorradios, schier pausenlos jahrein, jahraus. Die von Ärzten etwa in der Nähe von Flugplätzen festgestellten Folgen: Schreikrämpfe bei kleinen Kindern, Stottern, Appetitverlust, Hals- und Bronchialinfekte. Bei Erwachsenen: Herzbeschwerden, Angstzustände, Schwerhörigkeit, Kopfschmerzen, Schwindelgefühle. Nach dem Wegzug verschwanden diese Symptome. Die durch längere Beobachtungen erhärteten Krankheitsursachen wurden jedoch kaum ernstgenommen.

Ausführliche Kapitel widmete ich dem Zustand des Wassers. An regionalen, nationalen und weltweiten Beispielen wurde der verschwenderische Verbrauch von Wasser, die zunehmende Vergiftung der Flüsse, Seen und Meere auf Grund erhärteter Untersuchungen dargestellt.

Weltweit haben heute 1,2 Milliarden Menschen Trinkwasserprobleme, im Jahr 2050 sollen es, laut Habitat II-Konferenz, 2,4 Milliarden sein. In mehr als 50 Städten ist der Grad der Wasserverschmutzung heute schon inakzeptabel, darunter in Paris, Madrid, Rio de Janeiro, Bangkok, Teheran usw.

In welchem Ausmass der Wasserverbrauch angestiegen ist, mag das Beispiel Schweiz zeigen. Im Jahr 1800 betrug bei uns der Wasserverbrauch pro Kopf und Tag zehn Liter, 1900 schon 50 Liter, 1970 aber 500 Liter. Seither dürfte unser Wasserverbrauch weiter bedeutend zugenommen haben. An zahlreichen Beispielen zeigte ich deshalb auf, dass die Wasser-Verbraucher es ebenfalls an verantwortlichem Umgang mit dem kostbaren Gut fehlen liessen – und bis heute fehlen lassen.

Ein ebenso unerfreuliches Bild ergaben die Feststellungen, die ich unter dem Titel «Generalangriff auf die Meere» verzeichnete. Fünf bis zehn Millionen Tonnen Erdöl, 200 000 Tonnen Blei, 5000 Tonnen Quecksilber, unbekannte Mengen Detergentien und Insektengifte wurden Jahr um Jahr in den Ozeanen versenkt. Plus tausende Tonnen feste radioaktive Abfälle, plus die in den Meeren Ende des Zweiten Weltkrieges versenkten Schiffe mit Ladungen von Giftgas, Tausenden Tonnen Munition usw. Deutsche, Russen, Engländer, Amerikaner taten es einander gleich. Besonders gefährdet ist die Ostsee, gefährdet das Mittelmeer. Havarien von Hochseeschiffen mit Tausenden Tonnen Öl an Bord leisteten – und leisten – den Meeren «Sterbehilfe». Berichte über das absehbare oder bereits eingetretene Ende des Lebens in den für das Klima und die Ernährung der Menschen existenziellen Gewässern mehren sich. *Jacques-Yves Cousteau* stellte um 1970 fest: «Alle Gifte, die wir benützen, landen schliesslich im Meer – ohne jede Ausnahme.»

Die zunehmende Luftverschmutzung forderte bereits vor 25 Jahren Abertausende Todesopfer. In London, Los Angeles, New York, Rom, Rotterdam, München, Athen und weitern Städten erlagen immer mehr Menschen dem Giftausstoss aus «Millionen Rohren». In der Schweiz waren 1960 rund 575 000 vierrädrige Motorfahrzeuge in Betrieb. 1970 waren es 1,5 Millionen, 1996 sind es weit über drei Millionen. Der Energieverbrauch war in der Schweiz von 1950 – 1969 um das Dreifache angestiegen. 1950 führte die Schweiz eine Million Tonnen Erdöl ein, 1970 aber mehr als 13 Millionen Tonnen, 1985 wieder zirka 12 Millionen. Drei Tagesmengen Kohlenoxyd (1,3 Millionen Kubikmeter) gleichmässig verteilt, würden genügen, die gesamte Menschheit zu töten. Vergleiche illustrieren die Gefahr: In der Schweiz wurde, zum Beispiel, von technischen Verbrennungsprozessen soviel Sauerstoff verbraucht, wie mehr als 80 Millionen Menschen zur Atmung benötigen. Von der Jahrhundertwende bis Ende der sechziger Jahre haben die Todesfälle infolge Lungenkrebs bei Männern um das Sechzigfache, bei Frauen um das Siebenfache zugenommen.

Dass Tiere, Wald, Pflanzen und Klima durch die Luftverschmutzung in hohem Masse gefährdet wurden – und werden –, wurde ebenfalls in vielen wissenschaftlichen Untersuchungen nachgewiesen. So erkrankten etwa Kühe infolge Fluoremissionen.

Der massive Verbrauch von fossilen Brennstoffen werde den Strahlenhaushalt der Erde durcheinanderbringen. Möglich sei die Erwärmung, das Schmelzen der Gletscher, des Eises am Nord- und Südpol, ein Ansteigen der Meeresspiegel mit unabsehbaren Katastrophen für die Menschen an den Meeresufern. Dass die Ozonschicht gefährdet sei, wurde schon vor 30 Jahren erkannt.

Dazu noch einmal Feststellungen an der Habitat II-Konferenz Anfang Juni 1996 in Istanbul: In den kommenden 25 – 30

Jahren werde der Energieverbrauch um 50 – 100 Prozent, die Treibhausgase um 45 – 90 Prozent ansteigen.

Tödliche Strahlen

Die fast euphorischen Hoffnungen, dass mit der «sauberen» Atomenergie der Luftverschmutzung durch Kohle und Erdöl begegnet und der Fassung der letzten Bergbäche in Stauseen Einhalt geboten werden könne, wich schon bald die Einsicht, dass da neue Gefahren auf die Menschheit zukommen, die noch bedrohlicher sind, als die durch überbordenden Verbrauch der andern Energiespender verursachten. Die erschreckenden Langzeitwirkungen der Atombomben auf Hiroshima und Nagasaki lauerten, keineswegs restlos abgewehrt durch alle möglichen Massnahmen, auch in Atomkraftwerken und im Atommüll, dessen gefahrlose Entsorgung oder «Einmauerung» in Bergverliesen durch nichts gewährleistet werden kann. Warnungen und harsche Kritik am mehr oder weniger sorglosen Umgang mit der Atomenergie kamen auch von Atomphysikern.

Schonungslos ging etwa *Max Thürkauf* (1925 – 1994), Professor für physikalische Chemie an der Universität Basel, mit den «Atomgeschäfts-Biologen . . ., die wissen, was sie tun», ins Gericht. Auf Grund seiner Erkenntnisse beim Bau eines Kernkraftwerks in Frankreich, wurde ihm bewusst, dass da unabsehbare Gefahren «mitgebaut» und in Kauf genommen wurden, nicht allein um der sauberen Luft willen, sondern weil hier gewaltige wirtschaftliche Interessen mit im Spiel waren.

Der zweifache Nobelpreisträger *Linus Carl Pauling* (1901 bis 1994) beschwor die «elementare Lebensweisheit», vorher zu wissen, was man riskieren könne und was nicht. «Ihre Nichtbefolgung im Atomzeitalter würde zum Auslöschen der Menschheit führen.»

Die beiden Medizin-Professoren *John W. Gofman* und *Arthur Tamplin,* von der US-Regierung beauftragt, die Folgen von Atomexplosionen zu untersuchen und in einem Bericht festzuhalten, kamen nach sieben Jahren Forschungsarbeit zu bedrückenden Feststellungen. Es gebe keinen folgenlosen untersten Grenzwert radioaktiver Strahlung; die Erfahrungen zeigten, dass auch kleinste Mengen verschiedenste Arten von Krebs erzeugten, und zwar bis zu zwanzigmals häufiger als bisher angenommen.

Die beiden Wissenschafter wurden von der Atom-Energie-Kommission (AEC) und andern Befürwortern der Atomenergie aufs heftigste angegriffen. Dagegen bestätigten europäische Forscher und Lehrer die Untersuchungen von Gofman und Tamplin. (*Richard Curtis* und *Elizabeth Hogan* in *Das Märchen vom ‹friedlichen› Atom*). In der *Österreichischen Ärztezeitung* vom 25. Oktober 1970, veröffentlichten 37 Ärzte und 25 weitere Wissenschafter anderer Disziplinen (unter ihnen der Direktor des Instituts für Theoretische Physik und Marcel-Benoist-Preisträger Prof. Dr. *Walter Heitler*) ein Ärzte-Memorandum betreffend die Errichtung von Kernspaltungskraftwerken, in dem es unter anderem hiess: «Die Planung von Atomkraftwerken leidet – offensichtlich in der ganzen Welt – an dem grundsätzlichen Mangel, im wesentlichen – trotz gegenteiliger Beteuerungen – nur von Kern-Physikern, Atom-Technikern und Wirtschaftsexperten durchgeführt zu werden.» Ohne deren Fachwissen in Frage zu stellen, verlangten die Verfasser des Memorandums, dass unabhängigen Experten der zuständigen Wissenszweige – Radioökologen, Biologen, Hydrobiologen, Ärzten und Genetikern, «also den Hütern der Biosphäre schlechtweg» – ein gleichwertiges Mitspracherecht an dem Gesamtproblem eingeräumt werde. «Nur so kann eine nicht wieder gutzumachende Schädigung der lebenden und – über die Erbmasse – der zukünftigen Menschheit verhütet werden . . . Es gibt keine Möglichkeit, Radioaktivität zu vernichten; sie besteht so lange, bis die gesamte Strahlungsenergie abgegeben ist. Das dauert . . . oft Jahrhunderte und auch Jahrtausende . . . Nichts auf der Welt, auch kein lebender Organismus mit all seinen wunderbaren Regel- und Abwehrmechanismen, vermag Radioaktivität zu vernichten.»

An diesen Feststellungen hat sich nichts geändert.

Was bei schwerwiegenden Unfällen in Kernkraftwerken geschehen kann, können wir nicht erst seit Tschernobyl wissen. Unfälle mit tödlichen und unheilbaren Folgen haben sich auch in den USA ereignet. 1970 wurden rund 650 Quadratkilometer des Versuchsgeländes der US-Atomenergie-Kommission mit radioaktivem Plutonium verseucht. Knapp 50 weitere Einzelgebiete mussten abgesperrt werden, weil ihre Radioaktivität ein für den Menschen schädliches Ausmass angenommen habe. Die Verseuchung des Versuchsgeländes könne 24 000 Jahre und länger dauern.

Abgesehen von den fürchterlichen Folgen der Atombomben-Abwürfe auf Hiroshima und Nagasaki, an denen auch nach 50 Jahren Abertausende Überlebender und seitdem Geborener leiden, dürften weltweit Millionen Menschen durch Strahlen aus Atomkraftwerken und durch Atomtests dauernd körperlich und seelisch geschädigt sein. In der *Neuen Zürcher Zeitung* vom 25. Januar 1995 war zu lesen, dass bei den Atomwaffentests der USA in den fünfziger Jahren möglicherweise insgesamt bis zu einer Million Soldaten erhöhter radioaktiver Strahlung ausgesetzt gewesen seien. Laut einer Umfrage unter 638 Atomveteranen hätten 26 Prozent von ihnen Kinder mit ernsthaften genetischen Defekten. 26 Prozent dieser Kinder hätten Krebs oder Tumore, 20 Prozent Knochenschäden und 9 Prozent Herzprobleme. Das sei jedoch nur die Spitze des Eisbergs. Auch wiesen die erkrankten Kinder der Veteranen oft geistige Schäden auf.

Ähnliche «Bilanzen» hätten mit höchster Wahrscheinlichkeit auch Frankreich, England, Russland und die andern Atomstaaten der ehemaligen Sowjetunion, hätte China zu vermelden. Eine unfrisierte Statistik dieser Atommächte dürfte noch deprimierender ausfallen als die der USA. Die ehemalige Sowjetunion hat eine unbekannte Menge hochradioaktiven Atommülls in «ihren» Meeren versenkt, die in absehbarer Zeit alles Leben dort vernichten wird. Wieviel spaltbares Material illegal und unkontrolliert unterwegs ist, weiss niemand.

Der kontinuierliche Angriff auf unsere Lebensbasis vollzieht sich ebenfalls inbezug auf Boden, Pflanzen, Tiere und damit immer auch auf den Menschen. Unabsehbares Unheil haben verschiedene Insektizide verursacht, und tun es, vor allem in der Dritten Welt, weiter. Das DDT (*D*ichlor*d*iphenyl*t*richloretan) mag als Beispiel dienen.

Am 12. Februar 1971 meldeten verschiedene Presseagenturen, dass die Weltgesundheitsorganisation der UNO (WHO) den Gebrauch von DDT im Kampf gegen die Malaria als beispiellosen Erfolg bezeichne. Über eine Milliarde Menschen seien in den vergangenen 25 Jahren dank DDT vom Sumpffieber verschont worden. Jährlich würden 30 000 bis 50 000 Tonnen DDT im Betrage von etwa 60 Millionen Dollar für Gesundheitszwecke verwendet. Diese Kosten seien drei- bis neunmal geringer als die für die Insektizide Malathion und Propoxur.

Zur selben Zeit, da diese Nachricht durch die Presse ging, hatten Schweden, Dänemark, die Niederlande, Kanada, Italien, Grossbritannien, Ungarn, die Tschechoslowakei und einige Staaten der USA den Gebrauch von DDT und anderen, chemisch ähnlichen Mitteln bereits verboten oder stark eingeschränkt. Die Bundesrepublik Deutschland und die Schweiz stellten 1971 den Gebrauch von DDT ebenfalls ein.

Ich erinnerte mich, wie der Arzt *Hans von Fischer* mir anlässlich meiner Reise nach Jugoslawien voller Begeisterung versichert hatte, DDT sei für Menschen absolut gefahrlos. Man könne es aufs Brot streuen und essen ohne irgendwelche schädlichen Folgen. Ein Wundermittel also.

Nicht weniger begeistert sangen die Befürworter von DDT und andern Insektiziden auch 15 Jahre später ihr Lob. *Jamie L. Whitten,* ein amerikanischer Kongressabgeordneter, zum Beispiel, konnte sich nicht genug tun, den Segen der Chemie in seinem Buch, *Damit wir leben können,* in leuchtenden Farben darzustellen.

Deren Ausschaltung würde «einen unabsehbaren Schlag sowohl für die Landwirte als auch für die städtische Bevölkerung, die landwirtschaftliche Produkte konsumiert, ebenso für die Volksgesundheit bedeuten ... Der wirtschaftliche Nutzen, den Pestizide für den Landwirt wie für den Konsumenten bringen, ist einfach unabschätzbar ... Chemische Insektizide werden gebraucht, um mehr als 10 000 Insektenarten zu bekämpfen ...»

Auch in der Schweiz wurden mit eindrücklichen Zahlen die durch Schädlinge verursachten Verluste an Reis, Zuckerrohr, Brotgetreide und andern Nahrungsmitteln dargetan und damit Nutzen und Notwendigkeit von DDT unterstrichen.

Gleichzeitig jedoch wurde die andere Seite der Anwendung von Insektiziden aufgelistet. So musste die Weltgesundheitsorganisation in der erwähnten Erfolgsmeldung einräumen, dass DDT auch schädigende Folgen hat: Rückgang der Fischereiprodukte in den Wasserläufen, Seen und Küstengebieten und fortschreitende Ausrottung bestimmter Vogelarten. Am Ende der Verdichtungskette steht sehr oft der Mensch. Von Regen und Wind verfrachtetes DDT in der nicht mehr vorstellbar geringen Menge von 0,000003 ppm (ppm = Millionstelteil) im Meerwasser vervielfachte sich im Plankton, in den Fischen bis zu den fischjagenden Vögeln auf 25 ppm – oder das Zehnmillionenfache des DDT-Ausgangswertes im Meerwasser. (*Theo Löbsack* in *Medizin als Gefahr*). An Vogelarten, die durch DDT bis zur völligen Ausrottung gefährdet waren, wurden genannt: Seeadler, Trottelhumme, Fischadler, Weisskopf-Seeadler, Kormoran, Königsfischer und zahlreiche Möwenarten. Die Eierschalen waren zum Teil so dünn, dass sie unter dem Gewicht der brütenden Vögel platzten.

Untersuchungen an der Colorado University ergaben, dass bei Arbeitern, die über längere Zeit in einer Pflanzenschutzmittel-Fabrik gearbeitet hatten, Hirn- und Gedächtnisschäden festgestellt wurden. Bei an Krebs oder Leberschäden verstorbenen Patienten wurden zwei- bis dreimal soviel DDT wie bei Unfalltoten ausgemacht.

In den 30 Jahren von 1940–1970 wurden eine bis anderthalb Millionen Tonnen DDT verwendet. 100 Milligramm töten eine Ratte. Die Weltproduktion sämtlicher chlorhaltiger Pestizide betrug 1968 vier Millionen Tonnen. Sie wirken sehr lange und werden überall hingetragen. So fand man DDT im Fett von Eskimos, bei Pinguinen der Antarktis, in den Weltmeeren, in sozusagen allen Nahrungsmitteln. Die Vereinigten Staaten und Kanada beanstandeten Schweizerkäse wegen stark überhöhten Rückständen von DDT aus Stallweisselungen und Holzschutzmitteln.

Dass man sich an die Folgen von DDT und andern Insektiziden zu gewöhnen habe, begründete *Jamie L. Whitten* unter anderem so: «Vor einigen Jahrzehnten gab es keine Atom-U-Boote, keine Interkontinentalraketen, keine Satelliten, keine Düsenflugzeuge, kein Nylon, kein Fernsehen, kein Teflon oder Dacron, kein DDT und keinen synthetischen Kautschuk. Die Kernspaltung war noch nicht entdeckt, und Wunderdrogen waren praktisch im wesentlichen unbekannt. Heute haben die Kenntnisse und die Realität aller dieser Dinge buchstäblich das Antlitz unserer Erde geändert. Der Mensch von heute ist daran, die Luft über uns und die Elemente um uns zu beherrschen. Der Mann, der das Atom-U-Boot entwickelte, sagte mir kürzlich, dass in künftigen Kriegen jene Nation obsiegen wird, die den Meeresgrund beherrscht.»

Ich kommentierte diesen euphorischen Lobgesang: «Es ist wahr: Wir haben das Antlitz der Erde verändert, und wir sind daran, es zur dunstumhüllten Fratze zu verzerren. Aber beherrschen wir die Luft und die Elemente um uns wirklich? Oder werden wir nicht vielmehr von einem Quantitäts- und Fortschritts-Aberglauben beherrscht? Was für eine Perspektive eröffnet sich uns, wenn die technischen Wunderwerke und die Beherrschung des Meeresgrundes auf künftige Kriege ausgerichtet sind?»

Dass ein Technik- und Fortschritts-Süchtiger wie *Jamie L. Whitten* für *Rachel Louise Carson* (1907–1964) und ihr Buch *Der stumme Frühling* nur Spott übrig hat, kann nicht verwundern. Die Biologin *Rachel Carson* sagte in einem früheren Buch, *Das Meer rund um uns,* unter anderem: «Ich bin höchst interessiert an der Erhaltung der wenigen verbleibenden unentwikkelten Meeresküsten, wo Pflanzen und Tiere in ihrem natürlichen Beziehungsgefüge erhalten sind, in dem empfindlichen natürlichen Gleichgewicht. An solchen Plätzen können wir die Antwort finden auf einige ewige ‹Warum› der Geheimnisse des Lebens.»

Zu solchem In-langen-Zeiträumen-Denken meint *Whitten:* «Vielleicht war Miss Carsons Haupttriebfeder der uns allen mehr oder minder eigene Wunsch des Alters, die Tage der Jugend wiedererstehen zu lassen, um wieder jung zu sein mit allen Dingen, wie sie waren, als der Sang der Vögel im Frühling das wundervollste Vergnügen bedeutete.»

«Mit der Süffisanz des selbstbewussten ‹modernen Realisten›», so schrieb ich, «spricht er von Rachel Carsons ‹schwermütigem Blick auf eine sich ändernde Welt›, nennt ihr Buch . . . einen ‹Beitrag zur amerikanischen Literatur› und sieht die Autorin des ‹Stummen Frühlings› in der Gesellschaft von *Henry Thoreau* und andern Essayisten, ‹die eine Rückkehr zur Natur befürworten›, womit sie für ihn als ernstzunehmendes Wesen wohl abqualifiziert ist. ‹Vielleicht›, so sagt Jamie L. Whitten, ‹kann man Miss Carsons Furcht und Übertreibung von einem Motiv herleiten, das man am besten als Religion bezeichnet.› Und? – so muss man fragen; denn Religion ist wesentlich auch die Frage nach dem Sinn des Lebens.» Die jedoch scheint «Realisten», die von der Arroganz technischer Macht geblendet sind, kaum zu bedrängen.

Untertan den «Sachzwängen»?

Hier jedenfalls kam in meinem Bericht ein Mann zu Wort, der an Kompetenz und Übersicht dem Kongressabgeordneten *Jamie L. Whitten* weit voraus war, *Friedrich Traugott Wahlen.* In einer Rede an der ETHZ am 25. Juni 1971 führte er unter anderem aus: «Der Wettlauf mit der Arbeitsproduktivität der

Industrie zwingt die Landwirte zu ständigen Erhöhungen der Produktionsintensität. Das zwingt im Pflanzenbau zu einem immer stärkeren Einsatz von Düngemitteln, schon um den Ansprüchen der hochleistungsfähigen Sorten zu genügen, zu einer steigenden Verwendung von Pestiziden und Herbiziden, und in der Tierhaltung wird zu immer naturferneren Haltungsbedingungen und Fütterungsmethoden gegriffen, eingeschlossen die Verwendung künstlicher Wirkstoffe und Antibiotika.»

In den Entwicklungsländern werde der Verbrauch von Dünger (in Geld ausgedrückt und ausgehend vom Jahr 1962) bis 1985, so die Berechnungen, um das Zwölfeinhalbfache, der von Pflanzenschutzmitteln um das knapp Zwölffache steigen, was einer Zunahme um 1146 bzw. 1054 Prozent entspreche. «Nun muss es aber», so *F. T. Wahlen,* «in Rücksicht auf die Erhaltung einer natürlichen Bodenflora und Fauna, auf den Gewässer- und Umweltschutz, und, in letzter Sicht, auf die Qualität der Produkte und die Gesundheit der Konsumenten eine obere Grenze der Produktionsintensität geben, die im Interesse einer langfristigen Erhaltung gesunder Produktionsgrundlagen nicht überschritten werden darf . . . Man spricht heute viel von der Humanisierung der Technik . . . Humanisierung der Technik bedeutet aber nichts anderes als die Abkehr vom rein wirtschaftlich-materiellen Denken, die zu einer dringenden Notwendigkeit für die menschenwürdige Gestaltung unserer Zukunft geworden ist.»

Dass DDT in der Ersten Welt verboten ist, hat *Rachel Carson* Recht gegeben. Dass es in der Dritten Welt nach wie vor massenhaft verwendet wird, sagt etwas aus über das Verantwortungs-Unbewusstsein der Produzenten.

Man darf mit Genugtuung feststellen, dass ein Umdenken in den Industriestaaten stattfindet, dass in steigendem Masse ökologisch gesunde Methoden in der Landwirtschaft, im Gemüse- und Obstbau angewendet werden, dass die Konsumenten umweltbewusster geworden sind. Dass dieses Umdenken noch rechtzeitig genug in entsprechendes Handeln umgesetzt wird, kann man nur hoffen.

Kaum ein Tag, an dem in den Medien nicht über die Meere, die Luft, den Boden schwer schädigende, von Menschen verursachte Unglücksfälle, fahrlässiges oder auch bewusstes Fehlhandeln berichtet wird. Die im folgenden stichwortartig angeführten Meldungen sind weitgehend der *Neuen Zürcher Zeitung* entnommen, die niemand der Sensationsmache bezichtigen wird.

14. Juli 1993: «Warnung der FAO vor Zerstörung der Ackerflächen». Bereits seien durch Überbeanspruchung, Abholzung und Misswirtschaft weltweit 305 Millionen Hektaren Anbaufläche zerstört worden. Weitere 140 Millionen Hektaren Akkerland – etwa die Hälfte der Fläche Westeuropas – werden nach Schätzungen der FAO in den kommenden 20 Jahren landwirtschaftlich nicht mehr genutzt werden können.

18./19. September 1993: «Amazonien unter einer Rauchglocke. Illegale Brandrodungen weiterhin nicht geahndet. . . . Dabei werden im Durchschnitt Waldgebiete von der Grösse der Schweiz (40 000 Quadratkilometer) vernichtet.»

20./21. November 1993: «Rote Liste für Nutztiere – Jede Woche stirbt eine Rasse aus.»

20. Dezember 1993: «Die Ozonhülle war dieses Jahr so dünn wie nie zuvor . . . Hautkrebs, Beeinträchtigung der Sehfähigkeit und verminderte Resistenz des Organismus gegen Infektionskrankheiten.»

8. Februar 1994: «Die Gefahr einer Klimaerwärmung.» Mögliche Folgen für die Schweiz: Zunahme der Niederschläge, verlängerte Hochwassersaison, grosse Überschwemmungen, weniger Hochwinterlawinen, mehr schwere Lawinen im Früh- und Spätwinter, massiver Rückgang der Gletscher und ganz allgemein weniger Schnee, wachsender Zustrom von Umweltflüchtlingen aus anderen Ländern, insbesondere der Dritten Welt.

23. März 1994: «In den achtziger Jahren sind nach Aufstellung des World Ressources Institute in Washington auf der Welt

154 Millionen Hektaren Tropenwald – das ist die dreifache Fläche von Frankreich – abgeholzt worden.» In der gleichen Ausgabe: Mehr als die Hälfte der 500 Millionen Einwohner Afrikas verfügen über kein sauberes Trinkwasser. In der Dritten Welt sterben täglich 25 000 Menschen, meist Kinder, an Krankheiten, die auf verunreinigtes Wasser zurückzuführen sind.

22. April 1994: «Negative Auswirkungen von Chemikalien auf die Tierwelt.» Tümmler, Beluga-Wale, Adler und Alligatoren in ihrer Existenz bedroht. (WWF-Studie).

13. Juli 1994: «Der Amazonas in Brasilien mit Quecksilber verseucht». Es droht eine von brasilianischen Goldsuchern verursachte Umweltkatastrophe.

16. September 1994: Die Konzentration von Kohlendioxid in der Atmosphäre werde in den nächsten 200 Jahren selbst dann zunehmen, wenn die Emission des Gases weltweit auf dem gegenwärtigen Stand eingefroren würde. Eine der dramatischen Konsequenzen der Klimaerwärmung: Ansteigen des Meeresspiegels. (Von 2500 Wissenschaftlern auf der ganzen Welt erstellter UNO-Bericht.)

4. Oktober 1994: «Rekordverdächtiges Ozonloch über der Antarktis». Sämtliche Abbauraten, die bisher jeweils im September gemessen wurden, übetroffen. (WMO = Meteorologische Weltorganisation)

15. Januar 1995: «Pessimistischer Umweltbericht des World-Watch-Instituts». Immer stärkere Belastung vieler Volkswirtschaften. Düsteres Bild überfischter Meere, abgeholzter Wälder, versiegter Wasservorräte, übervölkerter Städte.

8. März 1995: «Holzfäller und Bauern haben im asiatischen Pazifikraum . . . innerhalb eines Jahrzehnts rund 45 Millionen Hektaren Regenwald zerstört.» Das entspricht der Grösse Schwedens.

6. August 1995: Die Weltbank warnt vor zunehmender Wasserknappheit. In 80 Staaten bedroht die Wasserknappheit die Landwirtschaft. Vorhandene Vorräte werden immer mehr durch Chemikalien und andere Schadstoffe verschmutzt. Be-

sonders bedroht sind der Nahe Osten, Nordafrika, das Saharagebiet, Mittelasien, Südindien, der Norden Chinas, das westliche Südamerika, Teile Mexikos und Pakistans.

10. Oktober 1995: In einer Studie der UNO wird die Zunahme von Naturkatastrophen um jährlich 6 Prozent mit der Erwärmung der Atmosphäre in Zusammenhang gebracht.

20. – 24. Februar 1996: Aus dem vor der walisischen Küste gestrandeten Supertanker «Sea Empress» sind 65 000 Tonnen Erdöl ausgelaufen. Grösste Erdölkatastrophe.

19. März 1996: Die in Tschernobyl freigesetzte Radioaktivität bedroht immer mehr Menschen.

Juli 1996: Fast 60 Versicherungsgesellschaften fordern eine wesentliche Senkung des Ausstosses von Treibhausgasen. Die Klimaerwärmung könne Unwetterkatastrophen mit unabsehbaren materiellen Konsequenzen haben.

Eine Studie der Weltgesundheits-Organisation WHO kommt zum Schluss, dass die Klimaerwärmung bis im Jahr 2050 Millionen Menschen das Leben kosten könne.

Wir Erben Kains und Moses

Im Kommentar zum Buch *Mensch ohne Umwelt?* schrieb ich: «Wir führen den Krieg gegen das Leben heute weltweit, in den Städten und in den Dörfern, in den Flüssen, Seen und Meeren, in der Luft. Wir wissen, dass wir einer Katastrophe entgegengehen, wenn wir nicht eine radikale Umkehr vornehmen . . . Wenn es uns nicht gelingt, die realen Werte, die wir erstreben, wieder anders zu setzen, werden sich die Worte *Henry Adams* (1838 – 1918), des amerikanischen Historikers und Geschichtsphilosophen, die er 1862 seinem Bruder schrieb, erfüllen: ‹Der Mensch bestieg die Wissenschaft und rast nun mit ihr dahin. Er wird nicht die Kraft haben, die Apparaturen, die er erfinden wird, zu kontrollieren. Die Wissenschaft wird eines Tages die Existenz der Menschheit in ihrer Gewalt haben, und die menschliche Rasse wird Selbstmord begehen, indem sie die Welt in die Luft sprengt.›»

Während in den totalitären Zwangswirtschaften die forcierte Industrialisierung auf Kosten der Menschen und der Natur innert kurzer Zeit unvorstellbare und grossenteils irreparable Schäden angerichtet hat, schreitet die Zerstörung der Lebensbasis, der Schöpfung, in der *Sach-Zwangswirtschaft* der demokratischen Industriestaaten langsamer, aber unaufhaltsam voran. Wortreiche Bekenntnisse der meisten Politiker und Wirtschaftsführer können nicht darüber hinwegtäuschen, ebensowenig wie räumlich begrenzte Teilerfolge des Umweltschutzes. Wir sind nach wie vor eine Selbstmordgesellschaft.

Der Schicksalspsychologe *Leopold Szondi* (1893 – 1986), der in *Kain* und *Moses* Symbolfiguren menschlichen Verhaltens gefunden hat, schreibt in seinem Buch *Kain, Gestalten des Bösen* unter anderem: «Die Welt, das Wissen um die Welt . . ., die Hierarchie der Ideale wandeln sich in der Geschichte der Menschheit immerfort. Was sich aber im Grunde niemals wandelt, ist der Kain in uns.»

Demnach spiegelt sich in der Geschichte Kains die Geschichte der Menschheit. Vom Brudermord über alle Kriege bis zur Zerstörung unserer Umwelt führt eine direkte Linie. Kain wird von Wut und Zorn, Neid und Eifersucht, Hass und Rache, Trug und List, Schadenfreude und Lügenhaftigkeit angetrieben. *Josephus Flavius,* der jüdische Feldherr und Geschichtsschreiber (37 – 100 n. Chr.), charakterisiert Kain so: «Die bisherige Einfachheit der Lebensweise veränderte er durch Erfindung von Mass und Gewicht und verkehrte die Unschuld und Arglosigkeit des Wandels sowie den Adel des Geistes in Verschlagenheit und Pfiffigkeit. Er war der erste, der der Feldmark Grenzen setzte, eine Stadt erbaute, sie mit Mauern befestigte und die Hausgenossen zwang, zusammen zu wohnen.»

«Kain regiert die Welt», so Leopold Szondi. Wir sind die Erben Kains des Brudermörders.

Wir sind aber auch die Erben von Moses, der den tötenden Aggressor in sich sublimierte und zum von Gott berufenen Retter seines Volkes wurde. Er führte dieses Volk aus der

Gefangenschaft in das verheissene Land Kanaan. Es war eine beschwerliche, 40 Jahre dauernde Wanderung, so dass das Volk murrte und sich zurücksehnte zu den Fleischtöpfen Ägyptens. Freiheit ist nicht leicht zu leben. Der Totschläger Moses brachte dem Volk und der Welt die *Zehn Gebote* vom Berge Sinai, die geistige und ethische Orientierung, die uns helfen will, den Weg vom Zwang des Destruktiven zur Möglichkeit des Schöpferischen zu wählen.

Kultur heisst, Kain in uns überwinden, indem wir der Erfahrung, der bessern, lebensfreundlichen Einsicht Raum gewähren.

Denis de Rougemont sagte es so: «Der Verfall einer Gesellschaft beginnt, wenn der Mensch sich fragt: ‹Was wird geschehen?› anstatt sich zu fragen: ‹Was kann ich tun?›»

36 ZWISCHEN GUT UND BÖSE

Als der Migros-Genossenschafts-Bund mich 1969 einlud, eine Buchgabe zu verfassen und ein entsprechendes Thema vorzuschlagen, entschied ich mich für die *Zehn Gebote.* Das heisst: War der Dekalog zeitgebunden, oder hat er auch heute noch wegweisende Gültigkeit für menschliches und gesellschaftliches Verhalten?

Ich bat Persönlichkeiten der Kirche, Philosophen, Tiefenpsychologen, Soziologen und Naturwissenschafter, im Gespräch den Dekalog auf seine Gegenwärtigkeit hin zu untersuchen. Es machten mit: *Bernard Jan Kardinal Alfrink,* Utrecht; *Ernst Bloch,* Tübingen; Korpskommandant *Alfred Ernst,* Bern; *Roland Gradwohl,* Rabbiner, Bern; *Friedrich Heer,* Wien; die Tiefenpsychologen *Jolande Jacobi* und *Alexander Mitscherlich;* der Theologe *Gottfried Locher,* Bern; Professor *Arno Plack,* München; *Carl-Friedrich von Weizsäcker,* Hamburg.

Du sollst nicht töten

Zum Gebot *Du sollst nicht töten,* genau übersetzt: *Du sollst keinen Mord begehen,* zitierte ich Morde aus dem täglichen Nachrichtenstrom, begangen von anscheinend ganz normalen, friedlichen Männern und Frauen, die den in uns allen schlummernden Tötungstrieb manifestierten. Aber auch Kriege und Bürgerkriege, in denen das Töten der «Feinde» befohlen, als Heldentat gefeiert und mit Orden ausgezeichnet wurde und wird, sind ein Geschehen, in dem Vernichtung von Leben zu einer patriotischen, ja geradezu religiösen Pflicht erhoben wird. *Alexander Mitscherlich* erinnerte an die deutschen Soldaten, die im Ersten Weltkrieg «todestrunken, gleichsam mit entblösster Brust bei Langemarck ins Maschinengewehrfeuer der Franzosen» liefen, «berauscht davon, töten zu dürfen und getötet zu werden». Jede Kultur, so Alexander Mitscherlich, müsse deshalb danach trachten, «gerade dieses Gebot absolut zu nehmen, weil der Mensch sich ja immer noch mehr Ausreden erfindet, damit er doch töten darf».

Friedrich Heer, der leidenschaftliche, an seiner österreichischen Kirche und Nation leidende Denker und Mahner («Gottes Erste Liebe»), verstand das Gebot als «gegen jedes Töten von Menschen» gerichtet. Weil die Kirchen zwei «Christusgötter nebeneinander stellen, jenen des Friedens und jenen, der Waffen segnet», seien sie so unglaubwürdig geworden.

Kritisch beurteilt und als Recht, Leben auszulöschen, abgelehnt, wurde die Todesstrafe.

Emotionale Auseinandersetzungen löste nicht nur das Töten, sondern auch das Verhindern von Leben, zum Beispiel durch die Pille, aus. Während reformierte Kirchen hier liberale Positionen vertreten, lehnt der Vatikan strikte ab. Aktive und passive Sterbehilfe, sowie das «Töten auf der Strasse» wurden ebenfalls in das Kapitel *Du sollst nicht töten,* aufgenommen.

Nicht töten – «das bedeutet eine Umwertung unserer Werte auf das Lebendige hin. Den Nächsten in seinem Leben, in seinem Anders- und So-Sein belassen. Das Postulat ist seit Jahrtausenden gestellt. Wann werden wir ihm gerecht?» So mein Schlusskommentar zu diesem Thema.

Ehre deinen Vater und deine Mutter

An diesem Gebot wurde das Ende der sechziger Jahre brüchig gewordene Verhältnis zwischen den Generationen sichtbar. Ich stützte mich hier unter anderem auf die Ergebnisse meiner Befragungen von hundert rebellierenden Studierenden aller schweizerischen Universitäten *(Aufstand der Söhne).* Ebenso wesentlich wie das Aufbegehren der Jungen spielte das Altersproblem, die materielle Besserstellung der Rentner-Generation, deren Berufung auf ihre Verdienste in den Jahren der Krise und des Krieges eine Rolle in den sich lockernden Beziehungen.

Carl-Friedrich von Weizsäcker interpretierte das Gebot so: «Lerne begreifen, dass du deine Eltern zu ehren hast, genau dann, wenn du eingesehen hast, dass sie es nicht verdienen.» *Alexander Mitscherlich* bewertete das Gebot «als mitmenschliche Grundforderung» als «eines der grundlegenden kulturstiftenden Gebote». *Friedrich Heer* stellte das Eltern-Kinder-Verhältnis in den Gesamtzusammenhang menschlicher Existenz: «Ich kenne aus eigener Erfahrung keine voll geglückte Vater- und Mutter-Beziehung . . . Hier müsste die Erziehung helfen und die tragischen Gegensätze in einer echten, diskreten, psychologischen, pädagogischen und auch ärztlichen Betreuung aufhellen, weil hier wirklich oft für Kinder schon im ersten Lebensjahr der grösste Liebesverlust stattfindet.»

Rabbiner *Roland Gradwohl* zitierte den letzten Satz des Propheten *Maleachi:* «Gott wird dereinst, in der messianischen Zeit», das heisst in der leider immer noch utopischen Friedenszeit, «das Herz der Söhne zu den Vätern und das Herz der Väter zu den Söhnen wenden.»

Exodus in den Rausch?

Könnte es sein, dass die seit den sechziger Jahren auffallende Zunahme der Rauschgiftsucht unter jungen Menschen auch Ausdruck des Generationenkonflikts ist?

Arno Plack wies auf die psychischen Folgen der leiblichen Trennung des Säuglings von der Mutter hin. In den USA kommen 75 Prozent der Neugeborenen in Kinderkliniken, in Entbindungsanstalten (welch entlarvendes Wort!) zur Welt. «Sie werden fabrikmässig abgefüttert. Sie haben keinen Kontakt zur leiblichen Mutter. Sie werden nicht von der Mutter gestillt, nicht von der Mutter in den Arm genommen, erfahren keine leibhafte Zärtlichkeit . . . Das lässt vermuten, dass hier eine gemeinschaftszerstörende Mehrheit entsteht, die ihr Manko an empfangener Liebe später mit Neurosen bezahlt und mit zerstörender Aggressivität vergilt.»

Wo diese Zuwendung fehlt, offeriert sich die Droge als – zerstörerischer – Ersatz. Neuere Zahlen bestätigen, dass eine beträchtliche Zahl Jugendlicher im Alter zwischen 14 und

16 Jahren Erfahrung mit Marihuana haben, wie eine Untersuchung der Schweizerischen Fachstelle für Alkohol- und andere Drogenprobleme bei 3300 Schülerinnen und Schülern der ganzen Schweiz zeigt, nämlich 18 Prozent der Befragten.

Aufsehenerregend ist die Zunahme der Todesfälle beim Betäubungsmittelkonsum, wie die Sektion Gesundheit des Bundesamtes für Statistik feststellt (12.12.1994). 1980 starben 80 Menschen, 1992 aber 419 wegen Betäubungsmittelkonsum. 1974 gab es knapp 5000 polizeiliche Verzeigungen wegen Verstössen gegen das Betäubungsmittelgesetz. Bis 1990 stieg die Zahl auf 20 000, um dann bis 1993 auf rund 38 000 emporzuschnellen.

Wichtiger jedoch als polizeiliche Massnahmen wäre die Suche nach den Ursachen dieser besorgniserregenden, tötenden Giftwelle.

Eine Berliner Studie über die Motive, die zur Rauschgiftsucht führen können, fand unter anderen auch die folgenden: missglückte, oft überstürzte Ablösung vom Elternhaus; verschärfter Generationenkonflikt; Nachahmungstrieb; Verführung und Neugier; Unkenntnis und Neigung zum Risiko, zum Verbotenen; allgemeiner Widerwille gegen die Normen einer Leistungsgesellschaft; Streben, von Altersgenossen durch modekonformes Verhalten anerkannt zu werden.

Ähnliche Ursachen gelten wohl auch für die Süchte der Erwachsenen: Nikotin, Alkohol, Medikamente. Nur sind ihre Rauschmittel anerkannt und frei zugänglich oder mit Rezepten erhältlich. Die Folgen vollziehen sich langsamer und können oft lange versteckt werden. Das unendliche Leid, das sie direkt und indirekt Betroffenen verursachen, ist kaum geringer als das durch verbotene Drogen.

Für die Jahre 1992/93 veröffentlichte das BIGA folgende Zahlen: Täglich 20 und mehr Zigaretten rauchten 226 000 Männer und 121 000 Frauen; Alkohol konsumierten täglich 230 000 Männer und 76 000 Frauen; Medikamente nahmen täglich ein 52 000 Männer und 67 000 Frauen.

Die viele Millionen Franken teure Werbung für diese Suchtmittel gehört aber zu den unaufgebbaren «Freiheitsrechten», verteidigt von denen, die bei Drogen mehr Repression fordern.

Bindung und Freiheit

An den Anfang des Kapitels zum Gebot, «Du sollst nicht ehebrechen», stellte ich die ununterbrochen wachsende Zahl der Ehescheidungen in der Schweiz: 1967 mehr als 45 000 Heiraten, 5200 Scheidungen; 1985 aber 38 776 Heiraten, 11 415 Scheidungen. Der Rückgang der Heiraten dürfte unter anderem mit der Zunahme der ehelosen Partnerschaften, die Zunahme der Scheidungen mit den Lockerungen im Scheidungsrecht zusammenhängen. Deutlich also: Immer mehr Menschen fühlen sich nicht mehr diesem Gebot verpflichtet.

Alexander Mitscherlich beschwor zunächst das «unsägliche Elend», das «durch die unlösliche Ehe ... in die Welt gekommen», anerkannte aber gleichzeitig, dass eine auf «Dauer angelegte Verknüpfung des Lebensschicksals zweier Menschen ... eine unersetzliche Herausforderung an die fortwährende ‹Vermenschlichung› des Menschen» darstelle. «Von dem uns bekannten Menschenbild her wird sich die Menschheit ohne Ehe wahrscheinlich menschenunähnlicher ausnehmen.»

Der Theologe *Gottfried W. Locher* verteidigte entschieden «einen heiligen Ehestand und einen heiligen Stand der Ehelosigkeit». *Bernard Jan Kardinal Alfrink:* «Man hört heute sehr oft, dass alle Tabus verschwinden sollen. ... Aber öfters hat man den Eindruck, dass man Tabus sagt und alle Normen meint. Die Kulturgeschichte zeigt jedoch, wie die Abschaffung aller Normen gerade auf dem Gebiet der Sexualität immer zu einer Auflösung der menschlichen Gesellschaft geführt hat, zu einem Niedergang der Kultur.»

Werden die leidenschaftlichen, meist kirchlichen Warner vor den Verfechtern sexueller Freiheit Recht bekommen? Wiederholt sich in der westlichen Welt der Untergang Roms? Da wäre doch zu bedenken, dass der Verteufelung zunächst fast zwangsläufig die Verherrlichung der Sexualität als Ausdruck der Freiheit folgen musste. Das Pendel schlägt meist von einem Extrem ins andere aus. Zweifellos ist die Gefahr gewachsen, dass mit der kommerzialisierten Sexualität, wie sie im blühenden Pornogeschäft sich schon fast öffentlich produziert, mit immer brutaleren Perversitäten nicht nur die Menschenwürde der Frau aufs schwerste tangiert, sondern auch die Ausbreitung von Aids gefördert wird. Die sich seit etwa 1983 fast seuchenartig weltweit ausbreitende (noch) unheilbare und oft rasch zum Tod führende Krankheit Aids könnte diese Feststellung bestätigen. Laut einem Bericht der Weltgesundheits-Organisation (WHO) vom August 1995 wird für das Jahr 2000 mit 40 Millionen Aids-Infizierten gerechnet, rund 90 Prozent davon in Entwicklungsländern. Waren in der Schweiz 1983 statistisch 38 Kranke erfasst, so Ende November 1995 dagegen 4902; 1093 waren Frauen. 3606 Kranke waren bis zu diesem Zeitpunkt gestorben. 21 276 HIV-positive Tests zeigen die rapid steigende Zunahme der Aids-Kranken. Vorbeugungs-Aufklärung ist notwendig und sinnvoll. Auf Dauer entscheidend wäre jedoch eine Änderung der Verhaltensweisen im existenziellen Lebensbereich der Erotik und Sexualität, die Einsicht, dass Freiheit ohne Verantwortung und Verzicht zum Tode führt.

Das grosse Ein- und Ausatmen

Dem Sabbat-Gebot mass und messe ich besondere Bedeutung bei. «Gedenke des Sabbats: Halte ihn heilig! Sechs Tage darfst du schaffen und jede Arbeit tun. Der siebte Tag ist ein Ruhetag, dem Herrn, deinem Gott geweiht.»

In der Entfremdung und Entfernung von diesem Gebot, dem Verlust seines lebensfreundlichen Sinnes, sehe ich die Entfremdung des Gegenwartsmenschen von sich selbst.

Paul Tillich (1886–1965), nannte die Entfernung von diesem Daseins-Sinn, «die verlorene Dimension der Tiefe». «Unser tägliches Leben in Beruf und Familie, mit Auto und Flugreisen, bei Gesellschaften und Konferenzen, beim Lesen von Unterhaltungsblättern und Reklamen, beim Fernsehen und am

Radio ist ein einziges grosses Beispiel für ein Leben ohne Dimension der Tiefe, für ein Leben, das vergeht, indem es jeden einzelnen Augenblick mit etwas ausfüllt, das getan, gesagt, gesehen oder geplant werden muss. Aber der Mensch kann nicht erfahren, was Tiefe ist, ohne stille zu stehen und sich auf sich selbst zu besinnen.»

Nahe bei Tillichs Gedankengängen befand sich *Alexander Mitscherlich,* wenn er vom «Heraustreten aus der Mühsal des Alltags» spricht, als einer Möglichkeit für den Menschen, nicht nur auszuschlafen, sich auszuruhen, «sondern sich auch zu sammeln, Dingen anzuhängen, denen er unter dem Zwang der Lebensnot nicht folgen kann. Das scheint mir eine ganz wichtige, für jede Kultur gültige Forderung zu sein.»

Mein Kommentar: «Vielleicht werden wir einmal wissenschaftlich untersuchen, wieviele seelische Erkrankungen, wieviel Vereinsamung, wieviel Angst, Verlorenheit, Hilflosigkeit darin ihre tiefste Ursache haben, dass wir den Sinn des Sabbat-Gebotes so offensichtlich missachten. . . . Was wir wieder lernen müssen, ist der Gang nach innen, zu uns selbst, in die eigene Stille, wo wir Zeit finden für die Fragen, die sich uns stellen, und wo Antworten möglich sind, weil wir sie hier hören können.»

Wie dankbar würden auch Erde, Luft und Wasser, Tiere und Pflanzen sein, wenn wir wieder einen Tag in der Woche auf das Auto verzichten und wieder den Gang auf Fusswegen durch Feld und Wald, Flüssen und Seeufern entlang wählen würden. «Geh aus, mein Herz und suche Freud . . .» Der «Tag des Herrn» würde zum Tag des menschlichen Menschen.

Zwischen Wahrheit und Lüge

«Wir verurteilen die Lüge. Aber wir, der Einzelne so gut wie die Gesellschaft, leben über weite Strecken ein Leben der Lüge. Wir merken es schon kaum mehr.» So apodiktisch leitete ich den Text ein zum Gebot: «Du sollst nicht lügen», oder «Du sollst nicht falsch gegen deinen Nächsten aussagen.»

Was aber soll, zum Beispiel, der Mensch im totalitären Staat tun, wenn er zwar innerlich mit dem Regime der herrschenden Partei, der verordneten Ideologie nicht übereinstimmt, dieses Regime ihn aber in seiner ganzen Existenz einfordert, ihm keinen Freiraum mehr lässt, wo er sich selbst sein kann?

Die Tiefenpsychologin *Jolande Jacobi* räumte ein: «Es gibt tatsächlich Notlügen, die gut sind. Wo das anfängt und wo das endet, gehört in die differenzierte Beurteilung des Wann, Wo, Wie und Was.» *Carl-Friedrich von Weizsäcker* lehnte einen Wahrheitsrigorismus ab, wie ihn etwa *Immanuel Kant* in einem kleinen Aufsatz über das «angebliche Recht, aus Menschenliebe zu lügen» vertrat, indem er darlegte, dass es ein solches Recht nicht gebe, dass man schon gar nicht eine Lüge sagen dürfe, um sich selber zu retten und nicht einmal um einen andern zu retten. Weizsäcker: «Es ist ja wohl auch so, dass kein Mensch die ganze Wahrheit aushält; der Schutz der Verdrängung, der Schutz des Nicht-Hinschauens ist an vielen Stellen für das Leben unumgänglich.»

Gottfried W. Locher: «Das Gebot verlangt ein besonderes Taktgefühl, Wahrhaftigkeit und Liebe zu verbinden. Wahrheit kann befreien, aber lieblose Wahrheit kann auch töten. Liebe und Solidarität jedoch, die auf Unwahrhaftigkeit oder Lüge begründet sind, tragen ihr tödliches Gift in sich selbst.»

Die Frage nach dem «Zwang zur Lüge» und zum «Sich-selber-belügen» stellt sich natürlich auch in der demokratischen Gesellschaft. Hier ist es nicht der Staat oder eine Partei, die die äussere und die innere Anpassung fordern. Hier sind es tradierte, über Generationen eingeübte Normen dessen, was «Gut und Böse» ist. Da kann es notwendig oder doch der Karriereplanung nützlich sein, mindestens nicht vernehmlich wider den Strom der Einflussreichen zu schwimmen. Lippenbekenntnisse zur sogenannten öffentlichen Meinung können den Weg nach «oben» ungemein erleichtern. Echte Demokratie aber braucht den Mut zur Wahrheit. *Carl-Friedrich von Weizsäcker:* «Ich habe als Professor in den letzten Jahren an einer Reihe von Stellen bemerkt, dass ich die Meinungsäusserung einfach verhindert habe durch das Mitspielen in Formen, die den Jungen den Mund verschlossen, auch wenn nichts da war, was sie manifest gehindert hätte zu reden.»

Was mit dem Gebot «Du sollst nicht falsches Zeugnis reden wider deinen Nächsten» gemeint ist, wird an verschiedenen Stellen der Moses-Bücher verdeutlicht. 2. Mose 23,1/2: «Du sollst kein leeres Gerücht verbreiten. Biete deine Hand nicht dem, der Unrecht hat, indem du als falscher Zeuge auftrittst. Du sollst dich nicht der Mehrheit anschliessen, wenn sie im Unrecht ist, und du sollst in einem Rechtsverfahren nicht so aussagen, dass du dich der Mehrheit fügst und das Recht beugst. Du sollst auch den Geringen in seinem Rechtsstreit nicht begünstigen.»

«Auch das», so *Alexander Mitscherlich,* «ist eine Grundforderung, die menschliches Zusammenleben erst möglich macht. . . Zweifellos benennt das Gebot eine uralte, sozial auflösende, das Gewissen umgehende Neigung.»

Verleumdung, falsches Zeugnis, böses Gerücht – das zielt auf das Lebendige – auf Rufmord zum Beispiel. Was hier in manchen darauf spezialisierten Medien, aber auch im Dunstkreis des «man sagt» praktiziert wird, offenbart wiederum die Brutalisierung in unserer zivilisierten Gesellschaft.

Zwischen Diebstahl und Eigentum

«Du sollst nicht stehlen» scheint ein ganz klares und sehr einfaches, juristisch leicht zu definierendes Gebot zu sein: unrechtmässige Aneignung fremden Eigentums. Diebe stehlen Geld, Schmuck, teure Pelze, Waffen. Das Gebot meint die kleinen und die grossen Diebe – und Diebinnen – und alle, die es werden wollen.

Aber: «Eigentum ist Diebstahl» erklärte der französische Begründer des Anarchismus, *Pierre Joseph Proudhon* (1809–1865) in seiner berühmten, 1840 erschienenen Abhandlung «Qu'est-ce que la Propriété?» *Karl Marx* jedoch, der Begründer des modernen Kommunismus, der die «Enteignung der Enteigner» forderte, lehnte Proudhon und seine Theorien als kleinbürgerlich ab. *Ernst Bloch* mochte lieber Ausbeutung statt Diebstahl sagen, weil Diebstahl ja immer noch Eigentum voraussetze.

«Gegen Ausbeutung in jeder Form richten sich die Gebote ‹Du sollst nicht stehlen› und ‹Du sollst nicht begehren, was dein Nächster hat› in erster Linie», erklärte *Gottfried W. Locher.* Ausbeutung jedoch rechtfertige Diebstahl nicht. In diesem Sinne verstand auch *Alexander Mitscherlich* das Gebot: «Wer durch Diebstahl glaubt, eine Gesellschaft zum Besseren wenden zu können, ähnelt einem ‹blinden Mann mit einer Pistole›.»

Dass Eigentum sehr unheilig missbraucht werden kann, darauf wies *Ernst Bloch* hin, wenn er meinte, dass das Gebot «Du sollst nicht stehlen» vor allem gegen die Armen interpretiert worden sei und noch immer interpretiert werde. *Anatole France* (1844 – 1924), der französische Schriftsteller und Nobelpreisträger, habe über die erhabene Majestät des Gesetzes geschrieben, das den Armen wie den Reichen gleicherweise verbietet, Holz zu stehlen und unter Brücken zu schlafen. «Die Reichen stehlen kein Holz und schlafen nicht unter Brücken. . . Arme Teufel jedoch, die am Feierabend abgefallenes Reisig im Wald geholt haben, wurden nach der ‹peinlichen Halsgerichtsordnung› von Karl V. an den Galgen gebracht. . . Das nennen sie Sittlichkeit. Sich selber aber haben sie von dieser Sittlichkeit ausgenommen.»

Carl-Friedrich von Weizsäcker wiederum sah im Eigentum eine «phantastische, allerdings sehr weit zurückliegende Erfindung des menschlichen Geistes, dass man die sozialen Verhältnisse auf der Basis der Anerkennung von Eigentum ordnen kann. . . Das schliesst nicht aus, dass man eine politische Bewegung in Gang setzen kann, um diese Verhältnisse zu ändern. Wenn man aber diese Verhältnisse durch eigenmächtiges, willkürliches Handeln ändern will, wird man in Wirklichkeit nicht eine bessere Ordnung erzeugen, sondern nur dazu beitragen, eine wenngleich schlechte, so doch immerhin mögliche, zu zerstören und sonst nichts.»

Eigentum kann eine Chance für den Menschen sein und ist

gleichzeitig eine Versuchung, der nur ganz wenige zu widerstehen vermögen.

Profitmaximierung und ungehemmtes Besitzdenken als oberste Ziele wirtschaftlichen Wirkens gehen immer auf Kosten von Menschen. Das war das Kennzeichen frühkapitalistischen Handelns. Profitmaximierung Mächtiger vor allem verursachte im 20. Jahrhundert die Weltkrise mit Millionen Arbeitslosen, die nicht zuletzt *Hitler* zum Erfolg verhalfen. Die Verwirklichung der sozialen Marktwirtschaft schien die Lehre aus den verhängnisvollen Fehlern der menschenunwürdigen Vergangenheit gezogen zu haben.

Nun stellt sich in der zweiten Hälfte der neunziger Jahre die Frage: Ist das noch *soziale* Marktwirtschaft, die es zulässt, dass in den reichen industrialisierten Staaten zwischen 30 und 40 Millionen Menschen arbeitslos erneut auf der Strasse stehen – im Interesse der Deregulierung, Technisierung und Strukturanpassung? Die seelische Befindlichkeit der so aus dem Arbeitsprozess «ausgeschwitzten» Männer und Frauen und ihrer Angehörigen, die zu feststellbaren psychischen und physischen Gesundheitsschäden führt, kann kaum noch Ergebnis einer sozialen, muss vielmehr Folge einer asozialen Marktwirtschaft sein, einer *Sach-Zwangswirtschaft* eben. Sie ist gekennzeichnet von einer im Wesen zynisch-materialistischen Gesinnung. Eigentum ist dann menschengerecht, wenn es als Lehen verstanden und gehandhabt wird, womit der oder die Besitzer ihre soziale Verantwortung wahrnehmen. Wirtschaftlicher Erfolg ist nur dann auf Dauer angelegt, wenn ein Leben in Würde für alle Menschen angestrebt wird.

Streit um Gott

Das erste Gebot, das fordert, keine andern Götter neben Jahwe zu haben, sich kein Gottesbild und keine Bilder dessen zu machen, was im Himmel, auf der Erde und im Wasser ist; das vom «eifersüchtigen Gott» spricht, der die Schuld der Väter an den Söhnen in der dritten und vierten Generation verfolgt, denen aber, die ihn lieben und seine Gebote halten zu Tausenden Huld erweist; und dass wir seinen Namen nicht missbrauchen sollen – dieses zentrale Gebot hat im Laufe der Zeiten immer wieder zu unterschiedlichen Interpretationen, ja zu heftigen Auseinandersetzungen auch innerhalb der Kirchen geführt, bis heute.

«Wir glauben an einen einzigen Gott, Vater, Sohn und Heiligen Geist, der der Schöpfer dieser Welt und aller sichtbaren Dinge ist, aber zugleich auch der Schöpfer der unsichtbaren Dinge wie der reinen Geistwesen, die auch Engel genannt werden.» So das alt-neue Glaubensbekenntnis *Papst Pauls VI.* (1897 – 1978).

«Für den Menschen von heute sind das mythologische Weltbild, die Vorstellung vom Ende, vom Erlöser und der Erlösung vergangen und erledigt. Kann man erwarten, dass wir ein sacrificium intellectus (einen Verzicht auf das Verstehen) vollziehen, damit wir annehmen können, was wir ehrlich nicht für wahrhalten können – nur weil solche Vorstellungen in der Bibel stehen?» So bekannte und fragte der reformierte Theologe *Rudolf Bultmann* (1884 – 1976).

Alexander Mitscherlich wiederum, der sich als Atheist verstand, gestand ein, dass auch der Mensch, «für den Gott nicht so einfach erreichbar ist, einen transzendenten Orientierungspunkt braucht. Es schiene mir eine ausserordentliche Verflachung der menschlichen Existenz, oder besser des menschlichen Lebens, wenn nicht ein permanentes inneres Gespräch in Gang gehalten würde, in dem ich mich mit etwas Absoluterem, als ich selbst es bin mit meinen Verhaftungen an Zwecke und Ziele und Bedürfnisse, auseinandersetzen möchte.»

Was für unsere Eltern «eine feste Burg» war, schien jetzt in den Grundfesten zu wanken, wurde von offen ausgesprochenen Zweifeln erodiert. «Ewige Wahrheiten» wurden und werden von Marxisten und liberalen Freidenkern als religiös verbrämte Ideologien zur Bewahrung von Herrschaftsverhältnissen gegen Menschen attackiert.

Auf der andern Seite riefen und rufen Unterdrückte und

Ausgebeutete Gott als Zeugen und Helfer in ihrem Kampf für gerechtere soziale Verhältnisse an. Der brasilianische Erzbischof *Helder Cámara* griff öffentlich die katholische Regierung seines Landes an und erwies nicht nur dem christlichen Märtyrer der Gewaltlosigkeit, *Martin Luther King* (1929 – 1968), seine Referenz, sondern in gleicher Weise dem rebellischen Priester *Camilo Torres* (1929 – 1966) und dem gewaltgläubigen *«Che» Guevara* (1928 – 1967), die sich beide mit den Waffen in der Hand gegen ihre Regierungen erhoben hatten und dabei umgekommen waren.

Der Theologie des Gehorsams und der Untertanenschaft – nach *Paulus* und *Martin Luther* – unter jede Obrigkeit, wurde die *Theologie der Revolution*, des Ungehorsams, des Widerstandes entgegengesetzt. Der Theologie des Erduldens der Armut im irdischen Jammertal, mit der Bibel begründet, wurde die soziale Verpflichtung der Kirchen und der Gläubigen unter Berufung auf die göttliche Gerechtigkeit entgegengehalten.

Vor hundert Jahren schrieb *Karl Marx:* «Die Religion ist der Seufzer der bedrängten Kreatur, das Gemüt einer herzlosen Welt, wie sie der Geist geistloser Zustände ist. Sie ist das Opium des Volkes. Die Aufhebung der Religion als des illusorischen Glücks des Volkes ist die Forderung seines wirklichen Glücks. Die Forderung, die Illusionen über seinen Zustand aufzugeben, ist die Forderung, einen Zustand aufzugeben, der der Illusionen bedarf. Die Kritik der Religion ist also im Keim die Kritik des Jammertales, dessen Heiligenschein die Religion ist.»

Nach dem Krieg gingen katholische Priester in Frankreich im Namen ihrer Religion zu den Arbeitern, lebten und arbeiteten mit ihnen in Fabriken und auf Baustellen. Der Arbeiterpriester *Henri Perrin* schrieb in einem Brief: «Du weisst nicht, was es heisst, Christ zu sein ausserhalb des christlichen Gettos – mit seinem Betrieb, dem herkömmlichen Kram falsch gestellter Fragen und, man muss wohl auch hinzufügen, mit seinem Verrat. . . Ich empfinde die Notwendigkeit, immer tiefer in das Leben einzudringen, wo es am ärmsten und gewöhnlichsten ist.»

In den Kirchen der Vaterländer, die Gewalt und Kriege der Herrschenden segneten und die Rebellen gegen Gewalt und Krieg verdammten, war ein unruhestiftendes Nachdenken ausgebrochen. Man suchte Gott nicht mehr nur in der, sondern auch ausserhalb und sogar gegen die Kirche.

Ernst Bloch sagte in dem Gespräch mit mir unter anderem: «Die Bibel ist wahrscheinlich das einzige Buch unter den Weltreligionen, das überhaupt für Revolution theologisch brauchbar ist, weil durch sie Rebellion fast von Anfang bis zu Ende durchgeht. Das wurde aber von der Orthodoxie verteufelt oder unterschlagen, damit es nicht als Anleitung zum Handeln verstanden werde.» *Rudolf Bultmann* sagte es so: «Glaube ist das Aufgeben der eigenen Sicherheit des Menschen und die Bereitschaft, Sicherheit allein im unsichtbaren Jenseits zu finden, in Gott. Das heisst: Glaube ist Sicherheit, wo keine Sicherheit zu sehen ist.»

Wer aber ist Gott? Kirchen und Theologen mussten zurückweichen vor dem Gewicht der Tatsachen. Die Welt ist nicht in sechs Tagen erschaffen worden; Adam und Eva waren nicht die ersten Menschen, und sie wurden nicht so «gemacht», wie die Bibel es erzählt und wie die Kirchen es für wahr behaupteten. *Galileo Galilei* (1564–1642) musste im 17. Jahrhundert seine Erkenntnisse widerrufen. 350 Jahre später musste die Kirche Galilei rehabilitieren.

Stillschweigend haben wohl die meisten Christen die verordnete Buchstabengläubigkeit abgelegt. Die Mehrheit übt sich in zunehmender Abwendung vom Kirchenglauben und Kirchenbesuch.

All dessen ungeachtet bewegt und beunruhigt dieser umstrittene, totgesagte, nicht existente Gott die Menschen unserer Zeit offenbar nicht weniger als die Menschen anderer Epochen. In den sozialistischen Staaten war die Religion keineswegs tot. Die bedeutenden unter den sowjetischen Dichtern – *Boris Pasternak, Anna Andrejewna Achmatowa, Alexander Solschenizyn* – waren tief religiös.

Auch in der westlichen Welt wächst das Bedürfnis nach

Transzendenz und verbindlichen ethisch-moralischen Werten. Damit es nicht von Sekten und falschen Propheten missbraucht wird, müssen Kirchen und Christen die Herausforderung nüchtern und überzeugend annehmen und Antworten finden.

Der eifersüchtige Gott

Wer sich heute mit Gott befasst, stellt Fragen, stellt in Frage. Den eifersüchtigen Gott zum Beispiel, der die Sünden der Väter bis in die dritte und vierte Generation verfolgt, den Rächer und Vernichter ganzer Völker und einzelner Menschen. Da stellt sich dann aber auch die Frage nach der genauen Übersetzung der Urtexte. Rabbiner *Roland Gradwohl* dazu: «Das deutsche Wort Rache ist nicht identisch mit dem, was die Juden unter dem hebräischen Begriff verstehen. Hebräisch heisst es Kamot, ehre den Kamot. Das bedeutet, dass Gott einen Menschen, der etwas Schlechtes getan hat, zur Rechenschaft zieht. Das ist aber für ihn nicht ein Akt der Satisfaktion wie die Rache des Menschen. Es bedeutet lediglich, dass Gott es ganz ernst nimmt mit dem, was auf dieser Welt geschieht. Dieser Gott sagt dem Menschen: ‹Du sollst nicht rächen, auch nicht deinen Volksgenossen etwas nachtragen, sondern du sollst deinen Nächsten lieben wie dich selbst.› (3. Mose 19, Vers 18.) Die Rache wird also im Alten Testament abgelehnt. Die Behauptung, etwa unter Hinweis auf den berühmten 109. Rachepsalm, Gott sei rachsüchtig, beruht auf einer falschen Übersetzung, und die Gegenüberstellung des alttestamentlichen zum neutestamentlichen Gott ist absolut tendenziös.»

Friedrich Heer lehnte entschieden alles ab, was in dem Gebot an Kollektivschuld, Kollektivhaft oder an den dem Alten Testament an sich fremden und unglücklichen Begriff der Erbsünde anklingen könnte. Aber er meinte doch sehr reale Zusammenhänge hinter den Worten über die Schuld der Väter, die an den Kindern heimgesucht werden soll, durch die Generationen hindurch zu erkennen. «Es ist bestimmt so, dass die Völker immer wieder ausbaden müssen, was sie konkret im Laufe der letzten Jahrhunderte und Jahrtausende an sich selber verschuldet haben . . ., bei den Deutschen seit der Reformation und Gegenreformation, bei den Tschechen seit Hus, bei den Amerikanern seit der Ausrottung der Indianer, in Südamerika seit der Unterdrückung und Ausrottung der Indios usw. Das sind hundertfältige Erfahrungen, in denen die grossen leib-seelischen Vergewaltigungen, die Machtübernahmen, immer wieder Sentiments und Ressentiments heraufsteigen und Gegenwartskraft bilden.»

Einen tiefen Sinn behält das Gebot «Du sollst dir kein Bildnis machen», nicht nur nicht von Gott, sondern auch nicht von dem, «was oben im Himmel, unten auf der Erde und in den Wassern unter der Erde» ist. Bilder sind erstarrte Abbilder des Lebendigen. Leben fliesst, verändert sich. Das Bild, das wir uns vom Juden gemacht haben – nicht erst mit Hitler –, hat zur grausamsten Menschenvernichtung geführt. Das Bild, das die Weissen in den USA – und nicht nur dort – sich vom schwarzen «Untermenschen» gemacht haben und immer wieder machen, hatte und hat Qual und Tod, Ausbeutung und Demütigung und schliesslich Hass auf beiden Seiten zur Folge. Brennende Kirchen sind Brandschatzungen gegen Gottes Häuser – begangen im Zeichen des Kreuzes.

Bilder, die wir uns vom Kapitalisten, Imperialisten, Kommunisten, vom Fremdarbeiter, vom Katholiken, Protestanten, Mohammedaner, Atheisten gemacht haben und machen, haben in der Geschichte Ströme von Blut, unendliches Leid, Angst, seelische und körperliche Verwundungen gefordert und verursacht und tun es immer noch. Korea, Indochina, Algerien, Kenia, Kongo, Indonesien, Bosnien-Herzegowina, sind nur einige der markantesten Wegstrecken seit dem Zweiten Weltkrieg. An ihren Rändern liegen Hunderttausende Getöteter, Gefolterter, von denen wir uns ein falsches Bild gemacht haben.

Du sollst dir kein Bildnis machen, meint doch auch: du sollst offen sein, neugierig auf den andern Menschen, auf alles, was oben im Himmel, unten auf der Erde und in den Wassern unter der Erde ist, wo sich dir dann Welten von unendlicher Vielfalt und Schönheit auftun, die dir sonst verschlossen bleiben.

«Du sollst den Namen des Herrn, deines Gottes nicht missbrauchen.»

Die blutigen Kreuzzüge geschahen im Namen Gottes.

Im Namen Gottes wurden Hunderttausende Ketzer, Hexen, Häretiker zu Tode gefoltert, gerädert, gepfählt, lebendigen Leibes verbrannt.

Die Sklaverei wurde auch von weissen Christen im Namen Gottes gerechtfertigt.

Deutsche und andere Christen hatten nichts gegen den Mord an Juden einzuwenden.

Die Apartheid in Südafrika wurde von der grössten reformierten Kirche als von Gott verordnet gepredigt.

Die Fremdenhasser in der Schweiz betonen, dass sie «auf dem Boden des Christentums» stehen.

So wird Gott zum Gebrauchsgott für egoistische politische Zwecke degradiert und sein Name missbraucht. Die Juden sprechen den Namen aus Ehrfurcht vor dem Geheimnis nicht aus. Er ist der Ewige, er ist die Liebe und die Wahrheit.

Jesus hat sich selbst und die, die an ihn glaubten, nicht vom Einhalten der Gebote entbunden: «Du sollst den Herrn, deinen Gott lieben mit deinem ganzen Herzen und mit deiner ganzen Seele und mit deinem ganzen Denken. Dies ist das grösste und erste Gebot. Das zweite ist ihm gleich. Du sollst deinen Nächsten lieben wie dich selbst. An diesen zwei Geboten hängt das ganze Gesetz und die Propheten.»

Aufs neue stehen wir vor einer Frage: Wen sollen wir lieben? Wer ist dieser Gott, der sich uns entzieht, wenn wir ihn zu haben meinen? Ist er wirklich in den Schwachen mächtig? Liegt seine Macht in der Ohnmacht – in der Ohne-Macht, also in der Nicht-Macht? Also in der Liebe, die auf jegliche Gewalt verzichtet?

Weil wir nicht wissen, wer er ist, möchten wir es wissen. Theologen, Philosophen und Laien streiten sich um das richtige Erfassen des nicht Fassbaren.

Denn, so *Arthur Rich*, das «weithin traditionelle Verständnis Gottes als alles bewegende Ursache, als den Menschen zur Marionette verurteilende Allmacht ist nicht das, was die Bibel meint, wenn sie ‹Gott› sagt. Gott meint dort etwas völlig anderes: Den, der den Dialog mit seinem Geschöpf will, den, der darum den Menschen liebt, ihn in seinem Zuspruch und Anspruch nimmt und so zu seinem Bundespartner macht.» Und: «Nachdem der moderne Atheismus den Gott absoluter Kausalität und Allmacht, vor dem der Mensch zur Unwesentlichkeit verurteilt ist, als menschenfeindlichen Götzen entlarvt hat, ist der moderne Mensch im Begriffe, sich seinerseits diese Absolutheit zuzutrauen, Gott höchstens noch als eine Funktion des Menschen zu verstehen, die man psychologisch oder soziologisch deuten kann, was darauf hinausläuft, Gott als unwesentlich zu erklären. Ist nun aber der absolute Mensch nicht etwas ebenso Unmenschliches wie der absolute Gott? . . . Besteht die grosse Bedrohung der Menschheit im Zeitalter der Atomtechnik und der Mikrobiologie nicht gerade darin, dass der Mensch in seinem Absolutheitsbewusstsein alles macht, was er machen kann? Führt das nicht zur Selbstzerstörung oder zu einer neuen Form von Herrschaft des Menschen über den Menschen? Geht es da nicht um ein Experiment, das unser Schicksal ist? . . . Wir haben nicht zu wählen zwischen dem absoluten Gott und dem absoluten Menschen. Wir sind zur dialogischen Existenz gerufen mit dem Gott, der . . . mit dem Menschen kooperiert und mit dem der Mensch kooperieren soll, indem er sich für eine mitmenschliche Welt einsetzt.»

Hans Jürgen Schultz fragt, ob sich denn die Kirche heute nicht ausserhalb der Kirche zu vollziehen habe. Nicht immer sei Christus dort, wo Kirche ist, aber wo Christus ist, ist Kirche. «Nicht auf Bekundungen und Behauptungen, sondern auf brüderliche Anwesenheit kommt es an in unserem Zeitalter, das man das Zeitalter der Abwesenheit Gottes nennt. Doch wir leben nicht im Zeitalter der Abwesenheit Gottes, sondern der Abwesenheit der Christen.»

Mensch und Gott, Gott und Mensch. Die Fragen bleiben.

Keine der vielen Antworten ist die letzte und endgültige. Der Dekalog jedoch hat an grundsätzlicher, alle Lebens- und Tätigkeitsbereiche des Menschen einbeziehenden ethisch-moralischen Bedeutung nichts eingebüsst. Er setzt nach wie vor gültige Massstäbe für Freiheit und Grenzen der Freiheit des Menschen, Orientierungen, an die er sich halten muss, will er nicht sich selber zerstören.

Der Wanderprediger

Die von mir angegangenen Zeitfragen brachten es mit sich, dass ich immer häufiger zu Vorträgen und Podiumsdiskussionen eingeladen wurde. Es mögen um die tausend Veranstaltungen gewesen sein, an denen ich Probleme aufzeigen, vielleicht das Bewusstsein für die eigene Verantwortung wecken und ein wenig Mut machen konnte, im eigenen Umfeld anzupacken.

In den späten fünfziger und dann von den sechziger Jahren an, begann meine Mitarbeit bei Radio und Fernsehen. Beim Radio waren es in erster Linie «meine» Themen, die ich in dem Sendegefäss *Der Vortrag* an die Frau und den Mann bringen konnte: Flüchtlingspolitik, Antisemitismus, Umweltproblematik, Altersfragen, Jugendunruhen, Religion und Politik usw. Man hatte 40 – 50 Minuten zur Verfügung. Die Ausstrahlung erfolgte bei Radio DRS 2, jeweils vormittags um 10 Uhr. Das Echo war meist erstaunlich. Viele Dutzende, gelegentlich einige hundert Briefe erreichten mich. Umsichtig betreut wurde die Sendung von *Charles Cantieni*. Mit ihm wurde die Zusammenarbeit zum Vergnügen.

Meine zeitweise recht intensive Mitarbeit beim Schweizer Fernsehen begann 1963. Von der Teilnahme an Diskussionsrunden kam ich rasch zu ausführlichen Sendungen unter dem Titel *Das Porträt*. Dr. *Guido Frei* als Programmdirektor und Dr. *Eduard Stäuble,* Leiter der Abteilung Kultur, verstanden das Fernsehen als eine Art «moralischer Anstalt» in einer Zeit, da dieser Begriff nicht mehr Mode war. Für eine befragte Persönlichkeit standen in *Das Porträt* jeweils drei Sendungen zu rund

Dreiviertelstunden zur Verfügung. Es kamen zu Wort *Jakob Bührer, Gertrud Kurz* und *Friedrich Traugott Wahlen*. Die Gespräche wurden erweitert durch von ihnen geprägte Zeitereignisse.

In der Fernsehrubrik *Zeugen des Jahrhunderts* führte ich ausführliche Gespräche mit *J. R. von Salis, Denis de Rougemont,* dem israelischen Diplomaten *Gideon Rafael.* In der Sendung *Treffpunkt* kamen unter andern zu Wort *Leopold Szondi, Marga Bührig, Ruth Liepman, Jeanne Hersch, Laure Wyss, Rafael Kubelik, Edmond de Stoutz, Yehudi Menuhin,* alt Bundesrat *Willy Spühler,* Botschafter *August R. Lindt, Hermann Böschenstein, Max von Moos, Hans Fischli, Heinz Keller, Erwin Leiser, Oskar Reck, Alfred Waldis.* Die Zusammenarbeit mit den für diese Sendungen Verantwortlichen, *Gertrud Furrer, Eveline von Rabenau* und *Eva Mezger* erlaubte eine Gestaltung der Gespräche, die den Interviewten gerecht zu werden versuchte. Als der Zwang der freien Marktwirtschaft in zunehmendem Masse auch das Schweizer Fernsehen eroberte und also die Einschaltquoten das Programm bestimmten, war das Ende des *Treffpunkts* gekommen.

Es bleibt die Genugtuung, dass Zeitzeugen in diesem Medium Gegenwart erläutern konnten, auf die spätere Generationen zurückgreifen können.

37 EINEN BAUM PFLANZEN

Beim Rückblick auf 75 Jahre Leben und Streben in diesem von Katastrophen gezeichneten Jahrhundert stellt sich die Frage: Hat es sich gelohnt? Hat es, wenn man den bisherigen Verlauf der überblickbaren Geschichte sich vor Augen führt, überhaupt einen Sinn, an das «Gute» im Menschen als der vielleicht dereinst doch dominierenden Kraft zu glauben? Illusionen wurden zerstört, Hoffnungen enttäuscht. Die Erwartung, dass nach dem Zweiten Weltkrieg doch Vernunft einkehren müsste, hat sich nicht erfüllt. Im Gegenteil.

Ermüdungserscheinungen, Anfälle von Resignation bleiben nicht aus. Da rücken dann die Kindheits- und Jugendjahre nahe, in verklärtem Glanz wohl. Nostalgisches Gedenken will sich breit machen, an die «gute alte», aber nun endgültig vergangene Zeit. Ich versuche Gewinn und Verlust zwischen damals und heute auszumachen, und werde das Gefühl nicht los, die Verluste an Lebenssinn überträfen die Gewinne. Alterserscheinung?

Aber es ist auch schön, an die guten Dinge zu denken. Ich meine, ein Recht zu haben, Vergangenes aus der Erinnerung heraufzurufen und bei ihm zu verweilen. Bei meinen Spaziergängen und in stillen Stunden am Morgen und am Abend, wenn die Sonne hinter dem Oetlisberg glühend rot aufsteigt und am Abend hinter dem Uetliberg versinkt, in der Nacht, wenn die Lichter vom andern Seeufer herüberblinken und der unendliche Himmel sich über das leiser gewordene Land dehnt – dann fallen alle Belastungen für Augenblicke ab und ich weiss mich dieser Schöpfung zugehörig, aufgehoben im Unfasslichen von Raum und Zeit.

Immer wieder lasse ich den Zug derer an mir vorüberziehen, die vor vielen Jahren schon oder erst vor kurzem sich endgültig verabschiedet haben, Weggefährten. Allen voran *Vater* und *Mutter*, *Albin Stähli*, *Emil Balmer*, *Emil Zbinden*, *Gertrud Kurz*, *Paul Vogt*, *Friedrich Traugott Wahlen*, *Manès Sperber*, *Lajzer*

Ajchenrand, Benjamin Sagalowitz, Paul Schmid-Ammann, Hans Munz, Ruedi Peter, Emil Burki, Josef Weill. Manche wären noch zu nennen, die mein Schaffen inspiriert und begleitet haben. Ein langer Zug von Frauen und Männern, von denen nur wenige einander kannten, nun vereint auf dem Weg, von dem es kein Zurück gibt.

Noch einmal unternehme ich in Gedanken die Wanderungen von Brig nach Raron, von Inden über die Gemmi nach Kandersteg, oder über die Torrentalp ins Lötschental, nach Leuk-Stadt, durch den Pfynwald hinein ins Val d'Anniviers; von Samedan nach Soglio oder über den Bernina-Pass das Puschlav hinab bis nach Tirano; vom Bodensee zum Genfersee; von Romont nach Yverdon, von Gletsch nach Siders mit *Emil Zbinden, Röbi Wyss* und *Karl Landolt.* «Die Schweiz ist gross, wenn man zu Fuss geht.» *Jakob Flach* hatte recht. Die unvergesslichen Wanderungen mit den Freunden *Fritz* und *Irma Heeb, Walter* und *Dori Jost, Eugen* und *Erika Weber, Primo* und *Lotti Medici.* Die Einkehr in Landgasthäusern zu einem Glas Roten, zu Brot und Käse . . . Die Gespräche über gemeinsame Erfahrungen und verlorene Illusionen. Die Lieder der Jugend auf all diesen Fahrten. Vorbei. Und doch gegenwärtig, aufgehoben in den Truhen des Gedächtnisses.

Aber die Gegenwart lässt sich nicht verdrängen. Alle existenziellen Probleme, die mich zum Reden und Schreiben, zum Warnen und Handeln riefen, sind nicht gelöst. Sie haben sich dramatisch verschärft.

Die Zerstörung der Umwelt schreitet unaufhaltsam weiter, trotz partiellen Korrekturen und redlichen Bemühungen von Menschen und Gruppen, die ihre Verantwortung ernst nehmen. Machtträger der Wirtschaft und der Staaten haben ausser verbalen Beteuerungen und Beruhigungen wenig Wirkungsvolles zu bieten. Nur eine Minderheit aktiver Politiker und Parlamentarier sieht über die eigene Nasenspitze und die Dauer einer Legislatur hinaus. Egoistische Interessen und Aufgehen im Kleinkram des Alltags machen die grosse Mehrheit blind für die wesentlichen Fragen.

Die Sach-Zwangswirtschaft beherrscht zunehmend Denken und Handeln der Propagandisten und Riesen der «freien» Marktwirtschaft, die die soziale Marktwirtschaft ersetzt hat und Millionen Arbeitslose in Kauf nimmt, damit die Rendite stimmt. Die menschlichen und politischen Defizite werden kaum bedacht. Totalitäre Ideologien und ihre Gewalttäter wittern Morgenluft.

Nationalismus, Fremdenfeindlichkeit, Rassismus und Antisemitismus sind vor allem in Europa im Vormarsch. Die Propagierung der *Auschwitz-Lüge* als besonders niederträchtige Rehabilitierung von *Hitlers* Verbrechen an den Juden, findet bei Uninformierten einigen Anklang.

Die *neue Armut* in den reichen Staaten breitet sich aus. Betroffen sind vor allem Junge und Alte. Drogensucht einerseits und Ausgrenzung vieler Alten unter dem üblen Begriff *Überalterung* anderseits, kennzeichnen den Verlust solidarischen Verhaltens und das Kühlschrank-Klima in der Gesellschaft.

Das alles erlaubt keinen Rückzug aus der Verantwortung aufs Altenteil. Abwendung von dem, was ist, lassen mein Temperament und mein Bewusstsein von verantwortlichem Leben nicht zu. Da kann ich mich der Einmischung nicht entziehen, wenn jetzt auch verlangsamten Tempos. Zweifel sind nicht einfach zu verdrängen, aber wir sind zur Hoffnung veranlagt und berufen. Ich kann nicht anders, als das Bessere, Vernünftige, Lebensfreundliche als reale Chance des Lebens wahr- und anzunehmen. Das soll so bleiben, solange ich kann.

Einen Baum pflanzen – gerade jetzt, da so viele Bäume sterben.

Das heisst: Weiterhin dafür einstehen, dass unsere Schulen mehr sein können als Vermittlungsanstalten materiell verwertbaren Wissens, nämlich Orte, wo Bildung zum Menschen geschehen kann, wo die Vielfalt der persönlichen Begabungen und Anlagen entdeckt und gefördert wird, wo musisches Schaffen, soziales Verhalten, schöpferische Phantasie soviel gelten wie Lesen, Schreiben und Rechnen.

Es heisst: Weiterhin darauf hinzuwirken, dass der Schutz der

Umwelt, die Liebe zur belebten Natur, die Ehrfurcht vor dem Leben im persönlichen, täglichen Handeln beginnt und meinem Dasein Sinn gibt.

Es heisst: Weiterhin dafür einzustehen, dass Achtung vor dem Anderssein des Andern, vor dem Fremden, dem Alten, dem Behinderten, dem Nachbarn, vor seiner Würde und Integrität Voraussetzung der eigenen Würde als Person, des Anstandes und einer Kultur ist, die diesen Namen verdient.

Es heisst: Das Bewusstsein wachhalten, dass es keinen Frieden geben kann, solange Menschen bei uns und überall in der Welt in entwürdigender Armut zu vegetieren gezwungen sind; dass wir alle Bürgerinnen und Bürger der einen, einzigen und klein gewordenen Welt sind, Gäste des Raumschiffes Erde, auf Gedeih und Verderb aufeinander angewiesen. Es gibt zum gemeinsamen Überleben und Leben keine Alternative.

Bei dieser Wanderung auf dem nie endenden Weg zu einer etwas freundlicheren Welt, weiss ich mich an der Seite verlässlicher Wahlverwandter und Freunde. Da sind *Robert* und *Trudi, Ernst* und *Ilse Braunschweig,* der sozialen Tat verpflichtet; *Gottfried* und *Olga Elisabeth Wyss,* er einst Regierungsrat in Solothurn, unentwegt vergessene Schriftsteller und Künstler ans Licht holend; *Rudolf Häsler,* begnadeter Maler, seit langem in Spanien lebend; *Gladys Weigner* und *Bernhard Moosbrugger,* immer auf Spurensuche nach Repräsentanten des Humanen. Namen, die für manche andere stehen.

Am Ende bleibt das bestimmende Gefühl der Dankbarkeit für all das Gute, das ich erleben durfte. Dank an *Zofia,* meine Frau, ohne deren Mitwirkung ich nicht zustandegebracht hätte, was gelungen ist. Dank für unsere Tochter *Johanna,* die mit ihrem Mann *Ueli* und den Kindern *Sämi, Res* und *Pintga,* jetzt auf dem Weg sind, auf dem ich vor 60 und 50 Jahren unterwegs war, wachen Geistes und im Bewusstsein, dass die Gestaltung der Zukunft auch ihre Sache ist.

Einen Baum pflanzen . . .

Verzeichnis der Bücher von Alfred A. Häsler

BELLETRISTISCHES

Thymian. Erzählungen. Perl-Verlag, Zürich, 1956.

Kaspar Iten. Roman. Friedrich Reinhardt-Verlag, Basel, 1960. Bei Ex Libris erschienen unter dem Titel: *Alle Macht hat ein Ende.*

SACHBÜCHER

Zu Besuch bei. . . 60 Kleinporträts. Fretz & Wasmuth/Ex Libris 1965.

Überfordertes Kader? Sind unsere führenden Leute überlastet? Elf Gespräche. Ex Libris, 1965.

Schulnot im Wohlstandsstaat. 21 Gespräche. Ex Libris, 1967.

Max Geilinger. Leben und Werk. 2 Bde. Fretz & Wasmuth/Ex Libris, 1967.

Das Boot ist voll. Die Schweiz und die Flüchtlinge 1933 – 1945. Ex Libris/ Fretz & Wasmuth, 1967. 9. Auflage, pendo-verlag, Zürich 1992. Auch französisch und englisch.

Knie – Geschichte einer Circus-Dynastie. Vorwort von Carl Zuckmayer. Benteli Verlag Bern, 1968/Ex Libris, 1969. Auch französisch und italienisch.

Der Aufstand der Söhne. Die Schweiz und ihre Unruhigen. Ex Libris, 1969.

Leben mit dem Hass. 21 Gespräche. Rowohlt Verlag, Hamburg, 1969. Auch spanisch.

Im Schatten des Wohlstandes. Das Altersproblem in der Schweiz. Ex Libris, 1970.

Zwischen Gut und Böse. Die Zehn Gebote und wir. Buchgabe des Migros-Genossenschafts-Bundes. Ex Libris, 1971. Auch französisch und italienisch.

Mensch ohne Umwelt? Vergiftung von Wasser, Luft und Erde. Fakten und Konsequenzen. Walter Verlag, Olten, 1972.

Gott ohne Kirche? Zwölf Gespräche. Walter Verlag, Olten, 1975. Auch japanisch.

Die Geschichte der Karola Siegel. (In Zusammenarbeit mit Dr. Ruth K. Westheimer, New York). Benteli Verlag, Bern, 1976.

Das Ende der Revolte. Aufbruch der Jugend. 1968 und die Jahre danach. Ex Libris, 1976.

Der Weizenkönig von Tanganjika. Der Pionier August Künzler in Afrika. Huber Verlag, Frauenfeld, 1980. Ex Libris, 1984.

Einer muss es tun. Leben und Werk von Ernst Göhner. Huber Verlag, Frauenfeld, 1981.

Gotthard. Als die Technik Weltgeschichte schrieb. Huber Verlag, Frauenfeld, 1982. Ex Libris, 1984.

Stark für die Schwachen. Die Geschichte des schweizerischen Beobachters. Beobachter-Verlag, Glattbrugg, 1982.

Aussenseiter-Innenseiter. Porträts aus der Schweiz. Huber Verlag, Frauenfeld, 1983.

Emil Zbinden. Das graphische Werk. Band II: Illustrationen zu Jeremias Gotthelf. Edition Xylon Verlag, Hauterive, 1984.

Das Abenteuer Migros. Die 60 Jahre junge Idee. Buchgabe des Migros Genossenschafts-Bundes, 1985. Auch französisch und italienisch.

Berner Oberland. Geschichte und Geschichten. Fischer Verlag, Münsingen – Bern, 1986.

Die älteren Brüder. Juden und Christen gestern und heute. Jordan Verlag, 1986.

Durch-Sicht. Texte und Gespräche aus 20 Jahren Ex Libris-Mitarbeit. Ex Libris, 1987.

Hans Erni. Ein Zeuge der Hoffnung in unserer Zeit. abc-Verlag, Zürich, 1987.

Gesang der Buckelwale – nur noch im All? Visionen und Sachverstand. pendo-verlag, Zürich, 1991.

Martin Peter Flück – Spiegelungen der Schöpfung. Kunstbuch. Fischer-Verlag, Münsingen-Bern, 1992.

Adele Duttweiler – Ein Jahrhundert Leben. Edition M – Ex Libris, 1992.

Einkehr bei Schriftstellern, Malern und Bildhauern. Verlag Krebser Thun, 1994.

Einen Baum pflanzen. Gelebte Zeitgeschichte. pendo-verlag, Zürich, 1996.

BEITRÄGE IN BÜCHERN

Karl Jaspers – Provokationen. Gespräche und Interviews. «Ist die Überbelastung ein Faktum?» Piper Verlag München, 1969.

Gespräche mit Ernst Bloch. «Empörung aus Menschenwürde. Hass oder Zorn?» edition suhrkamp, 1975.

Hermann Levin Goldschmidt: Freiheit für den Widerspruch. Interview über Freiheit für den Widerspruch. Novalis Verlag, Schaffhausen, 1976.

Karl Rahner: Im Gespräch. «Papstwahl: Hoffnung ohne Illusionen.» Bd. 2. Kösel-Verlag, München, 1983.

Mein Weg durch diese Zeit. «In Sichtweite des letzten Ufers.» Blaukreuz-Verlag, Bern, 1991.

Ernst Scheidegger. «Als gestern heute war.» Benteli Verlag, Bern, 1992.

Asyl. Fremde in der Festung Europa. «Das Boot ist nicht voll». Benziger Verlag, Zürich, 1993.

ALS HERAUSGEBER

Dem Gewissen verpflichtet. Reden und Aufsätze von *Friedrich Traugott Wahlen.* Fretz & Wasmuth/Ex Libris, 1967. *(Auch französisch)*

Politik aus Verantwortung. Reden und Aufsätze von *Friedrich Traugott Wahlen.* Friedrich Reinhardt Verlag, Basel, 1974.

Soziale Demokratie. Reden und Aufsätze von Bundesrat *Hans-Peter Tschudi.* Friedrich Reinhardt Verlag, Basel 1975.

Alfred A. Häsler (Biographische Daten)

1921	19. März: Geburt in Wilderswil (Bürgerort der Mutter)
1927	Umzug nach Gsteigwiler (Bürgerort des Vaters)
1927 – 1936	Volksschule Gsteigwiler (9 Jahre)
1936 – 1940	Schriftsetzerlehre in Interlaken (Druckerei Oberland)
1940	Mai – Dezember: «Walliser Nachrichten», Brig
1941	Ausbildung als Maschinensetzer
1942	Rekrutenschule (Infanteriefunker), anschl. Aktivdienst
1941/1943	Maschinensetzer in der Schüler AG, Biel
1943	Mai – Dezember: Buchdruckerei Oberland, Interlaken Begegnungen mit Gertrud Kurz, Regina Kägi-Fuchsmann, Pfarrer Paul Vogt (Flüchtlings-Politik)
1944/1945	Zürich: Kurs für soziale Nachkriegsarbeit
1945	Reisen nach Frankreich, Italien, Jugoslawien, Bulgarien
1946	Begleitung eines Material-Transportes für die «Hilfe an Polens Kinder». Besuch in Auschwitz. Persönliche Verpflichtung, gegen Hass und Gewalt anzutreten
1947/1948	Weitere Hilfstransporte nach Polen Mai 1948: Heirat in Warschau mit Zofia Pawliszewska
1948 – 1958	Als Maschinensetzer und Journalist tätig
1958 – 1977	Ständiger redaktioneller Mitarbeiter der Tageszeitung «Die Tat» in Zürich. Grosse Serien zu den Themen Schule, Flüchtlingspolitik («Das Boot ist voll»), Alter, Studentenrevolte, Umwelt, Religion und Politik usw., aus denen dann Bücher entstanden
1977 – 1984	Redaktor bei der «Weltwoche»
1964 – 1984	Redaktor der Zeitschrift «ex libris»
Ab 1960	Freier Mitarbeiter bei Radio und Fernsehen
1986	Dr. theol. h. c. der Universität Zürich
1987	Honorary Fellow der Hebräischen Universität Jerusalem
1992	Erich und Nanny Fischhof-Preis gegen Rassismus und Antisemitismus

Personen-Verzeichnis